Probleme und Aufgaben des deutschen Geld- und Kreditwesens

Deutsches Institut für Bankwissenschaft und Bankwesen

Verlag von Walter de Gruyter & Co

vormals G. J. Göschen'sche Verlagshandlung · J. Guttentag, Verlagsbuchhandlung · Georg Reimer · Karl J. Trübner · Veit & Comp.

Berlin 1942

Probleme und Aufgaben des deutschen Geld- und Kreditwesens

Herausgegeben vom

Präsidium und Volkswirtschaftlichen Beirat

des Deutschen Instituts für Bankwissenschaft

und Bankwesen, Berlin

Verlag von Walter de Gruyter & Co

vormals G. J. Göschen'sche Verlagshandlung · J. Guttentag, Verlags-buchhandlung · Georg Reimer · Karl J. Trübner · Veit & Comp.

Berlin 1942

Als Mitarbeiter waren beteiligt

Abs, Hermann J., Mitglied des Vorstands der Deutschen Bank

Arzet, Robert, Dr. phil., Berliner Handels-Gesellschaft

Benning, Bernhard, Dr. oec. publ., Reichs-Kredit-Gesellschaft

Bötzkes, Wilhelm, Dr. phil., Vorsitzender des Vorstands der Deutschen Industriebank

Drescher, Leo, Dr. rer. pol. habil., Deutsches Institut für Bankwissenschaft und Bankwesen

Friedrichs, Adolf, Dr. jur., Erster Direktor der Deutschen Bau- und Bodenbank

Gradl, Johann B., Dr. rer. pol., Reichsgruppe Banken

Heintze, Johannes, Dr. jur., Ministerialdirektor a. D., Präsident des Deutschen Sparkassen- und Giroverbandes

Hofmann, Walter, Dr. jur., Reichs-Kredit-Gesellschaft

Hunscha, Kurt, Dr. rer. pol., Dresdner Bank

Keiser, Günter, Dr. phil., Wirtschaftsgruppe Privates Bankgewerbe

Kißler, Hermann, Dr. jur., Geh. Finanzrat, Mitglied des Vorstands der Deutschen Rentenbank-Kreditanstalt

Kokotkiewicz, Gerhard, Dr. phil., Präsident der Preußischen Landespfandbriefanstalt

Krebs, Karl, Dr. jur., Deutsche Industriebank

Lange, Kurt, Ministerialdirektor a. d., Vizepräsident der Deutschen Reichsbank

Lübkes, Fritz, Dr. rer. pol., Deutsche Rentenbank-Kreditanstalt

Mößner, Karl Eugen, Dr. rer. pol., Gemeinschaftsgruppe Deutscher Hypothekenbanken

Neubaur, Otto, Mitglied des Vorstands der Reichs-Kredit-Gesellschaft

Noell, Günter, Dr. rer. pol., Deutsche Zentralgenossenschaftskasse

Pfeffer, Friedrich, Dr. jur., Reichsgruppe Banken

Pfleiderer, Otto, Dr. sc. pol., Reichs-Kredit-Gesellschaft

Puhl, Emil, Vizepräsident der Deutschen Reichsbank

Reinhart, Friedrich, Staatsrat, Vorsitzender des Aufsichtsrats der Commerzbank

Riderer, Ludwig, Dr. rer. pol., Deutsche Bau- und Bodenbank

Schippel, Hans, Dr. phil., Mitglied des Vorstands der Dresdner Bank

Schmidt, Ernst W., Dr. rer. pol., Deutsche Bank

Sentz, Max, Generaldirektor der Deutschen Girozentrale — Deutsche Kommunalbank —

Strathus, Heinrich, Dr. rer. pol., Arbeitsgemeinschaft Deutscher Pfandbriefinstitute

Weltzien, Hans, Staatsfinanzrat a. D., Geschäftsinhaber der Berliner Handels-Gesellschaft

Zabern, Max von, Dr. rer. pol., Commerzbank

Otto Christian Fischer

zum vollendeten 60. Lebensjahre

am 16. Januar 1942

gewidmet

Geleitwort

Daß der Mensch nicht Objekt, sondern Subjekt der Wirtschaft ist, hatte ursprünglich auch die liberalistische Wirtschaftstheorie anerkannt. Je mehr aber im späteren Verlauf der Liberalismus zum Materialismus entartete, desto größere Verbreitung fand die gefährliche und unhaltbare Auffassung, daß die Wirtschaft das Bestimmende im Leben der Menschen sei und daß sich alle anderen Lebenserscheinungen irgendwie in Abhängigkeit von ihr befinden. Sicherlich stehen immaterielle und materielle Lebensgestaltung und Lebensdeutung, stehen Weltanschauung und Wirtschaft in wechselseitigen Beziehungen. Ebenso gewiß ist es aber auch, daß stets die Weltanschauung das Primäre ist.

Diese Erkenntnis ist grundlegend für die Wiederherstellung einer sinnvollen Rangordnung aller Werte. Ihr erneut zum Durchbruch verholfen zu haben, ist das Verdienst des Nationalsozialismus. Sie kennzeichnet zugleich die Revolution des Jahres 1933 als eine umfassende schöpferische Erneuerung, als einen Umbruch, der nicht planlos zerstört, sondern zielstrebig aufbaut. Indem die nationalsozialistische Staatsführung der Wirtschaft wieder den ihr gemäßen Platz innerhalb des großen Ganzen anwies, hat sie diese erst zur Erfüllung der ihr gestellten Aufgaben befähigt, die zu bewältigen die „sich selbst steuernde" Wirtschaft außerstande geworden war.

Die nationalsozialistische Wirtschaftspolitik hat sich von vornherein jeder doktrinären Bindung widersetzt. Unter Berücksichtigung der Tatsache, daß es letzthin die erarbeiteten Güter sind, die zur Bedarfsdeckung dienen, hat sie die Lösung auftauchender Wirtschaftsprobleme stets von der ursprünglichen, der Güterseite her in Angriff genommen. Sie hat dabei aber keineswegs die Geldseite vernachlässigt. Sie ist sich insbesondere bewußt, daß wesentliche Voraussetzung für einen reibungslosen Wirtschaftsablauf ein geordnetes Kreditwesen ist. Sie mußte jedoch zugleich erkennen, daß diese Ordnung erst herzustellen war. Die Aufgabe, die ihr damit erwuchs, war keineswegs leicht. Der Kreditapparat mußte nach dem Zusammenbruch von 1931 erst wieder funktionsfähig gemacht werden. Das Kreditwesen war von den Schlacken einer versinkenden Epoche zu reinigen. Der neuen Wirtschaftsgesinnung, die die volkswirtschaftlichen Belange den privatwirtschaftlichen voranstellt, mußte Schritt für Schritt die Bahn freigemacht werden. Den Schlußstein der ganzen, ebenso schwierigen wie verantwortungsvollen Arbeit bildete schließlich ein straffer, aber bei der Eigenart der Materie doch elastischer organisatorischer Zusammenschluß aller Einzelglieder des deutschen Kreditapparats.

Der Aufbau und Ausbau der Organisation der Kreditwirtschaft auf dem Prinzip der Selbstverwaltung ist zu einem hervorragenden Teil das Werk des Mannes, dem das vorliegende Buch als Festgabe zum 60. Geburtstage gewidmet ist. Mit Otto Christian Fischer hat ein gründlicher Sachkenner des Kreditwesens wie der Wirtschaft überhaupt die Leitung der Reichsgruppe Banken übernommen. Nach Neigung und Berufung Bankkaufmann hat er im Bankwesen von der Pike auf gedient und sich durch seine Tatkraft und seine Fähigkeiten die Achtung weiter Kreise des In- und Auslandes erarbeitet. Er hat wesentlich dazu beigetragen, daß das deutsche Kreditwesen heute wieder zu einem wertvollen Instrument in der Hand der staatlichen Wirtschaftsführung geworden ist. Seine Berufung zu meinem ständigen Vertreter im Vorsitz des Beirats der Deutschen Reichsbank ist ein sichtbares Zeichen der Anerkennung seiner Verdienste. Ich bin überzeugt, daß Otto Christian Fischer auch fernerhin seinen Mann stellen wird, besonders wenn es gilt, die weit größeren Aufgaben zu erfüllen, die der deutschen Kreditwirtschaft nach der siegreichen Beendigung dieses Krieges harren.

Walther Funk
Reichswirtschaftsminister und
Präsident der Deutschen Reichsbank

Inhaltsverzeichnis

I. Geld

Emil Puhl

Die Aufgaben der Deutschen Reichsbank

„Die Aufgaben der Deutschen Reichsbank ergeben sich aus ihrer Stellung als Notenbank des Reichs." Man könnte versucht sein, in dieser knappen Formulierung in § 2 des „Gesetzes über die Deutsche Reichsbank" vom 15. Juni 1939 lediglich eine erneute Festlegung des traditionellen Aufgabenbereichs jeder Zentralnotenbank zu erblicken. Mit dieser Auslegung würde aber der programmatischen Forderung nicht Rechnung getragen werden, die in der Präambel des Gesetzes folgenden Ausdruck gefunden hat: „Die Deutsche Reichsbank ... dient der Verwirklichung der durch die nationalsozialistische Staatsführung gesetzten Ziele im Rahmen des ihr anvertrauten Aufgabenbereichs, insbesondere zur Sicherstellung des Wertes der deutschen Währung". Dieser Leitsatz bringt die Deutsche Reichsbank in lebensnahe Beziehung zu dem Fundament unserer Weltanschauung, dem sozialen und nationalen Grundgesetz, und verpflichtet sie, ihre ganze Arbeit hierauf auszurichten. Man kann daher im übertragenen Sinne von einer sozialen und nationalen Aufgabe der Deutschen Reichsbank sprechen.

Dazu kommt als dritte Aufgabe die aus der führenden Stellung des Großdeutschen Reichs im europäischen Wirtschaftsraum resultierende Verpflichtung der Deutschen Reichsbank, die Währungsneuordnung Europas vorzubereiten und durchzuführen. Sie sei als die europäische Aufgabe der Deutschen Reichsbank bezeichnet.

Die soziale Aufgabe der Deutschen Reichsbank

Der Nationalsozialismus hat die Frage nach dem Sinn allen Wirtschaftens neu aufgeworfen und dabei die Wahrung der sozialen Belange des deutschen Menschen als oberstes Gesetz herausgestellt. Dieses Gesetz ist verpflichtend für alle Stellen, die an der Gestaltung der wirtschaftlichen Lebensbedingungen der Gemeinschaft unseres Volkes Anteil haben. Seine Durchführung hat die nationalsozialistische Regierung dadurch gesichert, daß sie ihren unbedingten Führungsanspruch auch im Bereiche der Wirtschaft verwirklichte, dem sich die bestehenden Einrichtungen unterzuordnen haben.

Die Stellung und die Pflichten, die sich hieraus für die Deutsche Reichsbank ergeben, bedeuten in vielem eine Abkehr von den überlieferten Anschauungen über Wesen und Aufgaben einer Notenbank. Früher betrieb die Reichsbank ihre Währungspolitik als „eine von der Reichsregierung unabhängige Bank", und es konnte vorkommen, daß sich diese Währungspolitik sogar gegen den Staat selbst richtete. Dies war unter den schwachen Regierungen der Nachkriegszeit bis zu einem gewissen Grade unvermeidlich; denn die von den verschiedensten Parteiinteressen beeinflußte staatliche Wirtschaftspolitik bot keine Gewähr für eine stabile und gesunde Entwicklung und zwang die Reichsbank deshalb vielfach, um Schlimmeres zu vermeiden, ihre eigenen Wege zu gehen. Nicht mit Unrecht sprach man von einem „Staat im Staate". Im autoritären Staat ist ein solcher Zustand undenkbar. Im Gesetz über die Deutsche Reichsbank vom 15. Juni 1939 ist daher in Bestätigung eines seit 1933 tatsächlich schon eingetretenen Wandels endgültig und eindeutig die neue Stellung der Deutschen Reichsbank als organischer Bestandteil der nationalsozialistischen Staatsführung festgelegt.

Es ist nur folgerichtig, daß die Deutsche Reichsbank nicht eine von der allgemeinen Wirtschaftspolitik losgelöste Kredit- bzw. Währungspolitik betreibt. Unter der Herrschaft des Wirtschaftsliberalismus und der mit ihm gedanklich verbundenen Goldwährung war das wirtschaftliche Denken weitgehend von der Auffassung beherrscht, daß die Wirtschaft mit monetären Maßnahmen gelenkt werden könne. Die Notenbanken glaubten dabei, ihrer Aufgabe auch im inneren Währungsbereich gerecht geworden zu sein, wenn der Goldwert der Währung auf einem gleichbleibenden Stand gehalten werden konnte. Ein solcher Erfolg, der hauptsächlich mit Hilfe der „klassischen" Diskontpolitik herbeigeführt wurde, kann aber im Hinblick auf die Forderung nach sozialer Gerechtigkeit nur als ein scheinbarer angesprochen werden, wenn er — wie es die Regel war — mit Konjunkturschwankungen im Inland erkauft werden mußte. Störungen dieser Art, die bekanntlich in der Deflationsperiode der Jahre 1931/32 besondere Ausmaße annahmen, wurden als etwas Unabänderliches hingenommen — vielleicht mit einem entschuldigenden Hinweis auf den „natürlichen" Konjunkturrhythmus. Es darf allerdings nicht verkannt werden, daß die rigorose Deflationspolitik der Regierung für viele nach den bitteren Erfahrungen der Inflation eine Art Evangelium bedeutete. Kein Opfer sei zu groß, so glaubte man, kein Diskontsatz zu hoch, keine Krise der Wirtschaft zu schlimm, wenn es das Interesse der Währung erforderte.

Diese traditionelle Notenbankpolitik mußte entsprechend der sozialen Grundrichtung unserer Weltanschauung aufgegeben werden. An die Stelle einer autonomen Diskontpolitik ist die Verpflichtung der Deutschen Reichsbank getreten, an der auf eine dauernde Vollbeschäftigung hinzielenden staatlichen Wirtschaftspolitik durch eine entsprechende aktive Kreditpolitik mitzuarbeiten. Im Rahmen dieser Abhandlung erübrigt es sich, auf den vielseitigen Einsatz der Reichsbank zuerst bei der Arbeitsbeschaffung, dann bei der Finanzierung des Vierjahresplanes sowie der Wehrhaftmachung und schließlich bei der Finanzierung des Krieges näher einzugehen. Die Deutsche Reichsbank wurde eine wichtige Stütze des gewaltigen wirtschaftlichen Aufstiegs, den Deutschland seit 1933 erlebt hat.

Dabei mußte gleichzeitig eine Verbindung zu der Forderung nach unbedingter Stabilität der Währung gefunden werden. Bank des Großdeutschen Reiches einerseits, Treuhänderin der Währung andererseits zu sein, und zwischen beiden eine glückliche Synthese gefunden zu haben, das bedeutet die Lösung einer Aufgabe, die der Deutschen Reichsbank gerade vom Nationalsozialismus gestellt wurde und die im Grunde eine soziale genannt werden kann, weil sie als Enderfolg eine krisenfreie, vollbeschäftigte Wirtschaft schaffen hilft und eine Deflation oder Inflation mit ihren gleich schädlichen Rückwirkungen auf die Existenzgrundlage des einzelnen wie der Gemeinschaft verhindert.

Nach den überlieferten Anschauungen hätte die Inanspruchnahme des Notenbankkredites durch den Staat in dem Ausmaß, wie es seit 1933 in Deutschland der Fall ist, zwangsläufig in eine Inflation einmünden müssen. Auf Grund solcher Überlegungen ist man in der Bankgesetzgebung vor 1933 darauf bedacht gewesen, die Kreditbedürfnisse des Staates gegenüber dem Primat der Währung zurücktreten zu lassen. Bekanntlich hatte aber das nationalsozialistische Wirtschaftsprogramm gerade eine Kreditausweitung zugunsten des Staates grundsätzlich zur Voraussetzung. Der Wandel in den Anschauungen kommt in diesem Zusammenhang am besten in der Einstellung zur Frage über die Bedeutung des Reichsbankdiskonts zum Ausdruck. Es wäre zweifellos nicht verstanden worden und hätte geradezu als ein Akt gegen die staatliche Wirtschaftspolitik aufgefaßt werden müssen, wenn die Reichsbank zur Meisterung der Währungssituation seit 1933 etwa mit dem Diskont heraufgegangen wäre. Dieser ist heute nicht mehr in dem früheren Maße als das fördernde oder hemmende Element im Ablauf des Wirtschaftslebens anzusehen. Seine Funktion geht vielmehr in erster Linie dahin, die tatsächliche Entwicklung des allgemeinen Zinsniveaus erkennbar zu machen. Damit soll nicht gesagt sein, daß die Entwicklung sich selbst überlassen wurde. Gerade wegen der großen volkswirtschaftlichen Bedeutung des Zinses ist hier eine Lenkung unabweislich notwendig. Die Reichsbank hat dabei als berufene Stelle durch eine Politik des billigen Geldes auf der einen Seite die Interessen des Staates auf Herabminderung seiner Ausgaben wahrgenommen, so daß wir heute vor der sehr beachtlichen Tatsache stehen, daß ein Krieg bei sinkenden Zinssätzen finanziert wird. Andererseits wurde von ihr zielbewußt der allgemeinen Forderung nach auskömmlichen, aber nicht mehr übersteigerten Zinsbedingungen für die Gesamtwirtschaft Rechnung getragen.

Um nun zu vermeiden, daß von dem in die Wirtschaft geleiteten Geld- und Kreditstrom schädliche Wirkungen für die Währung ausgehen, muß der Geld- und Kapitalmarkt einer straffen Lenkung unterworfen werden mit dem Ziele, den Überschuß an Kaufkraft nach Möglichkeit zu neutralisieren. Die Abschöpfung dieses Überschusses, sei es zwangsweise durch Erhebung von Steuern oder freiwillig durch Sparen und Anlage in Wertpapieren, ist daher heute ein besonders wichtiges Mittel der Währungspolitik. Die Deutsche Reichsbank wirkt hierbei in besonderem Maße durch die Vermittlung kurz- und langfristiger Anlagemöglichkeiten mit. Sie sorgt gleichzeitig dafür, daß der aus der Kaufkraftabschöpfung ständig fließende Geldkapitalstrom dem Staat als derzeit größtem Kreditnehmer innerhalb der deutschen Volkswirtschaft zugeleitet wird. Diese vermittelnde und lenkende Tätigkeit der Reichsbank ist in ihrer Bedeutung für die Sicherheit der Währung nicht zu unterschätzen. Zusammen mit dem Steueraufkommen werden dem Staat auf diese Weise derart erhebliche Beträge aus dem in Volk und Wirtschaft vorhandenen Kapital zugeführt, daß bisher stets noch eine reibungslose Finanzierung der Friedens- und Kriegsaufgaben ohne übertriebene Beanspruchung des Notenbankkredites möglich war.

Im übrigen blieb für die Geldschöpfung der Deutschen Reichsbank die Erkenntnis richtungweisend, daß die Grenzen der Geldschöpfung erreicht sind, wenn die Gesamtleistungsfähigkeit einer Volkswirtschaft nach Heranziehung aller einsatzfähigen Arbeitskräfte, Rohstoffe und Produktionsstätten nicht mehr gesteigert werden kann. Diese Lehre, die den Übergang vom liberalistischen Denken in Geld zum nationalsozialistischen Denken in Gütern zeigt, ist in den ganzen Jahren seit 1933 mehr und mehr Erkenntnisgut und Richtschnur für die praktische Handhabung unserer Notenbankpolitik geworden. Denn wenn Spannungen aufgetreten sind, so waren es keine inflationistischen Erscheinungen, sondern sie ergaben sich aus der staatsnotwendigen Verlagerung des Hauptgewichts unserer Produktion auf Anlage- und Rüstungsgüter. Daß diese Spannungen das erträgliche Maß nicht überschreiten, dafür sorgen neben der bereits besprochenen Kaufkraftabschöpfung und Lenkung des Geldstromes vor allem der grundsätzliche Preis- und Lohnstop sowie von der Güterseite her als ergänzende Maßnahmen die Verbrauchslenkung und die Rationierung. Gerade dieses Beispiel der Überwindung eines währungspolitischen Problems zeigt, wie sehr heute die Arbeit der Deutschen Reichsbank organisch in die allgemeine nationalsozialistische Wirtschaftspolitik eingegliedert ist und daß ein verständnisvolles und zielbewußtes Zusammenarbeiten aller Beteiligten zu den wesentlichen Kennzeichen der gelenkten Wirtschaft gehört.

Die Notwendigkeit einer solchen Zusammenarbeit zeigt sich besonders deutlich auch im engeren Bereich der Kreditwirtschaft. Wohin eine der zentralen Lenkung entbehrende und vielfach von Konkurrenzrücksichten diktierte Kreditpolitik der Banken führen kann, haben wir 1931 erlebt. Es darf nicht sein, daß die Deutsche Reichsbank als die für die Währung verantwortliche Stelle und als letzter Liquiditäts- und Kreditrückhalt der Wirtschaft an der ordnungsgemäßen Erfüllung ihrer Aufgaben durch ein der allgemeinen wirtschaftspolitischen Linie widersprechendes Verhalten des Bankenapparates gehindert wird. Die damaligen Erfahrungen hat die nationalsozialistische Regierung im Kreditwesengesetz verwertet, das der Deutschen Reichsbank zahlreiche und zum Teil neuartige Einblicke und Möglichkeiten bietet. Dabei erachtet sie es als ihre Pflicht, dem deutschen Kreditgewerbe beratend und fördernd zur Seite zu stehen. Aus dieser loyalen Haltung hat sich ein natürlicher Führungsanspruch der Deutschen Reichsbank ergeben, den heute das gesamte deutsche Kreditgewerbe in einheitlicher Ausrichtung auf die übergeordneten Ziele des Staates anerkennt.

Die nationale Aufgabe der Deutschen Reichsbank

Die nationalsozialistische Regierung erachtet es als ihre oberste Pflicht, mit allen zur Verfügung stehenden Mitteln das im Innern eingeleitete soziale Aufbauwerk gegenüber Störungen vom Ausland her sicherzustellen und, wenn notwendig, die Achtung des Auslandes vor dem Lebenswillen des deutschen Volkes zu erzwingen. Wir wissen, daß der gegenwärtige Krieg schon seit Jahren in versteckter Form, vor allem auf wirtschaftlichem Gebiet, geführt wird.

Die Deutsche Reichsbank steht in diesem Wirtschaftskrieg nach wie vor in vorderster Front. Die ihr zufallenden Aufgaben überschreiten weit den Rahmen dessen, was man früher unter dem Begriff „äußere Währungspolitik" als Aufgabenbereich einer Notenbank zusammenfaßte. Gewiß, es liegt der Deutschen Reichsbank auch heute noch als wesentliche Aufgabe der Schutz des Außenwertes unserer Währung ob. Sie ist dabei an dem systematischen Ausbau der Devisenbewirtschaftung ebenso hervorragend beteiligt wie an ihrer verwaltungsmäßigen Durchführung. Die Übertragung des Devisenmonopols, die Überwachung der deutschen Auslandsschulden, die Regelung des Zinsentransfers und die Durchführung der deutschen Kreditabkommen bringen der Reichsbank immer wieder neue Aufgaben, von deren Größe und Bedeutung die Öffentlichkeit sich zumeist keine ausreichende Vorstellung machen kann. Nimmt man noch die Kontrolle der Devisenablieferung, besonders die mehrfach verschärfte Exportvalutakontrolle hinzu, so kann man ermessen, welches Maß der Verantwortung die Deutsche Reichsbank allein auf diesem Teilgebiet ihres Aufgabenbereiches zu tragen hat.

Von besonderer Bedeutung ist im System der Devisenbewirtschaftung bekanntlich das Problem der Aufrechterhaltung eines geregelten Zahlungsverkehrs mit dem Ausland, berührt es doch in erster Linie einen der lebenswichtigsten Zweige unserer Volkswirtschaft, den deutschen Außenhandel, dessen zielbewußte Förderung die Deutsche Reichsbank stets als eine ihrer vornehmsten Aufgaben angesehen hat. Mit der weitgehenden Unterbindung des freien Zahlungsverkehrs mußten neue Methoden für die finanzielle Abwicklung des Güteraustausches gefunden werden. Hier hat das System der gegenseitigen Verrechnung, das zunächst nur als Notmaßnahme gedacht war, im Laufe der Jahre einen ständigen Ausbau erfahren. Mit Recht kann es heute trotz der ihm noch anhaftenden Mängel als ein bevorzugtes Instrument unserer Währungs- und Handelspolitik angesprochen werden, weil es der Lenkung und dem Ausgleich unserer Zahlungsbilanz in gleicher Weise dient. Man denkt heute schon kaum mehr daran, welche Schwierigkeiten die Deutsche Reichsbank bei der Ausgestaltung dieses neuen Verfahrens zu überwinden hatte. Um ein Beispiel herauszugreifen, sei auf die Fülle von Problemen hingewiesen, die allein die Bewertung der Reichsmark im Verrechnungsverkehr mit sich gebracht hat. Diese Probleme bestehen auch heute und in Zukunft noch fort — allerdings mit umgekehrtem Vorzeichen, indem die Deutsche Reichsbank nicht mehr abwehrend, sondern aktiv lenkend tätig wird. Oft schien es kaum möglich, die rein währungspolitischen Interessen mit den Einfuhrbedürfnissen der deutschen Wirtschaft in Übereinstimmung zu bringen oder, wenn z. B. die Kursfrage befriedigend geregelt war, eine Beeinflussung der inneren Wirtschaftslage auf dem Umweg über die Preisgestaltung der Einfuhrgüter zu verhindern. Es kommt, kurz gesagt, auch hier für die Reichsbank immer wieder darauf an, als Notenbank stets im Rahmen der gesamten wirtschaftspolitischen Zielsetzung zu handeln.

Alle diese Aufgaben, die im vorstehenden nur kurz angedeutet werden konnten, lassen sich zusammenfassend als die nationale Aufgabe der Deutschen Reichsbank bezeichnen, da es sich in jedem Fall um die Wahrung nationaler Interessen gegenüber der Außenwelt handelt.

Die europäische Aufgabe der Deutschen Reichsbank

Zu der sozialen und nationalen Aufgabe der Deutschen Reichsbank ist als unmittelbare Folge der militärischen und politischen Entwicklung seit Kriegsausbruch die europäische Aufgabe getreten. Im gegenwärtigen Zeitpunkt kann naturgemäß über die endgültige Währungsneuordnung Europas im einzelnen noch nicht gesprochen werden. Es sind aber bereits zwei große Arbeitsgebiete erkennbar und von der Deutschen Reichsbank in Angriff genommen worden. Den Auftrag zu ihrem Handeln hat sie aus der verpflichtenden Stellung der Reichsmark als der heute führenden Währung in Europa entnommen.

Im gegenwärtigen totalen Krieg ist es selbstverständlich das Bestreben der deutschen Führung, die Wirtschaftskraft aller Gebiete, die sie unter ihre militärische Hoheit gebracht hat, dem eigenen Kriegspotential nutzbar zu machen. Hieraus ist der Reichsbank die Aufgabe erwachsen, für ein funktionsfähiges Geld- und Kreditwesen in den besetzten Gebieten zu sorgen. Es sei ausdrücklich hervorgehoben, daß sie dabei gleichzeitig im Interesse der betreffenden Länder handelt; denn gerade ein geordneter Zahlungs- und Kreditverkehr bedeutet auch für sie den ersten Schritt zur Überwindung der unmittelbaren Kriegsfolgen und zur Rückkehr normaler Verhältnisse. Bekanntlich wurden hier die Vorarbeiten fast regelmäßig von den mit Reichsbankbeamten besetzten Reichskreditkassen geleistet. So übernahmen sie neben ihrer eigentlichen Aufgabe der Geldversorgung der deutschen Truppen immer dort, wo es notwendig wurde, vorübergehend die Funktionen einer Notenbank — z. B. in Polen, wo das Geld- und Kreditwesen völlig zerschlagen war, ferner in Belgien und neuerdings wieder in Rußland. Es ist nicht zuletzt dem raschen Einsatz, der zweckmäßigen Konstruktion und der verständnisvollen Arbeit der Reichskreditkassen zu danken, wenn die Währungsverhältnisse in den besetzten Gebieten überraschend schnell geordnet werden konnten. Diese erste Hilfestellung der Reichskreditkassen wurde jedoch sobald wie möglich abgelöst durch die Wiedereinsetzung der arbeitswillig und arbeitsfähig gebliebenen Zentralbanken in ihre Funktionen oder auch durch die Neugründung von Noteninstituten. Die Beiordnung von deutschen Kommissaren sorgt dafür, daß die Politik dieser Institute den deutschen Interessen entsprechend geführt wird. Darüber hinaus gilt es, den Weg für eine ersprießliche Zusammenarbeit aller Länder im zukünftigen europäischen Wirtschaftsraum durch einheitliche Ausrichtung ihrer Geld- und Kreditpolitik zu ebnen. Dieses Ziel wird in vielen Fällen nur durch eine gewisse Anpassung der Währungsverfassungen an das deutsche Vorbild erreicht werden können. Jedenfalls werden sich jetzt und in Zukunft für die Länder Europas auf dem Gebiete der Währung mehr oder weniger dieselben Probleme ergeben, denen die Deutsche Reichsbank selbst schon einmal anläßlich der Abkehr von überlieferten Anschauungen gegenüberstand. Entsprechend ihrer europäischen Verpflichtung erachtet die Reichsbank es als ihre selbstverständliche Aufgabe, durch organisatorische und personelle Hilfeleistung den übrigen Notenbanken die Überwindung der Umstellungsschwierigkeiten zu erleichtern.

Der zweite Teil der europäischen Aufgabe besteht in der Schaffung einer neuen Form der Zahlungsausgleichungen von Land zu Land innerhalb des europäischen Wirtschaftsraums, die sowohl die Nachteile des freien Zahlungsverkehrs im überkommenen Sinne als auch die des streng zweiseitigen Verrechnungsverkehrs vermeidet. Dieses System muß also einmal der unbestrittenen Notwendigkeit einer übergeordneten Planung und Lenkung der Produktion und des gegenseitigen Leistungsaustausches Rechnung tragen. Zum anderen muß es so gestaltet sein, daß das einzelne Land nicht mehr wie beim zweiseitigen Verrechnungsverkehr gezwungen ist, seine Zahlungsbilanz mit jedem einzelnen Vertragspartner auszugleichen, sondern nur noch mit der Gesamtheit der ihm gegenüberstehenden Länder. Mit der Einrichtung des mehrseitigen Verrechnungsverkehrs, der zentral über die Deutsche Verrechnungskasse geleitet wird, hat die Deutsche Reichsbank den ersten erfolgversprechenden Schritt auf diesem Wege unternommen. Man würde die konstruktive Seite dieser Lösung verkennen, wenn man die kriegsbedingten Anlaufsschwierigkeiten zum Anlaß nehmen wollte, das System als solches zu verurteilen. Die Erfahrungen, die die Deutsche Reichsbank bisher in der Praxis des mehrseitigen Verrechnungsverkehrs sammeln konnte, geben uns heute schon die Gewißheit, daß mit ihm die zahlungstechnische Grundlage für einen stetigen von den Schwankungen der Weltkonjunktur unabhängigen Leistungsaustausch innerhalb des europäischen Wirtschaftsraumes sichergestellt ist. Sollte sich später in organischer Fortentwicklung des Gedankens einer geschlossenen Großraumwirtschaft die Frage nach einer weitergehenden Vereinheitlichung des Währungswesens innerhalb Europas ergeben, so kann die Deutsche Reichsbank auch dieser neuen Aufgabe im Bewußtsein ihrer oft erprobten und stets erwiesenen Einsatzfähigkeit mit Zuversicht entgegensehen. Auch wenn darüber hinaus die Frage der Neuordnung der Gesamtheit der internationalen Währungsverhältnisse in ein akutes Stadium treten sollte, ergibt sich auf Grund des bisher von uns Erreichten und noch Angestrebten ein guter Ausgangspunkt für die Mitarbeit der Deutschen Reichsbank auch an diesem Problem.

Der kurze Überblick zeigt, daß die vornehmste Aufgabe der Notenbank auch heute noch die Sicherung der Währung ist, sie hat jedoch unter dem Einfluß der den Staat beherrschenden neuen Weltanschauung z. T. einen neuen Inhalt und eine engere Beziehung zum Volksganzen erhalten. Der alten und doch ewig jungen Reichsbank ist die Einstellung auf die neue Linie nicht schwer gefallen, denn sie hat ihre Arbeit nie nach privatwirtschaftlichen Gesichtspunkten ausgerichtet, sondern stets den Dienst an der Gemeinschaft zur Richtschnur ihres Wirkens gemacht und damit in ihrem Bereiche im Sinne des großen Preußenkönigs gehandelt, auf dessen Gründung sie zurückgeht.

J. B. Gradl

Über das Buchgeld

I. Wesen und Entstehung

Schon die Bezeichnung dieses Geldes macht Schwierigkeiten. In den hochentwickelten Volkswirtschaften wird für den Geldverkehr nicht nur Bargeld — einheitliche Geldzeichen in Form von Münzen und Scheinen — benutzt, sondern auch ein Geld, das nicht recht greifbar ist, mannigfaltige Erscheinungsformen hat und rechtlich eigentlich nur Anspruch auf Bargeld darstellt. Obwohl Theorie und Praxis seit langem mit diesem etwas mysteriösen Geld zu tun haben, hat es bis auf den heutigen Tag keine einheitliche Bezeichnung. In der geldwissenschaftlichen Literatur tritt es unter mancherlei Namen auf: Buchgeld, Giralgeld, Scheckgeld, Kreditgeld, Bankgeld, Cessionsgeld und andere. Jeder dieser Namen stellt eine andere Eigenschaft dieses Geldes heraus, darin aber sind sie einig, daß es eben nicht Bargeld ist. In diesem Aufsatz wird die Bezeichnung „Buchgeld" gewählt, weil sie in der neueren deutschen Literatur bevorzugt ist. (Übrigens könnte man anknüpfend an den Begriff „unbarer Zahlungsverkehr", der durch das Reichsgesetz über das Kreditwesen in die deutsche Geldlehre gekommen ist, das Buchgeld auch einfach als „unbares Geld" bezeichnen.)

In der Unterschiedlichkeit der Bezeichnungen spiegelt sich etwas von dem Wesen des Buchgeldes wider. Das Buchgeld — so wie wir es heute kennen — hat sich als notwendige Geldform der modernen vielgliedrigen und äußerst arbeitsteiligen Volkswirtschaft entwickelt; mit dem ständigen Wechsel der Erscheinungen dieser Wirtschaft bietet es immer neue Anblicke. Bis 1930 etwa hatten sich ziemlich einheitliche und feste Auffassungen über Wesen und Wert des Buchgeldes, über seine Bedeutung für Konjunkturpolitik, Kapitalbildung, Sparen, Bankpolitik usw. gebildet. Aber die Auffassungen beruhten im Grunde auf den Vorstellungen der liberalistischen Wirtschaftsordnung. Als dieses System nach der großen Krise und in Deutschland vor allem seit 1933 mehr und mehr aufgegeben wurde, fiel auch auf die Probleme und Möglichkeiten des Buchgeldes und alles dessen, was mit ihm zusammenhängt, neues Licht, und die alten Auffassungen mußten berichtigt werden. So ist es nicht verwunderlich, daß gerade in der deutschen Geldlehre der letzten Jahre die Einsicht in das Wesen des Buchgeldes sich besonders vertieft hat und wichtige neue Erkenntnisse gewonnen worden sind[1]).

Das Buchgeld als solches hat sich nicht geändert. Heute wie früher

[1]) Hingewiesen sei zum Beispiel auf die Arbeiten von Gestrich, v. Keller, Lukas, Stucken, J. Jessen und Lutz.

versteht man darunter die Zahlungsverkehrsguthaben bei Kreditinstituten, über die durch Scheck oder Überweisung ohne unmittelbare Bargeldbewegung verfügt werden kann, die aber auch unter Umwandlung in Bargeld abgehoben oder durch Einzahlung von Bargeld erhöht werden können. Wie das Bargeld wird das Buchgeld in Währungseinheiten gezählt und findet seinen Niederschlag als Geldbetrag aller möglichen Größen in den Büchern der Banken usw. auf den Konten der Besitzer. Der Geldcharakter des Buchgeldes ist seit langem unbestritten; die geläufige quantitätstheoretische Gleichung enthält von jeher die Größe G' (= Buchgeld im Unterschied zu G = Bargeld), und kein Mitglied der heutigen Wirtschaft, mag es noch so sehr dem Grundsatz „Bargeld lacht" huldigen, wird deshalb einen Scheck oder eine Gutschrift auf Bankkonto zurückweisen. Rechtlich zwar ist das Buchgeld nicht Geld, sondern eine gegen die Träger des unbaren Zahlungsverkehrs gerichtete Geldforderung; aber — und das ist währungsmäßig entscheidend — wirtschaftlich wird eine Zahlung mit Buchgeld ebenso als Leistung gewertet wie eine Zahlung mit Bargeld. Der Wert des Buchgeldes bestimmt sich wie der des Bargeldes aus der „wirtschaftlichen Wahrscheinlichkeit, für das Geld eine bestimmte Menge von Gütern zu erhalten".

Voraussetzung für die wirtschaftliche Anerkennung des Buchgeldes als Geld war und ist der Besitz jener bekannten Eigenschaften, durch die überhaupt erst ein Gut zum allgemeinen Tauschmittel werden kann. Tatsächlich besitzt das Buchgeld, das von der Bank- und Kreditorganisation der hochentwickelten und mit einem soliden Wirtschaftsrecht ausgestatteten Volkswirtschaften geschaffen wird, normalerweise alle diese Eigenschaften der Beständigkeit und Sicherheit, der leichten und billigen Verfügbarkeit und der allgemeinen Anerkennung. In mancher Hinsicht besitzt Buchgeld diese Merkmale sogar in höherem Maße als Bargeld. Zahlungen großer Geldbeträge z. B. sind mit Buchgeld bequemer, billiger und gefahrloser zu leisten als mit Bargeld; dasselbe gilt für die Aufbewahrung von Geld. Neben solchen technischen Vorzügen sind es aber auch wirtschaftliche und währungsmäßige, die dem Buchgeld zu seiner Entwicklung und Verbreitung geholfen haben: Je „arbeitsteiliger" und größer eine Volkswirtschaft ist, um so umfangreicher und intensiver sind in ihr die Tausch- und Kreditbeziehungen und um so mehr Geld benötigt sie also zur Vermittlung und technischen Bewältigung des Tausch- und Kreditverkehrs. Der Geldbedarf schwankt außerdem mit den jahreszeitlichen, den konjunkturellen und den sonstigen Veränderungen der Volkswirtschaft. Die Geldversorgung der Wirtschaft fordert daher ein hohes Maß von Elastizität, die eben das Buchgeld bietet. Denn für die Schaffung des Buchgeldes steht der gesamte Bankapparat des Landes zur Verfügung, während die Ausgabe des Bargeldes das Privileg eines einzigen Instituts, der Notenbank mit ihren besonderen Vorschriften, ist und sein muß.

Entsprechend ist in der deutschen Wirtschaft der Anteil des Buchgeldes am gesamten Geldverkehr sehr groß. Ein vollkommenes Bild vermögen allerdings nur Umsatzziffern zu geben, und die sind zwar für Buchgeld einigermaßen zu gewinnen, für Bargeld aber nur roh zu schätzen. Bestandsziffern können nicht genügend befriedigen, sind jedoch zugänglicher. In jedem Fall erhebt sich aber die Frage der richtigen Abgrenzung zwischen Buchgeld und Depositen. Buchgeld sind nur diejenigen Guthaben, die laufend dem Zahlungsverkehr dienen, in der deutschen Praxis also vor allem die „täglich fälligen Gelder", die im Habenzinsabkommen der Kreditinstitute definiert sind als „Gelder des Zahlungsverkehrs, für die eine Kündigungsfrist oder eine feste Laufzeit nicht vereinbart ist". Gewissermaßen den Gegenpol der Tagesgelder bilden die Spareinlagen; die Spareinlagen sind kein Buchgeld, denn sie werden von ihren Inhabern nicht für laufende Zahlungsansprüche bereitgehalten oder eingesetzt, sondern auf ihre Verwendung zu Umsätzen wird eben verzichtet, und zwar gewöhnlich für längere Zeit. Bei den öffentlichen Sparkassen kamen 1938 auf 18 Mrd. RM Spareinlagen 12,3 Mrd. RM Umsätze (6,8 Mrd. RM Einzahlungen und 5,5 Mrd. RM Auszahlungen); hingegen machten die sogenannten Giroeinlagen, d. h. die eigentlichen Zahlungsverkehrsguthaben, bei 2,2 Mrd. RM Bestand auf Grund zuverlässiger Schätzungen, allerdings unter Einschluß der Umsätze auf debitorischen Konten, etwa 140 Mrd. RM Umsätze. Zweifelhaft ist die Zurechnung der Kündigungs- und der Festgelder zum Buchgeld. Überwiegend wird die Zurechnung abgelehnt mit der Begründung, daß es sich bei diesen Guthaben wie bei den Spareinlagen um stillgelegte Gelder handele. Gegen diese unterschiedslose Behandlung ist einzuwenden, daß die Festgelder, die nach Ablauf ihrer vorbestimmten Laufzeit automatisch fällig werden, erfahrungsgemäß kürzerfristig sind als Kündigungsgelder, die zur Fälligkeit erst der Kündigung bedürfen, und daß innerhalb dieser Gruppen die Gelder in ihren Fristen sehr verschieden sind; das Habenzinsabkommen unterscheidet Kündigungsfristen bzw. feste Laufzeiten von 1, 3, 6 und 12 Monaten. Wenn man diese Unterscheidungen in Rechnung stellt und ferner bedenkt, daß es dem Wesen der Zahlungsverkehrsguthaben nicht widerspricht, wenn solche Guthaben gelegentlich einige Zeit nicht bewegt werden — vielleicht weil irgend welche Gründe den Dispositionsentschluß oder die Gegenleistung verzögern —, so kommt man zu der Auffassung, daß es richtiger sein wird, die Kündigungsgelder mit einmonatiger Kündigungsfrist und die festen Gelder mit einer Laufzeit bis zu 3 Monaten noch zu den Zahlungsverkehrsguthaben zuzurechnen. Praktisch ist es wohl so, daß diese Einlagengruppen von denen belegt werden, die scharf zu kalkulieren pflegen und deshalb für vorübergehend umsatzlose Mittel den Zinsvorteil „mitnehmen" wollen, den diese Gruppen bieten. Einer schärferen Trennung zwischen Buchgeld und Depositen wird es deshalb dienlich sein, für die genannten kürzesten Fälligkeitsgruppen der Einlagenzinsskala den Zins in einem verhältnismäßig starken Abstand vom Zins der nächstlängeren Fristen festzusetzen. Die jetzige Staffelung (Tagesgeld 1%, Einmonatsgeld 1¾%, Dreimonatsgeld 2½%) bietet in dieser Hinsicht noch Verbesserungsmöglichkeiten.

Andere Zweifel bestehen hinsichtlich der Behandlung der fest zugesagten, aber noch nicht in Anspruch genommenen Bankkredite. Bei der angelsächsischen Buchungsmethode — sofortige Belastung des gesamten eingeräumten Kredites auf Sonderkonto und Gutschrift auf laufendem Konto des Kreditnehmers — ist die Zurechnung zum Buchgeld keine Frage. Es ist auch richtig, daß es nur von dem jederzeit möglichen Entschluß des Kreditnehmers abhängt, den noch nicht abgeforderten und verbuchten Kreditbetrag zu einem Zahlungsverkehrsguthaben, also zu Buchgeld zu machen. Andererseits besteht aber dieses Geld bis zu dem Augenblick des Entschlusses tatsächlich nicht, und es ist auch fraglich, ob es überhaupt entsteht. Hinzu kommt in Deutschland, daß der Grundsatz herrscht, Zinsen nur für den tatsächlich in Anspruch genommenen Kredit zu berechnen, und daß deshalb die sofortige Verbuchung des fest zugesagten, aber noch nicht beanspruchten Kreditbetrages durch das Sollzinsabkommen untersagt ist.

Bei den Praktikern des Bankwesens stieß die Lehre der Geld- und Kredittheorie, daß die Banken die Fähigkeit der (Buch-)Geldschöpfung hätten und ausübten, bis vor gar nicht langer Zeit auf Widerspruch, und auch heute findet sich noch Mißtrauen. Die Gründe sind zum Teil gefühlsmäßig, zum Teil sachlich bedingt: Kein Beruf sieht seine Arbeit gern in auch nur entfernte Beziehungen zu der Tätigkeit geldfabrizierender Alchimisten gebracht. Aber tatsächlich wird die Fähigkeit des „Geldmachens" den Kreditinstituten keineswegs geschenkt, sondern sie erfordert mancherlei Voraussetzungen, die von dem Bankwesen geschaffen und erhalten werden müssen. Das Buchgeld hat zur Vorbedingung das Bestehen von Einrichtungen, denen man Geld sicher anvertrauen kann und deren Anerkenntnisse von Geldforderungen volles Vertrauen und allgemeine Annahmeneigung, also die wichtigsten Geldeigenschaften, besitzen. Nur auf dieser Grundlage ist es möglich, Zahlungen statt durch Aushändigung von Bargeld durch Umschreiben von Forderungen in den Bankbüchern zu erledigen, also Buchgeldverkehr durchzuführen. Wie wichtig diese Vertrauensgrundlage und wie schwer zu gewinnen sie ist, zeigt ein Blick in die Satzungen der alten Girobanken, die eine Fülle verschiedenartigster Anordnungen enthalten, um Leitung, Geschäft, Organisation und Technik für die Entwicklung und Verbreitung des bargeldlosen Verkehrs zu gestalten. Heute ist die Erfüllung dieser Voraussetzungen sozusagen selbstverständlich geworden, und nur bei schweren Bankkrisen wird blitzartig deutlich, daß Mängel der Leitung, Fehler in Geschäft und Organisation die Grundlage erschüttern und mit dem Krach eine kaum für möglich gehaltene Rückbildung des bargeldlosen Geldverkehrs herbeiführen können.

Auf die Frage, wie bei den Banken in ihrer Gesamtheit Buchgeldguthaben entstehen, lautet die nächstliegende Antwort: durch Einzahlung, und zwar durch Einzahlung von Bargeld, denn Einzahlung durch reine Überweisung oder Scheckeinreichung setzt bereits das Dasein von Buchgeld voraus. Würde sich darin die Funktion der Banken als Träger des

Buchgeldverkehrs erschöpfen, dann wären die Banken nicht viel anderes als Tresorverwaltungen, die eingeliefertes Bargeld verwahren und ihren Kunden durch Umschreiben das Ein- und Ausliefern für Zahlungen untereinander ersparen. Das waren tatsächlich die Funktionen der früheren Girobanken; bei der Hamburger Girobank zum Beispiel mußte der Bankfonds (= Summe sämtlicher Guthaben) stets vollständig vorhanden sein und war es in der Regel auch, hauptsächlich in Barrensilber. Mit dem Anblick der heutigen Bankbilanzen stimmt dieses Bild offensichtlich nicht überein. Die Zahlungsverkehrsguthaben sind nur zu einem sehr geringen Teil durch Bargeld oder gleichwertiges Metall gedeckt; die hauptsächlichen Gegenposten sind vielmehr Wechsel, Darlehen, Kontokorrentkredite, öffentliche Wertpapiere usw., also Kredite irgendwelcher Art. Hier liegt ein wesentlicher Unterschied zwischen den alten Girobanken und unserem modernen Bankwesen. Der Hamburger Girobank z. B. war die Kreditgewährung ausdrücklich verboten; Artikel 25 der Banksatzung vom 1. 9. 1710 bestimmte: „Niemand soll Macht haben, einigen Menschen, er sei auch wer er wollte, auch sich selber nicht, mehr zu kreditieren, und aus der Lehn-Banco zu wechseln und zu bezahlen, als er in Avanz hat". Die heutige Bank hingegen behält das bei ihr eingezahlte Bargeld nicht in der Kasse, sondern sie leiht es — von einer verhältnismäßig kleinen Barreserve abgesehen — wieder aus. Das Geld wird dadurch — so hat man es auch ausgedrückt — gewissermaßen verdoppelt; denn der Einzahler kann ungeachtet der Ausleihung des von ihm eingezahlten Bargeldes über sein durch die Einzahlung entstandenes (Buchgeld-)Guthaben bei der Bank weiter verfügen. (Spannungen auszugleichen, die durch Barabhebungen entstehen könnten, ist Sache der an dieser Stelle nicht zu erörternden Liquiditätspolitik.) In der Aufrechterhaltung der Verfügungsfreiheit über das Guthaben über den Zeitpunkt der Kreditinanspruchnahme hinaus vollzieht sich der Geldschöpfungsakt. Aber das Geldschöpfungsvermögen der heutigen Bank geht noch weiter, die Bank ist nicht völlig auf die Einzahlung von Bargeld angewiesen, sondern sie kann von sich aus Kredit gewähren, indem sie dem Kreditnehmer ein Buchgeldguthaben einräumt (ohne daß ein anderer Kunde ein solches Guthaben für diese Zwecke abtritt). Hierzu sind die Banken in der Lage, weil ihr Buchgeld allgemein als Geld anerkannt und deshalb Umwandlungen des Buchgeldes in Bargeld nur in beschränktem, zahlungsverkehrstechnisch bedingtem Maße erfolgen, die überdies durch Bareinzahlungen noch mehr oder minder ausgeglichen werden. Die Masse der Buchgeldzahlungen erfolgt durch Umschreiben innerhalb oder zwischen den Banken, und diese bargeldlosen Zahlungen sind wirtschaftlich vollwertig. Neben Bargeldeinzahlung und Kreditgewährung bleibt als dritter und letzter Entstehungsfaktor der Ankauf von bankfähigen Werten unter Einräumung von Buchgeldguthaben zu berücksichtigen. Hauptsächlich Währungsmetalle und Devisen sind solche Werte, die aber weniger für die Buchgeldschaffung der Kreditinstitute als für die Geldschöpfung der Zentralbank von Bedeutung sind.

Praktisch lautet daher für das moderne Bankwesen die Antwort auf die Frage, wie Buchgeldguthaben entstehen: durch Bargeldeinzahlung und durch Kreditgewährung.

Die Bankbilanzen bestätigen diese Antwort; damit, daß sie den Bargeldbestand im Verhältnis zum Buchgeldbestand sehr niedrig ausweisen, zeigen sie aber auch, daß die Kreditgewährung der Banken die Hauptform der Buchgeldschaffung ist. Das ist insofern nicht erstaunlich, als auch die andere Geldart, das Bargeld, heute in der Hauptsache durch Kredit entsteht. Der Reichsbankausweis zeigt, daß nicht auf Grund von Metall und Devisen, sondern im Kreditwege die Masse des Bargeldes ausgegeben wird. Die Stellung des Währungsmetalls im Zentralbanksystem hat in mancher Hinsicht eine Ähnlichkeit mit der des Bargeldes im Bankensystem.

Man pflegt in diesen Zusammenhängen von Geldschöpfung und von Kreditschöpfung der Banken zu reden. In der Tat handelt es sich hier um schöpferische Vorgänge. Das Buchgeld der Banken ist neues Geld neben dem Bargeld. Eigentliche (Buch-)Geldschöpfung und damit ein währungspolitischer Akt ist allerdings nur insoweit gegeben, als die Buchgeldguthaben über den Bargeldbestand der „schöpferischen" Banken hinausgehen[1]). Das Buchgeld der Hamburger Girobank, um bei diesem historischen Beispiel zu bleiben, war neues Geld, aber Zug um Zug mit seiner Bildung wurde Bargeld bzw. diesem gleichwertiges Silber stillgelegt. Währungsmäßig entstand also hier nicht neues, „zusätzliches" Geld. Von den Wirkungen des zeitweiligen verstärkten Silberzuflusses kann abgesehen werden, denn er hat andere Bedeutung. Heute ist das meiste Buchgeld, wie schon erwähnt, durch Kredite „gedeckt" und also zusätzliches Geld. Je nach der Betrachtungsweise stellen sich die Vorgänge mehr als Kreditschöpfung oder als Geldschöpfung dar. Geht man in der beispielhaften Vorstellung von dem Einleger aus, dessen eingezahltes Bargeld an den Debitor ausgeliehen wird, dann erscheint nicht dieses Ausleihen als das Besondere, sondern das Aufrechterhalten der Verfügungsfreiheit des Einlegers, dem nun Buchgeld für Bargeld gegeben ist. So gesehen drängt sich die Bezeichnung „Geldschöpfung" für den ganzen Vorgang auf. Geht man von dem Kreditnehmer aus, dem — obwohl alle baren Mittel der Bank durch bereits erfolgte Ausleihungen und Reserve beansprucht erscheinen — von der Bank ein Kredit eingeräumt wird unter Eröffnung eines (Buchgeld-)Guthabens, so liegt es nahe, den Vorgang als Kreditschöpfung zu betonen. In dem geschäftlichen

---

[1]) Es ist deshalb richtig, wenn gefordert wird, daß eine genaue Buchgeldstatistik, um den währungsmäßig bedeutsamen Bestand zu erfassen, die Bargeldreserve der Banken abzieht. Eine andere Korrektur ist währungsmäßig erforderlich in den Fällen, in denen Buchgeldguthaben nur gewissermaßen durchlaufende Posten darstellen; das ist insbesondere bei täglich fälligen Guthaben der Fall, die seitens Kreditinstituten bei übergeordneten Kreditinstituten unterhalten werden (z. B. im Verhältnis Sparkassen — regionale Girozentralen — Deutsche Girozentrale). Doppelzählungen bei der Aufnahme des währungsmäßig effektiven Buchgeldbestandes sind allerdings praktisch schwer zu vermeiden.

Verlauf der täglichen Bankpraxis gehen allerdings beide Erscheinungsweisen ineinander über, und das wirklich Schöpferische an dem Gesamtvorgang ist — wie bei der Notenbank — eben die Geldschöpfung, hier die Buch-, dort die Bargeldschöpfung. Daß die Geldschöpfung der Banken die der Notenbank bei dem heutigen Geldsystem voraussetzt, ist bank- und währungspolitisch wichtig, ändert aber nichts an der Tatsache der Geldschöpfung der Banken.

II. Buchgeld und Spargeld

Die Geldmittel, welche die Kreditinstitute zur Ausleihung bringen, stammen nicht nur aus der Geldschöpfung. Das Kreditvolumen der Kreditinstitute geht weit über die Summe ihrer Buchgeldbestände — oder gebräuchlich ausgedrückt: ihrer täglich oder kurzfristig fälligen Gelder — hinaus. Dieser „Überhang" hat in den Bilanzen als Gegenposten in der Hauptsache die den Kreditinstituten von ihren Kunden anvertrauten Spargelder sowie die diesen in etwa gleichzustellenden längerfristigen Depositengelder.

Wer auf Sparkonto Geld einzahlt, verzichtet damit einstweilen auf die Ausübung der Kaufkraft, die dieses Geld repräsentiert. Wie lange er verzichtet, hängt von den Kündigungsabmachungen ab. (Obwohl die Kündigungsfristen formal verhältnismäßig kurz sind, bleibt das Spargeld erfahrungsgemäß doch längere Zeit unberührt. Die oben genannten Umsatzzahlen der Sparkonten der deutschen Sparkassen zeigen, daß 1938 von 18 Mrd. RM Spareinlagen rund zwei Drittel während des ganzen Jahres nicht bewegt wurden. Dabei ist besonders beachtlich, daß den Hauptanteil am Bestand die Spareinlagen mit sog. satzungsmäßiger, also nicht länger als dreimonatiger Kündigungsfrist haben.) Zahlungsverkehrsumsätze scheiden auf dem Sparkonto seinem Wesen nach aus; will der Sparer sein Spargeld zu irgendwelchen Zahlungen benutzen, so muß er die Ersparnisse erst vom Sparkonto wieder abdisponieren, und das ist nicht jederzeit und ohne Umstände möglich wie auf dem Konto täglich fälligen Geldes, sondern bedarf normalerweise des Ablaufs der Kündigungsfrist. Dem Guthaben auf Sparkonto fehlt damit im Unterschied zum Guthaben auf Tagesgeldkonto eine wesentliche Geldeigenschaft. Das Guthaben auf Sparkonto beinhaltet nicht Geld, sondern Recht auf Geld, gedeckt durch die Geldforderungen aus den mit dem Spargeld finanzierten Krediten. (Ebenso, aber deutlicher ist der Sachverhalt beim Wertpapiersparen, zum Beispiel im Verhältnis Pfandbriefgläubiger — Pfandbriefschuldner. Der Unterschied zwischen Geld und Pfandbrief ist offensichtlicher als der zwischen Geld und Spareinlage, der volkswirtschaftliche Inhalt des Sparguthabens und des Pfandbriefkapitals aber ist gleich.) Die Bewegungen auf Sparkonto sind gewissermaßen Umsätze in Kaufkraftverzichten, bei Einzahlungen wird neu auf Kaufkraft verzichtet, Auszahlungen sind die Vorbereitung zur Aufhebung des Kaufkraftverzichts. Auf den Buchgeldkonten

(Zahlungsverkehrskonten) hingegen wird gerade durch die Bewegung (Zahlung) die Kaufkraft ausgeübt, sei es zur Abgeltung früher empfangener, sei es zum Kauf neuer Güter.

Die Frage, ob auch im Bereich des Sparverkehrs Geldschöpfung möglich ist, ist unter diesen Umständen zu verneinen. Kredit wird nicht genommen, um das Geld zu sparen, sondern um seine Kaufkraft zu verwerten. Das heißt, es wird Bargeld oder Buchgeld verlangt, die Einräumung eines Guthabens auf Sparkonto genügt also nicht. Ein Kreditinstitut, das nur den reinen Sparverkehr — Hereinnahme und Wiederausleihung von Spareinlagen — pflegt (also insbesondere die reinen Sparkassen, Hypothekenbanken und Grundkreditanstalten), muß bei jeder Kreditgewährung davon ausgehen, daß der Kreditnehmer das kreditierte Geld abverfügt. Das Hypothekengeld, das zum Beispiel eine Sparkasse (der Fall der gemischten Spar- und Girokasse bleibt hier — da er für das Grundsätzliche dieser Vorgänge unerheblich ist — außer Betracht) ihrem Hypothekenschuldner gibt, kehrt nicht als Buchgeld auf einem Zahlungsverkehrskonto bei ihr wieder. Eine Anreicherung tritt bei ihr nur ein, soweit im Zuge der Leistungs- und Gegenleistungsfolge, die durch das Hypothekengeld ausgelöst wird, ein Leistungsträger auf Ausübung der erworbenen Kaufkraft verzichtet, den Geldbetrag deshalb spart und ihn der Sparkasse anvertraut. Hier wirkt sich eben der Unterschied zwischen dem Sparkonto und den diesem gleichzustellenden sonstigen Konten und Verbriefungen einerseits, dem Buchgeld- oder Zahlungsverkehrskonto andererseits aus. Die Kreditinstitute, die Zahlungsverkehrskonten führen (Kreditbanken, Girokassen usw.), bringen auf diesen Konten die ausgeliehenen Beträge gut und stellen damit anerkanntes frei verfügbares Geld zur Verfügung, das im allgemeinen — von Spitzenbeträgen abgesehen — zur Durchführung der Umsätze genügt, welche die Kreditnehmer und Einleger durch Ausübung ihrer im Buchgeld dargestellten Kaufkraft auslösen. Die Kreditinstitute, die den unbaren Zahlungsverkehr betreiben, können sich so die erforderlichen Mittel durch (Buch-)Geldschöpfung beschaffen. Die reinen Sparinstitute aber sind in der Höhe ihrer Ausleihungen völlig auf die Geldmittel angewiesen, die ihnen von anderen, in der Hauptsache von den Sparern, für längere Zeit zur Verfügung gestellt werden.

In Deutschland ist der Unterschied zwischen Zahlungsverkehrskonto und Sparkonto durch gesetzlichen Ausschluß des Zahlungsverkehrs vom letzteren noch erhärtet. Das Kreditwesengesetz bestimmt in § 22, daß Sparkonten nicht den Zwecken des Zahlungsverkehrs dienen; es verbietet Verfügungen über Spareinlagen durch die unbaren Zahlungsmethoden Überweisung und Scheck, und es macht die Verfügungen von der jeweiligen Vorlegung des Sparbuches abhängig. Um die Geldschöpfung im Sparverkehr auch formal auszuschließen und einer Geldschöpfung auf Umwegen durch Fehlverwendung von Einrichtungen des Sparverkehrs vorzubeugen (Sparbuch mit im Kreditwege geschaffener Spareinlage als Unterlage eines Buchgeldkredits), heißt es a. a. O. im Gesetz ferner, daß ein Kreditinstitut Beträge, die es erst im Kreditwege zur Verfügung stellt, nicht auf Sparbuch gutbringen darf. (Daß auf Sparkonto Geld erscheinen kann, das von einer anderen Stelle durch Kreditgewährung „geschöpft" ist, ist zu alledem kein Widerspruch. Dem als Ersparnis eingezahlten Geld ist in der Tat nicht anzusehen, ob es aus einer Buchgeldschöpfung herrührt. Aber wenn es auch so ist — bei dem Anteil des Buchgeldes an den volkswirtschaftlichen Umsätzen wird es oft der Fall sein —, so ist deshalb der Sparverkehr nicht selbst buchgeldschöpferisch. Das eingezahlte Geld rührt immer aus einer Umsatzfolge her, in der der einzahlende Sparer selbst oder ein Vormann Leistungen erbracht haben, die mit dem Geld abgefunden worden sind. Die andere Möglichkeit, daß der Sparer das Geld durch Kreditgewährung erlangt hat, scheidet wie schon oben erwähnt, aus, da gewöhnlich niemand Kredit nimmt, um das kreditierte Geld zu sparen.)

Die erwähnten gesetzlichen Bestimmungen sind nicht Ursache, sondern Bestätigung des besonderen Charakters des Sparkontos. Zur Begründung der Bestimmungen wird in dem Bericht des Untersuchungsausschusses 1934 die notwendige „Trennung des kurz- und langfristigen Geschäfts" betont. Dieses Postulat ist inzwischen theoretisch und praktisch in mancher Hinsicht revidiert, die Richtigkeit einer sauberen Trennung zwischen Buchgeld und Spargeld bzw. Zahlungsverkehrskonto und Sparkonto aber dadurch nicht beeinträchtigt worden. Zwischen beiden Geld- und Kontengruppen besteht ein wesentlicher Unterschied, der sich — auf das äußerste vereinfacht — etwa so darstellt: Die durch Buchgeldschöpfung verliehene Kaufkraft stellt in jedem Fall zusätzliche Ansprüche an die produktiven Kräfte, während der Kaufkraft des mit Spargeld finanzierten Kredits die produktiven Kräfte zur Verfügung stehen, zu deren Inanspruchnahme der Sparer berechtigt ist, auf die er aber verzichtet hat. Produktiven Einsatz überhaupt vorausgesetzt, hat der Sparer (oder sein Vormann) zur Steigerung dieser produktiven Kräfte beigetragen, das Spargeld ist Ausdruck seines Anteils. Das Ausmaß, oder genauer: die Zuwachsrate der Ersparnisse, gleichgültig ob diese auf Spar- oder längerfristigen Depositenkonten oder in Wertpapieren in Erscheinung treten, bestimmt die Möglichkeiten einer Volkswirtschaft, ohne tiefgreifende Spannungen und ohne wesentliche Beeinträchtigung des verbleibenden laufenden Verbrauches die technisch-wirtschaftliche Ausrüstung zu erweitern und zu verbessern. Für die Kredit-, Währungs- und Wirtschaftspolitik ist es wichtig, das Ausmaß dieser Möglichkeiten jeweils zu erkennen; es wird offen sichtbar auf den Sparkonten und in den Wertpapierkäufen. Allerdings kann das einzelne Wirtschaftssubjekt auch sparen, indem es Bargeld anhäuft oder indem es Buchgeld unbewegt auf seinem Zahlungsverkehrskonto ruhen läßt, also Buchgeld hortet[1]); aber diese Kaufkraftverzichte sind versteckt, undeutlich und

[1]) Erwähnt sei, daß die Staffelung der Habenzinsskala nicht ohne Bedeutung dafür ist, ob der einstweilige Verzicht auf die Ausübung der Kaufkraft des Buchgeldes offen durch Zuführung an ein längerfristiges Depositenkonto oder versteckt durch umsatzloses Stehenlassen auf Buchgeldkonto erfolgt. Vgl. auch oben S. 11.

unzuverlässig, sie sind daher als Grundlage der Kredit- und Wirtschaftspolitik schlecht brauchbar und führen oft zu empfindlichen wirtschaftlichen Störungen.

In der Literatur findet man nicht selten den Vorgang der Buchgeldschöpfung als eine Art Sparen bewertet. Nun kann die Buchgeldschöpfung diese Wirkung haben, aber nur unter verschiedenen, keineswegs immer gegebenen Voraussetzungen, was häufiger übersehen wird und deshalb zu Vorstellungen verleitet wie der, daß das gewöhnliche Sparen in der Volkswirtschaft vielleicht durch zusätzliche Kreditgewährung aus erweiterter Buchgeldschöpfung ersetzt werden könnte. Der bekannte Gedankengang in der Literatur der 20er Jahre ist: Zusätzliche Kredite — Preissteigerung — Konsumverringerung — zusätzliche Realkapitalschaffung. Zwar finden sich Einschränkungen, aber ihnen pflegt nicht ein solches Gewicht beigemessen zu werden, daß der geschilderte Gedankengang im Grunde beeinträchtigt würde. Tatsächlich ist der Vorgang der Buchgeldschöpfung nicht einfach mit Sparen, sei es auch einem erzwungenen, gleichzusetzen, und Bezeichnungen wie „Zwangssparen“ oder dgl. sind für ihn unzweckmäßig. Als Sparen in dem Sinne, daß das einzelne Wirtschaftssubjekt Geldrücklagen bildet, kann er offensichtlich nicht angesehen werden; es kann nur der Vergleich mit einem Sparen im gesamtwirtschaftlichen Sinne in Betracht kommen. Die Volkswirtschaft kann — wenn man von dem Erwerb von Auslandsforderungen absieht — nur durch Vermehrung der produktiven Anlagen und der Vorräte sparen. Zu einem solchen Sparen kann die Gewährung zusätzlicher Kredite durch Buchgeldschöpfung nur unter folgenden Bedingungen führen: a) die Kredite müssen zu einem produktiven Einsatz benutzt werden, b) in der Volkswirtschaft müssen noch produktive Kräfte für die Beschäftigung frei sein.

Zu a) Es ist offenbar, daß eine Verwendung der zusätzlichen Kaufkraft für die Inanspruchnahme der produktiven Kräfte zu Zwecken des Verbrauches — sei es des individuellen, sei es des gemeinschaftlichen — nicht zu einer unmittelbaren Erhöhung der produktiven Anlagen und Vorräte führt. Zwar kann z. B. durch staatlichen Einsatz der Kräfte in einer Weise, die wirtschaftlich als Verbrauch zu werten ist, auf politischen Wegen eine Produktivität höherer Ordnung erreicht werden, die sich dann auch wirtschaftlich kräftesteigernd auswirken kann. Die Richtigkeit der wirtschaftlichen Bedingung in dem hier erörterten Zusammenhang wird aber dadurch nicht beeinträchtigt, ebenso wie es richtig bleibt, daß dieselbe Bedingung auch erfüllt sein muß, um Kredit aus Spargeldern zu einem volkswirtschaftlichen Sparerfolg zu bringen.

Zu b) Erfolgt der Einsatz des Buchgeldkredites produktiv und werden dadurch freie Kräfte der Volkswirtschaft beschäftigt — sei es daß solche Kräfte überhaupt still lagen, sei es daß sie durch bessere Organisation freigemacht wurden —, dann ergibt sich eine echte Steigerung der Produktivität. Diese Einsatzweise greift allerdings in ihrer Bedeutung über den

Bereich der hier behandelten Fragestellung weit hinaus: sie umschließt das Grundprinzip einer gesunden und sogar unentbehrlichen Geldschöpfung überhaupt in der modernen arbeitsteiligen Volkswirtschaft. Ist aber die Volkswirtschaft voll beschäftigt, dann ist ein volkswirtschaftlicher Sparerfolg nur erzielbar, soweit Umlagerungen von „unproduktiven" zu „produktiven" Vorhaben möglich sind. Jedenfalls ist aber der Einsatz zusätzlichen Buchgeldkredits auch in der voll und annähernd voll beschäftigten Wirtschaft geeignet, bei vorsichtiger Dosierung einen der technischen und organisatorischen Entwicklung förderlichen Antrieb auszuüben. Die Buchgeldschöpfung und die über sie vorgenommene Kreditausweitung hat überhaupt ein wesentliches Verdienst an der gewaltigen technisch-wirtschaftlichen Entwicklung seit der zweiten Hälfte des vorigen Jahrhunderts. Daß diese erfolgreiche Wirkung möglich war, liegt einmal an dem vorwiegend produktiven Einsatz der zusätzlichen Kredite, aber auch daran, daß die Ausdehnung der Buchgeldschöpfung allmählich im Laufe vieler Jahrzehnte vor sich ging einerseits in Verbindung mit der Entwicklung der Organisation des unbaren Zahlungsverkehrs und des modernen Bankwesens, andererseits in Begleitung einer die Ergiebigkeit des Wirtschaftens gewaltig steigernden technischen Entwicklung. So konnten die großen, hochindustrialisierten Volkswirtschaften entstehen, die heute ein „normales" Buchgeldvolumen nicht nur tragen, sondern für ihre reibungslose Arbeit fordern.

III. Buchgeld und Bargeld — Grenzen der Buchgeldschöpfung

In unserem geldwirtschaftlichen System bestehen als Zahlungsmittel nebeneinander Bargeld und Buchgeld. Dem Bargeld ist sein Geldcharakter durch staatlichen Hoheitsausspruch bestätigt, die Anerkennung des Buchgeldes beruht auf der als volle Sicherheit gewerteten Wahrscheinlichkeit, ohne weiteres in Ware getauscht oder in Bargeld eingelöst werden zu können. Das Mengenverhältnis Bargeld : Buchgeld hängt insgesamt in einer Volkswirtschaft ab von den Zahlungssitten der Bevölkerung, von ihrer Gewöhnung an den unbaren Zahlungsverkehr, von dem Vertrauen in die Banken und der Qualität der Zahlungsverkehrstechnik, von konjunkturellen und jahreszeitlichen Schwankungen und von der zeitlichen Verteilung der großen Zahlungstermine (Steuern, Hypothekenzahlungen usw.).

Das Maß, in dem das einzelne Kreditinstitut auf die Deckung seines Buchgeldes durch Bargeld bedacht sein muß, ist nach Art und Größe der Institute verschieden. Je kleiner der unbare Zahlungsverkehr eines Instituts ist, um so mehr muß es damit rechnen, daß sich die unbaren Zahlungsein- und -ausgänge nicht ausgleichen und daß bei Buchgeldschöpfung eine Abverfügung in bar erfolgt. Für den Privatbankier, die kleine Privatbank, die Spezialbank ist der Zahlungsverkehr ein nebensächlicher Geschäftszweig; entsprechend sind das Buchgeldschöpfungsvermögen und die Kreditkapazität eingeschränkt. Umgekehrt ergibt sich eine Steigerung des Kreditpotentials mit der Ausdehnung des unbaren Zahlungsverkehrs des einzelnen Instituts. Wenn über die Belastung an persönlichem und sächlichem Aufwand, die das Zahlungsverkehrsgeschäft mit sich bringt, zuweilen geklagt wird, so darf dabei nicht vergessen werden, daß jedenfalls das autonome Kreditgeschäft, soweit es nicht mit Spar- und gleichwertigem Depositengeld finanziert werden kann, in zwingender Abhängigkeit vom Buchgeldschöpfungsvermögen und damit von der Geschäftssparte Zahlungsverkehr steht.

Da Bargeld für die Durchführung auch des Buchgeldverkehrs unentbehrlich ist — zur Ermöglichung von Bardispositionen der Kontoinhaber und zum Zahlungsausgleich zwischen den Kreditinstituten —, liegt der Gedanke nahe, das Bargeld, dessen Schöpfung in staatlicher Hand liegt (Zentralbank), als Mittel der Begrenzung der Buchgeldschöpfung zu benutzen. Weder das „Gesetz der Rückströmung" des Geldes zu den buchgeldschaffenden Instituten im Zuge der Kreditrückzahlung noch die Beobachtung, daß sich „der Verkehr sein Geld selbst schafft", können es rechtfertigen, die Buchgeldschaffung (und überhaupt die Geldschöpfung) sich selbst zu überlassen. Die Rückströmung ist währungspolitisch von entscheidender Bedeutung; da Geld Ansprüche auf Leistungen gewährt, würde eine übermäßige und ohne Rückzahlung erfolgende Geldschöpfung und -hergabe bedeuten, daß Leistungen ohne Gegenleistung in Anspruch genommen werden können — womit gegen ein Grundprinzip wirtschaftlicher Ordnung verstoßen würde. Tatsächlich erfolgt die Buchgeldschöpfung im allgemeinen im Wege der Gewährung von Krediten; aber abgesehen davon, daß im Einzelfall trotzdem die Kredittilgung ausbleiben kann (Fehlinvestitionen), ist insbesondere zu berücksichtigen, daß Kreditrückzahlungen, die sich ausdrücklich oder der Wirkung nach durch Eingehen neuer Kreditverpflichtungen vollziehen, zwar vom Standpunkt der Liquidität der Kreditinstitute unter Umständen genügen, nicht aber als Rückzahlung im Sinne des „Gesetzes der Rückströmung" gewertet werden können. Die Behauptung ferner, daß der Verkehr sich sein Geld selbst schafft, ist in gewissem Sinne zutreffend, aber damit ist weder ausgeschlossen, daß über das Bedürfnis des wirtschaftlichen Verkehrs hinaus Geld geschaffen noch daß andererseits hierfür immer genügend Geld zur Verfügung gestellt wird. Jedenfalls ist, wie alle geldgeschichtliche Erfahrung zeigt, eine Regulierung der Geldschöpfung und damit auch der Buchgeldschöpfung nötig.

Den deutschen Kreditinstituten ist an sich freigestellt, gegen welche Deckung und in welchem Umfange sie Kredite geben und Buchgeld schöpfen wollen. Anlagebeschränkungen, die für manche Gruppen, insbesondere öffentliche Kreditinstitute bestehen, sind nicht währungsmäßig begründet, sondern beruhen auf Sicherheits- und Kapitallenkungserwägungen. Währungspolitische Einwirkungen auf die Buchgeldschöpfung finden sich im deutschen Bankrecht erst seit Erlaß des Kreditwesengesetzes, das in § 16 die Kreditinstitute zur Unterhaltung einer genügenden Barreserve anhält und in §§ 28, 29 Ermächtigungen für eine Änderung der bestehenden Ordnung des unbaren Zahlungsverkehrs erteilt. Der hier interessierende § 16 ist bis heute eine Rahmenvorschrift insofern geblieben, als bestimmte Prozentsätze der Barreserve nicht festgesetzt worden sind. Seine Wirkung und Bedeutung darf deshalb nicht unterschätzt werden, denn er lenkt immer wieder die Aufmerksamkeit der Kreditinstitute auf die Liquiditätsvorsorge; aber in dem Belassen des § 16 als Rahmenvorschrift kommt doch zum Ausdruck, daß seine Problematik inzwischen als vielseitiger erkannt worden ist, als bei Erlaß des Kreditwesengesetzes angenommen wurde. Die Bargeldreserve der deutschen Kreditinstitute ist schon immer niedrig gehalten worden; Ende Juni 1939 belief sie sich z. B. bei den Großbanken auf 1,9% der gesamten kurzfristigen Verpflichtungen (allerdings einschließlich Spareinlagen), bei den sonstigen Kreditbanken auf 2,8%. Nun hat in Deutschland der unbare Zahlungsverkehr bereits einen sehr hohen Entwicklungsstand und Ausdehnungsgrad erreicht; auch ist einstweilen nicht anzunehmen, daß noch wesentliche Veränderungen der Zahlungssitten zugunsten sei es des baren, sei es des unbaren Geldverkehrs eintreten. So liegt es in Anbetracht der niedrigen Barreservesätze nahe, zu vermuten, daß der „Überbau" des Buchgeldvolumens die Höhe erreicht hat, die das Fundament der Bargeldreserve — diese für sich genommen — zuläßt. Hierfür spricht noch die Beobachtung, daß die Banken zu Terminen größeren jahreszeitlich bedingten Bargeldbedarfes durch Beschaffung größerer Bargeldmengen erheblich vorsorgen. Zum Jahreswechsel 1938/39 zum Beispiel betrugen die Barreservesätze bei den beiden obengenannten Gruppen 3,8 bzw. 4,9%. Trotzdem war es den Banken möglich, seither ihr Buchgeldvolumen erheblich zu steigern, ohne den Bargeldbestand entsprechend erweitert zu haben. Zwar lassen sich für diese Erscheinungen genügende Erklärungen geben, unter anderen die, daß der durch die kriegswirtschaftlichen Verhältnisse bedingte Rückgang der Umlaufsgeschwindigkeit des Buchgeldes den Bedarf an Bargeldvorrat verringert. Die Erscheinung als solche aber zeigt, daß das Buchgeldvolumen auch dann, wenn Zahlungssitte und Zahlungstechnik einigermaßen stabil sind, nicht einfach und starr von dem Bargeldvolumen abhängig ist. Diese Erfahrung ist keineswegs neu, sondern oft genug in der modernen Geldgeschichte gemacht worden, und sie hat zu vielen Erörterungen darüber geführt, wie trotzdem eine richtige und rechtzeitige Lenkung der Buchgeldschöpfung auf dem Wege über das Bargeld zu erreichen ist.

Ob und in welchem Maße die Buchgeldschöpfung der Kreditinstitute seitens der Zentralbank durch Änderung des Bargeldangebots beeinflußt zu werden vermag, hängt — bei gegebener Zahlungssitte und -technik und in einer bestimmten wirtschaftlichen Situation — erstens von der Höhe der vorhandenen Bargeldreserve der Kreditinstitute, zweitens von den bestehenden Möglichkeiten weiterer Bargeldbeschaffung ab. Haben die Kreditinstitute einen Bargeldbestand, der größer ist als tatsächlich zur Bewältigung ihres baren und unbaren Zahlungsverkehrs notwendig, dann kann eine Verknappung der Bargeldversorgung durch die Zentralbank zu einer Einschränkung der Buchgeldschöpfung erst führen, wenn die „Überversorgung" mit Bargeld beseitigt ist. Die verschiedenen Methoden hierzu sind in dieser Arbeit nicht zu erörtern; die Abschöpfung (z. B. durch Einschränkung des Notenbankkredits) oder Sterilisierung (z. B. durch Erhöhung vorgeschriebener Mindestsätze der Barreserve) von Bargeld zwecks Verkürzung des Buchgeldvolumens ist aber naturgemäß um so schwieriger und wagnisreicher, je größer die Überversorgung mit Bargeld ist und je stärker die Einschränkung der Buchgeldschöpfung sein soll. Schwierigkeiten und Gefahren liegen zum Beispiel darin, daß das Verhältnis Bargeld : Buchgeld nicht mathematisch genau und fest, sondern unsicher und elastisch ist, daß die stimmungsmäßigen Auswirkungen auf die wirtschaftliche Unternehmungslust schwer zu beherrschen sind, daß die Maßnahmen aus diesen und anderen Gründen die Neigung zu stoßweisem Verkauf fördern, daß die Kosten- und Ertragsrechnung des Bankapparates zu berücksichtigen ist und so weiter. Das Abhängigkeitsverhältnis Buchgeld : Bargeld wird um so loser und seine Nutzung als währungspolitisches Werkzeug um so schwieriger, je größer die sicheren Möglichkeiten weiterer Bargeldbeschaffung über den vorhandenen Bargeldbestand hinaus für die buchgeldschöpfenden Kreditinstitute sind — in der deutschen Banksprache ausgedrückt: je größer die Liquiditätsreserve 2. Grades (KWG. § 16 Abs. 2) ist und je mehr Zugang zur Zentralbank von ihr erwartet werden kann. So bekommt man eine weitere Erklärung für den niedrigen Stand der oben angegebenen Barreservesätze im deutschen Banksystem; durchweg ist nämlich seit Jahren die Liquiditätsreserve 2. Grades sehr hoch. Die folgenden Zahlen sind ein Beispiel dafür:

	Barreserve Ende 1938	2. Reserve Ende 1938	Barreserve Juni 1939	2. Reserve[1]) Juni 1939
Großbanken	3,8%	47,0%	1,9%	47,7%
Sonstige Kreditbanken .	4,9%	35,1%	2,8%	—

In diesem Zusammenhang sind übrigens die Anlageneigungen der Sparer von Bedeutung. In Deutschland hatte sich unter dem Eindruck des Geldentwertungserlebnisses nach dem Weltkriege ein Wandel insofern vollzogen, als die Sparer darauf bedacht waren, möglichst schnell und ohne Risiko „an ihr Geld heranzukönnen". Diese Einstellung wirkte sich praktisch in der Bevorzugung einmal der kürzerfristigen Anlagen, zum anderen der Anlage auf Konto statt der Wertpapieranlage aus. Im Laufe der Jahre hat

[1]) Reichsbankfähige Wechsel und lombardfähige Wertpapiere in Prozenten der gesamten kurzfristigen Verpflichtungen einschließlich Spareinlagen.

sich die Bereitschaft zu längerfristigen Anlagen wieder erhöht; die Verlagerung vom unmittelbaren Effektensparen zum Kontosparen ist weniger zurückgegangen und zwischen Sparer und Wertpapieranlage mußten so verstärkt die Kreditinstitute treten. Die Folge davon ist zunächst nur eine „Bilanzverlängerung" der Kreditinstitute. Soweit aber diese „zusätzlich" bei den Kreditinstituten lagernden Wertpapiere auch die Gewähr sicheren Zugangs zur Zentralbank bieten, erhöhen sich die Bargeldbeschaffungsreserven der Kreditinstitute, und zwar bei entsprechender Größe dieses Anlagezweiges nicht nur mengen-, sondern auch anteilsmäßig.

Das Bargeldpotential, das der 2. Reserve je nach dem Grade der Rediskont- und Lombardzusicherungen der Zentralbank sowie ihrer Offenmarktpolitik innewohnt, steigt noch, wenn die Deckungspapiere staatliche oder staatlich gesicherte Werte sind, da deren Rückzahlung praktisch absolut sicher ist und ihr Kursrisiko durch Offenmarktpolitik und Fälligkeitsstaffelung auf ein Minimum vermindert werden kann[1]). Damit entstehen Wirkungen auf die währungspolitische Technik, die um so wichtiger werden und um so mehr Aufmerksamkeit verlangen, je stärker die Volkswirtschaft und in ihr die Geld- und Kreditpolitik durch den Gemeinschaftsbedarf bestimmt wird. Diese Fragen sowie die bestehenden Mittel, ihrer Herr zu werden, sind an dieser Stelle nicht zu behandeln. Hier ist nur festzustellen, daß die Abhängigkeit der Buchgeldschöpfung von der Bargeldschöpfung bei der geschilderten Entwicklung sich praktisch sehr lockern und unter Umständen umkehren kann. Die währungspolitische Entscheidung der Zentralbank über die Begrenzung des Buchgeldvolumens verlagert sich dabei gewissermaßen in ein Vorfeld, nämlich auf die von ihr zu gebenden Finanzierungs- und Refinanzierungszusagen; das Bargeld selbst wird als Regulierungsmittel entsprechend neutralisiert.

Aber es wäre falsch anzunehmen, daß die Geldschöpfungsmacht der Banken bei dieser Lage zu einer Allmacht würde. Zusagen, in deren Gefolge die 2. Liquiditätsreserve der Banken als Bargeldbeschaffungsreserve eine so weitgehende qualitative und quantitative Erweiterung erfährt, pflegen

---

[1]) Interessant sind in diesem Zusammenhang die folgenden Ausführungen (Benning in „Die Bank" vom 25. 10. 1940): „Es ist vornehmlich eine Frage veränderter K r e d i t t e c h n i k, daß das Reich seine Kriegsfinanzierung in so erheblichem Umfange mit formal kurzfristigen Kreditpapieren durchführt ... Für die Liquiditätspolitik der Banken ist jedoch dabei wesentlich, daß das Reich und die Reichsbank die der Fälligkeitsstruktur der Kreditbankbilanzen angepaßte „Kurzfristigkeit" der betreffenden Kreditformen sichern: die Reichsbank durch die Rediskontmöglichkeit für die Reichs- und Solawechsel sowie durch ihre Offen-Markt-Operationen, das Reichsfinanzministerium durch die laufende Begebung und die jeweilige fristgemäße „Einlösung" der kurz- und mittelfristigen Reichswechsel und U-Schätze mit der Maßgabe, daß die Banken an den rasch und fortgesetzt aufeinander folgenden Fälligkeitsterminen die ständige Möglichkeit der freien Disposition haben ...".

von der Notenbank nur gegenüber dem Staat gemacht zu werden, dessen Bedarf dann meist von einem höheren Gesetz bestimmt ist. Damit ist die zeitweilige Stellung des Staates als Kreditnehmer erster Ordnung verbunden, der Staat erlangt auf der Seite der Kreditnachfrage mehr oder minder eine Monopolstellung. Von ihm, von seinem Bedarf und schließlich seinem Befehl ist das Kreditangebot (einschließlich der Kreditbedingungen, Zins usw.) und die Buchgeldschöpfung der Kreditinstitute abhängig. Diese Abhängigkeit der Buchgeldschöpfung von der Kreditnachfrage besteht aber in Wirklichkeit nicht nur in der geschilderten besonderen Situation, sondern überhaupt, sie ergibt sich im Grunde aus der Entstehungsweise des heutigen Buchgeldes. Bargeld muß bei der gegenwärtigen Form unserer Geldsysteme als Grundlage des Buchgeldes vorhanden sein; mangelt das Bargeld, dann ist dadurch der Buchgeldschöpfungsmacht der Kreditinstitute eine Grenze gesetzt. Ist diese Grenze so weit hinausgeschoben, daß sie praktisch nur wenig wirkt, dann ist deshalb nicht die Buchgeldschöpfungsmacht unbegrenzt. Die Abhängigkeit von der Kreditnachfrage, also der „übrigen" Wirtschaft, bleibt, und wie groß sie ist, zeigen z. B. die Verhältnisse in den Vereinigten Staaten 1933/34, wo trotz Bargeldfülle und Zinssenkung den Banken eine Erweiterung des Kreditvolumens nicht gelang. Zwar haben die Kreditinstitute die Möglichkeit, die Kreditnachfrage zu beeinflussen, zumal durch ihre Zinspolitik; aber diese Möglichkeit ist beschränkt und enthält eine besondere Problematik, die allerdings hier nicht zu erörtern ist.

Das Abhängigkeitsverhältnis des Buchgeldes vom Bargeld ist im Grunde nur eine technische Angelegenheit. Es kann unter gewissen, nicht immer gegebenen Voraussetzungen für eine währungspolitisch erwünschte Begrenzung des Buchgeldvolumens als Werkzeug nutzbar gemacht werden, aber es kann nicht die währungspolitische Grenze selbst bestimmen. Die Bemessung der Buchgeldschöpfung nach den Erfordernissen der Währungspolitik ist nicht abhängig von dem Bargeldvolumen als solchem — die währungspolitische Aufgabe stellt sich in einem an sich denkbaren reinen Buchgeldsystem oder in einem gemischten Bargeld-Buchsystem ohne wirksames Abhängigkeitsverhältnis in gleicher Weise —, sondern sie ist wie die Geldschöpfung überhaupt bedingt und bestimmt durch das Leistungsvermögen der Güterwirtschaft und die Pläne der wirtschaftlichen Führung.

Leo Drescher

Geldwertveränderungen[1]

I.

Bis in die neueste Zeit hinein sind den Menschen die Veränderungen, denen die Kaufkraft des Geldes unterworfen war, nicht bewußt geworden. Münzverschlechterungen, Zettelbanken und Assignatenwirtschaft wurden meist als Entgleisungen und Experimente abenteuerlicher Finanzberater der Könige und Regierungen angesehen. Tatsächlich währten die finanziellen Experimente dieser Art meist auch nur kurze Zeit und führten schnell zum völligen Zusammenbruch. Die volkswirtschaftlichen und sozialen Auswirkungen inflatorischer Versuche des 17. und 18. Jahrhunderts waren auch nicht so schädlich und konnten leichter überwunden werden als in unserer Zeit, da damals an Stelle unserer Verkehrswirtschaft mit den ausgeweiteten Produktionsumwegen, der stark entwickelten Arbeitsteilung und dem ausgebildeten Zeichen- und Buchgeldwesen noch naturalwirtschaftliche Beziehungen und die Verwendung von Sachgeld in Übung waren. Gerade der Gebrauch von Goldgeld begründete die erst in neuerer Zeit erschütterte Auffassung von der stabilen Kaufkraft des Geldes und führte dazu, daß bei den früheren auf Geldwertminderung abzielenden Experimenten neben den neu geschaffenen Geldzeichen ein — von langfristigen Veränderungen abgesehen (vgl. II) — wertstabiler Maßstab noch in Geltung blieb.

Das Vertrauen auf den stabilen Tauschwert der Geldeinheit, das sich in erster Linie auf den stofflichen Wert des Geldes gründete, hat auch in jener Zeit unvermindert angehalten, als es schon Zeichengeld und Buchgeld gab. Es ist in diesem Zusammenhang recht lehrreich, zu erwähnen, wie z. B. auf der Währungs-Enquête-Kommission in Wien im Jahre 1892 Carl Menger von den Bankfachleuten nicht verstanden wurde, als er —

[1]) Begrifflich ist hier vorauszuschicken, daß unter Geldwert der Tauschwert des Geldes hinsichtlich aller Arten von Gütern und Leistungen verstanden wird. Hinsichtlich der Abgrenzung des Themas ist zu bemerken, daß lediglich die Tatsache der binnenwirtschaftlichen Geldwertveränderungen und die preispolitischen Gegenmaßnahmen hier herausgestellt werden sollen, ohne die binnen- und außenwirtschaftlich, politisch und ökonomisch erklärbaren Gründe für die Veränderungen des Preisniveaus näher zu untersuchen. — Aus der reichen Literatur über das hier behandelte Thema seien drei Arbeiten hervorgehoben: G. Haberler, Die Kaufkraft des Geldes und die Stabilisierung der Wirtschaft, Schmollers Jahrbuch, Jahrg. 35, 1931; H. Neißer, Der Tauschwert des Geldes, Jena 1928; W. Egle, Das neutrale Geld, Jena 1933.

nach Bodin[1]) übrigens als einer der ersten Nationalökonomen — darauf hinwies, daß „nicht nur die Gesetzgebung, sondern auch das gemeine Leben, daß wir alle die Schwankungen der Tauschkraft des Geldes unbeachtet zu lassen gewöhnt sind. Selbst so ausgezeichnete Bankleute wie Sie, meine Herren, es sind, ziehen am Ende des Jahres die Bilanz, ohne zu berücksichtigen, ob die das Aktienkapital darstellende Geldsumme möglicherweise an Tauschkraft gewonnen oder eingebüßt hat" [2]).

Der stark eingewurzelte Glaube von der Wertbeständigkeit des Geldes hatte seine Ursache nicht nur im Stoffwertcharakter des Geldes, sondern auch in der Tatsache, daß Geldwertveränderungen nicht gleichmäßig und gleichzeitig in allen Bereichen des wirtschaftlichen Lebens sich durchsetzten. Wenn der Tauschwert des Geldes gegenüber den Waren sich änderte, d. h. wenn das Preisniveau sich erhöhte oder senkte, wurden die Ursachen auch immer auf der Güterseite und nicht auf der Geldseite gesehen. Preisstatistische Erhebungen, aus denen ein umfassendes Bild von der Veränderung des gesamten Preisniveaus und des Geldwertes im allgemeinen hervorgeht, sind erst allmählich entwickelt und auf breite Basis gestellt worden. Daher ist auch aus wissenschaftlich technischen Gründen nicht zu verwundern, wenn Änderungen des Tauschwertes des Geldes der Aufmerksamkeit entgehen konnten.

Seit nun auch das Gold, das bis in die jüngste Zeit fast allgemein als das sicherste Währungsmetall angesehen wurde, aber in Wirklichkeit ja auch nie völlig stabil war, nicht mehr als stabiler Wertmesser gilt, hat sich die Stabilität des Geldwertes bzw. seine gewollten oder berechtigten Veränderungen als ernstes Problem gestellt, dessen Lösung zu den wichtigsten wirtschaftspolitischen Aufgaben gehört.

II.

Während lange Zeit der Glaube an die Stabilität des Geldwertes fest eingewurzelt war, ist in der Gegenwart eher das Gegenteil der Fall. Ein Mißtrauen in die Wertbeständigkeit des Geldes hat in weitestem Ausmaße Platz gegriffen, seitdem die noch lebende Generation Geldwertverminderungen und -erhöhungen beträchtlichen Ausmaßes erfahren hat und Begriffe wie Inflation, Deflation und Devalvation im wirtschaftlichen Denken des Volkes Fuß gefaßt haben. In dieser Lage schwebt den Menschen von neuem das Ideal von dem unveränderlichen Tauschwert des Geldes vor, welches ehemals im Gold als Währungsmetall verkörpert schien.

---

[1]) Bodin hat im Gegensatz zu seinen Zeitgenossen die Ursachen der großen Preisrevolution des 16. Jahrhunderts in der amerikanischen Edelmetallzufuhr erkannt.

[2]) Quelle: Stenographische Protokolle über die vom 17. bis 18. März 1892 abgehaltenen Sitzungen der Währungs-Enquête-Kommission, Wien 1892, S. 211, 257, 270.

Eine völlige und über lange Zeit hinweg dauernde Stabilität der Kaufkraft des Geldes hat es nie gegeben und die Geschichte der Warenpreise bzw. des Tauschwertes des Geldes lehrt, daß aus den verschiedensten Ursachen Schwankungen zu beobachten gewesen sind. Die Geschichte der Preise zeigt vor allem die auffallende Erscheinung, daß von den kurzfristigen Schwankungen abgesehen die Preise in Europa in dem Zeitalter des Übergangs vom Mittelalter zur Neuzeit und im Anfang der Neuzeit gestiegen sind bzw. der Geldwert gesunken ist. Diese Preisveränderungen werden einmal aus dem Zustrom des Edelmetalles aus der Neuen Welt erklärt. Als noch wichtiger werden aber andere Gründe angesehen werden müssen, da wie z. B. F. von Wieser[1]) betont, das Sinken des Geldwertes schon vor der Edelmetallzufuhr beginnt. Der allmählich sinkende Tauschwert des Geldes, der in der europäischen Wirtschaftsgeschichte über lange Zeiträume hinweg beobachtet worden ist, wird hauptsächlich darauf zurückgeführt, daß die alte Naturalwirtschaft von der sich ausbreitenden Geldwirtschaft immer mehr verdrängt wurde. Die Ausdehnung des geldwirtschaftlichen Prozesses bedeutet für die Preisbildung, daß immer neue Elemente in die Kostenrechnung einbezogen werden, die vorher nicht darin enthalten waren. Das weitere Umsichgreifen der Geldrechnung ist auch heutzutage in unserer bereits geldwirtschaftlich organisierten Wirtschaft noch zu beobachten. Die mit der Industrialisierung verbundene reichere Arbeitsteilung und Zunahme der öffentlichen Verwaltungstätigkeit bringen sowohl eine Erhöhung der in Geld zu veranschlagenden Kosten als auch eine gleichzeitige Steigerung der Geldeinkommen mit sich. Dadurch tritt langsam eine allgemeine Erhöhung des Preisniveaus ein, die nicht als Folge einer geringeren Güterversorgung, die ja besser geworden ist, empfunden wird, sondern aus einer Veränderung des Geldwertes zu erklären ist. Und die Verminderung des Tauschwertes des Geldes ist in diesem Fall auch nicht in erster Linie die Folge einer Edelmetall- oder Geldzeichenvermehrung, sondern beruht auf einer sich verändernden Wirtschaftsstruktur, bei der die Vermehrung der Kostenfaktoren im Produktionsprozeß, die starke Steigerung des Geldbedarfs der öffentlichen Hand und zu gleicher Zeit die Erhöhung der Bedürfnisse eine Verminderung des Geldwertes mit sich bringen. Daraus können heute auch noch die lokalen Preisdifferenzen und Unterschiede in den Lebenshaltungskosten, z. B. zwischen Stadt und Land oder zwischen Agrarland und Industrieland, zum größten Teil erklärt werden. Die fortschreitende Preisangleichung der unterschiedlichen Preisgebiete wirkt sich insgesamt gesehen schließlich als Erhöhung des allgemeinen Preisniveaus aus.

Diesem Vorgang der Geldwertverminderung wirken freilich auch Kräfte entgegen, die durch Produktionsverbilligung vor allem der industriell herstellbaren Waren eine Erhöhung des Geldwertes bedingen. Auch

[1]) Vgl. Friedrich Freiherr von Wieser, Der Geldwert und seine geschichtlichen Veränderungen, in Gesammelte Abhandlungen, Tübingen 1929.

dieser eine Geldwertsteigerung bewirkende Prozeß ist seit Beginn der Industrialisierung bis in die Gegenwart herein wirksam und schreitet weiter fort. Für einzelne Gegenstände, die heute zum täglichen Bedarf gerechnet werden, ist infolge der industriellen Massenproduktion eine Verbilligung oft auf nur einen Bruchteil ihres ursprünglichen Wertes eingetreten. Allerdings ist sogleich der damit verbundenen Erhöhung des Bedarfs zu gedenken, die oben als die Begleiterscheinung der eine Geldwertminderung verursachenden volkswirtschaftlichen Strukturwandlung — von der Naturalwirtschaft zur Geldwirtschaft — gekennzeichnet wurde. Für die Preise der Agrarprodukte ist, wie Sering betont hat[1]), im Gegensatz zur industriellen Preisentwicklung eine auf die Dauer gesehen steigende Grundtendenz wirksam, die zeitweilig infolge technischer Verbesserungen und Erweiterung des Anbaues nicht zutage tritt.

III.

Der Geldwert ist also in einem fort Veränderungen unterworfen, die zwar häufig nicht unmittelbar wahrzunehmen sind, aber doch auf die Dauer gesehen beträchtlich sein können. Soweit die Veränderungen der täglichen Beobachtung auffallen, sind es nur die Preise einzelner Waren, die wechseln, während der Geldwert im ganzen ruhig zu sein scheint. Zuzeiten vollziehen sich aber Veränderungen des Tauschwertes des Geldes so rasch, daß sie in kurzen Zeitabschnitten schon praktisch fühlbar werden. Es handelt sich dabei um die **kurzfristigen Veränderungen des Geldwertes**, denen eine viel größere Bedeutung zukommt, weil sie den Markt weithin erschüttern und die ungünstigsten Auswirkungen auf Wirtschaft und soziales Leben haben können.

Kurzfristige Veränderungen des Geldwertes treten regelmäßig im Gefolge von Wirtschaftskrisen auf, da sich in diesen das Preisniveau, mit den herkömmlichen Geldzeichen gemessen, meist sprunghaft verändert. Durch Fallen oder Steigen der Wechselkurse[2]), des Außenwertes des Geldes, können auch nicht nationalwirtschaftlich bedingte kurzfristige Veränderungen des Binnenpreisniveaus hervorgerufen werden, die je nach der Möglichkeit des betreffenden Landes, sich handelspolitisch (Devisen- und Außenhandelskontrolle) abzuschließen, gemildert aber meist nicht voll ausgeschaltet werden können.

Die Gründe für die krisenhaften Erschütterungen sind in der Regel nicht primär monetärer Natur, wenn auch, wie die Geschichte der Krisen und Konjunkturen zeigt, monetäre Manipulationen als Krisenfaktoren hinzutreten. Man hat ja insbesondere seit den Erfahrungen aus der letzten großen

---

[1]) M. Sering, Agrarkrisen und Agrarzölle, Berlin und Leipzig 1925.

[2]) Die Frage, ob stabile Wechselkurse den variablen Kursen unbedenklich vorzuziehen sind, kann nach den Außenhandelserfahrungen der letzten Jahre noch nicht als gelöst angesehen werden. Vgl. dazu u. a. W. Lück, Monetäre Unabhängigkeit, Leipzig 1939.

Weltwirtschaftskrise auch angenommen und theoretisch zu begründen versucht, daß mit monetären Maßnahmen die zur Krise führenden Stockungen im Wirtschaftsablauf beseitigt werden könnten. In Zeiten großer nationalwirtschaftlicher Anstrengungen, wie sie im Kriege notwendig sind, ist immer zu monetären Mitteln gegriffen worden in der Erwartung, die in der Kriegswirtschaft unvermeidlichen Spannungen dadurch abschwächen zu können. Die in Kriegszeiten regelmäßig zu beobachtenden Preissteigerungen sind daher auch meist durch monetäre Maßnahmen mit verursacht.

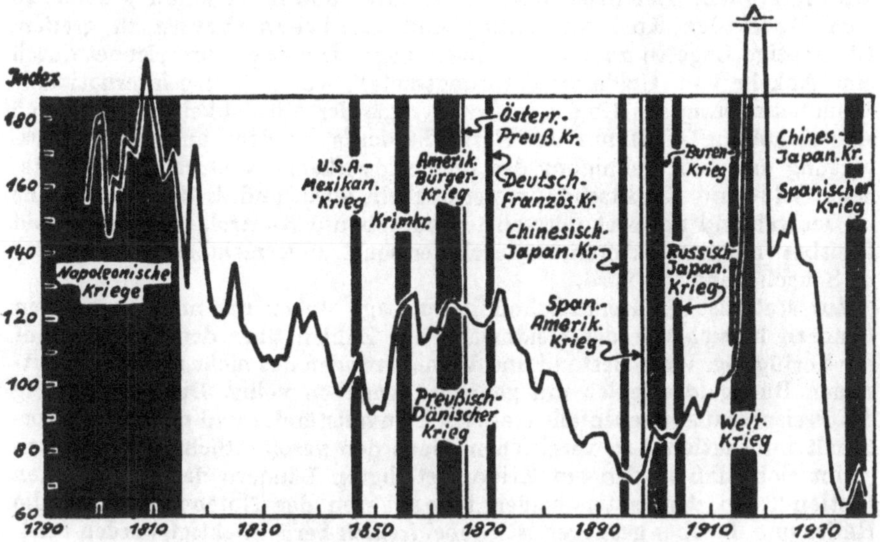

Weltmarktpreise und Kriege von 1798—1938

(Preise auf Goldbasis: Index 1910—14=100).

Quelle: Farm Economics, Cornell University, No. 114, Oktober 1939

Die Geschichte der Preisbewegungen, die wir statistisch seit Ende des 18. Jahrhunderts bis zur Gegenwart verfolgen können (vgl. Abb.), zeigt deutlich, wie die Perioden langen Friedens immer von einem Steigen des Geldwertes und Sinken des Preisniveaus begleitet gewesen sind, während kriegerische Konflikte meist das Gegenteil, sinkenden Geldwert, zur Folge hatten. Es lassen sich zwei längere Friedensperioden, die eine nach Beendigung der Napoleonischen Kriege bis zur Mitte des 19. Jahrhunderts und eine zweite am Ende des 19. Jahrhunderts feststellen.

Die durch Kriege ausgelösten Preissteigerungen haben zunächst stets güterwirtschaftlich bedingte Ursachen. Der Kapitalverzehr während des Krieges führt immer zu Verknappung und Preissteigerung bzw. Geldwertminderung. Das ungeheure Ansteigen der Preise während des Weltkrieges 1914/18 und im Gefolge davon ist in allen kriegführenden Ländern, allerdings durch monetäre Maßnahmen, d. h. Geldzeichenvermehrung beschleunigt und in einigen Ländern bis zur Wertlosigkeit der heimischen Geldwährung getrieben worden.

IV.

Während man sich zur Zeit des vorigen Weltkrieges und danach wohl der tatsächlichen Auswirkungen der Geldzeichenvermehrung erst zu spät bewußt wurde, waren die Erfahrungen der Inflationszeit noch deutlich im Gedächtnis, als man sich entschloß, zur Überwindung der Weltwirtschaftskrise in großem Stile neue Arbeit zu schaffen und in Verbindung damit zu dem Mittel der Kreditausweitung und Geldvermehrung zu greifen. Die heutige Lage ist zum Unterschiede gegen früher gekennzeichnet durch eine Abkehr vom Golde als Währungsmetall, wodurch eine internationale Demonetisierung des Goldes in den Bereich der Möglichkeit tritt[1]), durch eine Erhöhung nicht nur des Bargeldumlaufs, sondern auch durch Ausweitung und Beschleunigung des Buchgeldverkehrs, wodurch eine zusätzliche Geld- und Kreditschöpfung ermöglicht wird, und drittens durch eine in Deutschland am wirkungsvollsten ausgebaute Kontrolle der Preise und Preisbestimmungsfaktoren, wodurch der sonst unvermeidliche Preisanstieg in Schach gehalten wird.

Zur statistischen Kennzeichnung der Lage stehen uns aus den meisten Ländern hinsichtlich der Geldmenge nur Zahlen über den Notenumlauf zur Verfügung. Über Bestand und Veränderungen des nicht minder bedeutsamen Buchgeldes fehlen uns genauere Angaben völlig. Die Veränderung des Preisniveaus ist ebenfalls statistisch unvollständig und nicht ohne Vorbehalt international zu vergleichen. Nach den veröffentlichten Statistiken ergibt sich, daß in den am Kriege beteiligten Ländern des europäischen Festlandes in den ersten beiden Kriegsjahren der Notenumlauf um die Hälfte und darüber gestiegen ist, wobei freilich berücksichtigt werden muß, daß einige Länder, wie z. B. Deutschland, einen großen Gebietszuwachs mit Zahlungsmitteln zu versorgen haben. Ebenso ist das Preisniveau in dieser Zeit um wenigstens 50% gestiegen mit Ausnahme von Deutschland, wo nur eine 5,3%ige Steigerung verzeichnet wird.

Sowohl von der Güterseite als auch von der Geldseite her gehen heute starke Einflüsse auf den Geldwert aus, die beide in gleicher Richtung, nämlich auf Erhöhung der Preise bzw. Senkung des Geldwertes hinwirken. Die in jedem Kriege unvermeidliche Güterverknappung, die sich vor allem auch auf dem Konsumgütermarkt bemerkbar macht, soll hier nicht im Vordergrund unserer Betrachtungen stehen. Wenn außer der Güterverknappung noch die Wirkung monetärer Faktoren stärker in Erscheinung tritt, können sich, wie z. B. in einer inflationistischen Wirtschaft, schwerwiegende Folgen für die Gestaltung des Geldwertes ergeben.

Die im täglichen Leben weitverbreitete und mit unerfreulichen Er-

[1]) Daß eine Währung auch ohne Edelmetalldeckung möglich ist, soll hier nicht mehr besonders begründet werden, nachdem die Frage schon seit Jahrzehnten von der Nationalökonomie bejahend beantwortet ist.

innerungen verbundene Vorstellung von der **Inflation** ist begrifflich schwer zu fassen und nicht zur Kennzeichnung jeder historischen Wirtschaftslage, die durch hohe Geldflüssigkeit charakterisiert ist, anwendbar. Nach der meistverbreiteten Ansicht ist jede Geldvermehrung gleich Inflation, wenn die dadurch bewirkte Preissteigerung nicht durch veränderte Umlaufsgeschwindigkeit oder erhöhte Produktion kompensiert wird. Eine Geldfülle, die nicht durch Geldvermehrung sondern durch Produktionseinschränkung vorübergehend auftreten könnte, kann schon aus sprachlichen Gründen nicht als Inflation bezeichnet werden. Erhöht sich die Umlaufsgeschwindigkeit aus güterwirtschaftlichen oder sonstigen Gründen und steigen daher die Preise, so liegt nach der üblichen Definition auch keine Inflation vor, weil nicht auch zugleich die Geldmenge vermehrt wird. Oder findet keine Preissteigerung statt (infolge Preiskontrolle) und wird die Geldmenge infolge starker Bargeldknappheit vermehrt und die Produktion an Konsumgütern gedrosselt, kann ebenfalls nicht von Inflation gesprochen werden, obwohl die Auswirkungen, d. h. Unterversorgung, ebenso wie bei einer Inflation ex definitione sein können. Wenn nicht von Inflation gesprochen werden darf, sobald eine Geldvermehrung motiviert ist, sollte das Wort lieber gar nicht gebraucht werden, denn der Zeitpunkt, von dem ab die wirkliche Inflation beginnt, ist schwer oder überhaupt nicht zu bestimmen. Die Verwirrung würde noch größer werden, wenn wir eine zur Stabilerhaltung des Geldwertes vorgenommene Geldvermehrung, die die Senkung der Preise infolge Produktionsausdehnung verhindern soll, mit dem ominösen Wort Inflation belegen wollten. Wir schalten daher den Begriff der Inflation am besten aus unserer Erörterung aus.

Geldwertveränderungen können von der monetären Seite her gewiß schon durch eine Änderung in der Umlaufsgeschwindigkeit des Geldes hervorgerufen werden. Die Erfahrungen lehren aber, daß z. B. eine gestiegene Umlaufsgeschwindigkeit meist in nur geringem zeitlichen Abstand oder gleichzeitig von einer Geldvermehrung eingeleitet, gefolgt oder begleitet wird. Geht somit von jeder Geldvermehrung (Bar- oder Buchgeldvermehrung) eine Tendenz zur Preissteigerung aus, so ist neben der Umlaufsgeschwindigkeit die Veränderung des Produktionsvolumens, wie die Quantitätstheorie[1]) dargelegt hat, entscheidend. Daß die Geldmenge natürlich auch wieder von der Höhe des Preisniveaus bestimmt wird, liegt in den funktionellen Beziehungen der im Quantitätstheorem verwendeten Faktoren begründet und soll hier nur beiläufig erwähnt sein. Meist wird nicht besonders auf die Bedeutung, die der Kredit- bzw. Schuldenexpansion für die Geldvermehrung zukommt, hingewiesen. So ist in dem Falle der öffentlichen Verschuldung deutlich, wie mit dem Ansteigen der öffentlichen Schuldenlast eine entsprechende anteilige Zunahme des Geldumlaufs verbunden ist. Die Kreditexpansion ist in denjenigen Fällen unmittelbar mit

---

[1]) In der allgemeinen Fassung besteht die Quantitätstheorie, wonach das Preisniveau eine Funktion von Geldmenge, Gütermenge und Umlaufsgeschwindigkeit ist, immer zu Recht.

vermehrter Notenausgabe verknüpft, in welchen die öffentliche Schuldenaufnahme durch Gewährung von Notenbankvorschüssen geschieht.

V.

Dem Preisauftrieb, der, wenn die Wirkungsfaktoren monetärer und güterwirtschaftlicher Art tätig sind, kräftig einsetzt, kann durch eine Kontrolle der Preise und ihrer Bestimmungsfaktoren weitgehend Einhalt geboten werden. Es genügt freilich nicht, nur die Preise der Endprodukte festzulegen, sondern eine Kontrolle ist erst dann wirksam, wenn Erzeugung und Bedarf abgestimmt werden, wenn mit anderen Worten eine Rationierung sowohl im Konsumgütersektor als auch im Produktionsgütersektor eingeführt wird. Das Geld ist in einem solchen bis zum Ende gedachten System der Wirtschaftskontrolle und -lenkung keine freie Kaufkraft mehr, sondern hat nur noch Wert in Verbindung mit einem Zertifikat, das zum Bezug der rationierten Ware berechtigt. Damit würde am Ende ein Wirtschaftszustand erreicht sein, wie er in einer Naturaltauschwirtschaft (wenn man diese idealtypische Isolierung gelten lassen will) bestanden hat.

Der Weg zur lückenlosen Kontrolle und Planwirtschaft wird einmal für eine moderne Wirtschaftsform ohne völlige Strukturänderung schwer gangbar und aus wirtschaftspolitischen, sozialen und ideologischen Gründen nicht erwünscht sein. Daher darf von durchaus als notwendig erachteten Preiskontrollbehörden in bezug auf die Preisentwicklung nicht mehr erwartet werden, als die Retardierung eines als zwangsläufig erkannten Vorganges. Wenn bei sich vermehrender Geldmenge, steigender Verschuldung und rückläufiger und damit sich verteuernder Konsumgüterproduktion das Preisniveau wenigstens nominell stabil oder nur in geringer Aufwärtsbewegung gehalten werden kann, ist für die Erhaltung des Geldwertes viel geleistet. Dabei hat die durch Rationierungsmaßnahmen bedingte langsamere Umlaufsgeschwindigkeit des Geldes auf Teilgebieten der Wirtschaft die Bestrebungen der Preiskontrollbehörde unterstützt. Man darf sich aber trotz der nominellen Stabilität nicht darüber täuschen, daß es unsichtbare, d. h. statistisch nicht erfaßbare Preisbewegungen gibt[2]). Es ist überhaupt zu bedenken, daß Preisniveauverschiebungen bzw. Änderungen des Geldwertes im Güterpreisindex nur unvollkommen Ausdruck finden, sondern daß noch andere Indices, andere Begriffe, wie z. B. Kaufkraft, und auch Daten, die keine Preisdaten mehr sind, zu Hilfe genommen werden müssen. Die versteckten Formen der Preissteigerung werden nur durch tägliche Erfahrung bekannt und reichen von dem Wegfallenlassen des Rabatts, dem Inrechnungstellen ehemals freier Dienste (z. B. Lieferung Frei Haus), der Verkürzung der Zahlungsfristen bis zur Qualitätsverschlechterung und zu unerlaubtem Geschäftsgebaren.

---

[1]) Vgl. E. Schorer, Unsichtbare Preiswellen, Jahrbücher für Nationalökonomie und Statistik, Bd. 152, Heft 6, Dez. 1940.

Dazu kommt eine deutlich wahrnehmbare Tendenz zur Produktionskostensteigerung, die durch die in einer Kriegswirtschaft notwendige Drosselung der Produktion in einigen Zweigen der Volkswirtschaft hervorgerufen wird und von keiner Preiskontrollbehörde aufgehalten werden kann[1]). Dahin wirken u. a. die Verringerung der Umsätze, Verkleinerung der Aufträge und damit Erhöhung der Stückkosten, Preissteigerung von Roh- und Hilfsstoffen, Lohnerhöhungen, insbesondere wenn es sich um Einstellung von Ersatzkräften handelt, und ein allgemeines Umsichgreifen von Unwirtschaftlichkeit, die durch die Bildung von zusätzlicher Kaufkraft stark gefördert wird.

Das Vorhandensein überschüssiger bzw. zusätzlicher Kaufkraft ist eine Folge beschränkter Versorgung, aufgelöster Sachvermögen (Vorräte, Anlagen), erhöhten Volkseinkommens und ausgeweiteten Kredits[2]), die sich niederschlägt in wachsenden Kassenbeständen von Unternehmungen und Privatpersonen und gesteigerter Liquidität der Kreditinstitute. Sie droht einmal, die gesetzten Preisschranken zu überspringen und kann sogar Anlaß zu Kapitalfehlleitungen geben, wodurch wiederum preissteigernde Wirkungen ausgelöst würden. Das Abschöpfen und Stillegen der zusätzlichen Kaufkraft kann die preissteigernden Wirkungen nicht völlig beseitigen, da diese Kaufkraft, bevor sie abschöpfungsreif wird, bereits Umsätze getätigt hat. Dennoch kann kein Zweifel darüber bestehen, daß das Auffangen der zusätzlichen Kaufkraft mit zu den wichtigsten Aufgaben der Preispolitik im Kriege gehört. Noch konsequenter als die Abschöpfung wäre es, die zusätzliche Kaufkraft durch Steuern zu beseitigen. Auch auf diesem Wege kann schon aus steuertechnischen Gründen eine rechtzeitige Beseitigung der neu entstehenden zusätzlichen Kaufkraft nicht erreicht werden, da zwischen der Entstehung der Kaufkraft und der Konfiskation ein Zeitunterschied bleiben wird, der ausreichend ist für ein Einströmen in den Wirtschaftskreislauf. Abgesehen davon begegnet eine so drastische Besteuerung erheblichen Bedenken psychologischer und wirtschaftspolitischer Art.

In der Wirkung kann ähnliche Ergebnisse wie die neu entstehende zusätzliche Kaufkraft auch eine Politik des billigen Geldes haben. Die Senkung des Zinsfußes über ein allgemein für angemessen gehaltenes Maß hinaus, die vom fiskalischen Standpunkt durchaus verständlich sein kann, ist jedoch geeignet, in den Zeiten der Güterverknappung mit zur Preissteigerung beizutragen.

Es ist somit eine große Anzahl verschiedener Faktoren am Werke, die in einer Kriegswirtschaft auf eine Steigerung des Preisniveaus hinzielen, und damit in der Regel auch den Geldwert verändern können. Die Aufgabe der Preispolitik im Kriege besteht hauptsächlich darin, den Preis-

[1]) Vgl. J. Jessen, Währungspolitik und Preispolitik, in Deutsche Geldpolitik, Schriften der Akademie für Deutsches Recht, 1941, S. 289ff.

[2]) Vgl. B. Benning, Kreditbanken und Geldmarkt, in Deutsche Geldpolitik, Berlin 1941, S. 363.

auftrieb zu hemmen. Eine völlige Stabilität des Tauschwertes des Geldes, die schon in einer Friedenswirtschaft nicht erwartet werden kann, ist im Kriege, in den Zeiten gewaltiger wirtschaftlicher Produktionsleistungen einerseits und eines riesigen Kapitalverzehrs andererseits noch schwerer zu sichern.

VI.

Das einmal auf dem Markt bestehende Austauschverhältnis zwischen Geld, Waren und Leistungen ist die Grundlage für die künftige und das Ergebnis für die vergangene Wertschätzung des Geldes. Die Preise von heute sind mit denen von gestern und morgen verbunden und ändern sich, wenn nicht außergewöhnliche wirtschaftliche Ereignisse eintreten, nur langsam. Das trifft vor allem für die Kleinhandelspreise zu. Im Tauschwert des Geldes ist also eine historisch überkommene Komponente enthalten, die eine gewisse Kontinuität in der Preisbildung herbeiführt. Diese Tendenz zur Beständigkeit der Preise hat ihre Ursache in der Beständigkeit der Preisbestimmungsgründe, die normalerweise sowohl auf Seiten des Angebots wie auch auf Seiten der Nachfrage sich nur langsam verändern. Denn weder in den Verbrauchsgewohnheiten und in der Anzahl der Verbraucher noch im Bereich der Produktion treten Neuerungen so plötzlich auf, daß die alten Preisverhältnisse von heute auf morgen umgeworfen werden. An dieses Beharrungsvermögen der Preise muß auch eine Wirtschaftspolitik anknüpfen, die sich eine möglichst große Preisstabilität zum Ziele setzt. Das Streben nach festen und gerechten Preisen, das nicht nur in der deutschen Festpreispolitik seinen Ausdruck gefunden hat, sondern auch nach der letzten Weltwirtschaftskrise in anderen Ländern zu ähnlichen Maßnahmen führte, hat diese Beharrungstendenz der Preise zur theoretischen Voraussetzung und braucht für die praktische Durchführung den rekurrenten Anschluß der festgesetzten „Preistaxen" an die überkommenen Preise. Saisonbedingte Preisschwankungen und Verschiebungen im Preissystem, die durch Steigen und Fallen einzelner Preise das Gesamtniveau nicht verändern, beeinflussen den Geldwert ohnehin wenig oder gar nicht. Eine auf stabiles Preisniveau gerichtete Wirtschaftspolitik muß daher darauf bedacht sein, nur solchen Preisausschlägen entgegenzuwirken, die eine Veränderung des Geldwertes im Gefolge haben.

Bei den Bestrebungen um ein stabiles Preisniveau hat die wissenschaftlich vor allem von den Amerikanern (Irving Fisher) vertretene Theorie von der Indexwährung eine Rolle gespielt und ist als praktisches Beispiel durch die Devalvation des Dollars im Jahre 1933 verwirklicht worden. Was bei der Goldwährung durch einen je nach dem Stand des Preisindex sich ändernden Goldankaufspreis bewirkt werden soll, gilt bei einer Papierwährung entsprechend für den Zahlungsmittelumlauf, der bei steigenden Preisen verknappt und bei sinkenden Preisen erweitert werden soll. Daß man damit nicht auskommt, sondern gleichzeitig eine unmittelbare Überwachung der Bankeinlagen bzw. dessen, was Buchgeld genannt wird, braucht, haben die praktischen Erfahrungen gelehrt und wird auch von den Vertretern der Indexwährung anerkannt. Die noch offene Frage bei einer Indexwährung ist nicht in erster Linie die, ob ein Index als geeigneter Maßstab gefunden werden kann, sondern ob die Währungs- und Wirtschaftspolitik vom Preisindex abhängig gemacht werden soll bzw. ob die Wirtschaftslage im Preisindex immer den für wirtschaftspolitische Maßnahmen entscheidenden Ausdruck finden kann. Denn es können auch bei stabilem Preisindex unstabile Wirtschaftsbedingungen herrschen und die Wirtschaftslage kann sich ändern, bevor sich die Vorgänge im Index widerspiegeln. Zwischen Preisstabilität und Wirtschaftsstabilität besteht keineswegs immer ein Zusammenhang. Die Automatik einer Indexwährung kann gerade auch im Hinblick auf den zwischenstaatlichen Zahlungsverkehr noch größere Nachteile mit sich bringen als die Automatik der alten Goldwährung. Wird von einer Indexwährung eine automatische Ausschaltung der konjunkturellen Schwankungen erwartet, so ist — wie die Beispiele aus der jüngeren Vergangenheit zeigen — darauf hinzuweisen, daß eine Stockung oftmals nicht allein schon durch billiges und reichliches Geld überwunden ist, sondern unter Umständen erst durch staatliche Auftragsvergebung gelockert werden kann. Schließlich kann absolute Preisstabilität nicht das einzige und wichtigste Ziel der Geldpolitik sein.

Strukturellen Wandlungen auf Seiten der Produktion oder Konsumtion, die durch erhöhte Erzeugung, technischen Fortschritt, Neubildung von Wirtschaftsräumen, Einkommensverschiebungen und Bevölkerungsvermehrung Änderungen sowohl im Preisgefüge als auch im Preisniveau und damit im Tauschwert des Geldes hervorrufen, wird man weder auf die Dauer entgegentreten können noch wollen. Das Streben nach Stabilität der wirtschaftlichen Entwicklung kann daher nicht bedeuten, daß Entwicklungstendenzen abgebogen werden sollen, sondern daß Spannungen im Wirtschaftskreislauf, die sich in kurzfristigen, möglicherweise periodischen Preisausschlägen äußern, gemildert werden.

Nicht jede Änderung des Preisniveaus ist also wert, ausgeschaltet zu werden, ja im wirtschaftlichen Wachstumsprozeß können Niveauveränderungen der Preise bzw. der Tauschkraft des Geldes sogar erwünscht oder zweckmäßig sein. Je nachdem die Ursache der Veränderungen auf der Waren- oder Geldseite liegt, ob es die Vermehrung der Bevölkerung oder bessere Produktionsmethoden oder die Vermehrung der Geldmenge ist, wird die Beurteilung verschieden sein und eine andere geldpolitische Behandlung erfordern. Es ist nicht zu verkennen, daß auch eine aus besonderen Umständen entstandene hohe Verschuldung eine Geldwertänderung im gewissen Ausmaß erwünscht erscheinen läßt. Geldtheoretisch als Ideal kann ein System angesehen werden, dessen Ziel darin besteht, mittels Geldmenge, Kreditvolumen und Umlaufsgeschwindigkeit schädliche und vermeidbare Veränderungen des Preisniveaus bzw. des Geldwertes zu beseitigen. Zu den unerwünschten Niveauveränderungen gehören sowohl die mit Kapitalabwertung, Senkung der Löhne und mit sonstigen Reibungsverlusten verbundenen deflatorischen Prozesse als auch eine womöglich progressiv steigende Diskrepanz zwischen Güter- (und Leistungs-) Angebot und Geldumlauf. Droht im letzten Fall die bekannte statistisch darstellbare Schere zwischen beiden Größen sich zu öffnen, so kommt die Kaufkraft des Geldes in Gefahr, und die Sorge um die Stabilerhaltung des Geldwertes erfordert Maßnahmen auf Seiten des Geldes und der Produktion zugleich.

Eine Wiederanpassung und -angleichung der Bewegungsrichtung von Produktions- und Preisniveau kann einmal auf deflatorischem Wege vorgenommen werden, von dem freilich der damit verbundenen Friktionen wegen nach den Erfahrungen der jüngeren Vergangenheit allgemein abzuraten ist. Oder der einmal erreichte Geldwert dient als Ausgangspunkt für eine neue Stabilisierung, wobei eine gewisse Geldentwertung in Kauf genommen werden muß. Erstrebenswert — und bei Kaufkraftsenkungen von kürzerer Dauer ohne besondere Anpassungsschwierigkeiten auch erreichbar — ist die dritte Lösung, indem durch Vergrößerung des wirtschaftlich verwertbaren Produktionsvolumens wieder eine reichlichere Versorgung eintritt, die dem Geld ohne deflatorische Maßnahmen die alte Kaufkraft wiedergibt.

Otto Pfleiderer

Weltgeld und Nationalwährung

1. Blüte und Verfall der Währungsgemeinschaften

Das goldene Zeitalter der Weltgeld-Projekte und der versuchten Weltgeld-Verwirklichungen war die Zeit des Zweiten Kaiserreichs. Als Napoleon III. in den 1860er Jahren im Zenith seines nationalen und internationalen Ansehens stand, gehörten er und seine Mitarbeiter, insbesondere de Parieu, Vizepräsident und später Präsident des Staatsrates, zu den eifrigsten Verfechtern einer übernationalen Währungsordnung.

In diesen Bestrebungen liefen die verschiedenartigsten Motive zusammen. Vor allem erhoben sich mit der Renaissance des Bonapartismus aufs neue die von der französischen Revolution hervorgebrachten Impulse, die Welt mit einem System rationaler und einheitlicher Ordnungen zu überziehen. Der Siegeszug des metrischen Systems mußte sich auf das Denken über das Geld um so stärker auswirken, als die damalige Zeit das Geldproblem in erster Linie als eine Frage der Definition des sog. Wertmaßstabs, also der Rechnungseinheit, in einer bestimmten Gewichtsmenge Edelmetalls ansah. Und da das Ursprungsland des metrischen Systems, Frankreich, diese Definition im Münzgesetz des Ersten Konsuls vom 7. Germinal XI (28. März 1803) im unmittelbaren Anschluß an das metrische System vorgenommen hatte, indem es statuierte: „Fünf Gramm Silber von der Feinheit 9/10 bilden die Geldeinheit"[1]) — was lag näher, als dieser Definition den Rang einer international verbindlichen Norm zu verleihen, den das Meter sich schon damals mehr und mehr errungen hatte? Wie irrational war demgegenüber das englische Geldwesen (das einzige, das dem französischen seinen Führungsanspruch hätte streitig machen können) geordnet, mit seiner Einteilung des Pfundes in 240 Pfennig und dem abstrusen Münzfuß von 3 £ 17 s 10½ d für eine Unze Standardgold von der Feinheit 11/12, und wie zersplittert und unübersichtlich war das Geldwesen des Deutschen Bundes noch, auch nachdem der Wiener Münzvertrag von 1857 einzelnen Silbermünzen sowohl in Österreich wie in den Zollvereinsländern Geltung verliehen hatte.

---

[1]) Das berühmte und in ein rationales System nicht recht hereinpassende Wertverhältnis von 15½ : 1, in dem die Begültigung der französischen Goldmünzen zu der der Silbermünzen von gleichem gedachten Gewicht in Beziehung gesetzt war, stammt dagegen noch aus der vorrevolutionären Zeit (1785); es war vom Ersten Konsul offenbar nicht als unabänderliche Norm gedacht. Andere bimetallistische Systeme (z. B. USA) hatten bekanntlich andere Tarifierungen.

In der Tat waren ja auch im Lauf des neunzehnten Jahrhunderts schon eine ganze Reihe von Ländern autonom und ohne irgend welche zwischenstaatliche Vereinbarung zum Franken-Standard übergegangen, so Belgien, die Schweiz, Italien, der Kirchenstaat, Spanien und Rumänien, freilich vielfach ohne die goldene Hälfte der französischen Doppelwährung mit zu übernehmen; Belgien z. B. hatte noch 1832 seine Frankenwährung als reine Silberwährung konstituiert.

Aus der Gemeinsamkeit des Standards, d. h. in diesem Falle des Silbergehalts der Währungseinheit, folgt begrifflich keineswegs irgend welche Gemeinsamkeit des Geldumlaufs, aber bei dem Vorherrschen der metallistischen (im Gegensatz zur chartalistischen) Auffassung des Geldes und bei der weiten Verbreitung, die damals die Barzahlung auch im Zahlungsverkehr über die Staatsgrenzen hinweg noch hatte, war die Annahme vollwertiger ausländischer Münzen eine ganz alltägliche Erscheinung — selbst wenn diese auf einen anderen als den inländischen Standard lauteten und also eine mehr oder minder mühsame Umrechnung nötig machten. In mehreren Fällen, so in der Schweiz und Italien, waren im Wege der autonomen Gesetzgebung überdies die französischen Münzen zu gesetzlichen Zahlungsmitteln erklärt worden, ohne daß diese Münzgemeinschaft zunächst auf Gegenseitigkeit beruht hätte; ja die betreffenden Länder verzichteten sogar weitgehend auf die Ausprägung eigener Münzen.

Diese tatsächlich schon vorher bestehende Münzgemeinschaft wurde durch die Gründung des sog. Lateinischen Münzvereins (Ende 1865) zu einer völkerrechtlich geordneten Institution. Der Vertrag diente in der Tat in erster Linie der Beseitigung von Unzuträglichkeiten, die sich aus dem gemeinsamen Münzumlauf ergeben hatten. Die vertragschließenden Staaten (Frankreich, Belgien, die Schweiz und Italien) kamen überein, ihren Münzen gegenseitig „Kassenkurs", d. h. Annahme an den öffentlichen Kassen jedes Staats zum Nennwert, zu verleihen. Die infolge des Anstiegs des Silberpreises (im Verhältnis zum Gold) seit einigen Jahren notwendig gewordene unterwertige Ausprägung der kleineren Silbermünzen wurde vertraglich festgelegt und für den Umlauf dieser Scheidemünzen ein Höchstkontingent von 6 Fr. je Kopf der Bevölkerung beschlossen.

Von der Schaffung eines „Weltgeldes" war der Lateinische Münzverein ersichtlich weit entfernt; gehörten ihm doch nicht einmal alle Länder an, die ihrem Geldwesen den Franken-Standard zu Grunde gelegt hatten. Aber die Absicht seiner Schöpfer ging ohne Zweifel dahin, den Verein zu einer universalen Institution auszubauen. Ausdrücklich wurde jedem Staat das Recht zum Beitritt offengehalten; aber nur Griechenland folgte der Einladung.

Der Grund für diese Zurückhaltung der übrigen Länder lag keineswegs in prinzipiellen Bedenken gegen einen Einbau ihres nationalen Geldwesens in eine umfassende Welt-Währungsgemeinschaft, auch fehlte es in den meisten Ländern nicht an der Bereitschaft, die Rechnungseinheit auf den Franken-Standard umzustellen — nur England war schon damals nicht bereit, von seinem auf die karolingische Münzordnung zurückgehenden Pfund und seiner Einteilung abzulassen —: entscheidend waren vielmehr die Bedenken gegen die bimetallistische Verfassung des französischen Geldwesens. Die ganze Entwicklung wäre vermutlich anders gelaufen, wenn Frankreich sich damals hätte entschließen können, von der Doppelwährung zur Goldwährung überzugehen. Die von Napoleon III. aus Anlaß der Pariser Weltausstellung von 1867 einberufene Internationale Münzkonferenz sprach sich mit 19 Stimmen gegen die eine der Niederlande für den Übergang zur Goldwährung aus und empfahl, bei allen künftigen Münzreformen die nationale Einheit in ein einfaches Verhältnis zum goldenen Fünffrankenstück als „gemeinsamem Nenner" zu setzen. In unmittelbarem Anschluß an die Konferenz schloß Österreich mit Frankreich einen Präliminarvertrag über seinen Beitritt zum Lateinischen Münzverein ab unter der ausdrücklichen Bedingung des beiderseitigen Übergangs zur Goldwährung; Österreich begann sogar schon (ebenso wie Rußland und Schweden) mit der Prägung von Goldmünzen nach dem Frankenstandard, die freilich über den rechtlichen Status von Handelsmünzen nicht hinauskamen. In Deutschland forderten der Volkswirtschaftliche Kongreß (1867) und der Deutsche Handelstag (1868) Anschluß an den Franken-Standard bei gleichzeitigem Übergang zur Goldwährung; für ein Münzsystem, das möglichst viele Garantien einer Erweiterung zu einem allgemeinen Münzsystem aller zivilisierten Länder böte, votierten sowohl der Norddeutsche Reichstag (1868) wie das Zollparlament (1869). Aber Frankreich zögerte, den entscheidenden gesetzgeberischen Schritt zu tun, obwohl es seit etwa 1860 faktisch schon Goldwährung hatte: infolge des Goldzustroms und des Silberagios waren die Goldmünzen zum „valutarischen" Geld (G. F. Knapp) geworden, d. h. sie wurden vom Staat und von der Bank von Frankreich zu ihren Zahlungen benutzt. Die Zeit verstrich mit jahrelangen Kommissionsberatungen, bis die Führung des Kontinents, auch in währungspolitischer Hinsicht, durch den Krieg von 1870/71 an das geeinte Deutsche Reich überging.

Mit dieser Wendung in den politischen Machtverhältnissen aber war zugleich das Urteil gesprochen über die damaligen Weltgeld-Bestrebungen: der nationalpolitische Gesichtspunkt erhielt auch in der Währungspolitik den Vorrang vor den universalistischen Tendenzen der sechziger Jahre. Deutschland zog bei der Neuordnung seines Geldwesens ein einfaches Umrechnungsverhältnis zwischen der alten und der neuen Einheit (zwischen Taler und Mark) einer Übernahme des Franken-Standards mit Recht vor. Aber es tat zugleich durch den Übergang zur Goldwährung, den es schon 1871 in Angriff nahm, mehr für die Bildung eines echten und wirksamen „Weltgeldes", als Frankreich im Jahrzehnt vorher durch all seine Konferenzen und Konventionen mit Einschluß des Lateinischen Münzvereins zustande gebracht hatte. Deutschlands Übergang zur Goldwährung wirkte als ein Vorbild, dem sich im Lauf der Zeit alle kontinentaleuropäischen Länder in dieser oder jener Form anschlossen. Bis dahin war die

Goldwährung als reines System, ohne bimetallistische Zutaten, auf England beschränkt und also alles andere gewesen als ein Welt-Währungssystem. Zum „Weltgeld“ wurde das Gold erst in den drei Jahrzehnten zwischen 1870 und 1900, an deren Anfang die Bismarcksche Währungsreform und an deren Ende die unter dem Präsidenten MacKinley erlassene *Gold Standard Act* von 1900 steht, die für die Vereinigten Staaten eine Periode mannigfacher Währungsexperimente vorübergehend abschloß. Was war nun unter der Herrschaft der Goldwährung das Schicksal der regionalen Währungspakte?

Der Lateinische Münzverein schleppte sich noch jahrzehntelang hin, ohne daß jemand außer den Reisenden und den Arbitrageuren Freude an ihm gehabt hätte. Er wurde weitergeführt, weil seine Beendigung die heikelsten Liquidationsprobleme akut gemacht hätte, die sich vor allem aus dem ganz ungleichen Ausmaß der Münzprägung in den einzelnen Vereinsländern ergaben. Ein besonderes Sorgenkind des Vereins war von Anfang an Italien, das schon 1866 faktisch zur Papierwährung überging, wodurch seine Silbermünzen in die übrigen Vereinsländer abströmten und es praktisch dauernd außerhalb des gemeinsamen Umlaufs blieb.

Ein jüngerer Bruder des Lateinischen Münzvereins, der Skandinavische Münzverein, hatte einen sehr viel glücklicheren Start und brachte es zu wesentlich besseren Leistungen. Dieser Münzverein hatte auch nie den Ehrgeiz, sich zu einer universalen Institution auszuweiten. Schweden, Norwegen und Dänemark waren die ersten Länder, die dem deutschen Vorbild folgten, indem sie schon Anfang der siebziger Jahre zur Goldwährung übergingen; im unmittelbaren Zusammenhang damit schlossen sie sich 1872 zu einem Münzverein zusammen, der im Lauf der Zeit die drei Länder praktisch zu einem Gebiet einheitlicher Währung machte. Dazu gehörte natürlich mehr als nur gemeinsamer Münzumlauf (über den der Lateinische Verein nie hinauskam) — es gehörte dazu vor allem eine wirksame Kooperation der Notenbanken. Im Jahre 1885 gingen die drei Notenbanken zu einem Überweisungsverkehr mit gegenseitiger Kreditgewährung über, der Goldversendungen innerhalb des Vereinsgebiets im allgemeinen überflüssig machte[1]). Von 1894 an nahmen die drei Notenbanken ihre Noten gegenseitig zu pari in Zahlung, so daß schließlich die Notierung der intervalutarischen Kurse zwischen den drei Währungen überhaupt eingestellt werden konnte. Aber den enormen Zahlungsbilanzstörungen, die der Weltkrieg mit sich brachte, hielt auch diese so wohlfundierte Währungsgemeinschaft nicht stand; die schwedische Krone erhielt ein Agio gegenüber den beiden anderen Währungen, und die Gemeinsamkeit des Umlaufs war tatsächlich schon beendigt, als im Jahr 1924 der Verein auch formal aufgehoben wurde.

---

[1]) Für nähere Einzelheiten vgl. O. Pfleiderer: Sinn und Grenzen zwischenstaatlicher Währungsgemeinschaften. Bank-Archiv, Jahrg. 1940, Nr. 19 (1. Okt.), S. 366.

Fragen wir abschließend: was wurde erstrebt und was wurde erreicht durch jene Teil-Verwirklichungen der Weltgeld-Idee, die sich in den Münzvereinen manifestierten?

Erstrebt wurde ein Dreifaches: Erleichterung des zwischenstaatlichen Zahlungsverkehrs, Identität der Rechnungseinheit, Uniformität der Währungsverfassung.

Die Erleichterung des zwischenstaatlichen Zahlungsverkehrs, die sich aus der Gemeinsamkeit des Geldumlaufs ergab, mußte um so mehr an Bedeutung verlieren, je mehr die Zahlung in Stückgeld abgelöst wurde vom Wechsel und der Banküberweisung. Wo aber Zahlungsmittel aus Gründen der Arbitrage aus einem Vereinsland ins andere abströmten, ergaben sich regelmäßig für die Aufrechterhaltung des inneren Zahlungsverkehrs ernste Schwierigkeiten, durch welche die wirtschaftlichen Vorteile des gemeinsamen Umlaufs ohne Zweifel weit überwogen wurden. Zudem erstreckte sich im Lateinischen Münzverein die Gemeinsamkeit des Umlaufs niemals auf die Banknoten.

Die Identität der Rechnungseinheit war zunächst eine rein formale Institution. Wirtschaftliche Bedeutung konnte sie nur gewinnen, wenn es gelang, Schwankungen der intervalutarischen Kurse wirksam zu vermeiden. Das konnte nur durch eine Koordination der gesamten Währungspolitik und insbesondere der Notenbankpolitik erreicht werden, und eben daran fehlte es im Lateinischen Münzverein stets, während der Skandinavische in seiner Blütezeit in der Tat als ein einheitliches Währungsgebiet betrachtet werden konnte. Koordination der Währungspolitik aber ist ebensogut bei Verschiedenheit wie bei Gleichheit der Rechnungseinheit und ebensogut bei Getrenntheit wie bei Gemeinsamkeit des Geldumlaufs möglich, so daß die durch eine solche Koordination erzielten Erfolge nicht auf das Konto der Münzvereine zu setzen sind.

Auch die Uniformität der Währungsverfassung war durch die im Formalen bleibenden Bestimmungen der Münzvereine nicht gesichert, was am eindrucksvollsten aus dem Beispiel Italiens hervorgeht, das faktisch während der ganzen Zeit seiner Zugehörigkeit zum Lateinischen Münzverein Papierwährung hatte, mit Ausnahme der Jahre 1902 bis 1911; auch Griechenland war in ähnlicher Lage. Dagegen war eine wirkliche Uniformität der Währungsverfassung zwischen Ländern mit effektiver Goldwährung verwirklicht, gleichviel ob sie zu Münzvereinen gehörten oder nicht.

Schon zu der Zeit, als Karl Helfferich seinen Aufsatz „Über die rechtliche Natur eines mehreren Staaten gemeinsamen Geldes“[1]) veröffentlichte

[1]) Im Arch. f. öff. Recht, XI, 3 (1895) (wiederabgedruckt in den „Studien über Geld- und Bankwesen“ von Karl Helfferich, Berlin 1900). In diesem bewundernswerten Aufsatz sind manche Erkenntnisse der späteren „Staatlichen Theorie des Geldes“ von Helfferichs Lehrer G. F. Knapp vorweggenommen; so wird gleich in der Einleitung das „moderne Geld“ als „ein Produkt der staatlichen Gesetzgebung“ bezeichnet.

(1895), erschienen die Probleme der Zahlungsmittelgemeinschaften lediglich noch als Liquidationsfragen. Gegenwart und Zukunft gehörten damals der nationalen Währungspolitik mit autonomer Bindung an die „Spielregeln" der Goldwährung. Es war noch nicht abzusehen, daß auch die internationale Goldwährung des damaligen Stils nur eine geschichtlich kurze Episode sein sollte und daß aus ihrer Auflösung wiederum neue Formen regionaler Währungszusammenschlüsse hervorgehen würden.

2. Das Gold als Weltgeld

Es ist an dieser Stelle nicht nötig, den Mechanismus der „klassischen" Goldwährung, der gerade in den letzten Jahren wieder so vielfach analysiert worden ist, im einzelnen zu beschreiben. Wir fragen lediglich: durch welche institutionellen Tatbestände wurde es möglich, daß das Gold in der Tat einige Jahrzehnte lang (an deren Beginn immerhin die schwere Weltwirtschaftskrise von 1873 stand) die Funktionen eines *effektiven Weltgeldes* ausübte?

Offenbar genügte dazu die Definition der einzelnen nationalen Währungseinheiten durch bestimmte Goldmengen und der Umlauf vollwertiger Goldmünzen keineswegs. Es mußte vielmehr der *Einbau des Goldes in die nationalen Kreditsysteme* hinzukommen. Die Zentralnotenbanken fungierten hierbei gleichsam als „Kreditbanken höherer Ordnung". Wie der Spielraum für die Kreditgewährung einer Kreditbank durch die Spanne zwischen ihrer tatsächlichen Liquidität und ihren Liquiditätsgrundsätzen bzw. den geltenden Liquiditätserfordernissen begrenzt ist, so gab es auch für die Zentralnotenbank eine „Liquidität" — ihren Goldbestand — und „Liquiditätsgrundsätze", deren Minimalanforderungen in den sog. Notendeckungsbestimmungen niedergelegt waren; in Wirklichkeit wurde regelmäßig die effektive „Liquidität" weit über den Mindestanforderungen des Gesetzes gehalten: aus der Spanne zwischen tatsächlichem und vorgeschriebenem Weltgeld-Bestand ergab sich der kreditpolitische Spielraum der einzelnen Zentralnotenbank.

In der Gewährleistung für jederzeitige *internationale Zahlungsbereitschaft* lag also der eigentliche (oft mißverstandene) Sinn der Golddeckungsvorschriften und -grundsätze der Notenbanken. Der wirkliche Umfang des kreditpolitischen Spielraums hing aber (wiederum in genauer Analogie zur Situation der Kreditbanken) in entscheidender Weise vom Verhalten der übrigen Notenbanken ab: erweiterten sie solidarisch ihr Kreditvolumen, so vergrößerte sich faktisch der Spielraum für alle, da keine (im Idealfall) von einem Goldabfluß betroffen wurde; machten die anderen aus irgend einem Grund nicht (oder nicht genügend oder nicht alle) mit, so war der Spielraum im Nu verschwunden.

Wenn und soweit die Notenbanken tatsächlich solidarisch handelten, war für die Mitglieder der Goldwährungs-Gesellschaft in ruhigen Zeiten die Entstehung größerer Zahlungsbilanzstörungen ausgeschlossen, was bei den Münzvereinen als solchen, wie gezeigt, keineswegs der Fall war. Dauerndes Zahlungsbilanzgleichgewicht schien mit der Goldwährung verbürgt zu sein.

Neben der Aufrechterhaltung der internationalen Zahlungsbereitschaft stand als zweiter Eckpfeiler des Goldwährungssystems die Aufrechterhaltung der intervalutarischen Paritäten, gleichviel ob sie durch freies Prägerecht und Noteneinlösung, d. h. praktisch: durch Ankauf und Verkauf von Gold zu festen Sätzen, oder ob sie durch „Devisenpolitik", d. h. durch Interventionen am Devisenmarkt (wie in Österreich-Ungarn und Rußland), bewerkstelligt wurde.

Diese beiden Funktionen der Goldwährung: Aufrechterhaltung der internationalen Zahlungsbereitschaft und Sicherung fester intervalutarischer Kurse, hängen ersichtlich eng zusammen, indem sie sich normalerweise wechselseitig bedingen; aber begrifflich müssen sie scharf unterschieden werden. Die große Krisis, die im Jahre 1931 ihren Kulminationspunkt erreichte, brachte dann auch in der Realität das Prinzip der internationalen Zahlungsbereitschaft mit dem der intervalutarischen Kursstabilität in offenen Konflikt. Die Wurzeln dieser Krisis lagen im Vorhandensein strukturell unausgeglichener Zahlungsbilanzen infolge der unsinnigen Tributlasten und der von ihnen hervorgerufenen internationalen Verschuldung.

Nach den währungspolitischen Erschütterungen der Weltkriegs- und Inflationsjahre war die Welt im Lauf der zwanziger Jahre schrittweise und unter großen Anstrengungen zu einem Währungssystem zurückgekehrt, das sich von der alten Goldwährung im wesentlichen nur durch technische Modifikationen (kein innerer Goldumlauf mehr, Einbeziehung der Devisen in die Deckungsbestände u. dgl.) unterschied. Man hatte den alten institutionellen Apparat wieder in Gang gesetzt und erwartete von ihm dieselben Leistungen, die er bis 1914 vollbracht hatte, ohne zu bedenken, daß die Grundbedingungen, unter denen er arbeiten sollte, sich in der Zwischenzeit total verändert hatten. In der Tat ist es erst durch die schmerzlichen Erfahrungen der damaligen Zeit klar geworden, daß die Goldwährung als Weltgeld-System nur unter ganz bestimmten, vielleicht einmaligen wirtschaftspolitischen und soziologischen Bedingungen überhaupt funktionsfähig war. Diese Bedingungen fehlten in einer Wirtschaft, die durch riesige politisch erzwungene Zahlungsbilanzpassiva der europäischen Schuldnerländer gekennzeichnet war. Zu den laufenden Passivposten konnten überdies infolge der Labilität der europäischen Lage jederzeit neue, durch die klassischen Mittel der Notenbankpolitik nicht beherrschbare Passivposten hinzutreten in Form von Kapitalfluchterscheinungen oder Kündigungen ausländischer Kurzkredite.

Der „systemgerechte" aber sachlich zweifelhafte Ausweg der Deflationspolitik in den Schuldnerländern zwecks Ermöglichung des „Transfers" wurde bis zur Grenze des Erträglichen beschritten; aber dieser Versuch war zum Scheitern verurteilt, um so mehr als das Haupt-Gläubigerland, USA, seinerseits keineswegs systemgerecht handelte. Sonst hätte es die ihm aus den Währungsreserven der Schuldnerländer zugeflossenen Beträge an „Weltgeld" zur Grundlage einer Kreditausweitung großen Stils machen und damit zur systematischen Herbeiführung eines Einfuhrüberschusses verwenden müssen. Stattdessen trieben die Vereinigten Staaten ohne außenwirtschaftlichen Zwang ebenfalls Deflationspolitik und engten so den kreditpolitischen Spielraum der europäischen Notenbanken noch mehr ein.

In dieser Lage ließ die Krisis des Jahres 1931 den oben angedeuteten möglichen Konflikt zwischen den beiden Grundprinzipien der Goldwährung, internationale Zahlungsbereitschaft und intervalutarische Kursstabilität, akut werden. Die divergierenden Entscheidungen, die die beiden führenden Wirtschaftsmächte Europas, Deutschland und Großbritannien, angesichts dieser Alternative trafen, bestimmten die währungspolitische Entwicklung des seitdem verflossenen Jahrzehnts. Weder hier noch dort konnte das Gold seine bisherige zentrale Bedeutung für die Währungspolitik beibehalten. Devisenzwangswirtschaft (mit oder ohne Aufrechterhaltung der bisherigen intervalutarischen Paritäten) und arbiträre Manipulation der Währungsrelationen (wobei in der Regel die Aufrechterhaltung der internationalen Zahlungsbereitschaft aus den Aufgaben der Notenbank herausgenommen und einem besonderen Währungs-Ausgleichsfonds anvertraut wurde) traten an die Stelle der Nachkriegs-Goldwährung. Die konjunkturpolitischen und machtpolitischen Notwendigkeiten verschafften der nationalen Währungspolitik auf der ganzen Linie den Sieg über den in den „Spielregeln" der Goldwährung verkörperten Weltgeld-Gedanken.

Gleichwohl hat das Gold auch nach 1931 seine Funktion als „Weltgeld" nicht völlig verloren, und das seinerzeitige „*Tripartite Agreement*" zwischen USA, Großbritannien und Frankreich vom Jahre 1936 ist sogar vielfach als Etablierung eines neuen internationalen Goldwährungssystems aufgefaßt worden. Durch die amerikanische Goldankaufspolitik nämlich ist Gold immer noch ohne weiteres in Dollars verwandelbar, und da im internationalen Währungshaushalt der Dollar chronisch sozusagen im Minimum vorhanden ist, will sagen: da die Zahlungsbilanzen so ziemlich aller Länder gegen USA passiv sind und Gold die einzige Ware ist, deren Einfuhr die Vereinigten Staaten in unbegrenzter Menge zulassen — so ist der Verkauf von Gold nach Amerika für alle goldgewinnenden oder goldbesitzenden Länder ohne Zweifel das bequemste Mittel, ihre Zahlungsbilanz ins Gleichgewicht zu bringen. Wenn man will, kann man das Gold also immer noch als „Weltgeld" bezeichnen; nur muß man sich darüber klar sein, daß diese Art von Weltgeld so gut wie keine systematische Beziehung zum Geldwesen der einzelnen Länder — mit der einzigen Ausnahme von USA — mehr hat. Für Länder, die weder als Goldproduzenten noch als Goldbesitzer ein materielles Interesse am Gold — genauer: an der Vermeidung seiner totalen Demonetisierung haben, ist es insofern eine reine Zweckmäßigkeitsfrage, ob sie ihre frei verfügbaren Währungsreserven in Gold oder in einer ebenfalls praktisch als „Weltgeld" verwendbaren Währung anlegen wollen. Die Jahre 1940/41 haben hierbei aber insofern eine Veränderung der Lage mit sich gebracht, als durch die „Einfrierung" der Dollarguthaben der kontinentaleuropäischen Länder der Dollar vorläufig aufgehört hat, als „Weltgeld" verwendbar zu sein. Dadurch hat das Gold, als Reserve für den Spitzenausgleich, immerhin wieder etwas erhöhte Bedeutung erlangt[1]). Natürlich könnten solche Währungsreserven auch in Form von Guthaben bei der Bank für Internationalen Zahlungsausgleich gehalten werden, vor allem wenn diese sich zu einer wirklichen „Zentralbank der Zentralbanken", zu einer aktiven Liquiditätszentrale der nationalen Notenbanken, entwickeln würde, was nach endgültiger Bereinigung des Versailler Reparationskomplexes im Rahmen einer gesamteuropäischen Neuordnung durchaus denkbar erscheint, aber in jedem Fall noch gründlicher theoretischer und praktischer Vorarbeiten bedarf.

3. Zwischen Weltgeld und Nationalwährung: die Währungsgruppe

Die Goldwährung als Weltwährungssystem ist — mitten im Frieden! — im Jahre 1931 unter der doppelten Belastungsprobe des internationalen Schulden- und des nationalen Konjunkturproblems zusammengebrochen, und es kann mit hinreichender Sicherheit vorausgesagt werden, daß eine abermalige Restauration dieses Währungssystems nach dem Muster der Jahre 1924/26 nach diesem Krieg, wie immer die kommende Neuordnung Europas im einzelnen aussehen mag, nicht in Frage steht.

Das internationale Schuldenproblem ist durch die höhere Gewalt der Devisenzwangswirtschaft bereinigt oder doch auf Eis gelegt worden; das nationale Konjunkturproblem hat nach und nach in allen Ländern durch großzügige Kreditexpansion (sei es für unmittelbare Arbeitsbeschaffung, sei es für die mittelbare der Rüstung und Kriegführung) seine Bedeutung einstweilen verloren.

Dieser Sieg der nationalwirtschaftlichen Währungspolitik über das Weltgeldprinzip hat jedoch charakteristischerweise nicht zu einer dauernden und totalen Auflösung des internationalen Geldsystems in lauter einzelne, unverbunden nebeneinander stehende Nationalwährungen, sondern je länger je mehr zur Herausbildung einer kleinen Anzahl von Währungsgruppen (oder Währungsblocks)[2]) geführt, deren jede an eine „Leitwährung" angeschlossen ist. Als Leitwährung kommt dabei jeweils die

---

[1]) Charakteristisch für diese Tendenz ist z. B. der allmähliche Wiederanstieg der schweizerischen Goldbestände von 2114 Mill. sfr. Ende Juli 1940 bis auf 2714 Mill. sfr. Anfang Dezember 1941.

[2]) Der gelegentlich hierfür gebrauchte Ausdruck „Währungsgemeinschaften" kann leicht zu dem Mißverständnis führen, als handle es sich dabei um eine für mehrere Länder gemeinschaftliche Währung, während in Wirklichkeit eine bestimmte Art der Verbindung selbständiger Währungen miteinander vorliegt.

Währung eines der großen Welthandelsländer in Frage. In Wirklichkeit hatte das Prinzip der „Leitwährung" auch die alte Goldwährung beherrscht, da nach einem treffenden Wort von G. F. Knapp die Goldwährung seinerzeit gewählt wurde, nicht weil Gold Gold, sondern weil England England war, so daß man die Goldwährung vor 1914 auch als einen universalen „Sterlingstandard" und die „neue" Goldwährung nach 1924 als einen universalen „Dollarstandard" bezeichnen könnte. Diese universalen Gebilde zerbrachen, da weder das Pfund noch der Dollar sich den an eine universale Leitwährung zu stellenden Anforderungen gewachsen zeigten.

Die älteste derartige Gruppe, mit einer jetzt schon sehr wechselvollen Geschichte, stellt der Sterlingblock dar; ihm folgte der Yenblock und — als ephemere und von vornherein in die Verteidigung eines verlorenen Postens gedrängte Gruppe — der von Frankreich geführte Goldblock. Aus der überragenden Bedeutung, die der Verrechnungsverkehr mit Deutschland für die kontinentaleuropäischen Länder, vor allem während der Abschließung von Übersee, hat, bildete sich allmählich der Reichsmarkblock, während die beiden amerikanischen Kontinente durch die führende finanzielle und handelspolitische Stellung von USA — gekennzeichnet etwa durch die außerordentliche kreditpolitische Aktivität der Export-Import-Bank — mehr und mehr zu einem Dollarblock zusammengeschlossen worden sind. Die Grenzen dieser Gruppen sind vielfach fließend, da sich die Zugehörigkeit im allgemeinen nicht nach einem formellen Rechtsakt oder nach einem einzigen, allgemein anwendbaren Kriterium bestimmen läßt. Vielmehr gibt es gleichsam abgestufte Grade der Verbindung einer „Trabanten"-Währung mit ihrer „Leitwährung". In besonderem Maße gilt das für die Reichsmark- und die Dollargruppe. Für die Begriffe „Yenblock" und „*Sterling area*" gibt es zwar eindeutige devisenrechtliche Definitionen; aber der devisenrechtliche Begriff ist dabei regelmäßig enger als der währungspolitische: im devisenrechtlichen Sinn gehört weder der neue Nanking-Yüan (Central Reserve Bank $) zum „Yenblock", noch der niederländisch-indische Gulden zur „*Sterling area*", während in beiden Fällen die währungspolitische Zugehörigkeit entschieden zu bejahen ist. Die bloße Einhaltung einer festen Kursparität zu einer bestimmten Währung genügt im allgemeinen nicht zur Begründung wirklicher Zugehörigkeit zu der entsprechenden Währungsgruppe, obwohl es selbstverständlich ein keineswegs belangloses Symptom ist, an welcher der verschiedenen Hauptwährungen der Kurs einer Währung ausgerichtet wird. So hält Japan seit Oktober 1934 praktisch bis heute[1]) eine feste Austauschrelation zum Pfund Sterling ein (1 Yen = 14 d) — die sich seit September 1939 allerdings nur noch indirekt als Wirkung der neuen „Richtparität" von $0{,}23^{7}/_{16}$ USA-$ für 1 Yen ergibt —, ohne daß Japan je wirklich zum Sterlingblock oder zum Dollarblock gehört hätte. Ähnliches gilt für die feste Relation zum Dollar, die Deutschland seit der amerika-

[1]) Geschrieben vor Japans Eintritt in den Krieg.

nischen Stabilisierung (Ende Januar 1934) und England seit seinem Übergang zur Devisenzwangswirtschaft (September 1939) einhält.

Das Verhältnis zwischen „Leitwährung" und „Trabantenwährung" ist in den einzelnen Gruppen sehr verschieden gestaltet, wie ja überhaupt jede der bestehenden Währungsgruppen eine historische Individualität ist, die nur aus ihren besonderen Bedingungen heraus verstanden werden kann. Gemeinsam ist allen die Erleichterung des Zahlungsverkehrs innerhalb der Gruppe gegenüber dem Zahlungsverkehr nach außen, wobei freilich innerhalb des Reichsmarkblocks verschiedene Stufen der Integration zu unterscheiden sind: völlig frei von einschränkenden Devisenbestimmungen ist bis jetzt nur der Zahlungsverkehr mit dem Protektorat und den Niederlanden. Dagegen gilt sowohl im Yenblock wie in der *Sterling area* das gesamte Gebiet der Gruppe (im devisenrechtlichen Sinne) als Deviseninland. Gemeinsamer Zahlungsmittelumlauf besteht nur in Ausnahmefällen; im allgemeinen wird im Interesse der Überwachung des Zahlungsverkehrs Wert darauf gelegt, daß die Geldzeichen der „Leitwährung" nicht in die Gebiete der „Trabantenwährungen" eindringen. So sind z. B. auch innerhalb des Yenblocks die Noten der Banken von Japan, Korea und Formosa vom Umlauf in China und der Mandschurei ausgeschlossen.

Die Struktur der Währungsgruppen ist überall noch in dauernder Umgestaltung begriffen. Auch sind die besonderen Bedingungen, unter denen der Handels- und Kreditverkehr im Kriege steht, nicht zur Verwirklichung alles dessen angetan, was an sich an Entwicklungsmöglichkeiten in dieser jüngsten Form der internationalen Währungsordnung ruht. Die Richtung, in der die Entwicklung verläuft, läßt sich dagegen schon ziemlich klar erkennen. Denken wir diese Tendenzen zu Ende, so ergibt sich ungefähr folgender „Idealtypus" einer Währungsgruppe. Der Zahlungsverkehr innerhalb der Gruppe, sowohl für Handels- wie für Kredittransaktionen, ist völlig frei und spielt sich durch Verfügungen über die bei der führenden Zentralbank gehaltenen Guthaben der angeschlossenen Notenbanken ab, genau so wie sich der Zahlungsverkehr innerhalb Deutschlands über die Reichsbankgirokonten der Banken u. dgl. vollzieht. Der Zahlungsverkehr nach außen, also zwischen den einzelnen Gruppen, wird nur durch die führende Zentralbank bewerkstelligt und zwar je nach Zahlungsbilanzlage und politischem Ermessen entweder in der Form der gegenseitigen Verrechnung über gebundene Konten (vgl. den ASKI-Verkehr mit Südamerika u. a.) oder in der Form der Verfügung über „freie" Devisen, BIZ-Guthaben oder auch Gold.

Sehen wir von den Außenbeziehungen in diesem Zusammenhang ab und untersuchen wir, welche währungs- und kreditpolitischen Probleme sich beim Durchdenken jenes auf den ersten Blick so bestechend einfachen Schemas für den Zahlungsverkehr innerhalb der Gruppe ergeben. Daß der multilaterale Zahlungsausgleich in diesem System technisch kein Problem mehr ist (so wenig wie es die „multilaterale" Abrechnung zwischen den Kreditbanken eines Landes ist), leuchtet ohne weiteres ein. Auch daß das führende Land seinerseits nicht mit Guthaben bei einer dritten Stelle, sondern mit Forderungen gegen sich selbst bezahlt, bedeutet keine technische Schwierigkeit, wenn man sich klar macht, daß ja analog auch im inneren Zahlungsverkehr eines Landes die Zentralbank ihre sämtlichen Zahlungen (für Gehälter, Unkosten, Investitionen usw.) durch Hingabe von Forderungen gegen sich selbst leistet, da sie keinerlei andere Zahlungsmöglichkeit hat, sobald die Zahlung in Gold ausgeschlossen ist; und sie empfängt ja auf der anderen Seite auch alle ihre Zahlungen durch Hereinnahme von Forderungen gegen sich selbst.

Die angeschlossenen Notenbanken sind in diesem System in der Tat „Kreditbanken höherer Ordnung" in ganz analoger Weise, wie dies oben für das klassische Goldwährungssystem ausgeführt wurde, nur daß ihre „Barliquidität" sich nicht nach ihrem Goldbestand, sondern ausschließlich nach ihrem Bestand an Guthaben bei der führenden Zentralbank bemißt. Die erste grundsätzliche Frage, die in diesem Zusammenhang zu stellen ist, lautet nun: Wie entstehen diese liquiden Guthaben der angeschlossenen Notenbanken? Die Antwort wird zunächst lauten: durch Mehrausfuhr, und in der Tat ist dies ja auch der Weg, auf dem z. B. die heutigen ausländischen Guthaben bei der Deutschen Verrechnungskasse entstanden sind, und auf dem sich früher etwa der Ankauf von Gold vollzog. Aber wie verwandelt sich Ware in Geld? Doch nur dadurch, daß bestehendes Geld vom Käufer auf den Verkäufer übertragen wird, daß also z. B. das Reichsbankguthaben des deutschen Importeurs (oder seiner Bank) sich in ein Reichsbank- (bzw. Verrechnungskassen-)Guthaben der Slowakischen Nationalbank für Rechnung des slowakischen Exporteurs verwandelt. Und wie ist dieses Reichsbankguthaben einst entstanden? Entweder auf dem Wege des Goldankaufs mit *ad hoc* geschaffenem Reichsbankgeld (der heute keine Rolle mehr spielt) oder auf dem Wege der Gutschrift für neu in Verkehr gebrachte Scheidemünzen (wobei es sich stets um vergleichsweise geringe Beträge handelt) — oder schließlich (und das ist der weitaus wichtigste Fall) durch einen Akt der Kreditgewährung von Seiten der Reichsbank, durch Diskontierung von Wechseln oder Schatzwechseln oder durch Ankauf von Wertpapieren. Wenn nun die Reichsbank durch die Ausweitung des deutschen Währungsgebiets zum „Reichsmarkblock" zur „Zentralbank der Zentralbanken" wird und damit eine kreditpolitische Mitverantwortung für die Wirtschaft des gesamten kontinentalen Raumes übernimmt, so liegt es nahe, sich eine Entwicklungsstufe vorzustellen, auf der die angeschlossenen Länder nicht nur auf der Passivseite, sondern auch auf der Aktivseite der Reichsbankbilanz vorkommen. Mit anderen Worten: die Reichsbank könnte wie für die inländischen Kreditbanken so auch für die angeschlossenen ausländischen Zentralbanken, zu einem Liquiditätsrückhalt werden, indem sie ihnen im Bedarfsfall rediskontfähige Werte aus ihrem Portefeuille (z. B. Schatzwechsel und Schatzanweisungen) abkauft. Die ganze Frage ist bekanntermaßen im Augenblick so wenig akut wie die der inländischen Liquidität, da an Reichsbankguthaben derzeit nirgends Mangel herrscht dank der aktiven Einschaltung der Reichsbank in die Kriegsfinanzierung und dem starken deutschen Einfuhrbedarf bei einer durch die Kriegsverhältnisse beschränkten Ausfuhrkapazität. Aber es wird nötig sein, die sich für die Reichsbank als „Zentral-Reservebank" des kontinentaleuropäischen Wirtschaftsraums in Zunkunft ergebenden bankpolitischen Fragen rechtzeitig durchzudenken und ihre Lösung vorzubereiten. Auf die Dauer wird es jedenfalls kaum angehen, daß die für die Abwicklung des innereuropäischen Zahlungsverkehrs erforderlichen Guthaben einseitig von Seiten der angeschlossenen Länder aufgebracht werden. Deutschland ist vielmehr, wie gerade von verantwortlichen deutschen Stellen immer wieder mit Nachdruck erklärt wurde, das gegebene Kapitalexportland zur Entfaltung der wirtschaftlichen Kräfte des Kontinents. Es gilt nur, hieraus auch die währungspolitischen Konsequenzen zu ziehen.

Neben der Frage nach der außenwirtschaftlichen „Liquidität" der angeschlossenen Notenbanken ergibt sich als zweite grundsätzliche Frage die nach den Normen für ihre binnenwirtschaftliche Kreditpolitik. Es ist hierfür gelegentlich eine Neuauflage des alten „Goldautomatismus" publizistisch empfohlen worden: die angeschlossenen Notenbanken sollen ihre Kreditpolitik je nach dem Umfang ihrer Guthaben bei der „Gruppenzentrale" bemessen. Das wäre entweder in einfacher oder in potenzierter Form möglich. Bei der einfachen Form werden die bei der Notenbank sich ansammelnden auswärtigen Guthaben zu zusätzlichem inländischen Geld gemacht (im Wege einer „Verlängerung der Bilanz" der Notenbank) und entsprechend bei einer Passivierung der Zahlungsbilanz die von den Importeuren zur Überweisung ins Ausland bestimmten Beträge durch Aufrechnung gegen die auswärtigen Guthaben aus dem Umlauf gezogen. Bei der potenzierten Form werden diese Expansions- und Kontraktionsvorgänge noch gesteigert durch eine entsprechende innere Kreditpolitik (Diskont- oder Offenmarktpolitik): expansiver Art bei starker auswärtiger „Liquidität", restriktiver Art bei mangelhaftem Bestand an Auslandsguthaben. Dadurch würden — so ist die Meinung — Preisbewegungen hervorgerufen werden, die einen ausgleichenden Einfluß auf die Zahlungsbilanz haben müßten. Ganz abgesehen von der Tatsache, daß unter bestimmten Konstellationen — z. B. im Kriege — eine unausgeglichene Zahlungsbilanz durch derartige Maßnahmen der Zentralbank nicht ausgeglichen werden kann, und daß es ja auch eine „geborgte" Liquidität (auf Grund von Kapitaleinfuhr) gibt, würde ein solches Verhalten den modernen Erkenntnissen über die Aufgaben der Notenbankpolitik strikt widersprechen. Die Regulierung der umlaufenden Geldmenge kann sich nicht nach dem Bestand an Währungsreserven richten; sonst könnte u. U. die Lage eintreten, daß (etwa bei einem stark spezialisierten kleinen Land) die Wirkungen eines Ausfuhrausfalls (infolge schlechter Ernte im Inland oder erfolgreicher Autarkiemaßnahmen des Auslandes) noch durch deflatorische Notenbankmaßnahmen verschlimmert werden würden. Vielmehr muß auch in den „Trabanten"-Ländern genau so wie im „leitenden" Land die Notenbankpolitik und damit die Geldmengen-Regulierung ausgerichtet werden an der Aufgabe, die volle Ausnutzung aller Produktivkräfte zu ermöglichen, mit anderen Worten: Kreditpolitik soll auch hier nur ein anderer Name sein für Beschäftigungspolitik, zwischen der Scylla der Arbeitslosigkeit und der Charybdis der Inflation hindurch[1]).

Fällt somit der unmittelbare Einsatz der Kreditpolitik zum Zahlungsbilanzausgleich als dem Wesen der modernen Kreditpolitik nicht gemäß aus, so ergibt sich als dritte grundsätzliche Frage die nach den adäquaten Methoden des Zahlungsbilanzausgleichs. Hierfür kommen zwei Mittel in Betracht: systematische Lenkung der internationalen Kreditströme und richtige Wahl der intervalutarischen Kursrelationen. Langfristige internationale Kredite werden im Nachkriegs-Europa in großer Menge gebraucht werden zur gleichmäßigen Entfaltung der produktiven Kräfte des Kontinents; soweit solche Kredite nur der finanzielle Ausdruck sind für Warenströme, die ohne sie gar nicht zum Fließen gekommen wären, sind sie für die Zahlungsbilanz zunächst indifferent, obwohl sie selbstverständlich Sekundärwirkungen auslösen können, die geeignet sind, das Zahlungsbilanz-Gleichgewicht zu verschieben. Daneben kann sich zum Ausgleich vorübergehender Zahlungsspitzen eine kurzfristige Kreditgewährung als notwendig erweisen, wie dies vor allem in der gegenwärtigen Kriegszeit vielfach der Fall ist. Nach Kriegsende jedoch, wenn es darauf ankommt, die gegenseitigen Handelsbeziehungen der Länder in ein neues Gleichgewicht zu bringen, wird eine Revision der geltenden intervalutarischen Relationen sich als unerläßlich erweisen. Diese Revision wird vor allem den durch den Krieg hervorgerufenen Veränderungen der einzelnen nationalen Preisspiegel Rechnung zu tragen haben. Die Findung der richtigen Parität ist nicht einfach eine Rechenaufgabe für die Preisstatistiker, denn Preisgleichgewicht bedeutet nicht einfach Preisgleichheit[2]); aber es wird auch nicht ganz ohne solche Rechenarbeit abgehen. Ob eine Parität richtig oder falsch gewählt ist, muß stets an der Zahlungsbilanz selbst abgelesen werden. Vorübergehendes Ungleichgewicht kann durch Kredit ausgeglichen werden, dauerndes nur durch Preisniveauänderungen, Revision der Währungskurse oder schließlich durch Standortwechsel (internationale Wanderungen). Von diesen Mitteln ist die Revision der Währungskurse bestimmt am wenigsten schmerzhaft und im Bedarfsfall am leichtesten rückgängig zu machen. Würde keines dieser Mittel zur Herstellung eines neuen Gleichgewichts angewandt werden, so würde nichts übrig bleiben, als durch Ziehung von

[1]) Vgl. Robert von Keller: Ausstattung, Konsolidation und Tilgung staatlicher Arbeitsbeschaffungs- und Investitionskredite, in Weltw.Arch., Bd. 53, H. 3 (Mai 1941), S. 469ff.

[2]) Vgl. O. Pfleiderer: Die Zukunft der Devisenzwangswirtschaft. In: Bank-Archiv 1941, Nr. 9 (1. Mai), S. 184.

Devisengrenzen innerhalb der Gruppe die technische Möglichkeit zur Aufrechterhaltung von Ungleichgewichtsbedingungen zu schaffen.

* * *

Es ist ein weiter Weg von den Weltgeldprojekten und regionalen Währungsgemeinschaften der 1860er Jahre über die universale Goldwährung und ihr Versagen zur Aufspaltung der Welt in isolierte Nationalwährungsgebiete und endlich zur neuen Integration in abermals regionalen Währungsgruppen. Nur scheinbar ist das eine Rückwendung zu vergangenen Ideen. In Wirklichkeit haben sich die entscheidenden Gesichtspunkte völlig gewandelt: dort stand im Vordergrund die Frage des gemeinsamen Wertmaßstabs und Geldumlaufs, hier geht es in erster Linie um die Koordination der Kreditpolitik und um die Schaffung eines dauernden Zahlungsbilanzgleichgewichts. Die Währungsfragen sind hier nur ein Ausschnitt aus dem Gesamtproblem der Herstellung einer dauerhaften räumlichen Ordnung des wirtschaftlichen und staatlichen Lebens über die Enge isolierter Nationalstaaten hinaus.

Literatur

Knies, Carl: Weltgeld und Weltmünzen, Berlin 1874.

Helfferich, Karl: Über die rechtliche Natur eines mehreren Staaten gemeinsamen Geldes. (Aus dem Arch. f. öff. Recht, XI, 3.) 1895. Wiederabgedruckt in den „Studien über Geld- und Bankwesen", Berlin 1900.

Ders.: Geschichte der deutschen Geldreform, Leipzig 1898.

Ders.: Das Geld (1. Aufl. 1903), 6. Aufl., Leipzig 1923.

Knapp, Georg Friedrich: Staatliche Theorie des Geldes (1. Aufl. 1905), 4. Aufl., München und Leipzig 1923.

Esslen, Joseph Bergfried: Vergangenheit und Zukunft des Lateinischen Münzbundes. In: Bank-Archiv, XVI. Jahrg., Nr. 7 u. 8, 1917.

Ders.: Münzbund. In: Handwörterbuch der Staatswissenschaften, 4. Aufl., 6. Bd., Jena 1925.

Gesell, Silvio: Internationale Valuta-Assoziation (Iva). Sontra 1920.

Trimborn, Wilhelm: Der Weltwährungsgedanke. Eine historisch-kritische Untersuchung. (Münchener Volkswirtschaftliche Studien, N. F., H. 16.) Jena 1931.

Nielsen, Axel: Monetary Unions. In: Encyclopaedia of the Social Sciences, vol. 10, New York 1935.

Stark, Werner: Währungsverträge. In: Festschrift für Oskar Engländer. Brünn, Leipzig und Wien 1936.

Cassel, Gustav: The Downfall of the Gold Standard. Oxford 1936. — Deutsche Übersetzung: Der Zusammenbruch der Goldwährung. Stuttgart 1937.

Pfleiderer, Otto: Sinn und Grenzen zwischenstaatlicher Währungsgemeinschaften. In: Bank-Archiv 1940, Nr. 19.

Puhl, Emil: Kontinentales Clearing. In: Die zukünftigen außenwirtschaftlichen Aufgaben der deutschen Kreditwirtschaft. Herausgeg. vom Deutschen Institut für Bankwissenschaft und Bankwesen E. V., Berlin 1940.

Abs, Hermann J.: Aktive Kapitalpolitik. Ebenda.

Jessen, Jens: Währungsgemeinschaften (Währungsblocks). In: Deutsche Geldpolitik. (Schriften der Akademie für Deutsches Recht, Gruppe Wirtschaftswissenschaft, Nr. 4.) Berlin 1941.

II. Kredit

Kurt Lange

Kapitalmarktpolitik

Die Machtübernahme durch den Nationalsozialismus im Jahre 1933 brachte eine grundlegende Änderung der Einstellung des Staates zur Wirtschaft mit sich. Bis dahin beherrschten mehr oder weniger kraß hervortretend die Ideen des Liberalismus das wirtschaftliche Geschehen. Sie erhoben letzten Endes das individualistische Erfolgsstreben zum Gesetz, dem sich alles, auch der Staat, unterordnen mußte. Heute dagegen wird dem Eigennutz der Gemeinnutz vorangestellt, d. h. der Staat betrachtet es als seine vornehmste Aufgabe, dem deutschen Volk in seiner Gesamtheit die besten Lebensbedingungen zu schaffen. Die Erreichung dieses Zieles bedingt einen Überblick über alles wirtschaftliche Geschehen sowie eine Überwachung und Lenkung der wirtschaftlichen Tätigkeit. Wenn auch diese Lenkung heute in der Hauptsache durch unmittelbare Eingriffe in die Güterwirtschaft durchgeführt wird, so darf doch die Bedeutung der sich von der Geldseite her ergebenden Möglichkeiten nicht unterschätzt werden. So kann es dem Staat im Hinblick auf die Größe der zu bewältigenden Aufgaben nicht gleichgültig sein, welche Anlage sich am Kapitalmarkt das nicht für den Verbrauch bestimmte Geldkapital sucht. Er muß darauf bestehen, daß der Geldstrom in die Bahnen gelenkt wird, die den volkswirtschaftlich höchsten Nutzeffekt verbürgen. Diesem Zweck dient die staatliche Lenkung des Kapitalmarktes.

Schon in früheren Zeiten hat man in Deutschland und im Auslande eine gewisse Lenkung des Kapitalmarktes durch die Offen-Markt-Politik der Notenbanken gekannt. Heute sind die im Laufe der Jahre immer mehr ausgebauten und verfeinerten Lenkungsmethoden weitaus umfassender; für die Staatsführung stellen sie ein unentbehrliches Hilfsmittel bei der Durchführung der gewaltigen Finanzierungsaufgaben dar.

Im Mittelpunkt der Kapitalmarktpolitik steht die sogenannte Emissionskontrolle. Das Wesen dieser von dem Reichswirtschaftsministerium in enger Zusammenarbeit mit der Deutschen Reichsbank und dem Reichsfinanzministerium ausgeübten Kontrolle besteht in der Genehmigungspflicht jeder Neuausgabe von Aktien und Schuldverschreibungen. Die Prüfung der Anträge erfolgt nach verschiedenen Gesichtspunkten. Unter Berücksichtigung der Entwicklung der Bank- und Spareinlagen, der Verhältnisse am Geldmarkt, der Börsenlage, ferner der Ergebnisse der letzten Emissionen und verschiedener anderer Faktoren wird jeweils festgestellt, in welchem Umfange der Kapitalmarkt für neue Emissionen aufnahmefähig ist. Zugleich wird nach den Erfordernissen der wirtschaftlichen und politischen Lage ermittelt, welcher der beantragten Emissionen der Vorrang gebührt. Bevorzugt werden hierbei solche Emissionen, deren Erlös volkswirtschaftlich dringlichen Investitionen zufließen soll. Aus dem Bestreben, Störungen des Marktes unbedingt zu vermeiden, ergibt sich für die Emissionskontrolle eine weitere wesentliche Aufgabe in der Festlegung des Zeitpunktes, zu dem die Emissionen erfolgen sollen. Hierbei müssen Zins- und Anleihefälligkeiten, Hauptsteuertermine und andere jahreszeitlich bedingte Anspannungen berücksichtigt werden. Diesem Erfordernis wird in der Praxis durch die Erteilung von Auflagen in der Emissionsgenehmigung Rechnung getragen, z. B. in der Weise, daß die Emission in vollem Umfang zu einem bestimmten Zeitpunkt oder in Teilbeträgen zu verschiedenen Terminen stattzufinden habe. Dem gleichen Zweck dienen gegebenenfalls auch Vorschriften über die Arten der auszugebenden Papiere — nur Aktien oder nur Obligationen, oder Aktien und Obligationen in einem bestimmten Verhältnis zueinander —, ferner über die Verpflichtung zur Kurspflege und schließlich über die Unterbringung der Emission in einem bestimmten Interessentenkreis.

Des weiteren umfaßt die Kapitalmarktpolitik im Hinblick auf die überragende Bedeutung des Zinses für das ganze Wirtschaftsleben die Überwachung und Lenkung des Zinsniveaus. Jeder Eingriff auf diesem Gebiet bedarf infolge der sehr empfindlichen Reaktionen besonders eingehender Überlegungen. Bedingt z. B. einerseits die Notwendigkeit, lebenswichtige Investitionen so wenig wie möglich zu belasten, ein möglichst niedriges Zinsniveau, so darf andererseits, um den Sparern den Anreiz zum Sparen und zur langfristigen Bindung ihrer Kapitalien nicht zu nehmen, eine gewisse Höhe der Zinssätze nicht unterschritten werden. Es muß aber weiter auch ein ausreichendes Gefälle zwischen den Sätzen des Kapitalmarktes und denen des Geldmarktes erhalten bleiben, ebenso wie Zinsunterschiede innerhalb des Kapitalmarktes entsprechend der Güte und Liquidierbarkeit der einzelnen Anlagewerte. Schließlich müssen Zinsschwankungen, die sich immer störend auf die Spartätigkeit und darüber hinaus auf den gesamten Wirtschaftsablauf auswirken, nach Möglichkeit vermieden werden.

Durch die Bestimmung des Ausgabekurses und — bei Renten — des Nominalzinses und der Rückzahlungsbedingungen nimmt man schon bei der Emissionskontrolle weitgehenden Einfluß auf die Gestaltung des Kapitalmarktzinses. Diese Einwirkungsmöglichkeiten dürfen allerdings nicht überschätzt werden, denn abgesehen davon, daß der Zinssatz nur für Neuemissionen festgesetzt wird, kann bei der Bemessung seiner Höhe aus den dargelegten Gründen nicht willkürlich verfahren werden. Die Emissionskontrolle kann weiterhin durch Zurückhaltung in der Zulassung neuer Emissionen den Boden für die organische Senkung eines überhöhten Zinsniveaus vorbereiten. Denn die hierdurch ausgelösten Verknappungserscheinungen am Kapitalmarkt werden den Anlagesuchenden eher veranlassen, spätere Neuemissionen auch bei einer niedrigeren Verzinsung aufzunehmen.

Das Zinsniveau am Kapitalmarkt wird ferner auch durch die Diskontpolitik der Deutschen Reichsbank beeinflußt. Auf den Diskontsatz des Zentralnoteninstituts sind die Soll- und Habenzinssätze der Banken ausgerichtet; er wirkt also auf die Zinssätze des Geldmarktes und damit indirekt auf den Kapitalmarktzins, da bei niedrigen Geldmarktsätzen ein Anreiz zum Hinüberwechseln der anlagesuchenden Gelder zum Kapitalmarkt besteht. Weiter hängt das Zinsniveau am Kapitalmarkt von der als Hilfsmittel bei der Vorfinanzierung der Staatsaufträge angewandten Geldschöpfungspolitik des Noteninstituts und schließlich von der gesamten staatlichen Finanzpolitik ab.

Besondere Aufmerksamkeit verdient die Forderung, daß die Kurse der Kapitalmarkttitel vor unberechtigten Schwankungen geschützt werden müssen. Vor der Machtergreifung verursachten gewissenlose Elemente durch ihre Machenschaften an der Börse nur zu oft jähe Kursausschläge nach oben oder unten. Der solide Sparer, dem die Börse vor allem eine sichere Grundlage für die Bewertung seines Effektenbesitzes bieten soll, wurde abgeschreckt. Eine gewisse Beruhigung trat bereits ein, als das Judentum aus dem Bank- und Börsenwesen ausgeschaltet wurde. Des weiteren trugen die Börsenorgane durch Aussetzung der Notierungen oder Vornahme von Repartierungen zur Vermeidung unberechtigter und beunruhigender plötzlicher Kursschwankungen bei. Trotzdem aber erwies sich eine systematische Kurspflege als notwendig. Sie hat den Sinn, eine der wirklichen Marktlage entsprechende Bewertung der Papiere herbeizuführen. Das Hauptaugenmerk hat der Staat dabei natürlich auf die festverzinslichen Werte zu richten, da in ihnen ein wesentlicher Teil der nationalen Ersparnisse seine Anlage findet. Technisch wird die Kurspflege durch Interventionen bei einer ungewöhnlichen Häufung von Angebot oder Nachfrage angestrebt. Wenn es auch selbstverständlich erscheint, daß eine solche Kurspflege bei den festverzinslichen Werten in erster Linie eine Angelegenheit der Emittenten selbst ist, so kann doch im Hinblick auf die Wahrung der großen Linie in der Zinspolitik eine zentrale Einflußnahme nicht entbehrt werden. Diese Aufgabe wurde der Deutschen Reichsbank durch die Bankgesetznovelle vom 27. Oktober 1933 übertragen. Die Reichsbank, deren Tätigkeit im Rahmen der sogenannten Offen-Markt-Politik auf dem Geldmarkt selbstverständlich auch Rückwirkungen auf dem Kapitalmarkt zeitigt, ist seitdem in der Lage, die Entwicklung der Rentenkurse weitgehend zu beeinflussen. Eine Einwirkung auf das Kursniveau am Aktienmarkt wird sich für den Staat bei normaler Entwicklung angesichts des Charakters der Aktie als Teilhaberpapier erübrigen. Beim Sichtbarwerden unerwünschter Entwicklungen wird er durch zweckentsprechende Maßnahmen eingreifen.

Für den Erfolg einer wirkungsvollen Kapitalmarktpolitik ist nicht zuletzt die verständnisvolle Mitarbeit der Geldinstitute von wesentlicher Bedeutung, da diesen in erster Linie die Möglichkeit einer unmittelbaren Einwirkung auf den Sparer und Kreditsuchenden gegeben ist. Um diese

Mitarbeit sicherzustellen und nach einheitlichen Richtlinien auf das Gesamtinteresse auszurichten, wurde das Reichsgesetz über das Kreditwesen geschaffen. Nur am Rande erwähnt seien schließlich die wichtigen Aufgaben der Kreditinstitute bei der Plazierung von Neuemissionen.

Die Zweckmäßigkeit der dargelegten Methoden und Grundsätze für unsere Kapitalmarktführung hat sich durch die Entwicklung am deutschen Kapitalmarkt deutlich erwiesen.

Bei der Machtergreifung im Jahre 1933 bot der Kapitalmarkt ein trostloses Bild. Durch die Wirtschaftskrise der vorangegangenen Jahre war an die Stelle der Kapitalneubildung ein Kapitalverzehr getreten, langfristige Anlage suchendes Geldkapital war nicht vorhanden, die Kurse hatten einen bedenklichen Tiefstand erreicht, die Zinssätze waren untragbar hoch. Die schnelle Durchführung umfassender Maßnahmen zur Sanierung und Neuordnung des Marktes war im Hinblick auf die großen Finanzierungsaufgaben, die im Zusammenhang mit dem Wiederaufbau der deutschen Wirtschaft entstanden, zwingendes Erfordernis. Ein Wandel bahnte sich zwar bereits mit der Inangriffnahme umfangreicher Arbeitsbeschaffungsmaßnahmen an. Die dadurch erzielte Belebung der Wirtschaft hatte eine beachtliche Neubildung von Sparkapital zur Folge, an dessen Nutzbarmachung das Reich für seine Zwecke ein starkes Interesse hatte. Bevor jedoch mit Neuemissionen an den Markt herangegangen werden konnte, bedurfte es noch der Beseitigung einiger Hindernisse, die der endgültigen Erholung des Kapitalmarktes entgegenstanden. Zunächst mußte der Markt aus seiner Starre gelöst sowie das Vertrauen der Sparer in die langfristige Anlage und den öffentlichen Kredit wiederhergestellt werden. Diesen Zwecken dienten neben der Neuordnung des Börsenwesens -- u. a. Verringerung der Zahl der Börsenplätze — vor allem die Konsolidierung der eingefrorenen landwirtschaftlichen und kommunalen Schulden durch das Gesetz zur Regelung der landwirtschaftlichen Schuldverhältnisse und das Gemeindeumschuldungsgesetz sowie die Beseitigung verschiedener, einer ruhigen Marktentwicklung im Wege stehender Wertpapiere, wie z. B. des sogenannten Neubesitzes an Anleiheablösungsschuld.

Ein weiteres Hindernis bildeten die weit überhöhten Zinssätze. An ihren Abbau konnte nur mit größter Vorsicht herangegangen werden; Gewaltmaßnahmen mußten auf Grund der Erfahrungen früherer Jahre unbedingt vermieden werden. Hier leistete die Einrichtung der Emissionskontrolle[1])

---

[1]) Die Genehmigungspflicht für die Ausgabe von Inhaberschuldverschreibungen ist im § 795 des Bürgerlichen Gesetzbuches verankert. Die gesetzliche Grundlage für die Genehmigungspflicht von Aktienemissionen wurde durch die Verordnung zur Durchführung und Ergänzung des Anleihestockgesetzes vom 27. 2. 1935 geschaffen. Nach Außerkraftsetzung der Vorschriften des Anleihestockgesetzes und der dazu ergangenen Verordnungen durch die Verordnung zur Begrenzung von Gewinnausschüttungen (Dividendenabgabeverordnung) vom 12. Juni 1941 hat die Emissionskontrolle in der Verordnung über den Kapitalverkehr vom 12. Juni 1941 eine neue Rechtsgrundlage erhalten.

wertvolle Dienste. In den Jahren 1933 und 1934 wurde sie praktisch als Emissionssperre gehandhabt; eine Neubeanspruchung des Kapitalmarktes durch Anleihen wurde — soweit es sich nicht um notwendige Umtausch- oder Umschuldungsaktionen handelte — kaum zugelassen. Diese Selbstbescheidung in Verbindung mit einer wachsenden Anlagefreudigkeit des Publikums hatte eine allmähliche Hebung des Kursniveaus zur Folge und führte damit zu einer ununterbrochen fortschreitenden Senkung des Realzinses. Gefördert wurde diese Entwicklung durch die im Rahmen der Offen-Markt-Politik der Reichsbank bis Ende 1934 getätigten Wertpapierkäufe.

Das stetige Steigen der Rentenkurse, die Ende 1934 nahezu den Paristand erreicht hatten, versetzte die Kapitalmarktführung in die Lage, den Anstoß zu einer allgemeinen Herabsetzung der Zinssätze zu geben. Im Januar 1935 wurden die privaten und öffentlich-rechtlichen Kreditanstalten ermächtigt, den Inhabern ihrer Schuldverschreibungen ein Konversionsangebot zu unterbreiten, das die Ermäßigung des Nominalzinses von 6% oder mehr auf 4½% vorsah. In gleicher Weise wurde wenig später auch bei den öffentlichen Anleihen vorgegangen. Die richtige Wahl des Zeitpunktes dieser Konversionen und die geschickte Form des Angebots bewirkten, daß von der vorgesehenen Widerspruchsmöglichkeit nur in verschwindend geringem Maße Gebrauch gemacht wurde.

Von der Zinssenkung wurde außer dem Wertpapiermarkt vor allem auch der Hypothekenmarkt erfaßt, da nach den gesetzlichen Bestimmungen die Zinsersparnis durch die Institute an die Schuldner weitergegeben werden mußte und damit auch dem Hypothekenschuldner zugute kam. Der Hypothekenzinssenkung schlossen sich auch die Sparkassen und Versicherungsgesellschaften an. Auf dem freien Hypothekenmarkt wurde im Jahre 1936 durch das Gesetz über Hypothekenzinsen die Voraussetzung für eine freiwillige Zinssenkung geschaffen.

Durch alle diese Maßnahmen waren bereits im Jahre 1935 die Vorbedingungen für Neuemissionen gegeben. Dringender Emissionsbedarf bestand vor allem beim Reich, das die Arbeitsbeschaffungsaufträge seit 1933 kurzfristig unter Mithilfe der Reichsbank finanziert hatte und entsprechend den Grundsätzen einer gesunden Finanzpolitik Wert darauf legen mußte, sobald als möglich einen Teil seiner schwebenden Schuld zu konsolidieren. Planmäßig wurden nunmehr mit ständig wachsendem Erfolg Reichsemissionen zu einem Zinssatz von 4½% zum Teil bei den großen Kapitalsammelbecken, zum Teil am Markte im Wege der öffentlichen Auflegung untergebracht. Auch die Reichsbahn nahm Anfang 1936 den Kapitalmarkt mit einer größeren Emission in Anspruch.

Die Emissionswünsche der Industrie konnten zunächst im Hinblick auf die Ansprüche des Reiches an den Kapitalmarkt nur in dringenden Fällen Berücksichtigung finden. Die mit der Zunahme der staatlichen Auftragstätigkeit eintretende erhebliche Geldflüssigkeit ermöglichte jedoch häufig die Selbstfinanzierung des im ganzen nicht allzu dringlichen Investitionsbedarfes. Auch die Baufinanzierung durch Pfandbriefemissionen der Hypothekenbanken konnte trotz des ständig wachsenden Bedarfes an Wohnungen nicht zugelassen werden. Sie erfolgte im wesentlichen aus dem Vermögen der Auftraggeber, aus Darlehen und Zuschüssen öffentlicher Stellen, sowie aus Hypotheken von Sparkassen, Versicherungsgesellschaften und Privaten.

Mit der Erreichung des Zustandes der Vollbeschäftigung im Laufe des Jahres 1937 war der Investitionsbedarf in erheblichem Umfange gestiegen. Die Wehrhaftmachung erforderte die Erstellung neuer Anlagen und Bauten und im Zusammenhang damit die sofortige Durchführung von Wohnungsbauten. Ebenso bedingte der im Herbst 1936 verkündete Vierjahresplan Neuinvestitionen großen Ausmaßes. Daneben erhöhte sich auch der Konsolidierungsbedarf des Reiches laufend. Weiterhin mußte im Hinblick auf die Entwicklung der außenpolitischen Lage die Aufrüstung in verstärktem Tempo vorwärtsgetrieben werden. Da die Geldkapitalbildung trotz der politischen Spannungen weitere Fortschritte machte, konnten die Reichsbedürfnisse, deren Vorrang durch eine straffe Handhabung der Emissionskontrolle nach wie vor gewahrt blieb, in steigendem Maße am Kapitalmarkt befriedigt werden. Die sonstige Kapitalnachfrage wurde im wesentlichen nur insoweit berücksichtigt, als sie sich auf die zur Durchführung des Vierjahresplanes erforderlichen Investitionen erstreckte.

Um die Jahreswende 1938/39 zeigten sich gewisse Mängel in der bisherigen Kapitalmarktpolitik. Es hatte sich als nachteilig erwiesen, daß dem Markt fast ausschließlich Reichsanleihen, dagegen nicht genügend private Emissionen zur Verfügung gestellt worden waren. Zeitweilig bestand eine Neigung zur Abgabe von Reichstiteln, so daß in erheblichem Umfange Stützungskäufe vorgenommen werden mußten. Als der Führer den Reichswirtschaftsminister Walther Funk zum Reichsbankpräsidenten ernannte, gab er ihm gleichzeitig Richtlinien für die künftige Gestaltung der Kapitalmarktpolitik. Von einer weiteren öffentlichen Auflegung von Reichsanleihen wurde nunmehr im Hinblick auf die hohen Interventionsbestände und mit Rücksicht darauf, daß sich in der Wirtschaft — besonders bei der Reichsbahn, in der Industrie und im Wohnungsbau — ein erheblicher Investitionsbedarf aufgestaut hatte, vorläufig abgesehen; jedoch wurden langfristige Reichstitel weiter unmittelbar bei Sparkassen und Versicherungen untergebracht. Durch einen Vorgriff auf künftige Steuereinnahmen mittels neuartiger Steuergutscheine, die den Mittelpunkt des durch den Neuen Finanzplan geschaffenen Finanzierungssystems bildeten, wurde der neben dem Steueraufkommen bestehende weitere öffentliche Geldbedarf gedeckt. Am Kapitalmarkt fanden nunmehr in erhöhtem Umfange die Kapitalansprüche der im Rahmen des Vierjahresplanes arbeitenden Wirtschaftszweige Berücksichtigung. Namhafte Beträge an Pfandbriefen, Industrieobligationen und Aktien konnten ohne Schwierigkeiten abgesetzt werden.

Der Krieg bedingte eine Änderung der bisher zur Befriedigung der Reichsbedürfnisse angewandten Finanzierungsmethode. Mit Ablauf des

31. Oktober 1939 wurde daher die Ausgabe der Steuergutscheine eingestellt.

Kriege ziehen stets einen starken zusätzlichen Geldbedarf des Staates nach sich, dessen Deckung durch Steuern und im Wege der Kreditaufnahme möglich ist. Im Gegensatz zu der im Weltkrieg geübten Methode der nahezu ausschließlichen Finanzierung durch Kredite wandte die nationalsozialistische Staatsführung aus der Erwägung heraus, daß Steuern überschüssige Kaufkraft beseitigen und weiterhin ohne Belastung des Staatshaushalts einen Teil der Kriegskosten sofort decken, ihre besondere Aufmerksamkeit dieser Finanzierungsform zu. Das Steueraufkommen, das sich — allerdings nicht zuletzt durch die Einführung des Kriegszuschlages zur Einkommensteuer und die Erhöhung der Verbrauchssteuern auf bestimmte Genußmittel — auch im Verlaufe des Krieges noch steigerte, ermöglichte zusammen mit den Verwaltungs- und sonstigen ordentlichen Einnahmen in den beiden ersten Kriegsjahren die Deckung etwa der Hälfte der gesamten Staatsausgaben. Eine restlose Aufsaugung der in der Wirtschaft durch die Beschränkungen in der Konsumgütererzeugung, durch die Auflösung von Warenlagern und die Zurückstellung nicht dringlicher Investitionsvorhaben frei werdenden Geldmittel nur durch Steuern, ist im Hinblick auf die außerordentlich nachteiligen Folgen, die ein allzu scharfes Anziehen der Steuerschraube mit sich bringen muß, nicht möglich. Die Abschöpfung dieser Gelder sowie der echten Ersparnisse und ihre Heranziehung zur Kriegsfinanzierung vollzieht sich durch Ausgabe von Kreditpapieren, die in Laufzeit und Verzinsung — entsprechend der Verschiedenartigkeit der Gelder — Unterschiede aufweisen.

Bei Ausbruch des Krieges erwies sich die Widerstandsfähigkeit und innere Kraft des Kapitalmarktes. Die Börsen blieben geöffnet, Änderungen der bisher angewandten Grundsätze und Methoden der Kapitalmarktlenkung waren nicht erforderlich. Dank der unveränderten Aufnahmefähigkeit des Marktes konnte die private Emissionstätigkeit ohne merkliche Unterbrechung weiterlaufen; neue wehrwirtschaftlichen Zwecken dienende Emissionen von Pfandbriefen, Schuldverschreibungen und Aktien wurden in einem das letzte Friedensjahr übertreffenden Umfange zugelassen. Ebenso war es der Reichsbank möglich, sich binnen wenigen Monaten fast restlos ihrer früher zu Interventionszwecken aufgenommenen Wertpapiere zu entledigen.

Der über das Steueraufkommen hinausgehende Geldbedarf des Reiches wurde, abgesehen von dem durch die Notwendigkeit einer Ausdehnung des Bargeldumlaufes nicht vermeidbaren Rückgriff auf die Notenbank, teils am Geldmarkt, teils durch unmittelbare Begebung der sogenannten Li-Anleihen an die großen Kapitalsammelstellen gedeckt.

Da das anlagesuchende Geldkapital sich ständig vermehrte, trat das Reich seit März 1940 mit mehreren Emissionen verzinslicher Schatzanweisungen an den Kapitalmarkt heran. Während in den Jahren 1935 bis 1938 auslosbare Schatzanweisungen dem Publikum in Abständen von mehreren Monaten zur öffentlichen Zeichnung angeboten wurden, wählte man jetzt den Weg des fortlaufenden Verkaufs von Schatzanweisungen mit festem Rückzahlungstermin. Diese Methode hat den Vorteil, dass Störungen, die sich bei stoßweiser Beanspruchung des Marktes unausbleiblich ergeben müssen, vermieden werden und sich der Absatz den jeweiligen Marktverhältnissen reibungslos anpaßt. Obwohl die Verzinsung entsprechend der starken Flüssigkeit des Marktes nur 4% betrug, fanden die Schatzanweisungen einen ausgezeichneten Absatz. Ihre Laufzeit konnte innerhalb von etwa fünf Monaten ohne Beeinträchtigung der Nachfrage von fünf auf zwanzig Jahre unter gleichzeitiger Heraufsetzung des Emissionskurses von 99 auf 99¾% erstreckt werden. Die unveränderte Anlagefreudigkeit ermöglichte seit Beginn des Jahres 1941 die Auflegung von Schatzanweisungen mit einer auf 3½% ermäßigten Nominalverzinsung und einer Laufzeit von 15—20 Jahren zu einem Emissionskurs von zunächst 98¾, später 99%, von denen ständig erhebliche Beträge ohne Schwierigkeiten am Markte untergebracht werden. Auch der Zinssatz der Li-Anleihen wurde auf 3½% herabgesetzt. Diese Senkung des Zinssatzes für langfristige Reichsemissionen um ein volles Prozent mitten im Krieg ist eine beachtliche Leistung der Kapitalmarktpolitik und ein markantes Zeichen des der Staatsführung entgegengebrachten Vertrauens. Dabei wird durchaus nicht verkannt, daß diese Zinssenkung in manchen Fällen für den einzelnen eine Härte bedeutet. Sie ist aber im Interesse der Verbilligung der Kriegsfinanzierung unumgänglich notwendig und muß in Kauf genommen werden.

Die Ausführungen über die deutsche Kapitalmarktpolitik in Zeiten des Wiederaufbaues und der Bewährung mögen mit dem Versuch einer Skizzierung der Zukunftsaufgaben abgeschlossen werden. Die Notwendigkeit, während des Krieges sämtliche verfügbaren freien Kapitalien ausschließlich kriegswichtigen Zwecken dienstbar machen zu müssen, hat in allen Bereichen der Wirtschaft zwangsläufig eine Zurückstellung umfangreicher Investitionen zur Folge gehabt. Bei dem Übergang von der Kriegs- in die Friedenswirtschaft wird die Finanzierung dieses Bedarfes zweifellos zu einer erheblichen Beanspruchung des Kapitalmarktes führen. Aus der Fülle der weiteren Aufgaben, die der Eintritt in die Friedenswirtschaft mit sich bringen wird, sei nur das große soziale Wohnungsbauprogramm sowie die Verwirklichung der Pläne des Führers hinsichtlich einer grundlegenden Veränderung des Antlitzes der deutschen Städte erwähnt. Einen Kapitaleinsatz bedeutenden Umfanges wird auch der wirtschaftliche Aufbau in den neuen Gebieten erfordern.

Die Befriedigung dieser gigantischen Ansprüche wird auch in Friedenszeiten eine feste, zielsichere und zugleich behutsame Lenkung der Kapitalströme bedingen. Die darüber hinaus sich ergebenden Schwierigkeiten und Probleme wird unsere Kapitalmarktführung — darüber dürfte kein Zweifel bestehen — ebenso zu meistern wissen, wie sie dies in den schwierigen Zeiten des Aufbaues und des Krieges verstanden hat.

Otto Neubaur und Bernhard Benning

Kapitalbildung und Kredit

I. Wesen der Kapitalbildung

Der ökonomische Fortschritt einer Volkswirtschaft prägt sich gütermäßig in einem Anstieg der Erzeugung aus, und zwar sowohl von Produktionsgütern für den fortschreitenden Ausbau des Erzeugungsapparates und des sonstigen Realkapitals, als auch von Verbrauchsgütern für anwachsenden Konsum und verbesserte Lebenshaltung. Zu den zentralen wirtschaftspolitischen Aufgaben gehört es also, die Vorbedingungen für einen anhaltenden Produktionsanstieg zu schaffen und zu sichern. Dazu bedarf es des zweckmäßig kombinierten Einsatzes von Arbeitskräften und Produktionskapazitäten. Denn in den modernen arbeitsteiligen Volkswirtschaften wird die Arbeitskraft nicht isoliert, sondern im Rahmen eines in fortwährender technischer Entwicklung befindlichen und nach dem Rationalprinzip durchorganisierten Produktionsapparates eingesetzt. Für den realen Erfolg eines erhöhten Arbeitsaufwandes ist es deshalb entscheidend, daß eine entsprechende Ausrüstung der Volkswirtschaft mit Arbeitsplätzen, Produktionsmitteln, Vorräten, Verkehrseinrichtungen usw. verfügbar ist. Denn durch die zweckmäßige Kombination mit dem technischen Produktionsapparat wird der Wirkungsgrad der Arbeitskraft — im Vergleich zu einem primitiven Arbeitseinsatz — vervielfältigt[1]).

Aus diesen Zusammenhängen, die hier nur angedeutet werden können, erhellt die außerordentliche volkswirtschaftliche Bedeutung der Kapitalbildung. Die zentrale Frage ist: unter welchen Voraussetzungen und in welchen Formen vollzieht sich praktisch die Kapitalbildung in der Volkswirtschaft? Von der Güterseite gesehen wird volkswirtschaftliches Kapital gebildet, indem die Ausstattung der Volkswirtschaft mit Produktionsmitteln aller Art, mit Gütern langfristiger Nutzung (z. B. Wohngebäude) und mit Vorräten vermehrt wird, d. h. wenn über den Ersatz laufend abgenutzter und veralteter Anlagen sowie verbrauchter Vorräte hinaus zusätzliche neue Produktionsanlagen und Vorratsbestände geschaffen werden.

Die Kapitalbildung stellt in der modernen Volkswirtschaft in aller Regel einen zweistufigen Prozeß dar, wobei zu unterscheiden ist zwischen dem

---

[1]) Diesen Zusammenhang kennzeichnet gut eine Formulierung W. Lautenbachs „Über Begriff und Erscheinungsform des Kapitals", Die Bank 1937, S. 56ff.: „Arbeit ist die schöpferische Kraft, das Kapital (d. h. die Ausstattung der Volkswirtschaft mit realen Kapitalgütern) der Hebel, an dem die wertschaffende Kraft ansetzt".

Sparvorgang auf der einen Seite und der Verwendung der ersparten Beträge zur güterwirtschaftlichen Investition auf der anderen Seite[1]). Erst durch die Kombination dieser beiden Vorgänge ist eine entsprechende volkswirtschaftliche Kapitalbildung gewährleistet. Bleibt der Sparvorgang isoliert, so handelt es sich um eine bloße Hortung, sei es, daß sterile Goldbestände angesammelt, sei es, daß Stückgeld oder Banknoten zurückgehalten werden, oder daß Giralgeldguthaben bei den Banken umsatzlos verbleiben. In jedem dieser Fälle ist die Folge eine Verringerung der Umlaufsgeschwindigkeit des Geldes und eine Schrumpfung des Güterkreislaufs mit deflatorischen Auswirkungen, wenn und soweit den Hortungstendenzen nicht Kreditausweitungsvorgänge gegenüberstehen.

Man pflegt bei der Trennung der beiden Stufen des Kapitalbildungsprozeßes auch begrifflich zu unterscheiden; dabei versteht man unter „Nominalkapitalbildung" die Summe der Sparung einschließlich Selbstfinanzierung und Pflichtkapitalbildung, unter „Real- oder Sachkapitalbildung" die Summe der volkswirtschaftlichen Neuinvestitionen. Demgemäß sind auch die beiden wesentlichen Erscheinungsformen des Kapitals auseinanderzuhalten:

a) Nominalkapital, das die wirtschaftliche Verfügungsmacht über das Sachkapital kennzeichnet, und das entweder die Form des direkten Eigentums (Eigenkapitals) oder der fungiblen Besitztitel und Forderungsrechte (des Geldkapitals) hat.

b) Real- oder Sachkapital, das der Summe der in einer Volkswirtschaft zu einem bestimmten Zeitpunkt eingesetzten und arbeitenden erwerbswirtschaftlichen und öffentlichen Sachgüter entspricht.

II. Quellen der Sparvorgänge

Wir untersuchen zuerst die Stufe der Spartätigkeit. Die Basis der Sparkapitalbildung ist das Einkommen. Der überwiegende Teil der laufenden Einkommen wird bestimmungsgemäß konsumiert. Was nicht unmittelbar verbraucht wird, wird gespart. Der Sparvorgang stellt demgemäß eine Abspaltung von Einkommensteilen durch Verzicht auf in der Gegenwart möglichen Konsum dar.

Der mögliche Umfang des Sparvolumens einer Volkswirtschaft hängt von der Größe des Nationaleinkommens und von der Höhe der Sparquote ab. Das Nationaleinkommen ist seinerseits das Ergebnis der volkswirtschaftlichen Produktion. Je größer das marktfähige Produktionsvolumen ist, um so höher das gesamte Einkommen. Daraus läßt sich folgern, daß die Vollbeschäftigung bei möglichst rationellem Einsatz aller Produktions-

[1]) Vgl. hierzu O. v. Zwiedineck-Südenhorst, Allgemeine Volkswirtschaftslehre, Berlin 1932, S. 107: „Mit dem Sparen, dem Nichtverbrauchen von Güterbeständen und Geldbeträgen, ist jedoch nur der 1. Akt der Kapitalbildung vollzogen, ihm muß als 2. Akt die Verwendung solcher Reserven in einem Erwerbsbetrieb als unerläßliche Ergänzung folgen".

kräfte einer Volkswirtschaft die jeweils günstigsten Voraussetzungen für ein hohes Nationaleinkommen schafft. Die Höhe der Sparkapitalbildung steht damit in einer funktionalen Beziehung zur Entwicklung des Beschäftigungsgrades und des Produktionserfolges.

Von erheblicher Bedeutung hierfür ist aus den dargelegten Gründen die in einem gegebenen Zeitpunkt vorhandene Ausstattung der Volkswirtschaft mit Produktionsmitteln und Vorräten. Hierin liegt ein wichtiger Vorsprung der alten Industrieländer gegenüber den erst in der Entwicklung befindlichen Rohstoff- und Agrarländern. Die Industrieländer sind infolge ihres Reichtums an Realkapital die natürlichen Gläubigerländer. Dies gilt auch für Deutschland, dessen Anlagekapital — die Basis seiner heutigen riesigen industriellen Produktion — von Generationen im Zeitraum von mehr als einem Jahrhundert aufgebaut worden ist. Jede Generation steht hinsichtlich ihrer Produktionskraft und damit hinsichtlich der Höhe ihres Nationaleinkommens und ihres Lebensstandards auf den Schultern der vorherigen Generation. Jede neue Generation hat die Aufgabe, nicht nur das Erbteil auf dem erreichten Stand zu halten, sondern mit der Zielsetzung eines steigenden Lebensstandards zu verbessern und zu vermehren. Das schließt selbstverständlich nicht aus, daß vorübergehend einmal, z. B. in Kriegszeiten, unter überragenden nationalen Aufgabenstellungen der Produktionsapparat durch Unterlassung von Ersatzinvestitionen und durch Aufzehrung von Vorräten verringert wird.

Welche Größenunterschiede der Höhe des Nationaleinkommens und im Zusammenhang damit auch der Kapitalbildungsquote sich aus der geringeren Kapitalausstattung von Agrarstaaten gegenüber den Industriestaaten ergeben, zeigen einige Berechnungen des realen Volkseinkommens, die C. Clark und P. Jostok[1]) durchgeführt haben. Danach betrug das Einkommen je Kopf der Bevölkerung im Durchschnitt der Jahre 1925—1935 (unter Ausschaltung von Kaufkraftschwankungen berechnet):

in Nord-, West- und Mitteleuropa zwischen	1200 und 1400	RM
darunter Schweden	1250	„
Frankreich	1300	„
Deutschland	1200	„
dagegen in Südosteuropa zwischen	350 und 600	„
darunter Jugoslawien	400	„
Rumänien	350	„

Neben der Höhe des Nationaleinkommens ist für den Umfang der Sparkapitalbildung die Sparquote maßgebend. Sie ist in hohem Maße traditionsbestimmt, dabei aber von vielfältigen individuellen Überlegungen und Zielsetzungen beeinflußt. Man unterscheidet nach den Sparmotiven zwischen Sicherungssparen (für den Lebensabend, für Krankheit und sonstige Notfälle), Zwecksparen (für spätere Anschaffungen, Eigenheim-

[1]) Vgl. P. Jostok, Das Einkommensgefälle in Europa, Der Wirtschafts-Ring 1941, S. 203f.

bau, Ausstattung von Kindern usw.) und Ertragssparen (Ergänzung des zukünftigen Einkommens durch Zinsertrag[1]). Manche sonstigen Gesichtspunkte mögen daneben mit unterschiedlicher Stärke für den Sparwillen bedeutungsvoll sein.

Sodann spielt unzweifelhaft die Höhe des jeweiligen individuellen Einkommens absolut und im Verhältnis zur Haushaltsgröße eine wesentliche Rolle. Bei der Masse der kleineren Einkommen wird der überwiegende Teil zur Deckung der starren Ausgaben für den lebensnotwendigen Konsum absorbiert, so daß die Sparquote nur verhältnismäßig bescheiden sein kann.

Es ist außerordentlich schwer, statistische Unterlagen über die Sparquote zu gewinnen. Vor Jahren hat E. Wagemann den Versuch einer Schätzung der Sparquote gemacht[2]) und ist dabei zu folgenden Größenordnungen gekommen, die — wenn sie auch nur mit entsprechenden Vorbehalten aufzunehmen sind — doch einen gewissen Anhaltspunkt für die Schwankungen der Sparquote vermitteln[3]). Danach stellte sich die Sparquote im Durchschnitt der Jahre 1925/27 (bei damaligen Besteuerungsverhältnissen) bei jährlichen Einkommen

bis zu 3000	RM	auf	rund	5,0%
von 3000— 5000	„	„	„	6,1%
„ 5000— 16000	„	„	„	7,7%
„ 16000— 50000	„	„	„	14,6%
„ 50000—100000	„	„	„	28,1%
über 100000	„	„	„	50,0%

Diese Ziffern müssen im Zusammenhang mit der Einkommensstruktur beurteilt werden. Da an der Schichtung der Einkommen in Deutschland die unteren Einkommensstufen einen überragenden Anteil haben — nach der Statistik der Einkommensschichtung von 1936 entfielen auf die Einkommensstufen bis zu 3000 RM nicht weniger als 89, 3% aller Einkommensbezieher und 62,3% aller Einkommen[4]) —, so ergibt sich daraus, daß gerade die verhältnismäßig bescheidenen Sparquoten der niedrigen Einkommensschichten für die volkswirtschaftliche Sparkapitalbildung entscheidende Bedeutung haben.

---

[1]) Vgl. hierzu G. Schmölders, Das Sparkapital in der gelenkten Volkswirtschaft, Stuttgart und Berlin 1940, S. 9.

[2]) E. Wagemann, Statistische Randbemerkungen zum Thema Kapitalbildung und Besteuerung, Veröffentlichungen der Friedrich List-Gesellschaft „Kapitalbildung und Steuersystem", II. Teil, Berlin 1930, S. 201.

[3]) Eine Übertragung dieser Ziffern auf heutige Verhältnisse ist selbstverständlich nicht möglich. Man denke nur an die starke Veränderung in der Besteuerung mit der progressiven steuerlichen Belastung gerade der höheren Einkommen.

[4]) Weitere 7,3% der Einkommensbezieher mit 15,6% der gesamten Einkommen entfallen auf die Einkommensstufe zwischen 3000 RM und 5000 RM.

III. Die wichtigsten Formen der Sparkapitalbildung

In den Formen des Sparens haben sich im letzten Menschenalter grundlegende strukturelle Veränderungen durchgesetzt. Lag in der Vorweltkriegszeit das unbedingte Schwergewicht der Spartätigkeit beim freiwilligen Sparen der individuellen Einkommensbezieher, ergänzt durch eine allmählich anwachsende unternehmungswirtschaftliche Eigenkapitalbildung, so haben seit dem Weltkrieg und insbesondere seit dem Ende der Inflation (Anfang 1924) gegenüber den individuellen Sparformen die kollektiven Einkommensabspaltungen ein zunehmendes Gewicht gewonnen. Es lassen sich vier Hauptformen der volkswirtschaftlichen Sparung unterscheiden:

1. Freiwilliger Konsumverzicht von individuellen Einkommensbeziehern,
2. Unternehmungswirtschaftliche Selbstfinanzierung: direkte Kapitalbildung innerhalb der Betriebe,
3. Pflichtkapitalbildung über die Sozialversicherung und sonstige öffentliche Körperschaften,
4. Einkommensabspaltung zu Gunsten des Staates durch Steuern.

Zu 1: Die wichtigsten Motive und Vorbedingungen des freiwilligen individuellen Sparens wurden bereits dargestellt. Zur Kennzeichnung der besonderen kriegswirtschaftlichen Vorgänge ist ergänzend zu erwähnen, daß den Einkommensbeziehern in Kriegszeiten bei knapper Güterversorgung ein wachsender Konsumverzicht durch das Rationierungssystem auferlegt wird. Wesentliche Teile des Einkommens können nur noch insoweit verausgabt werden, als es im Rahmen der Lebensmittel- und Kleiderkarten sowie von Bezugscheinen möglich ist. Die Haushalte zehren von alten Vorräten in den Kleiderschränken und von Hausrat[1]). Die Drosselung der Konsumgüterproduktion läßt auch in den übrigen Bereichen der Lebenshaltung keine entsprechenden anderweitigen Ausgaben zu. Die Folge ist eine Erhöhung der Sparquote, die in diesem Umfang nicht freiwillig, sondern durch die Umstände bedingt ist. Charakteristisch hierfür ist die Entwicklung der Spareinlagen; sie zeigen seit Kriegsausbruch im Vergleich mit der jährlichen Erhöhung in den letzten Vorkriegsjahren eine sprunghafte Steigerung des Zuwachses.

Spareinlagen in Mill. RM	Sparkassen	5 Berliner Großbanken
Stand Ende 1935	13803	475
Zuwachs im Jahre 1936 . . .	+ 812	+ 56
„ „ „ 1937 . . .	+ 1447	+ 130
„ „ „ 1938 . . .	+ 1947	+ 205
„ „ „ 1939 . . .	+ 3523	+ 217
„ „ „ 1940 . . .	+ 5855	+ 433
Stand Ende 1940	27387	1516

[1]) Nach Kriegsende liegt demnach auch in den Haushaltungen ein hoher Ersatz- und Nachholungsbedarf vor.

Zu 2: Wachsende Bedeutung hat in den letzten Jahrzehnten die unternehmerische Selbstfinanzierung gewonnen, die ebenfalls eine Art von Sparung, d. h. Abzweigung von Einkommensteilen, darstellt, indem nämlich ein wesentlicher Teil der erzielten Gewinne nicht an die Anteilseigner (Aktionäre usw.) ausgeschüttet wird, sondern in den Betrieben verbleibt und entweder zur Durchführung von Investitionen und zur Erhöhung der Lagerbestände oder zur Bildung von Liquiditätsreserven (gegebenenfalls auch zur Abdeckung von Schulden) verwendet wird. Genaue statistische Unterlagen über das Ausmaß der Selbstfinanzierung fehlen; Schätzungen bezifferten die jährliche Selbstfinanzierung der deutschen Industrie z. B. in den Jahren 1936/37 auf die bedeutende Summe von etwa 3 Mrd. RM[1]). Die Selbstfinanzierung wurde in den letzten Jahren durch Staatsmaßnahmen besonders gefördert, so z. B. durch die steuerliche Begünstigung der Abschreibungen auf kurzlebige Wirtschaftsgüter und durch die Begrenzung der Dividendenausschüttungen mit Hilfe der Anleihestockbestimmung sowie neuerdings durch die Dividenden-Abgabeverordnung. Es darf in diesem Zusammenhang angemerkt werden, daß gegen eine allzu starke Ausdehnung des Selbstfinanzierungsvolumens berechtigte volkswirtschaftliche Bedenken vorzubringen sind. Die Selbstfinanzierung führt zu einer wachsenden Finanz- und Investitions-Autarkie großer Teile der gewerblichen Wirtschaft mit der Folge, daß sie sich in ihren Kapitaldispositionen der volkswirtschaftlich zweckmäßigen Prüfung an den Kreditmärkten zu entziehen vermögen.

Zu 3: Neben den freiwilligen Formen der individuellen und betrieblichen Kapitalbildung haben im letzten Jahrzehnt die kollektiven Formen stark zugenommen. Das gilt z. B. für die gesetzlich festgelegten Beiträge für die verschiedenen Zwecke der Sozialversicherung, insbesondere zur Invaliden- und Angestelltenversicherung, deren Geldkapitalanlagen sich im Jahre 1938 (letzte veröffentlichte Ziffern) um 1,1 Mrd. RM auf fast 7 Mrd. RM erhöhten. Das jährliche Zuwachstempo dürfte sich seitdem noch verstärkt haben. Daneben sind mannigfache andere Institutionen tätig, die ebenfalls laufend Beiträge von den Einkommensbeziehern erheben und davon einen Teil der Geldkapitalbildung zuführen oder unmittelbar investieren. In diesem Zusammenhang ist z. B. die Deutsche Arbeitsfront zu erwähnen, die nach Angaben von Dr. Ley gegenwärtig ein jährliches Beitragsaufkommen von über 600 Mill. RM aufweist.

Zu 4: Eine weitere Form des zwangsmäßigen Sparens wird den Einkommensbeziehern durch die staatliche Besteuerung auferlegt. Durch das Anziehen der Steuerschraube ist in den letzten Jahren — insbesondere seit Kriegsausbruch mit dem 50%igen Kriegszuschlag zur Einkommensteuer — ein wachsender Anteil der privaten Einkommen dem individuellen Konsum entzogen worden. Soweit das Steueraufkommen vom Staat für Gehälter, Unterhaltsaufwendungen, laufenden sonstigen Bedarf verwendet wird, ist an die Stelle des privaten der öffentliche Konsum getreten. Soweit

[1]) H. Strathus, Die Zukunft des Kredites, Berlin 1939, S. 36.

Teilbeträge jedoch zur Finanzierung von zusätzlichen öffentlichen Investitionen (Straßen- und Kanalbauten, Meliorationen, Rüstungen usw.) herangezogen werden, bilden sie einen Teil der Realkapitalbildung.

Alles deutet darauf hin, daß die gekennzeichnete immer stärkere Umschichtung in den Hauptformen der Sparung anhalten wird. Nach den Berechnungen der Reichs-Kredit-Gesellschaft[1]) hat bereits im Jahre 1938 die öffentliche Hand 47,1% des Volkseinkommens durch Steuern, öffentliche Beiträge und Verschuldung in Anspruch genommen. Die Beanspruchungsquote ist zweifellos seit Kriegsausbruch stark gestiegen[2]). Diese Tendenz wird wahrscheinlich auf lange Sicht anhalten, wie die großen öffentlichen Baupläne für die Nachkriegszeit, der vorgesehene Ausbau des Altersversorgungswerkes des deutschen Volkes u. a. m. erkennen lassen.

IV. Die Realkapitalbildung
(Neu- und Ersatzinvestitionen sowie Kapitalfreisetzung)

Den zweiten Akt der Kapitalbildung stellt, wie erwähnt, die Verwendung der dem Konsum entzogenen Beträge zur güterwirtschaftlichen Investition dar. Eine wirkliche Realkapitalbildung liegt nur dann und insoweit vor, als über den Ersatz des Verschleißes und Verbrauchs hinaus zusätzlich neue Anlagen und Vorräte geschaffen werden. Nicht das ganze volkswirtschaftliche Investitionsvolumen stellt also eine Realkapitalbildung dar. Man hat vielmehr sorgfältig zu unterscheiden zwischen den Ersatzinvestitionen, die den Realkapitalbestand der Volkswirtschaft erhalten, und den Neuinvestitionen, die ihn vermehren. Den Unterschied zeigt deutlich jede Unternehmungsbilanz. Erst dann tritt eine Zunahme der Bilanzwerte der Anlagen ein, wenn Beträge über die normalen Abschreibungen hinaus, die dem Ausgleich der Abnutzung der Anlagewerte dienen, investiert werden.

Es ist aufschlußreich, sich die Größenordnungen und die Aufgliederung der volkswirtschaftlichen Investitionen vor Augen zu halten. Die bis 1938 verfügbaren Ziffern lassen — ähnlich dem Anstieg des Sparvolumens — von Jahr zu Jahr eine starke Zunahme der Investitionen erkennen.

in Mill. RM	Gesamtinvestition	davon	
		Neuanlagen	Ersatzanlagen
1929	12800	5800	7000
1934	8200	2400	5800
1935	11600	5600	6000
1936	13800	7600	6200
1937	16000	9500	6500
1938	19000	12000	7000

[1]) Deutschlands wirtschaftliche Lage an der Jahreswende 1938/39, S. 104.

[2]) Vgl. F. Reinhardt, Gemeinschaftsbedarf und seine Finanzierung nach nationalsozialistischen Grundsätzen, Die Deutsche Volkswirtschaft 1941, S. 984ff.

Entsprechende Ziffern über die Veränderungen der volkswirtschaftlichen Vorratsbestände sind nicht verfügbar. Es gibt lediglich Schätzungen bis zum Jahre 1934, aus denen hervorgeht, daß die gesamten Vorräte in allen Teilen der deutschen Volkswirtschaft in den Jahren 1924—28 um 13,8 Mrd. RM zugenommen haben, während sie sich in den Krisenjahren 1930—32 um insgesamt 10,8 Mrd. RM verminderten. Daraus ergibt sich, daß auch im Bereich der volkswirtschaftlichen Lagerbestände, die man nach dem Stande von 1928 schätzungsweise auf einen Gesamtwert von 25—30 Mrd. RM bezifferte, jährliche Umschichtungen von bedeutsamem Umfang vor sich gehen.

Die Summe der Investitionen stellt zweifellos eine der entscheidenden volkswirtschaftlichen Größenordnungen dar. Die Veränderungen des Investitionsvolumens bestimmen, wie die Erfahrungen der letzten zehn Jahre einwandfrei bewiesen haben, zu einem wesentlichen Teil die Höhe des Beschäftigungsgrades und bilden das wichtigste dynamische Element in der Volkswirtschaft. Für den Wirkungsgrad der Investitionen im Sinne des angestrebten volkswirtschaftlichen Fortschrittes kommt es dabei neben dem gesamten Volumen vor allem auch auf die Zusammensetzung des Investitionsvolumens an. Für den Normalfall einer Friedenswirtschaft, die sich in einer stetigen Entfaltung befindet, können zwei Grundsätze aufgestellt werden:

a) Die Erhaltung des vorhandenen Realkapitals muß durch die ausreichende Vornahme der Ersatzinvestitionen in allen Teilen der Wirtschaft gesichert sein.

b) Im Interesse einer harmonischen Entfaltung aller Produktivkräfte muß eine sinnvolle Verteilung der Neuinvestitionen auf alle Teilbereiche der Volkswirtschaft angestrebt werden. Unter Vermeidung einer Hypertrophie einzelner Produktionsstufen oder Wirtschaftszweige ist dafür zu sorgen, daß die Neuinvestitionen ebenso der Produktionsgüter- wie auch der Konsumgütererzeugung dienen, daß richtige Relationen zwischen der privatwirtschaftlich-unternehmerischen und der dem Gemeinwohl dienenden öffentlichen Investitionstätigkeit eingehalten werden, daß ferner auch beim Ersatz erneuerungsbedürftiger und beim Bau zusätzlicher Anlagen die Gesichtspunkte der Produktivität und Rentabilität berücksichtigt werden.

Das Aufzeigen dieser Grundsätze kennzeichnet das bedeutungsvolle qualitative Problem der Realkapitalbildung. Eine befriedigende Lösung dieser für die Entfaltung der Volkswirtschaft entscheidenden Abstimmungsprobleme zu finden, hat von jeher zu den schwierigsten Aufgaben der unternehmerischen Disposition und der öffentlichen Wirtschaftspolitik gehört. Die Zusammenbrüche einzelner Firmen und die Krisen großer Wirtschaftszweige waren meist die Folgen von Fehlern in den Investitionsplanungen. Es ist deshalb kein Wunder, wenn die staatliche Wirtschaftsplanung gerade an diesem Punkt lenkend eingegriffen hat.

Freilich lassen sich in der harten Welt der Wirklichkeit Abweichungen von den Grundsätzen einer harmonischen Entwicklung des Investitionsvolumens nie voll vermeiden. Umwälzende Erfindungen und sonstige Fortschritte der Technik entwerten Anlagen, die nach ihrer Lebensdauer noch keineswegs verbraucht sind; das Prinzip der laufenden Kapitalerhaltung versagt hier. Ähnliches gilt für grundlegende Änderungen der Betriebsorganisation durch Rationalisierung. Auch in diesen Fällen werden meist noch nicht voll abgeschriebene Anlagen entwertet und führen zu entsprechenden Realkapitalverlusten.

Sodann gibt es Zeiten, in denen überragende nationalwirtschaftliche Gründe Umdispositionen des Investitionsvolumens notwendig machen. Das Vierjahresplanwerk bietet das größte Beispiel einer solchen Periode, in der strukturelle Umgestaltungen der Ernährungs- und Rohstoffgrundlagen durch entsprechende staatliche Lenkung der Investitionstätigkeit unter völlig neuen nationalwirtschaftlichen Zielsetzungen herbeigeführt werden mußten. Auch im Zusammenhang hiermit sind in zahlreichen Zweigen der Wirtschaft noch einsatzfähige Anlagen ausgeschaltet oder nicht mehr ersetzt worden.

In erhöhtem Umfange sind solche Umstellungen seit Ausbruch des Krieges eingetreten. Es ist selbstverständlich, daß der Kriegs- und Rüstungsbedarf alle volkswirtschaftlichen Rangordnungen verändert. Die Konsumgüterwirtschaft für den zivilen Bedarf wird in ihrer Erzeugung und Investitionstätigkeit gedrosselt, Vorräte werden ohne laufende Wiederbeschaffung eingesetzt, die Rüstungsproduktion wird mit Anspannung aller Kräfte ausgeweitet. Das gesteigerte Investitionsvolumen wird hierbei in seiner Zusammensetzung einseitig bestimmt. Der Schaffung großer zusätzlicher Werkkomplexe usw. in der Produktionsgüter- und Rüstungswirtschaft steht eine Schrumpfung der Investitionen in allen nicht kriegswichtigen Wirtschaftszweigen gegenüber, in denen z. T. nicht einmal mehr die laufenden Ersatzinvestitionen vorgenommen werden. Alle diese Vorgänge, sowohl die Unterlassung von Ersatzinvestitionen als auch die Senkung der Lagerbestände, bedeuten einen Kapitalverzehr und eine Freisetzung von Geldkapitalien. Die Folge ist eine mit der Dauer des Krieges fortschreitende Veränderung in der qualitativen Zusammensetzung des volkswirtschaftlichen Realkapitals.

Ist der Krieg beendet, so ist eine der wichtigsten volkswirtschaftlichen Demobilmachungsaufgaben, das Investitionsvolumen von der einseitigen Rangordnung des Kriegsbedarfs auf einen normalen Friedensbedarf umzustellen. Je rascher und umfassender dies gelingt, um so günstiger ist es für den Lebensstandard, für die außenwirtschaftliche Wettbewerbsfähigkeit und die kontinentalen Aufbaupläne der Nation. Bereits in Kriegszeiten hierfür die notwendigen planenden Vorbereitungen zu treffen, ist von hoher Bedeutung.

V. Kapitalbildung und Kredit

In den bisherigen Abschnitten wurde dem Investitionsvolumen die Ersparnisbildung gegenübergestellt. Diese für das Kapitalbildungsproblem maßgebliche Relation bedarf noch einer wesentlichen Ergänzung durch die Einbeziehung des dynamischen Faktors des Kredites. Abgesehen von den Fällen der unmittelbaren Investition in den Betrieben, der erwähnten Selbstfinanzierung, wo der Ersparnis- und der Investitionsakt tatsächlich zusammenfallen, besteht zwischen Sparern und Investoren kein unmittelbarer Kontakt. Um diesen Zusammenhang herzustellen, damit auf das Sparen die investitionsmäßige Verwendung folgen kann, bedarf es der vermittelnden Funktion der Kreditmärkte und des Einsatzes des Kreditinstruments.

Die Kreditinstitutionen haben dabei z. T. eine reine Mittlerfunktion, indem sie bei ihnen angesammelte oder an den Kreditmärkten angebotene Ersparnisbeträge an Unternehmungen, an den Staat und andere Träger der Investitionstätigkeit weiterleiten, sei es, daß sie Emissionen am Markt auflegen, sei es, daß sie Hypothekarkredite einräumen oder sonstige mittel- und langfristige Kredite gewähren. Es wäre aber eine Verkennung der Kreditwirtschaft und zeugte von einer Unkenntnis der realen Vorgänge an den Kreditmärkten, würde man ihre Funktion in dieser bloßen Verwaltungs- und Verteilungsaufgabe erschöpft sehen. Die Kreditwirtschaft ist in diesem Sinne nicht neutral. Der Kredit stellt vielmehr ein zusätzliches dynamisches Element mit starken Einflußmöglichkeiten auf die volkswirtschaftliche Aktivität, auf den Grad der Beschäftigung und auf die Kombination der Produktionsfaktoren dar.

Die Tatsache der Kreditschöpfungsfähigkeit der Banken wird heute nicht mehr bestritten. Die Vorgänge der letzten zehn Jahre haben hierfür so umfassendes Anschauungsmaterial geliefert, daß die letzten Leugner nunmehr verstummt sind. Es ist heute im Interesse einer wirklichkeitsnahen Betrachtung eher die Aufgabe gestellt, auf die Grenzen der Kreditschöpfung und auf die Notwendigkeit einer ökonomischen Dosierung zusätzlicher Kreditexpansion nachdrücklich hinzuweisen.

Eine Kreditausweitung über das Sparvolumen hinaus kann in zwei Bereichen des Kreditsystems vorgenommen werden: bei der Zentralnotenbank und im Kreditbanksystem. Bei der Zentralnotenbank vollzieht sich die Kreditexpansion in der Form eines vermehrten Diskonts von Wechseln und Schatzwechseln oder in der Erhöhung der eigenen Wertpapierbestände als Folge einer aktiven Offenmarkt-Politik. Die Kreditexpansion prägt sich auf der Passivseite der Notenbankbilanz deutlich in einer Zunahme des Notenumlaufs und des Giralgeldes aus.

Eine Kreditexpansion im Kreditbanksystem steht im Vergleich hiermit unter schwierigeren Bedingungen. Die Fähigkeit, das Kreditvolumen auszuweiten, steht nicht jeder Bank für sich unabhängig zu. Die Kreditdispositionen des einzelnen Instituts hängen vielmehr von der kreditpolitischen Linie des gesamten Banksystems ab. Bei der einzelnen Bank muß eine überdurchschnittliche Kreditexpansion verhältnismäßig schnell an die Liquiditätsgrenze stoßen. Die neuen Debitoren verfügen über den Hauptteil der zusätzlichen Kredite durch Überweisung. Würde also eine Bank ihre Kredite isoliert stark ausdehnen, so hätte sie hohe Abdisponierungen zu erwarten, denen keine entsprechenden Gutschriftsüberweisungen gegenüberstehen. Ein ungefährer Ausgleich von Aktiv- und Passivüberweisungen ist vielmehr nur bei gleichlaufender Kreditpolitik aller maßgeblichen Banken zu erwarten.

Eine weitere Begrenzung findet die Kreditschöpfungsfähigkeit der Banken in der Tatsache, daß erfahrungsgemäß ein gewisser Teil der Krediteinräumungen bar in Form von Stückgeld für Lohnzahlungen usw. beansprucht wird. Eine Kreditausweitung innerhalb des gesamten Banksystems setzt also — abgesehen von möglichen Veränderungen in der Umlaufsgeschwindigkeit des Stückgeldes — eine Erhöhung des Zahlungsmittelumlaufs voraus. Die Zentralnotenbank muß demgemäß durch eine entsprechende Diskontbereitschaft oder eine gleichgeartete Offenmarkt-Politik hierzu die Möglichkeit bieten.

Die Kreditschöpfung als dynamische Kraft ist unbestritten. Die aktuellen volkswirtschaftlichen Probleme liegen beim Einsatz und den Grenzen der Kreditexpansion, wobei die Fragestellung lautet: Unter welchen Bedingungen kann und soll das Kreditvolumen über das Ersparnisvolumen hinaus ausgeweitet werden und wo liegen die ökonomischen Grenzen einer solchen Kreditexpansion? Es ist hier nicht der Raum, den Ankurbelungsvorgang einer im Depressionszustand befindlichen Volkswirtschaft in allen Einzelheiten zu schildern. Die Bestimmungsgründe des deutschen Wirtschaftsaufschwunges in den Jahren 1933 bis 1938 sind so vielseitig untersucht worden, daß man von diesem Anschauungsmaterial ausgehen kann. Als entscheidende Erkenntnis ergibt sich hieraus, daß die Voraussetzungen einer solchen kreditmäßigen Ankurbelung güterwirtschaftlich bedingt sind, d. h. in der Sphäre der menschlichen und sachlichen Produktivkräfte liegen. Ungenutzte Kapazitäten, verfügbare Rohstoffe und einsatzfähige, jedoch beschäftigungslose Arbeitskräfte bilden den realen Ausgangspunkt einer anzukurbelnden Wirtschaft. Zur Inangriffnahme der Belebung sind keine sog. „beschäftigungslosen Gelder"[1]) vonnöten.

Das Primäre sind die güterwirtschaftlichen Aufträge, die neuen Planungen und der Entschluß sowie die Tatkraft, sie ins Werk zu setzen. Ist es so weit, dann muß allerdings die Fähigkeit und die Bereitschaft des Kreditsystems, die erforderlichen Kredite zur Verfügung zu stellen, hinzukommen. Die Führung kommt dabei der Zentralnotenbank zu, da sie die

[1]) Die es in Wirklichkeit gar nicht gibt; man kann höchstens von Hortung mit der Folge einer deflationären Verringerung der Umlaufsgeschwindigkeit des Geldes sprechen.

Liquidität des Kreditsystems bestimmt[1]): Durch zusätzlichen Wechseldiskont und durch Offenmarkt-Operationen ist sie in der Lage, in kurzer Frist eine Verflüssigung des Geldmarktes mit den entsprechenden Ausstrahlungen auf die Kreditbanken und die Effektenmärkte herbeizuführen. Von Bedeutung ist dabei neben ihrer aktiven Kreditausdehnung die theoretische Rediskontzusage. Denn Liquidität ist, wie H. Gestrich mit Recht betont hat, eine Eigenschaft, die verliehen werden kann. Wie die Erfahrung zeigt, kann sie sogar reinen Investitions-Finanzwechseln, die normalerweise in der Liquiditätsskala an letzter Stelle geführt werden müßten, durch die Rediskontzusage der Reichsbank gesichert werden. Das Entscheidende für die Kreditbanken ist, daß sie liquide Anlagewerte gewinnen, mit denen sie sich jederzeit im Bedarfsfalle Reichsbankgeld beschaffen können. Je größer der Anteil solcher geldmarktfähigen Werte unter den Aktiven der Kreditbanken ist, um so liquider ist die Position der Kreditbanken und um so größer ihre Fähigkeit und ihre Bereitschaft zur zusätzlichen Kreditgewährung. Die Beobachtung der Entwicklung von Reichsbank- und Kreditbankbilanzen im Zeitraum 1933 bis 1940 bietet hierfür das beste Anschauungsmaterial[2]).

Aus dem Dargelegten lassen sich auch die Grenzen eines volkswirtschaftlich richtigen Einsatzes des Kreditinstrumentes eindeutig festlegen. Entsprechend dem Primat der güterwirtschaftlichen Dispositionen ist das vertretbare Ausmaß einer allgemeinen Kreditexpansion durch die reale Güterwelt festgelegt. Die ökonomische Grenze muß dann als erreicht gelten, wenn die Volkswirtschaft in den Zustand der Vollbeschäftigung eingetreten ist: wenn also keine zusätzlichen Kapazitäten, keine unbeschäftigten Arbeitskräfte und keine einsatzfähigen Vorräte mehr verfügbar sind. Freilich sind dies keine starren Schranken. Vielmehr weist eine große Volkswirtschaft erfahrungsgemäß eine hohe Elastizität und vielfältige Reserven auf, die einer totalen Initiative einen kaum geahnten Spielraum eröffnen. Dies gilt sowohl für die Arbeitskräfte, wo durch verbesserten Einsatz der Kräfte nach ihrer Leistungsfähigkeit, durch Rückgriff auf Frauen und Rentner und durch qualitative Auskämmung erhebliche zusätzliche Kräfte aktiviert werden können, als auch für die Einschaltung von Kapazitäten entweder durch höheren Ausnutzungsgrad oder durch ergänzende Investitionen. Dabei ist zu berücksichtigen, daß der mit Einsatz der Kreditausweitung betriebene Wirtschaftsaufschwung zu einem erheblichen Teil gerade die Investitionstätigkeit belebt und damit zu einem Ausbau der Kapazitäten und zu einer Rationalisierung des gesamten Produktionsapparates beiträgt.

---

[1]) Vgl. hierzu H. Gestrich, Aufbau und Dynamik des deutschen Geldmarktes, „Deutsche Geldpolitik", Berlin 1941, S. 329ff.

[2]) Vgl. hierzu B. Benning, Kreditbanken und Geldmarkt, „Deutsche Geldpolitik", Berlin 1941, S. 341ff.

VI. Kreditausweitung in der Vollbeschäftigung

Es erhebt sich nun die Frage, was geschieht, wenn im Stadium der Vollbeschäftigung die Kreditausweitung nicht abgestoppt, sondern fortgesetzt wird. Da in diesem Fall keine freien Arbeitskräfte und Kapazitäten mehr verfügbar sind, treten die durch einen zusätzlichen Kredit eingeräumten Kaufkraftansprüche in Konkurrenz zu den bereits disponierten Gütern und Arbeitskräften. Die Folge sind wachsende Marktspannungen mit der Gefahr des allgemeinen Preis- und Lohnauftriebs. Der Ablauf dieser Vorgänge bei freier Marktwirtschaft ist bekannt. Hält sich die zusätzliche Kreditausweitung in maßvollen Grenzen, so führt sie zu Umschichtungen der Produktion und zur Bevorzugung der besonders aktiven Unternehmer unter Zurückdrängung der weniger aktiven Unternehmer sowie des Konsums (Zwangssparen). Wird die Kreditexpansion jedoch darüber hinaus fortgesetzt, so steht am Ende die fortschreitende Verschlechterung des inneren Geldwertes und die Gefährdung von Zahlungsbilanz und Außenwährung.

Wesentlich anders vollziehen sich die Vorgänge in der gelenkten Wirtschaft. Das deutsche Beispiel vermittelt hier besonders aufschlußreiche Einblicke. Die deutsche Nationalwirtschaft hatte im Zuge der seit 1933 betriebenen Ankurbelung im Laufe des Jahres 1937 nahezu die Phase der Vollbeschäftigung erreicht. Gewisse Steigerungsmöglichkeiten ergaben sich aber auch weiterhin, u. a. durch die Angliederung der Ostmark, später des Sudetenlandes sowie durch eine intensive Rationalisierung des deutschen Produktionsapparates. Infolgedessen brauchte auch die Kreditausweitung nicht ganz abgestoppt zu werden. Bestimmend für die gesamte Kreditpolitik waren die vordringlichen nationalwirtschaftlichen Zielsetzungen des Vierjahresplans und der Rüstungen. Das Entscheidende war, daß man sich der damit aufgeworfenen Spannungsprobleme bewußt blieb, die erforderlichen Sicherungsmaßnahmen traf und eine folgerichtige Umschaltung des Kredit- und Produktionsgefüges zu Gunsten der öffentlichen Planungen vornahm.

Im Ablauf dieser Vorgänge traten die Spannungen an allen denjenigen Punkten auf, wo sie für den Kenner der volkswirtschaftlichen Zusammenhänge erwartet werden mußten. Nirgends vollzog sich ein „Wunder", an keiner Stelle trat etwas wirklich Unerwartetes ein. Das Wunder, wenn man so will, lag auf ganz anderem Gebiet, nämlich in der wirtschaftspolitischen Meisterung der Spannungsvorgänge. Es ist hier nicht der Ort, diese Maßnahmen im einzelnen zu analysieren. Sie können nur aufgezählt werden:

a) Preis- und Lohnstop zur Verhinderung von inflationistischen Auftriebstendenzen,

b) Lenkung der Produktion entsprechend den vordringlichen nationalen Investitionsaufgaben: Investitionskontrolle, Rohstoffbewirtschaftung, Arbeitseinsatzpolitik,

c) Beschränkung des Konsums durch Rationierung, verstärkte Besteuerung und Kaufkraftstillegung[1]); Zwangssparen und Abschöpfung der stillgelegten Beträge zu Gunsten der öffentlichen Investitionsfinanzierung,
d) Devisenbewirtschaftung und Außenhandelskontrolle zur Überbrückung der Währungs- und Zahlungsbilanzanspannungen.

Diese Maßnahmen, die im Zeitraum der deutschen Ankurbelung und Vollbeschäftigung von 1933 bis 1939 systematisch eingeführt und konsequent vervollkommnet wurden, bildeten nach Ausbruch des Krieges gleichzeitig die beste Sicherung der auf höchste Produktionsentfaltung zu bringenden Kriegswirtschaft. Die notwendige Umschaltung auf den absoluten Vorrang des Kriegs- und Rüstungsbedarfs in Verbindung mit der Verknappung wichtiger Rohstoffe erzwang dabei eine fortschreitende Drosselung der Konsumgüterproduktion und damit eine besondere Verschärfung der Kaufkraftstillegung und der Rationierung.

VII. Kriegsfinanzierung, Kapitalbildung und Kapitalverzehr

Die moderne Kriegswirtschaft nimmt in stärkstem Maße das Volkseinkommen, die Kapitalbildung und das Kreditvolumen in Anspruch. Für die Finanzierung stehen drei Quellen zur Verfügung:

a) Steuern,
b) Ersparnisse aus freiwilliger Spartätigkeit und aus Kaufkraftstillegung,
c) Kreditausweitung.

Es ist aufschlußreich, am Beispiel der deutschen Kriegsfinanzierung den Anteil dieser drei Quellen zu untersuchen. Nach den Angaben des Staatssekretärs Reinhardt ergibt sich folgendes Bild:

a) Die Reichseinnahmen aus Steuern und sonstigen Abgaben erreichten im Rechnungsjahr 1940/41 eine Höhe von 27,2 Mrd. RM; dazu kommen noch Verwaltungseinnahmen in Höhe von 5 Mrd. RM und die Kriegsbeiträge der Länder und Gemeinden im Betrage von 1,4 Mrd. RM, das sind zusammen rund 33,6 Mrd. RM[2]).

b) Die lang- und mittelfristige Verschuldung, von der man annehmen kann, daß sie überwiegend von Sparkassen, Versicherungsunternehmungen einschließlich Sozialversicherung, von gewerblichen Unternehmungen sowie von Privaten aufgebracht wird, also teils aus Ersparnissen, teils aus Kauf-

[1]) Vgl. E. Lukas, Sparen und Investieren, in Deutsche Geldpolitik, Berlin 1941, S. 374, wo er in diesem Zusammenhang von einer „Verdrängung privater Kaufkraft" spricht; den gleichen Vorgang bezeichnet H. Moeller als „System der Zwangshortung" in seinem Aufsatz „Leistungen und Aufgaben der deutschen Geldpolitik der Gegenwart", in Deutsche Geldpolitik, Berlin 1941, S. 29.

[2]) Matrikularbeiträge des Protektorats und die Besatzungskosten, die von den verschiedenen besetzten Ländern aufgebracht werden, bleiben für diese Zusammenstellung, die sich nur auf das Inland erstreckt, unberücksichtigt.

kraftstillegung und Kapitalfreisetzung gedeckt wird, erhöhte sich im Rechnungsjahr 1940/41 um 18,2 Mrd. RM.

c) Die kurzfristige schwebende Schuld des Reichs — vornehmlich Schatzwechsel und unverzinsliche Schatzanweisungen — stieg in der gleichen Zeit um 20,2 Mrd. RM.

Die so errechneten gesamten Aufwendungen des Reichs[1]) stellten sich demnach im Kriegsjahr 1940/41 auf 72,2 Mrd. RM und wurden mit 46,7% aus laufenden Einnahmen, mit 25,3% aus lang- und mittelfristiger Verschuldung und mit 28,0% aus kurzfristiger Verschuldung aufgebracht. Faßt man die lang- und kurzfristige Verschuldung zusammen, so ergibt sich, daß in diesem Kriegsjahr Forderungsrechte gegen das Reich im Gesamtbetrage von 38,4 Mrd. RM entstanden sind, die als Geldkapital in Erscheinung treten. Was steht dieser Ausweitung des Geldkapitalvolumens gütermäßig gegenüber?

1. In den Bereichen der öffentlichen Wirtschaft und der Produktionsmittel- sowie insbesondere der Rüstungswirtschaft ist eine starke Zunahme der Investitionen und der Produktion festzustellen. Der Hauptteil dieser Produktion fließt der Wehrmacht zu, dient der Kriegführung und wird entsprechend eingesetzt. Diese Produktion schaltet damit wieder aus den Güterbeständen der Volkswirtschaft aus. Daneben ist allerdings zu bedenken, daß im Zusammenhang mit der Rüstungsproduktion große Neuinvestitionen vorgenommen werden, die den Realkapitalbestand der Volkswirtschaft insgesamt ausweiten und auch für die kommende Friedenswirtschaft einsatzfähig bleiben; man denke etwa an die Neuinvestitionen für den Ausbau der heimischen Rohstofferzeugung, an die Erweiterung der Elektrizitätswirtschaft, an die Investitionen der Maschinen-, Werft- und sonstigen Produktionsmittelindustrie, an den Ausbau der neuen Reichsgebiete im Zusammenhang mit ihrer Eingliederung in die deutsche Nationalwirtschaft u. a. m.

2. Im Gegensatz hierzu findet während des Krieges in anderen Bereichen der Volkswirtschaft, wie schon erwähnt, ein Kapitalverzehr statt. Dies gilt einmal für die Verringerung der volkswirtschaftlichen Lagerbestände, insbesondere in allen Zweigen der Verbrauchsgüterindustrien sowie in der Landwirtschaft, ferner auch in den Haushaltungen. Sodann tritt weiterhin ein Kapitalverzehr durch Unterlassung von Ersatzinvestitionen ein, insbesondere in den gedrosselten Konsumgüterzweigen, in der Wohnungswirtschaft, in Teilen des Verkehrswesens sowie in der Landwirtschaft. Die aus den Abschreibungen verfügbaren Beträge, die unter normalen Umständen zu Ersatzinvestitionen verausgabt worden wären, erhöhen die Liquiditätsreserven der betreffenden Unternehmungen. Sie werden überwiegend für Zwecke der Kriegsfinanzierung abgeschöpft.

---

[1]) Davon entfallen nach Angaben von Staatssekretär Reinhardt rd. 20 Mrd. RM auf den zivilen Bedarf und rd. 52 Mrd. RM auf den Kriegsbedarf einschl. der Unterhaltsaufwendungen für die Familien der Eingezogenen.

Damit gewinnen wir zugleich auch eine Antwort auf die Frage, ob und inwieweit es möglich ist, die außerordentliche Last der Kriegsfinanzierung auf größere Zeiträume zu verteilen, insbesondere einen Teil auf die Zukunft abzuwälzen. Das nüchterne Ergebnis ist: Wie immer die Finanzierungsmethoden gewählt werden, die Kriegskosten müssen gütermäßig in vollem Umfang in der Gegenwart aufgebracht werden. Dies geschieht teils durch die Drosselung des Konsums, teils durch Verringerung des volkswirtschaftlichen Realkapitals. Das Letztere bedeutet einen Rückgriff auf die Realkapitalbildung der Vergangenheit, gleichzeitig allerdings auch insoweit eine Vorbelastung der Zukunft, als die später notwendige Nachholung der Ersatzinvestitionen, die Wiederherstellung eines friedensmäßigen Produktionsapparates und die Wiederauffüllung der verringerten Vorratsbestände die Nachkriegswirtschaft vor große Aufgaben stellen, die nur wieder durch große Sparsamkeit, d. h. durch entsprechenden Verzicht auf Konsum, gelöst werden können.

VIII. Echte und unechte Kapitalbildung

Im Zusammenhang mit den gekennzeichneten Vorgängen der Kriegsfinanzierung und der Kapitalfreisetzung ist in der Diskussion dieser Fragen neuerdings des öfteren in Fachkreisen zwischen „echter" und „unechter" Kapitalbildung unterschieden worden. Um zu erkennen, inwieweit eine solche Gegenüberstellung zu Recht besteht, muß man nochmals auf die Grunddefinition zurückkommen, wonach volkswirtschaftliches Kapital gebildet wird, indem die Ausstattung mit Produktionsmitteln, mit Gütern langfristiger Nutzung und mit Vorräten vermehrt wird. In einer normalen Volkswirtschaft wird man davon ausgehen können, daß dem definierten Realkapitalzuwachs eine ungefähr gleich große Ersparnisbildung — teils in Form von Geldkapital, teils in Form der Selbstfinanzierung — gegenübersteht. Die reale und nominale Seite der Kapitalbildung entsprechen sich in diesem Falle. Freilich läßt es sich nicht vermeiden, daß immer wieder auch hierbei Salden entstehen können, indem z. B. Fehlinvestitionen oder sonstige Realkapitalverluste eintreten. Solche Einbußen und Defizite im Bereich des Realkapitals müssen auf der Geldkapitalseite nach bestimmten Zeitabständen wieder ausgeglichen werden, gegebenenfalls durch Sanierungen, Konkurse u. ä.

Weit einschneidendere Diskrepanzen zwischen Real- und Geldkapitalbildung können jedoch in Störungsperioden entstehen, wenn durch übergeordnete außerwirtschaftliche Aufgabenstellungen Eingriffe in den Wirtschaftsablauf vorgenommen werden müssen, wie dies insbesondere in Kriegszeiten unumgänglich ist[1]). Während das Geldkapitalvolumen zunimmt — als Ergebnis der weiterlaufenden, teils freiwilligen, teils erzwun-

[1]) Ähnliche Diskrepanzen ergeben sich, wenn auch unter ganz anderen Vorzeichen (deflatorische Schrumpfung, Kreditkontraktion) in Zeiträumen struktureller Krisen, wie etwa in der Wirtschaftskrise der Jahre 1930/32.

genen Spartätigkeit und insbesondere als Folge der Kreditausweitung —, verringert sich aus den bereits dargelegten Gründen das volkswirtschaftliche Realkapital. Daraus ergeben sich zunehmende Spannungen zwischen Geld- und Güterseite, denen durch eine sinnvolle Wahl der Finanzierungsmethoden Rechnung zu tragen ist. Es bedarf keines besonderen Nachweises, daß die Besteuerung die zur Verringerung von solchen Spannungen zweckmäßigste Form der Mittelbeschaffung für den reinen Kriegs- und Rüstungsbedarf darstellt, da sie zu einer unmittelbaren Kaufkraftübertragung auf den Staat mit wachsender Drosselung des Konsums führt, ohne daß Forderungsrechte (in Form von Geldkapital) geschaffen werden, denen kein Zuwachs an volkswirtschaftlich verwendbaren Gütern gegenübersteht. Je höher also in Kriegszeiten die aus Steuern und sonstigen laufenden Reichseinnahmen gedeckte Quote des Finanzbedarfs ist, um so geringer wird die Diskrepanz zwischen Realkapital und Geldkapital sein.

Aus gewichtigen psychologischen und wirtschaftspolitischen Gründen kann jedoch die Steuerschraube im Kriege nicht über ein erträgliches Maß hinaus angespannt werden. Der nicht aus Steuern zu deckende Kriegsaufwand muß dann ergänzend aus lang-, mittel- und kurzfristiger Verschuldung finanziert werden, d. h. in diesem Umfange dehnt sich das Geldkapitalvolumen bei rückläufiger Realkapitalausstattung der Volkswirtschaft aus.

Welche Probleme sich aus dem dadurch hervorgerufenen Ungleichgewicht zwischen Geld- und Güterseite nach Kriegsende ergeben, hängt naturgemäß von der Dauer und dem Ausgang des Krieges ab. Ein siegreicher Kriegsabschluß schafft die günstigen Voraussetzungen für eine rasche und erfolgreiche Überleitung der Kriegs- auf die Friedenswirtschaft, zumal, wenn in einem erweiterten Raum mit zusätzlichen Produktionsmöglichkeiten und ergänzenden Rohstoffvorkommen ein erhöhtes Produktionsvolumen entfaltet werden kann.

* *
*

Die Zusammenhänge, die zwischen Kapital, Kredit und Geld bestehen, haben von jeher die besondere Aufmerksamkeit aller Wirtschaftenden gefunden. Eine Klärung scheiterte häufig an unscharfen Begriffsvorstellungen und an einer mangelhaften Analyse der wirklichen Vorgänge. Die Kriegswirtschaft liefert hierzu, wie dargelegt wurde, besonders gutes Anschauungsmaterial. Sie läßt auch alle Gleichgewichtsstörungen zwischen Nominal- und Realkapital deutlich hervortreten. Wenn in der populären Diskussion dieser Vorgänge mit Werturteilen wie „echter" oder „unechter" Kapitalbildung gearbeitet wird, so führen solche unklaren Definitionen nur zu neuen Mißverständnissen. Statt von einer „unechten" Kapitalbildung zu sprechen, ist es vorzuziehen, die Dinge beim rechten Namen zu nennen, d. h. von Kapitalverzehr, von Kreditausweitung, von einem Ungleichgewicht zwischen Geldkapitalvermehrung und Realkapitalschrumpfung zu sprechen.

Dies gilt auch für den sog. Begriff des „Pseudokapitals", Man versteht darunter den Niederschlag von Kapitalfreisetzungsvorgängen (Ausverkauf von Lagerbeständen, Unterlassung von Ersatzinvestitionen usw.) in Gestalt von Bankguthaben, unterscheidet dabei aber nicht hinreichend zwischen einzelwirtschaftlichen und volkswirtschaftlichen Erscheinungen und übersieht die Zusammenhänge im Güter- und Geldkreislauf. Zwar kann eine Einzelfirma durch solche Freisetzungen liquide werden und Guthaben in Kasse oder bei der Bank ansammeln oder auch Schulden tilgen, volkswirtschaftlich aber kann, wie sich nachweisen läßt[1]), eine Kapitalfreisetzung als Ergebnis eines Realkapitalverzehrs nicht zu einer Auflockerung der Kreditmärkte und zu einer Ausweitung der Bankbilanzen führen. Vielmehr geben solche Liquidationsvorgänge wegen des damit verbundenen Ausfalls von unternehmerischen Aufträgen stets den Auftakt für eine deflationistische Schrumpfung, wie sie z. B. in den Jahren 1930/32 zu beobachten war.

Wenn aber nun im Zeichen der Kriegswirtschaft und der Kriegsfinanzierung gegenwärtig trotzdem Kapitalfreisetzungsvorgänge und ein anhaltender Anstieg der flüssigen Mittel in allen Teilen der Volkswirtschaft Hand in Hand gehen und dem flüchtigen Beobachter parallel geschaltet erscheinen, so liegt die auslösende Ursache hierfür nicht bei der Liquidation von Vorräten und Anlagen, sondern in der nachhaltigen Ausweitung des gesamten Kreditvolumens über die Reichsbank und das Kreditsystem für die Zwecke der Kriegsfinanzierung. Die Kreditausweitung als dynamischer Vorgang überdeckt also die Schrumpfungstendenzen, die an sich mit der Kapitalfreisetzung verbunden sind. Aufgabe der Finanzpolitik ist es, dem Einsatz der Kreditausweitung immer wieder ein Korrektiv durch energische Abschöpfungsmaßnahmen (Besteuerung und Sparung) entgegenzustellen, mit dem Ziel, den verbleibenden Zuwachsbetrag der Kreditexpansion in güterwirtschaftlich vertretbaren Grenzen zu halten. Nach Kriegsschluß gilt es, das gestörte Gleichgewicht zwischen Geldseite und Güterseite wieder herzustellen, d. h. durch möglichste Förderung der volkswirtschaftlichen Realkapitalbildung wieder zu einer Annäherung von Kredit- und Kapitalvolumen zu gelangen.

[1]) Vgl. hierzu B. Benning, Kreditbanken und Geldmarkt, „Deutsche Geldpolitik", Berlin 1941, S. 363ff.

Hermann J. Abs und Ernst W. Schmidt

Wandlungen des bankmäßigen Kreditgeschäfts

I.

Die Bedeutung der Kreditversorgung für die Entwicklung des Wirtschaftslebens jedes Landes ergibt sich letzten Endes aus der Tatsache, daß die moderne Volkswirtschaft als Geldwirtschaft arbeitet. Dabei verstehen wir unter Geldwirtschaft eine Wirtschaftsverfassung, die durch die Verwendung des Geldes als allgemeinen Tauschmittels gekennzeichnet wird und in welcher der Einsatz des Geldes die Voraussetzung für die Entwicklung zur heutigen arbeitsteiligen Wirtschaftsweise war; nicht dagegen etwa eine Wirtschaftsverfassung, in der die „Geldseite" den alleinigen Ausschlag für die Gestaltung der Produktion gibt und in der das „Denken in Geld" über dem „Denken in Gütern" steht.

Das nationalsozialistische Wirtschaftsdenken geht von der Überzeugung aus, daß die Wirtschaft kein Kapitalproblem, sondern ein Organisationsproblem ist. Dieser Satz bedarf einer Erläuterung, um nicht mißverstanden zu werden: selbstverständlich ist die Verfügung über Kapital im Sinne von Sachkapital ein entscheidender Faktor für alles Wirtschaften. Der jeweilig vorhandene Bestand an Kapitalgütern bestimmt mit entscheidendem Gewicht den Umfang der jeweiligen Produktion und mit ihr der Bedarfsdeckung. Ohne Sachkapital in Gestalt von Produktions- und Verkehrsanlagen, Warenvorräten und langlebigen Investitionsgütern ist keine neue Gütererzeugung und -verteilung möglich. Im Rahmen der modernen Geldwirtschaft und Arbeitsteilung erfolgt aber auch die Bildung von Sachkapital ausnahmslos über die Zwischenschaltung des Geldkapitals. In ganz seltenen Fällen wird es noch vorkommen, daß der Produzent seine sachlichen Produktionsmittel, Werkzeuge, Maschinen oder was es sei, selbst herstellt, fast immer wird er die Arbeit Anderer in Anspruch nehmen müssen, und das kann er nur tun mit Hilfe von Geld. Das vorhandene Geldkapitalvolumen ist also mitbestimmend dafür, wieviel neues Sachkapital geschaffen werden kann, welche Investitionen in der Volkswirtschaft gemacht werden und in welchem Ausmaß die verfügbaren menschlichen Arbeitskräfte in den Produktionsprozeß einbezogen werden können. Da die Verfügung über Güter und Leistungen jeder Art die Verfügung über Geld voraussetzt, hängt von dieser unmittelbar auch das Ausmaß der Produktions- und Umsatzgrößen in der Volkswirtschaft ab.

Die Versorgung mit ausreichenden Mengen barer Umlaufsmittel ist ebensowenig Gegenstand dieser Untersuchung wie die Wandlungen, die unsere Auffassungen von den Prinzipien der Geldschöpfung durch die Notenbank erfahren haben. Ein Land braucht nicht mehr Stückgeld als zur Abwicklung der Barzahlungsvorgänge im Rahmen der gegebenen Zahlungssitten und der jeweiligen Umlaufsgeschwindigkeit erforderlich ist; Unterversorgung ist hier ebenso von Übel wie eine Überversorgung, vor allem, wenn diese letztere sich bis zum Zustand der reinen Noteninflation zuspitzt. Tatsächlich wird aber nur ein geringer Teil aller volkswirtschaftlichen Umsätze durch Barzahlungen reguliert, der weitaus größere im Giralwege. Für alle Finanzierungsfragen ist daher entscheidend der Umfang des vorhandenen Geldkapitals, über das bargeldlos verfügt werden kann. Dieses Geldkapital wiederum entsteht nicht allein durch echte Sparvorgänge, sondern sein Volumen wird weitgehend bestimmt durch den Einsatz des Kreditinstruments.

Es ist naheliegend, daß alle kredittheoretischen Erörterungen von der Untersuchung der Frage ausgehen, wie weit durch Krediteinräumung beim Kreditnehmer und darüber hinaus in der Volkswirtschaft überhaupt der Bestand an Kapital im volkswirtschaftlichen Sinne vergrößert wird. Wenn es sich um Kredite handelt, die lediglich auf Grund bereits gemachter Ersparnisse eingeräumt werden, wenn also die Banken die ihnen überlassenen Spargelder oder Gewinnüberschüsse an Dritte ausleihen, so beantwortet sich die Frage unbestrittenermaßen dahin, daß auf diesem Wege vorhandenes Kapital der produktiven Verwendung zugeführt wird. Voraussetzung ist dabei natürlich, daß die Frage der produktiven Verwendung der eingeräumten Kredite bei den Banken auf Grund vorgenommener Prüfung mit Recht bejaht worden ist.

Sehr viel schwieriger läßt sich die Frage nach der produktiven Kraft derjenigen Krediteinräumungen beantworten, die nicht auf Grund vorausgegangener Ersparnisvorgänge erfolgen. Sie ist in der Vergangenheit sehr verschieden beantwortet worden. In der Gegenwart herrscht weitgehende Übereinstimmung dahin, daß ein über den jeweiligen Fonds an Sparkapital hinausgehender Krediteinsatz, der auf der Kreditschöpfung der Notenbank sowohl wie der privaten Kreditbanken beruht, ebenso ungefährlich wie unentbehrlich sein kann und daß die schaffende Kraft auch dieses Kredits in der wirtschaftlichen Wirklichkeit nicht zu leugnen ist. Allerdings darf dabei die Frage, wie weit neue Kredite eingeräumt werden *können*, nicht verwechselt werden mit derjenigen, wie weit sie tatsächlich eingeräumt werden *sollen*. Hier ist eine ganze Reihe gesamtwirtschaftlicher Tatsachen und Überlegungen zur Beantwortung heranzuziehen. Im Vordergrund steht die Entscheidung darüber, ob durch das Kreditinstrument brachliegende menschliche und sachliche Produktionskräfte zu fruchtbarem Einsatz gebracht werden können oder wie weit dieser Einsatz, wenn er bereits ein vollständiger ist, durch das Kreditinstrument in seiner Wirkung noch gesteigert werden kann. Ziel und Ausgangspunkt ist letzten Endes immer das Streben nach Vermehrung der nationalen Gütererzeugung und durch sie nach Verbesserung des nationalen Wohlstands.

Die Fähigkeit der Banken, über den Rahmen der in der Volkswirtschaft gemachten Ersparnisse hinaus, also banktechnisch gesprochen über den Umfang der jeweils bei ihnen als Einlagen vorhandenen Ersparnisse und Produktionsüberschüsse Kredite zu geben, ist wesentlich abhängig von der Entwicklung der Zahlungssitten des betreffenden Landes. In dem durch die Ausbildung des bargeldlosen Zahlungsverkehrs gezogenen Rahmen können die Banken neue Giralgutschriften zu Gunsten der Kreditsuchenden vornehmen und sich auf diese Weise in begrenztem Umfang Mittel zur Kreditexpansion schaffen. Voraussetzung dafür ist allerdings eine entsprechende Kreditnachfrage der gewerblichen Wirtschaft auf Grund lebhafter Investitionstätigkeit im privaten Sektor. Es genügt nicht, daß bei den Banken der Wille zu vermehrter Krediteinräumung vorhanden ist, der von der Seite der Liquidität her durch einen hohen Bestand an rediskontfähigen Wechseln verstärkt werden kann. Die Banken können Kredit nur anbieten, aber keine Kreditnachfrage künstlich schaffen. Der Versuch, durch Unterbietung der üblichen und gerechtfertigten Konditionen — womöglich unter die Selbstkosten — die Inanspruchnahme von Kredit reizvoller zu machen, würde nur dahin führen, daß die Kreditsicherheit unter die Ansprüche sinkt, die aus allgemeinwirtschaftlichen Gründen aufrechterhalten werden müssen und deren Nichtbeachtung große Gefahren für die gesamte Wirtschaft mit sich bringen kann.

In jedem Falle ist das Vorhandensein einer „Kreditschöpfungsmacht" der Banken unbestreitbar. Die Kreditausweitung könnte nur dann ein Privileg der Zentralnotenbank sein, wenn alle Zahlungen ausschließlich in gesetzlichen Zahlungsmitteln bar geleistet würden. Da der Gegenwert der eingeräumten Kredite aber nur zum kleineren Teil in Geld ausgezahlt wird, zum größeren dagegen auf den Scheck- und Girokonten stehen bleibt, kann bei jeder neuen Krediteinräumung, ohne daß dies im einzelnen festzustellen wäre, die Geldschöpfung der Zentralnotenbank mit Kreditschöpfung seitens der privaten Kreditbanken zusammenwirken. Nur soweit die Banken die von ihnen eingeräumten Kredite in Noten auszahlen müssen, sind sie von der Notenbank und ihrer Kreditpolitik abhängig. Darüber hinaus sind sie in der Lage, aus eigenem Kreditschöpfungsvermögen die Wirtschaft bei Bedarf auch mit zusätzlichem Kredit zu versorgen. Die Voraussetzung dafür ist allerdings ein gleichartiges Vorgehen aller Kreditinstitute. Wollte ein einzelnes Institut Kreditschöpfung „auf eigene Faust" betreiben, so würde es damit sehr bald seine Liquidität in Frage stellen.

Die Begrenzung des Ausmaßes der Kreditversorgung liegt damit nicht ausschließlich bei der Verfügung über „fremde" Mittel, als vielmehr entscheidend bei der Rücksicht auf die eigene Liquidität und auf die Kreditsicherheit, welche die Rückzahlung der gewährten Kredite verbürgt. Allerdings sind damit zwei Bremsfaktoren von starker Wirkung gegeben: die Notwendigkeit, sich jederzeit gegenüber allen Ansprüchen der Bankgläubiger zahlungsbereit zu halten und Verluste aus der Kreditgewährung zu vermeiden, zwingt zur Zurückhaltung und zieht der Praxis der Kreditausweitung weit engere Grenzen, als sie die Theorie vielfach annimmt.

II.

Unter dem Einfluß der gesteigerten öffentlichen Ausgaben hat die deutsche Kreditverschuldung im Verlauf des letzten Jahrzehnts außerordentliche Veränderungen sowohl in ihrem Gesamtvolumen wie in dessen Zusammensetzung erfahren. Im Höhepunkt des entscheidend sich auf das Hereinfließen von Auslandskrediten stützenden Wirtschaftsaufschwungs der zwanziger Jahre betrug die Gesamtverschuldung im Jahre 1929 rund 89 Mrd. RM. Der weitaus größte Teil davon entfiel damals auf die private Wirtschaft, während die öffentliche Wirtschaft nur mit einem Anteil von unter 30% beteiligt war. Das Reich selbst hatte Ende 1929 eine Schuld von nur 9,4 Mrd. RM, nachdem aus der Inflation nur eine Restverpflichtung in Gestalt der Anleiheablösungsschuld von stark 4 Mrd. RM übrig geblieben war. Auch für 1933 lautete die Berechnung des Statistischen Reichsamts erst auf eine Gesamtkreditverschuldung von 92 Mrd. RM, von denen fast 68% auf die private Wirtschaft entfielen.

Seither hat der planmäßige Einsatz des Staatskredits für Arbeitsbeschaffung, Vierjahresplan, Aufrüstung und schließlich für die Kriegsfinanzierung eine völlige Gewichtsverlagerung zwischen öffentlichem und privatem Kredit herbeigeführt. Eine für 1940 gemachte Schätzung[1]) gelangt zu einem Gesamtbetrag von 172 Mrd. RM, davon auf die öffentliche Hand 107 und auf die private Wirtschaft 65 Mrd. RM entfallend. Während also im Gesamtbetrag gegenüber dem Jahre 1929 fast eine Verdoppelung eingetreten ist, hat sich gleichzeitig die privatwirtschaftliche Verschuldung in ihrer Höhe kaum verändert, und damit ist der Anteil der Privatwirtschaft nunmehr auf 38% aller überhaupt vorhandenen kurz- und langfristigen Kreditverpflichtungen zurückgegangen. Im Verlaufe dieses Prozesses ist die private Wirtschaft, in deren Händen sich ja die öffentlichen Schuldtitel zum weitaus größten Teil befinden müssen, zur Gläubigerin der öffentlichen Hand geworden, vielfach ging die öffentliche Verschuldung mit privaten Entschuldungen Hand in Hand, und es wurde im gesamten Kreditsystem eine Lage geschaffen, in der neben dem Staat die Privatwirtschaft als Schuldnerin nur noch eine relativ untergeordnete Rolle spielt.

Es liegt auf der Hand, daß dieser Wandel die Bedingungen und Voraussetzungen des bankmäßigen Kreditgeschäfts auf das tiefste beeinflussen mußte. So hat sich im Zuge der geschilderten Entwicklung auch in der Struktur der Bankbilanzen eine weitgehende Umschichtung vollzogen. Die nachstehende Tabelle, die sich aus Gründen der seit dem Kriege er-

[1]) Vgl. „Kreditvolumen und Staatsverschuldung" im Bank-Archiv vom 1. 9. 1941.

folgten Einstellung der Monatsbilanzstatistik auf den repräsentativen Kreis der Berliner Großbanken beschränkt, läßt die Tendenzen dieser Umschichtung mit aller Deutlichkeit hervortreten.

Entwicklung der wichtigsten Aktivposten der Berliner Großbanken

	Schuldner u. Warenvorschüsse		Schatzwechsel und unverzinsliche Schatzanweisungen		Wechsel[1])		Wertpapiere[3])		Bilanzsumme
	Mill. RM	% der Bilanzsumme	Mill. RM	% der Bilanzsumme	Mill. RM	% der Bilanzsumme	Mill. RM	% der Bilanzsumme	Mill. RM
1913	3 878	44,5	·	·	1 932[2])	22,2	829	9,5	8 708
1925	3 036	48,3	·	·	1 525[2])	24,3	150	2,4	6 288
1929	8 005	56,3	447	3,1	2 659	18,7	387	2,7	14 220
1932	5 346	60,7	497	5,6	1 221	13,9	791	9,0	8 803
1935	3 720	48,9	613	8,1	1 524	20,1	881	11,6	7 590
1938	3 519	39,0	1 229	13,6	2 146	23,8	1 150	12,8	9 012
1939	3 617	35,7	2 627	25,9	2 039	20,1	867	8,5	10 143
1940	2 902	22,3	5 139	39,5	2 167	16,7	1 698	13,1	12 995

Die öffentliche Hand, die immer stärker zum größten Auftraggeber der deutschen Wirtschaft geworden ist, mußte auch als Schuldner der Banken der privaten Wirtschaft mehr und mehr den Rang ablaufen. So verschoben sich die Anlagen der Bankengelder immer weiter vom privatwirtschaftlichen auf den staatlichen Sektor. Neben der unmittelbaren Beteiligung an der kurzfristigen Staatsfinanzierung in Gestalt der Übernahme von Schatzwechseln und unverzinslichen Schatzanweisungen steht die an der langfristigen Finanzierung durch Erwerb verzinslicher Reichstitel, die einen immer wachsenden Anteil an den auch absolut stark vergrößerten Wertpapierbeständen haben. Allein die Anlage in Schatzwechseln und U-Schätzen hatte nach einem Jahrzehnt kontinuierlichen Wachstums Ende 1940 einen Betrag erreicht, der rund 40% der Bilanzsumme ausmachte und damit alle übrigen Anlagekonten weit in den Schatten stellt.

Aber auch das **Wechselportefeuille**, früher in seiner gesamten Höhe Ausdruck einer in die Diskontform gekleideten Kreditgewährung an die Wirtschaft, hat diesen Charakter verloren und enthält nunmehr zum überwiegenden Teil Forderungen in Wechselform, die letztlich solche an die

[1]) Bis 1932 einschl. Schecks.
[2]) Einschl. Schatzwechsel und unverzinsl. Schatzanweisungen.
[3]) Einschl. Konsortialbeteiligungen.

öffentliche Hand sind. Die fortschreitende Ausschaltung des Handelswechsels als Kreditinstrument ist eine der bemerkenswertesten Erscheinungen und Wandlungen, welche das letzte Jahrzehnt in der deutschen Kreditwirtschaft gezeitigt hat. Es ist fast schon in Vergessenheit geraten, welchen Anteil früher der Wechsel an der Gesamtversorgung der deutschen Wirtschaft mit kurzfristigem Kredit hatte. Jeder wirtschaftliche Aufschwung war von einer starken Zunahme sowohl der Bankdebitoren wie des Wechselumlaufs eingeleitet und begleitet. So stieg der gesamte Wechselumlauf (ohne Schatzwechsel) von 1924—1929 von weniger als 8 auf mehr als 11 Mrd. RM. Dabei wurde ein größerer Teil der neu gezogenen Wechsel von den Banken aufgenommen, aber auch der Wechselumlauf im freien Verkehr weitete sich stark aus, wobei die Inanspruchnahme von Lieferantenkrediten bei zunehmender Lagerhaltung einen besonderen Einfluß hatte. Im ganzen war der Anteil des Wechsels an der Befriedigung des auftretenden kurzfristigen Kreditbedarfs so groß, daß in dem wirtschaftlichen Aufschwung, der dem Zusammenbruch der dreißiger Jahre vorausging, der Wechselumlauf sich der Höhe der gesamten ausstehenden Bankkredite näherte (so stand Mitte 1929 einem Wechselumlauf von rund 12 Mrd. RM ein Gesamtbetrag der Bankkredite[1]) von 15 Mrd. RM gegenüber). Allerdings war damals der Wechsel auch ein häufig benutztes Instrument für die Aufnahme kurzfristigen Auslandskredits.

Entscheidender Grund für die Zurückdrängung des Handelswechsels ist nicht etwa, daß dieses Kreditinstrument auf Grund der ihm anhaftenden Eigenschaften heute weniger zum Einsatz geeignet wäre als früher. Die Furcht vor der Wechselstrenge brauchte das Eingehen wechselmäßiger Verpflichtungen am wenigsten zu behindern in einer Zeit, deren Kennzeichen auf finanzwirtschaftlichem Gebiet eine Geldflüssigkeit hohen Grades ist. Gerade aber in dem Maße, wie sich diese Geldflüssigkeit unter der Einwirkung einer laufenden staatlichen Kreditschöpfung ausbreitete, verlor auch der Warenwechsel als Finanzierungsinstrument an Bedeutung. Hinzu kommt, daß im Verlauf einer immer weitergreifenden staatlichen Wirtschaftslenkung die Wechselziehungen infolge eingeschränkter Betätigung und verminderter Lagerhaltung in zahlreichen Wirtschaftszweigen sich rückläufig entwickeln mußten; das gilt besonders für den Handel. Endlich haben die in großem Umfang geleisteten Anzahlungen, mit denen der Staat die Herausgabe seiner Aufträge begleitet, seit Jahr und Tag den Bedarf an Umsatzfinanzierungsmitteln verkleinert, und die staatliche Auftragsanzahlung ist an die Stelle früher üblicher Kreditmittel getreten.

Wenn auch wirtschaftliche Strukturveränderungen (Konzernbildung u. a.) gleichfalls zu der oben gekennzeichneten Entwicklung beigetragen haben, so ist es trotzdem nicht so, daß die Wirtschaft nunmehr generell und aus grundsätzlichen Erwägungen für ihre Umsatzfinanzierung dem Buchkredit vor dem Wechselkredit den Vorzug gibt, zumal der letztere

[1]) Debitoren und Warenvorschüsse aller statistisch erfaßten Banken.

den Vorteil der billigeren Zinssätze genießt. Für bestimmte Finanzierungsaufgaben, im besonderen solche saisonmäßiger Natur, wie den Umschlag landwirtschaftlicher Erzeugnisse (Getreide, Zucker, Textilfasern), hat der Trattenkredit seine Bedeutung behalten. Im ganzen aber hat sich die Struktur des Wechselgeschäfts der Banken dahin verschoben, daß Diskontierungen von echten Handelswechseln aus Kreisen der Kundschaft nicht mehr den Hauptteil der wechselmäßigen Anlagen ausmachen. An ihre Stelle ist die Übernahme typischer Geldmarktpapiere getreten, in erster Linie Solawechsel der Deutschen Golddiskontbank und sog. Blockwechsel, mit denen die Reichsbank am Geldmarkt einen Teil der in ihrem Portefeuille befindlichen Staatswechsel (Sonderwechsel) refinanziert.

III.

Der Rückgang, der in der Inanspruchnahme von Buchkrediten bei den deutschen Banken seit Beginn der dreißiger Jahre eingetreten ist, wurde bereits an Hand der Zahlen der Berliner Großbanken veranschaulicht; er trat mit der gleichen Stärke bei der Gesamtheit aller das allgemeine Kreditgeschäft betreibenden Institute in Erscheinung. Im Jahre 1925 brauchte die gewerbliche deutsche Wirtschaft Bankkredite im Gesamtbetrage von rund 10 Mrd. RM; die Ziffer umfaßt die Wirtschaftskredite (Debitoren und Warenvorschüsse einschließlich Rembourskredite) aller allgemeinen Kreditbanken und Spezialbanken. Ende 1940 kam die gleiche deutsche Wirtschaft bei ganz wesentlich gesteigerten Produktions- und Umsatzgrößen mit einem Bankkredit von rund 6 Mrd. RM aus. Die Ergänzung der Betriebsmittel durch Kredite hat sich also fast auf die Hälfte verringert, obwohl das Volumen der volkswirtschaftlichen Umsätze sich beträchtlich vergrößert hat.

Die dazwischen liegende Periode umfaßt eine Zeit starker Anreicherung der Unternehmen mit Kapital, die das System der Selbstfinanzierung in einem in der deutschen Wirtschaft nie gekannten Ausmaß sich hat durchsetzen lassen. Reichen in der Industrie die vorhandenen Mittel dazu aus, langlebige Investitionen, für die man früher den Kapitalmarkt hätte in Anspruch nehmen müssen, aus eigener Kraft zu finanzieren, so decken sie erst recht den Bedarf an Betriebs- und Umschlagsmitteln, deren Ergänzung ursprünglichste Aufgabe des kurzfristigen Bankkredits ist. Hinzu kommt, daß mit dem Überwiegen der öffentlichen Aufträge der Staat auch in zahlreichen Fällen, wie schon in anderem Zusammenhang erwähnt wurde, die Rolle des Kreditgebers übernommen hat. Da gleichzeitig unter dem Einfluß der Ausweitung des öffentlichen Kredits und der Politik des leichten Geldes — die gesamten Ausleihungen der Deutschen Reichsbank haben von 1929—1940 um insgesamt rund 14 Mrd. RM zugenommen, gleichzeitig ging der Privatdiskont-Mittelsatz von $6^7/_8$ auf $2^1/_4$% zurück — die allgemeine Verflüssigung schon seit Beginn der Arbeitsbeschaffungspolitik und fortschreitend im Zeichen des Vierjahresplans und des Rüstungsaufbaus zum finanzwirtschaftlichen Merkmal der deutschen Wirtschaft geworden war, konnte das Gesamtergebnis dieser Entwicklung nur ein Rückgang des kommerziellen Kreditgeschäfts der Banken sein. An die Stelle der privatwirtschaftlichen Debitoren tritt der Staat als erster Schuldner auch der Kreditbanken.

In dem verbliebenen bankmäßigen Kreditgeschäft haben sich gleichzeitig im Verlauf eines Jahrzehnts Veränderungen vollzogen, von denen die Bilanzziffern nichts erkennen lassen. Im Folgenden sollen kurz die wichtigsten Etappen der Übergangsjahre gekennzeichnet werden:

Der Debitorenbestand, mit dem die Banken nach Überwindung der Krise in die Periode der nationalsozialistischen Wirtschaftsankurbelung eintraten, war zunächst noch von äußerst unbefriedigender Qualität. Im Jahre 1932 waren die Banken derart immobilisiert gewesen, daß es nicht möglich war, der privaten Initiative auch nur annähernd die Kredite zur Verfügung zu stellen, deren die Wirtschaft zu ihrer Belebung bedurft hätte. Das Wenige, das sich aus der eingefrorenen Masse der Anlagen flüssig machen ließ, mußte in der Hauptsache zur allmählichen Verminderung des eigenen Obligos aus der Zeit des Krisenhöchststandes dienen. Allein die drei Filialgroßbanken, die schon bei der Rekonstruktion des Jahres 1931 rund 700 Mill. RM auf ihre Forderungen abgeschrieben hatten, mußten in diesem Jahr rund 130 Mill. RM für den gleichen Zweck verwenden.

Das Jahr 1933 trug noch alle Merkmale der Depression. Auch in diesem Jahr wurde das äußerlich in Erscheinung tretende Schrumpfen der Debitoren noch durch erhebliche Abschreibungen verstärkt, die auf die Gesamtziffer am Jahresende drückten. 1934 machte sich erstmalig die Belebung der gesamtwirtschaftlichen Tätigkeit im kreditwirtschaftlichen Sektor geltend. In engster Verbindung mit der planmäßigen Ankurbelung der Wirtschaft bahnten sich ziffernmäßig nicht sichtbar werdende Verschiebungen an, die zu einer immer weiter greifenden Veränderung in der inneren Zusammensetzung der Bankanlagen führten. Die im Zuge der Arbeitsbeschaffung in die Wirtschaft gepumpten öffentlichen Mittel begannen sich, nachdem sie die Stadien der Rohstofferzeugung und Fertigproduktion durchlaufen hatten, zum Teil bei den Banken als Guthaben niederzuschlagen. Mit Hilfe dieser Guthaben konnten von ihren Eigentümern, soweit sie gleichzeitig Bankenschuldner waren, jahrelang eingefrorene Kredite abgelöst werden, so daß auf beiden Seiten der Bankbilanzen entsprechende Beträge verschwanden. Auch der vor allem in Verbindung mit der Einfuhrbeschränkung einsetzende Lagerabbau in Industrie und Handel hatte das gleiche Ergebnis einer Zunahme der Bankguthaben, die teilweise wiederum durch Schuldablösungen kompensiert wurden. Die Banken hatten dadurch zu einem großen Teil ihre alte Beweglichkeit wiedergewonnen und im Verlauf der Debitorenumschichtung beträchtliche neue Kredite geben können, die sonst nicht verfügbar gewesen wären. Außerdem wurden die Effektenbeleihungen stark eingeschränkt, indem die Schuldner veranlaßt wurden, die gebesserte Börsenlage zu Verkäufen auszunutzen und die auf den Wertpapierbeständen ruhenden, oft jahrelang durchgeschleppten Vorschüsse abzutragen.

Im Jahre 1935 hatte sich die Qualität der Debitoren bereits so stark verbessert, daß der Abschreibungsbedarf wesentlich zurückgegangen war. Auch im Wechselportefeuille fand, abgesehen von der Ersetzung alter Krisenwechsel durch neue Waren- und Arbeitsbeschaffungswechsel, eine weitere gesunde Umschichtung in der Weise statt, daß der fortschreitende Lagerabbau viele an die Läger gebundene Wechsel zum Verschwinden brachte und damit Raum für neue Wechsel produktiver Art schaffte.

In den folgenden Jahren hat sich der hier für die Übergangszeit geschilderte Prozeß weiter fortgesetzt. In ihrer Gesamtheit ging die Debitorenziffer weiter in dem Maße zurück, wie sich Selbstfinanzierung und Verflüssigung durchsetzten. Daneben ließ die fortschreitende Abtragung alter Krisenkredite, zu der die völlig veränderte Wirtschaftslage viele Schuldner befähigte, den Debitorenbestand einschrumpfen. Tatsächlich war der Rückgang dieser aus früheren Jahren stammenden Buchkredite ganz erheblich größer als es die Bilanzziffern erkennen lassen, denn in diesen sind nunmehr auch die in wachsenden Beträgen eingeräumten neuen Kredite enthalten. Die Summe der Neuausleihungen wurde aber stets von den laufenden Kreditrückzahlungen übertroffen, unter denen jetzt die „jungen" Kredite mehr und mehr überwiegen. Zugrunde liegt der Tatbestand eines beschleunigten Kreditumschlags, der mit der progressiv wachsenden Geldverflüssigung und dem ebenso vermehrten und beschleunigten Güterumsatz der Gesamtwirtschaft Hand in Hand geht.

Der absolute Rückgang der Debitorenziffern in den Kreditbankbilanzen gibt also kein richtiges Bild der Entwicklung des bankmäßigen Kreditgeschäfts, wenn er nicht durch Angaben über die neuen Krediteinräumungen ergänzt wird. In welchem Verhältnis diese jeweils im Verlaufe eines Jahres zu der Stichtagsziffer der Jahresschlußbilanz stehen, zeigt die Entwicklung bei den drei Filialgroßbanken (eine allgemeine alle Institute zusammenfassende Statistik steht nicht zur Verfügung):

Kreditneubewilligungen und Kreditbestand der drei Berliner Filialgroßbanken
(Berechnung auf Grund von Angaben in den Geschäftsberichten)

	im Verlauf des Jahres neu bewilligt Mill. RM	Bestand am Jahresende Mill. RM
1936		3047
1937	2563	2936
1938	3008	3134
1939	3509	3228
1940	3116	2501

Hatten sich bereits in den letzten Vorkriegsjahren die Krediteneueinräumungen des Jahres dem Jahresendbestand genähert, so haben sie diesen seit dem Kriege sogar überschritten. Die Lebhaftigkeit des Kreditumschlags, die aus diesen Zahlen spricht, läßt zugleich erkennen, daß sich trotz wachsender Verflüssigung der Wirtschaft der Bedarf an neuen Krediten auf sehr beachtlicher Höhe gehalten hat. Dabei ist eine bemerkenswerte Strukturveränderung in der Kreditverteilung nach Größenklassen und in der wirtschaftlichen Schichtung des Debitorenbestandes eingetreten. Sie deutet auf einen gewissen Wandel in der Funktion des Bankkredits hin, der von grundsätzlicher Bedeutung ist.

Der Buchkredit der Depositenbanken soll grundsätzlich kurzfristigen Verwendungszwecken vorbehalten bleiben. Damit werden die Banken dem Charakter ihrer Einlagen entsprechend vor allem auf das Gebiet der Absatz- und Umsatzfinanzierung verwiesen. Sie geschah in der Vergangenheit vornehmlich auf dem Wege der Wechseldiskontierung und der Warenbevorschussung. In dem Maße, wie besonders das Warenwechsel-Diskontgeschäft zurückging, mußte der Kontokorrentkredit in vermehrtem Ausmaß die Aufgaben der Umsatzfinanzierung, die er auch schon früher gehabt hatte, übernehmen. Die starke Umschlagshäufigkeit der gesamten Buchkredite, die wir oben verzeichneten, spricht dafür, daß ein großer Teil von ihnen unverändert der Umsatzfinanzierung dient.

Gleichzeitig tritt aber mit dem Vordringen des Großkredits, worunter hier Kredite über 100000 RM verstanden werden, eine Verlagerung der Kreditverwendungszwecke in Erscheinung, und zwar in der Richtung zum Investitionskredit. Der Bankkredit wird nicht nur zur Ergänzung der Betriebsmittel in Anspruch genommen, sondern in wachsendem Umfang auch zur Finanzierung neuer Produktionseinrichtungen, im besonderen für die Industrien des Vierjahresplans und seit dem Kriege vor allem der Rüstungswirtschaft. Diese Verlagerung der Kreditgewährung auf die kriegswichtigen Industriezweige muß mit einer Zunahme der Kreditgrößen Hand in Hand gehen, da es sich durchweg um große mit einem hohen Kapitalaufwand verbundene Vorhaben handelt. Die Banken stehen hier im Dienste einer nationalen Aufgabe ersten Ranges. Die Neuschaffung einer heimischen Rohstoffgrundlage, der Ausbau der Erzeugung neuer Roh- und Werkstoffe und die Erweiterung der Produktionskapazitäten bestimmter Industriezweige waren und sind Aufgaben, die eine schnelle Durchführung verlangen. Der sofort einsatzbereite Bankkredit ist finanztechnisch gesehen das wirksamste Instrument zur beschleunigten Erreichung der gesteckten Ziele. Es kann bei der Lösung solcher Aufgaben nicht gewartet werden, bis die in Betracht kommenden Unternehmen selbst die ausreichenden Beträge von Eigenkapital angesammelt oder sich Fremdkapital im Emissionswege beschafft haben. Der Bankkredit macht sofortige Inangriffnahme möglich, und durch die Bildung von Konsortien leistungsfähiger Institute lassen sich unter verteiltem Risiko auch ins Gewicht fallende Beträge schnell aufbringen.

Ein anschauliches Bild des Vordringens der Großkredite, sowohl nach der Stückzahl wie besonders nach ihren ausmachenden Beträgen, ergibt sich aus den Geschäftsberichten der **Deutschen Bank**, die regelmäßig eine Kreditverteilungsstatistik enthalten.

Entwicklung der von der Deutschen Bank eingeräumten Großkredite (über 100000 RM) seit 1933

	Großkredite insgesamt		bis 1 Mill. RM		bis 5 Mill. RM		über 5 Mill. RM	
	Anzahl	Mill. RM	Anzahl	Mill. RM	Anzahl	Mill. RM	Anzahl	Mill. RM
1933	947	281	912	223	35	58	—	—
1934	1144	399	1093	285	49	93	2	21
1935	1211	447	1146	299	64	140	1	8
1936	1424	551	1351	329	62	127	11	96
1937	1732	682	1633	437	92	197	7	48
1938	2098	874	1969	546	119	247	10	81
1939	2361	1 046	2225	612	116	252	20	182
1940	2026	1 000	1873	491	133	281	20	272

Zur Beurteilung der Kreditverteilung nach Größenklassen sei in diesem Zusammenhang an eine Feststellung des Enquête-Ausschusses von 1930 erinnert, die durch die Veränderung der Verhältnisse nichts an Richtigkeit eingebüßt hat[1]): „Die Frage, ob ein bestimmtes Verhältnis zwischen größeren, mittleren und kleineren Krediten volkswirtschaftlich erwünscht oder unerwünscht ist, kann auf Grund einer Statistik nicht beantwortet werden. Die Verteilung der Kredite in ihrer Gesamtheit nach Größenklassen ist sehr wesentlich ein Spiegelbild des Gesamtaufbaus der Wirtschaft in bezug auf die Unternehmungsgröße. Die Frage nach der Erwünschtheit der Gliederung der Kredite fällt deshalb in weitem Umfange zusammen mit der Frage der Erwünschtheit des Betriebsgrößenaufbaus in der Wirtschaft, die ihrerseits nicht ohne Berücksichtigung außerökonomischer Bewertungen beantwortbar ist.“ Es genügt, diese Feststellung dahin zu ergänzen, daß gerade die jüngste Entwicklung der deutschen Wirtschaft zur Lösung der ihr gestellten Aufgaben die Konzentrationsbewegung durchaus begünstigt und den Anteil der Großbetriebe an der Gesamtproduktion unzweifelhaft vermehrt hat. Die sich daraus auch für die Kreditstruktur ergebenden Folgewirkungen sind offenkundig.

Die grundsätzliche Frage, wie weit eine Kreditbank aus kurzfristigen Einlagen langfristige Kredite geben darf, ist in Theorie und Praxis vielfach erörtert worden. Es ist für ihre Entscheidung nur von untergeordneter Bedeutung, wie sich die durchschnittliche Zusammensetzung der Gläu-

---

[1]) „Der Bankkredit“, Verhandlungen und Berichte des Unterausschusses für Geld-, Kredit- und Finanzwesen, Berlin 1930, S. 165.

biger nach täglich fälligen und nach festen Geldern verteilt. Auch von den festen Geldern fällt der weitaus größere Teil auf Kündigungstermine bis zu 3 Monaten, so daß grundsätzlich ihre längerfristige Ausleihung auf die gleichen Bedenken stoßen würde wie die von Tagesgeld. Tatsächlich ist im Verlauf der letzten Jahre sogar eine ununterbrochene Vergrößerung des Anteils der täglich fälligen Gelder am gesamten Einlagenbestand eingetreten; bei den Berliner Großbanken stieg dieser Anteil von 51% Ende 1935 auf 59% Ende 1940. Allerdings ist der Rückgang des Prozentanteils der Festgelder nicht mit ihrem absoluten Rückgang identisch, sondern die wachsende Geldverflüssigung hat auch zu einem sehr beträchtlichen Zugang auf den Festgeldkonten geführt:

Kreditorenstruktur der Berliner Großbanken

	1935 Mill. RM	in % der Gesamteinlagen	1940 Mill. RM	in % der Gesamteinlagen
Jederzeit fällige Gelder .	2 585	51	5 805	59
Festgelder und Kündigungsgelder	2 439	49	4 090	41

Entscheidend für die Stellungnahme zum Problem des Investitionskredits ist nicht die Struktur der Bankeinlagen, sondern die wirtschaftliche Verfassung des Kreditnehmers. Ihr müssen die Bedingungen der auf längere Fristen erfolgenden Krediteinräumung angepaßt werden. Es ergibt sich dann, „daß Investitionskredite nicht so gefährlich sind, wenn sie nur in angemessenen Grenzen gehalten werden, die durch die gesamte Fähigkeit des Unternehmens, bei Bedarf Geldkapital für die Kreditrückzahlung freizusetzen, gezogen sind. Jedenfalls kann man erklären, daß die Investitionskredite, die zweifellos zu Beginn der Weltkrise einen nennenswerten Anteil der Debitoren der Banken ausmachten, sich als weniger illiquide erwiesen haben, als man zunächst befürchten mußte[1]." Vor allem lassen sich liquiditätsmäßig unerwünschte Auswirkungen mildern durch die Vereinbarung von Mobilisierungsmöglichkeiten und festen Rückzahlungsquoten. Von beiden Möglichkeiten macht die Praxis weitgehend Gebrauch. Gerade die Verabredung bestimmter zeitlich festgelegter Tilgungsraten gibt beiden Parteien Veranlassung, genau zu prüfen, ob auf Grund der Kreditverwendung und der voraussehbaren Entwicklung des schuldnerischen Betriebs die Rückzahlungen aus künftigen Erträgen termingerecht aufgebracht werden können. Der Bank gibt der Rückzahlungsplan die Möglichkeit, derartige Kredithergaben in die Erfordernisse ihrer eigenen Zahlungsbereitschaft einzuordnen.

Der Rückgriff der Banken auf die Notenbank ist von Jahr zu Jahr geringer geworden; die Rediskontierungen der Berliner Großbanken bei

[1]) R. Stucken, Liquidität der Banken, Berlin 1940, S. 132

der Reichsbank gingen von 547 Mill. RM Ende 1930 auf 242 Mill. RM Ende 1938 zurück. In Zeiten stärkster Geldverflüssigung und eingeschränkter Kreditnachfrage sind die Banken auf den Rediskontkredit der Notenbank nicht angewiesen. Damit sind aber die Liquiditätserwägungen durchaus nicht außer Kurs gesetzt, und die Banken bleiben verpflichtet, Vorsorge für den Fall einer veränderten Lage zu treffen. Im Einreservesystem tun sie das durch die Bereitstellung von diskontfähigem Wechselmaterial und geeigneten Lombardunterlagen. Sie müssen darauf bedacht sein, sich notenbankfähige Papiere auch durch die Art ihrer Kreditgewährung zu verschaffen. Auch für längerlaufende Kredite kann eine Rückendeckung bei der Notenbank geschaffen werden, allerdings immer nur in dem Rahmen der Rückgriffsmöglichkeit, die dem einzelnen Institut zur Verfügung steht, da ja die Notenbank ihren Rediskontkredit nicht von einer einzelnen Bank unbeschränkt in Anspruch nehmen lassen kann. Die Rückendeckung besteht bei der Einräumung längerlaufender Kredite in der Sicherung für den Fall, daß eine Mobilisierung in Betracht gezogen werden muß. Der Kreditnehmer wird zu diesem Zweck verpflichtet, auf Verlangen der Bank Akzepte oder Dreimonatsziehungen in entsprechender Höhe einzureichen.

In den meisten Fällen sind die Investitionskredite der Kreditbanken nur die Vorstufe für den Einsatz des Emissionskredits. Die Überleitung der Kredite vom Geldmarkt zum Kapitalmarkt haben die deutschen Institute des Universalbanktyps immer als ihre besondere Aufgabe betrachtet. Durch die Emission von Industrieanleihen erhalten die Banken aus Mitteln des Kapitalmarktes von den Anleiheschuldnern Rückzahlung ihrer gewährten Kredite. Häufig wird bereits bei der Krediteinräumung vereinbart, daß Ablösung im Emissionswege erfolgen soll, sobald das nach Lage der Dinge möglich ist. Dabei kommt es in der gelenkten Wirtschaft nicht allein auf die Aufnahmefähigkeit des Kapitalmarktes an, sondern ebenso wichtig, ja unter Umständen noch wichtiger ist die Politik der die Emissionen kontrollierenden und lenkenden Stellen. Wird eine volkswirtschaftliche Rangordnung für die Zulassung der Privatwirtschaft zum Kapitalmarkt innegehalten, so müssen gerade bei der Einräumung von Großkrediten die mit ihnen durchgeführten Vorhaben solcher Art sein, daß sie in dieser Rangordnung einen aussichtsreichen Platz erhalten. Jedenfalls gewinnt die Ablösung über den Kapitalmarkt besonderes Gewicht durch das Wachsen der Großkredite, das aber wiederum nicht außer Zusammenhang mit der erstarkten Aufnahmefähigkeit der deutschen Emissionsmärkte beurteilt werden kann.

IV.

Es könnte scheinen, daß im Rahmen des Systems der gelenkten Wirtschaft die Banken in ihrer Kreditpolitik an Entschlußfreiheit und Verantwortung wesentlich eingebüßt hätten. Die für das bankmäßige Kreditgeschäft sich ergebenden Wandlungen sind aber keineswegs grundsätzlicher Art. Auch in einer Wirtschaft, der die Ziele vom Staat gesteckt werden, sind die Banken unverändert zu einer eigenverantwortlichen Kreditpolitik berufen. Es verbleibt ihnen auch das Risiko, das mit jeder Kredithergabe verbunden ist. Nur in einer totalen Staatswirtschaft würde dieses Risiko auf die Allgemeinheit verlagert, nicht aber in einer Wirtschaft, die mit dem Privateigentum auch den privaten Unternehmergeist und die privatwirtschaftliche Form seiner Betätigung anerkennt und in der auch die staatliche Planung und Lenkung dem Unternehmer das Wagnis seiner Unternehmungen nicht abnehmen will. Selbst bei der Ausführung von Staatsaufträgen bleibt ihm die Verantwortung für die technisch und kaufmännisch erfolgreichste Auftragserledigung, damit aber der Lohn für eine überdurchschnittliche Unternehmerleistung ebenso wie andererseits das Risiko eines Mißerfolgs.

Schließt die staatliche Wirtschaftslenkung keine Erfolggarantie für das einzelne Unternehmen in sich, so ist auch die Ausschaltung der Konjunkturschwankungen nicht gleichbedeutend mit einer Beseitigung des wirtschaftlichen Gesamtrisikos; vielmehr bleibt dies bestehen, unabhängig von den Voraussetzungen und Sicherungen, die sich das einzelne Unternehmen zu schaffen in der Lage ist. Eine Planung für den gesamten wirtschaftlichen Ablauf kann sehr wohl die Entwicklung eines Wirtschaftszweiges zu Gunsten anderer zurückhalten und dadurch geschäftliche Stockungen und die Notwendigkeit von mehr oder minder schwierigen Umdispositionen entstehen lassen, die in der Gegenwart gar nicht vorauszusehen sind. Insofern schwebt auch nach Beseitigung der Gefahr allgemeiner Konjunkturrückschläge ein latentes Risiko über allem Wirtschaften. Dieses Wagnis wächst, wenn die Tätigkeit des Unternehmers über den deutschen Bereich hinaus in fremde, nicht der deutschen Lenkung unterliegende Volkswirtschaften greift.

Wenn also die Wirtschaft durch die staatliche Lenkung keineswegs risikolos geworden ist und auch nicht werden soll, so bedeutet das für das Kreditgeschäft der Banken ein Fortbestehen von Wagnissen, die zu übernehmen Aufgabe ihres verantwortungsfreudigen Unternehmertums ist (Reichsbankvizepräsident Lange). Gerade in diesem Zusammenhang haben die Banken auch immer wieder die Notwendigkeit einer ausreichenden Reservenbildung betont. Eine starke Eigenkapitalbasis ist die beste Vorsorge für Ausfälle im Kreditgeschäft und bildet erst die unentbehrliche Voraussetzung zur Übernahme von Risiken. Die mit der Kreditgewährung schlechthin verbundenen Risiken sind durch die zunächst für die Kriegsdauer vom Reichsfinanzminister im Jahre 1941 zugestandene Steuerfreiheit von Pauschalwertberichtigungen im Bankgewerbe auch sozusagen amtlich anerkannt worden. Zur Werterhaltung des Eigenkapitals der Banken genügt es danach nicht, in der Bilanz den Wert von Forderungen zu berichtigen, denen ein erkennbares und belegbares Risiko anhaftet, vielmehr soll auch zur richtigen Ermittlung des Wertes der übrigen Forderungen durch eine Pauschalberichtigung ein allgemeines, im einzelnen zahlenmäßig nicht meßbares Gefahrenmoment berücksichtigt werden.

Neben dieser allgemeinen Sicherung vor den Auswirkungen möglicher Verluste im Kreditgeschäft kann auch auf die Sicherung des Einzelkredits durch materielle, vom Kreditnehmer zu stellende Sicherheiten in Zukunft ebensowenig verzichtet werden wie unter den Auspizien einer vergangenen Wirtschaftspolitik. Die in dieser Richtung von Zeit zu Zeit immer wieder auflebende Diskussion mündet in die Frage nach dem wünschenswerten Umfang des reinen Personalkredits der Banken. Ohne Zweifel vermag der Personalkredit der Aufgabe der Banken, das verantwortungsfreudige und befähigte Unternehmertum zu fördern, am besten gerecht zu werden. Auch in der Wirtschaft ist in erster Linie der Mensch Maßstab der Dinge. Sein Leistungswille und seine Leistungsfähigkeit bestimmen schließlich auch den Wert der Sachgüter, die ihm zur Verfügung stehen; der Wert einer Fabrik ist abhängig von der Arbeit, die in ihr vollbracht wird, und nicht zuletzt von der unternehmerischen Initiative ihrer Leitung. Es gehört zu den ältesten bankgeschäftlichen Erfahrungen, daß die Sicherung der Kredite durch materielle Deckung nicht immer auch eine tatsächliche Sicherheit bedeutet und daß ihre Mobilisierung häufig im Ernstfalle nicht ohne Verluste möglich war. Man vergleiche eine Konkursbilanz mit einer regelrechten Bilanz, um festzustellen, welche Werte oft auch bei aller technischen Zweckmäßigkeit einer Anlage verloren gehen, wenn der Betrieb zum Erliegen kommt. Die Auffassung der Bankpraxis, daß Personalkredite die „feinsten" seien, hat Gültigkeit behalten durch allen Wandel, der sich im bankmäßigen Kreditgeschäft vollzogen hat. Auch in Zukunft wird der Debitor der begehrteste sein, dessen persönliche Eigenschaften und wirtschaftliche Verhältnisse derart sind, daß die Bank auf jede dingliche Besicherung des Kredits verzichten kann.

Das bedeutet indessen nicht, daß überall dort, wo die Banken auf einer Sicherung bestehen müssen, diese Voraussetzungen bei einem Kreditnehmer nicht vorhanden sind. Es liegt in der Natur des Kreditgeschäftes, daß die Mehrzahl der Kredite mit Wagnissen verknüpft ist, die eine dingliche Sicherung erfordern. Dies um so mehr in einer Zeit, in der die Grenzen zwischen dem reinen kurzfristigen Umschlagskredit und dem Investitionskredit schwimmend sind. Letztlich ergibt sich für die Banken die Notwendigkeit einer angemessenen materiellen Besicherung des größeren Teils ihrer Kredite immer wieder aus der Tatsache, daß es die Gelder ihrer Einleger sind, die den Wagnissen der Kreditausleihung ausgesetzt werden. Als Treuhänder dieser Einleger und zur Wahrung des ihnen selbst entgegengebrachten Vertrauens sind sie verpflichtet, bei ihren Aktivgeschäften Verlustgefahren so weit wie irgend möglich zu begrenzen. Solange solche Begrenzung am wirksamsten durch Stellung von Sicherheiten durch den Kreditnehmer erreicht wird, werden die Banken die bewährten Grundsätze der Kreditsicherungspolitik aufrecht erhalten müssen.

Wie bisher werden auch weiterhin diese Grundsätze gestatten, einen stattlichen Teil der hinausgelegten Kredite ohne dingliche Sicherungen zu gewähren. In den letzten zehn Jahren hat bei den Berliner Großbanken der Anteil der ungedeckten Kredite an den Gesamtdebitoren zugenommen. Darin kommt zum Ausdruck, daß die Kreditsicherheit in engem Zusammenhang steht mit der gesamtwirtschaftlichen Lage. In Zeiten wirtschaftlichen Niedergangs und allgemeiner Unsicherheit im Geschäftsleben waren die Banken in erhöhtem Maße auf materielle Besicherung ihrer Ausleihungen angewiesen. Da überdies mit der Zunahme krisenhafter Spannungen auch die allgemeine Geschäftsmoral abzusinken pflegt, ist in solchen Zeiten die Gewährung ungedeckter Kredite mit stark erhöhten Risiken verbunden. Umgekehrt eröffnet der hohe Beschäftigungsstand der Wirtschaft auch der ungedeckten Kreditgewährung größeren Raum. Bei den Großbanken ist seit dem Ausbruch der letzten Krise, also im Laufe etwa eines Jahrzehnts, der Anteil der ungedeckten Kredite von rund einem Viertel auf etwa ein Drittel gestiegen.

Entwicklung des Deckungsverhältnisses der Debitoren der Berliner Großbanken

Ende	Zahl der Banken	Debitoren Mill. RM	ungedeckt %	gedeckt durch	
				Wertpapiere %	sonstige Sicherheiten %
1913	10[1]	3 355	26	.	.
1924	9[1]	1 760	44	.	.
1925	9[1]	2 553	35	.	.
1929	7[1]	5 933	25	25	50
1932	5	4 382	23	14	63
1935	5	3 438	25	15	60
1938	5	3 223	33	16	51
1939	5	3 418	34	16	50
1940	5	2 714	32	18	50

In den statistischen Ziffern spiegelt sich jedoch keineswegs in vollem Ausmaß wider, welche Rolle das Grundelement des Personalkredits, die Beurteilung der Persönlichkeit des Kreditsuchenden im Kreditgeschäft der Banken spielt. Persönliche Mängel des Kreditnehmers werden auch bei vorhandenen dinglichen Sicherheiten zur Ablehnung des Kreditbegehrens führen können. Die besonderen Eigenschaften und die unternehmerischen Leistungen des Kreditsuchenden, sei es des einzelnen Kaufmanns oder der Leitung eines Unternehmens, sind es letzten Endes, die im Zweifelsfalle bei der Kreditgewährung den Ausschlag geben.

---

[1]) Einschließlich Barmer Bank-Verein, der Ende 1931 von der Commerzbank übernommen wurde.

Neben den privatwirtschaftlichen Konsequenzen, die für das einzelne Institut die Besicherung seiner Kreditgewährungen hat, stehen schließlich mit bedeutsamem Gewicht die Auswirkungen auf das gesamte Kreditwesen. Sie können im Rahmen dieser Darlegung nur kurz angedeutet werden. Die Kreditpolitik der Banken ist, wie eingangs ausgeführt wurde, von erheblicher Einwirkung auf die Geldversorgung und damit auf die allgemeinwirtschaftlichen Bedingungen. Durch die Art, wie die Banken das Vorhandensein bestimmter Kreditunterlagen zur Voraussetzung ihrer Kreditgewährung machen und wie sie in diesem Zusammenhang die Kreditwürdigkeit ihrer Kundschaft großzügiger oder engherziger beurteilen, kann auch die Größe des Kreditvolumens und des Giralgeldumlaufs erheblich mitbestimmt werden. Hier liegt volkswirtschaftlich betrachtet eine wichtige Funktion der Kreditsicherung insofern, als sie eine hemmungslose Ausdehnung der Kredit- und Geldschöpfung verhindert und so neben der Prüfung der Kreditverwendung ein weiteres Regulativ für die Höhe der Krediteinräumungen bedeutet.

Trägt aus den gleichen Erwägungen ein übersteigertes Streben nach Kreditsicherung nicht auch umgekehrt die Gefahr in sich, daß zu viele verwendungsmäßig durchaus berechtigte Kreditwünsche unerfüllt bleiben und der gesamtwirtschaftlich höchst unerwünschte Zustand der Kreditunterversorgung entsteht? Theoretisch ist dieser Hinweis zweifellos berechtigt, und es hat auch in Zeiten hohen Kreditbedarfs nicht an entsprechenden Klagen aus der Wirtschaftspraxis gefehlt. Ihre unvoreingenommene Untersuchung hat fast immer ergeben, daß die Ablehnung berechtigter Kreditwünsche wegen fehlender Sicherheiten höchst selten ist. Sind die sonstigen objektiven Voraussetzungen der Kreditwürdigkeit erfüllt, so wird schon der gesunde Wettbewerb im Kreditgewerbe dafür sorgen, daß kein volkswirtschaftlich anzuerkennendes Kreditbegehren ausfällt.

Viel größer ist nach aller Erfahrung die Gefahr, daß unter dem Druck einer Konkurrenz der Kreditinstitute auch Kreditwünsche Erfüllung finden, die zu Fehlinvestitionen führen und damit sowohl einzel- wie gesamtwirtschaftlich Gefahrenherde entstehen lassen. Wenn die Großbanken 1924, also unmittelbar nach Überwindung der Inflation mit ihren Kapitalverlusten und in einem Stadium hoher konjunktureller Unsicherheit, 44% ihrer Kredite ungedeckt gaben — ein vorher und nachher nicht wieder erreichter hoher Anteil —, so wurde damit ein drängender Kreditbedarf ohne Rücksicht auf Deckungsunterlagen, die in jenem Augenblick nur spärlicher zur Verfügung standen, befriedigt. Umgekehrt darf es als ein Zeichen von Disziplin gedeutet werden, wenn die in den letzten Jahren mehr und mehr verstärkte Umwerbung der Bankschuldner bei den Berliner Großbanken zu keiner drastischen Senkung der Ansprüche an die Kreditsicherheit geführt hat.

Hans Schippel und Kurt Hunscha

Bankkredit und Bankenliquidität

I. Die besondere Bedeutung des Liquiditätsproblems für die Bankwirtschaft

Drei Grundsätze beherrschen die gesunde Geschäftsführung einer Kreditbank: die Wahrung der *Liquidität*, die Sicherung der *Rentabilität* und die Begrenzung des geschäftlichen *Risikos*. Unter ihnen kommt der Liquidität von jeher eine besondere Bedeutung zu[1]). Zwar erfordert der Kredit, den eine vorwiegend mit fremden Mitteln arbeitende Bank in der Öffentlichkeit vor allem genießen muß, das Vorhandensein des absoluten Vertrauens auch in ihre gesicherte Rentabilität (Reservenpolitik!) wie in die einwandfreie Beschaffenheit ihrer Anlagen. Wenn dennoch das Liquiditätsproblem recht eigentlich das zentrale Problem der Bankwirtschaft darstellt, so sind hierfür zwei Gründe maßgebend.

Einmal gehört das Leisten von Zahlungen an ihre Kunden und für ihre Kunden zu den wichtigsten und nach außen am sichtbarsten in die Augen fallenden Tätigkeiten einer Bank. In dem festen Vertrauen in ihre durch keinerlei Wechselfälle allgemeiner wie privater Art zu erschütternde, uneingeschränkte Zahlungsfähigkeit liegt der „Kredit" einer Bank begründet, der nicht nur ihr stärkstes Aktivum, sondern zugleich die unerläßliche Voraussetzung ihres Arbeitens überhaupt darstellt. Die zur Sicherung dieses Vertrauens geeigneten Maßnahmen bilden den Gegenstand der *privatwirtschaftlichen* Liquiditätspolitik.

Daneben gibt es aber auch eine zweite, *volkswirtschaftliche* Seite des gleichen Problems. Sie hat ihre Wurzeln in der volkswirtschaftlichen Funktion der Banken als der Verwalter des nationalen Geldkapitals. In dieser Eigenschaft wirken die uns hier im besonderen interessierenden Kreditbanken in Zusammenarbeit mit den staatlichen Leitstellen (insbesondere der Notenbank) als elastische Transformationszentralen, denen eine zweifache Aufgabe zukommt. Sie besorgen einmal den Ausgleich zwischen dem zeitlich und örtlich wechselnden Bedarf nach Bar- und Bankzahlungsmitteln für die Zwecke des kontinuierlichen Güterumschlags von der Produktion bis zum Verbrauch. Sie bilden zweitens aber auch die Regulatoren zwischen Geldüberfluß und Kapitalbedarf, ohne deren selbst-

[1]) Vgl. Hans Schippel, Gedanken zur Bankenliquidität, Sondernummer „Der deutsche Volkswirt" über „Kredit- und Bankwesen — ein Faktor der deutschen Kriegs- und Friedenswirtschaft", 21. 3. 1941.

verantwortliche Zwischenschaltung der laufende Sparprozeß in unserer hochdifferenzierten Wirtschaft zu einer Quelle ständiger Absatz- und Produktionsstockung werden würde. Die Funktion als Schaltstelle zwischen dem Geld- und dem Kapitalstrom in der Wirtschaft legt den Banken aber eine besondere Verantwortung auf. Da ein Zuviel an bereitgestelltem Kapital gesamtwirtschaftlich zur Übernachfrage (Inflation), ein Zuwenig umgekehrt zur Unternachfrage (Deflation) führen kann, ist es auch aus volkswirtschaftlichen Gründen wichtig, daß ein gesundes Gleichgewicht zwischen dem Aktiv- und dem Passivgeschäft der Banken eingehalten wird.

Für diese Gleichgewichtspolitik hat die Praxis eine Reihe fester Regeln aufgestellt und entwickelt, nach denen die Bankleitungen ihre Ausleihungen und Anlagekäufe vornehmen. In der souveränen, nicht im Formalen steckenbleibenden Beherrschung dieser Regeln und in ihrer laufenden Anpassung an die vielfältigen und in ständiger Entwicklung begriffenen Formen des praktischen Bankgeschäfts zeigt sich das wahre Können des berufenen Leiters einer Bank. In diesem Sinne gilt das Wort, daß ein Bankdirektor vor allem imstande sein müsse, „einen Wechsel von einer Hypothek zu unterscheiden". Diese Kunst aus dem Bereich des bloßen „Fingerspitzengefühls" herauszuführen und durch allgemeingültige Erkenntnisse und Grundsätze so zu untermauern, daß sie auch dem Außenstehenden in ihren Motiven und Zielsetzungen verständlich wird, ist u. E. die Aufgabe der theoretischen Beschäftigung mit dem Liquiditätsproblem.

II. Die Entwicklung der Liquiditätspolitik aus den Erfahrungen der Praxis

1. Liquiditätskrisen und Liquiditätspolitik

Das Problem der Bankenliquidität ist immer dann Gegenstand eingehender Untersuchungen und Erörterungen gewesen, wenn in kritischen Zeiten, welches auch immer ihre Ursachen waren, die Liquidität der Banken auf die Probe gestellt wurde. Die Erkenntnisse, die dabei gewonnen wurden, und die daran geknüpften Postulate haben sich in der praktischen Bankpolitik nicht immer verwirklichen lassen, und es muß betont werden, daß auch gesetzliche Vorschriften zur Sicherung der Bankenliquidität an sich kein unbedingt und für alle Fälle zuverlässiges Rezept geben können. Denn die Bankpolitik ist nur ein Teilgebiet der Wirtschaftspolitik, in deren Rahmen sie sich einzufügen hat. Die Bankpolitik wird ihr vornehmstes Ziel darin erblicken müssen, zu ihrem Teil dazu beizutragen, daß krisenhafte Zuspitzungen vermieden werden, die im Publikum ein Mißtrauen gegenüber einer einzelnen Bank oder gegen die Gesamtheit der Kreditinstitute entstehen lassen könnten. Diesem Ziel, das seinem Wesen nach betriebswirtschaftlicher Natur ist, dienen alle die Sicherung der Zahlungsbereitschaft betreffenden geschäftspolitischen Maßnahmen einer Bank.

Als weitere, vornehmlich volkswirtschaftliche Aufgabe, die darum auch eine solche der Bankwirtschaft in ihrer Gesamtheit ist, kommt die Unterstützung der staatlichen Geld- und Währungspolitik durch die liquiditätspolitischen Maßnahmen hinzu. Auch die gesetzlichen Liquiditätsvorschriften des KWG sind dementsprechend auf dieses Ziel gerichtet; sie sollen den Schutz der Einlagen und die Zahlungsbereitschaft gewährleisten und sollen außerdem der Wirtschaftsführung die Möglichkeit geben, die Bankpolitik in der von ihr gewünschten Richtung zu beeinflussen.

2. Bisherige Folgerungen für die Liquiditätspolitik der Praxis

Für die Kreditbanken selbst ergaben sich aus den in der liberalistischen Wirtschaft gelegentlich auftretenden Geldkrisen schon frühzeitig zwei geschäftspolitische Folgerungen. Die Gefahr, die für das einzelne Kreditinstitut daraus erwachsen konnte, daß sein Gesamtstatus, der niedrige Stand seiner eigenen Mittel oder sein sonstiges Geschäftsgebaren gegen andere Institute unvorteilhaft abstachen, führte — vorbehaltlich gewisser dauerhafter Unterschiede im „Standing" — zu einer tendenziellen Normalisierung der Geschäftsgepflogenheiten und damit zu einem weitgehenden Gleichschritt in der Ausdehnung und der Geschäftsentwicklung vergleichbarer Institute. Zweitens aber und vor allem entwickelten sich bestimmte, für die Geschäftspolitik gut geleiteter Institute zur festen Tradition werdende Anlagegrundsätze, durch die die Liquidität, d. h. die jederzeitige Zahlungsfähigkeit der Bank, auch im Falle ungünstigster allgemeiner Umstände unbedingt gesichert werden sollte. Folgt man den einschlägigen Artikeln in dem 1933 erschienenen „Handwörterbuch des Bankwesens", so ergaben sich (Stand per Ende 1932) etwa die folgenden **Grundregeln für die Kreditpolitik der Banken**, die in der Praxis auf allgemeine Anerkennung rechnen durften.

Der wichtigste Grundsatz lautete dahin, daß die Bank im allgemeinen keinen anderen Kredit geben sollte, als sie ihn selbst ihren Einlegern gegenüber beanspruche. Kurzfristige fremde Mittel sollten daher grundsätzlich auch kurzfristig angelegt werden; das „Verbauen" von Depositen beschwöre die schwersten Gefahren herauf. Von einer kurzfristigen Anlage wurde verlangt, daß sie sich „selbst liquidierte", d. h. daß sie automatisch und in relativ kurzer Frist zur Rückzahlung gelangte. Sonstige Anlagen kamen nur in beschränktem Umfange und unter Sicherung durch Rücklagen, ausgiebige Margen und bei entsprechend vielseitiger Risikoverteilung in Frage. Als einwandfrei kurzfristig galt außer den Kassenbeständen, den Guthaben bei Noten- und Abrechnungsbanken, den Nostroguthaben und Inlandsschecks die Anlage in Handelswechseln, Bankakzepten, Schatzwechseln, Reports und Lombards sowie Vorschüssen auf verschiffte und eingelagerte Waren. Schon der Bestand an eigenen Wertpapieren (einschl. Reichs- und Staatsanleihen) galt als weniger liquide, da die Aufnahmefähigkeit der Börse in kritischen Zeiten nachlasse und das Publikum in solchen Zeiten eher von den Banken erwarte, daß sie Stützungskäufe vornähmen, statt daß sie sich selbst über die Börse entlasteten. Barkredite an die Kundschaft sollten grundsätzlich auf drei und selten auf länger als sechs Monate befristet sein. Sie sollten sich darauf beschränken, der Kundschaft vorübergehend Betriebsmittel zuzuführen und insbesondere die saisonmäßig wiederkehrenden Kreditbedürfnisse der einzelnen Wirtschaftszweige zu befriedigen. Ein Unternehmen, „dessen Kreditbedarf zu einer Dauererscheinung geworden ist oder welches Geldmittel nicht als vorübergehenden Betriebskredit, sondern für dauernde Investierungen benötigt", war grundsätzlich auf die Inanspruchnahme des Kapitalmarktes zu verweisen; hier sollte die Kreditbank nur mit Zwischenkrediten aushelfen. Für die Anlage von Mitteln in illiquiden Werten, z. B. Bankgebäuden, dauernden Beteiligungen u. a. schwer realisierbaren Anlagen war das Eigenkapital heranzuziehen, das daneben auch die Funktion eines Garantiefonds für die fremden Gelder zu übernehmen hatte.

Insgesamt zeigten die **liquiden Mittel**[1]) im Vergleich zu den kurzfristigen Verbindlichkeiten in Deutschland bei den Großbanken ebenso wie bei den Provinz- und Lokalbanken überwiegend die Tendenz zur Verringerung. Das galt besonders für die Barreserven, die sich immer mehr bei der Notenbank konzentrierten, aber bis 1929 auch für die ebenfalls zu den „liquiden Mitteln I. Ordnung" gehörenden Bestände an rediskont- und lombardfähigen Werten. Im Zusammenhang mit der starken Beanspruchung von Auslandskrediten für die Kundschaft nahmen dagegen Nostroguthaben und Warenvorschüsse (im Gegensatz zu Reports und Lombards) nach dem Weltkriege einen wachsenden Teil der Gesamtanlage in Anspruch. Die liquiden Mittel I. und II. Ordnung betrugen Ende 1929 bei den Berliner Filialgroßbanken immerhin noch 57% der kurzfristigen Verbindlichkeiten (davon 28% I. Ordnung) gegen 65% im Jahre 1913 (39%). Die Kassenbestände allein, die bei den größeren Kreditbanken zusammen im Jahre 1890 10,5% der fremden Mittel ausgemacht hatten, waren bis 1913 auf 6,0% zurückgegangen und verringerten sich bei den Filialgroßbanken von 5,9% im Jahre 1913 weiter auf 3,3% Ende 1929. Etwa auf ähnlicher Höhe bewegen sie sich bekanntlich auch in der Gegenwart. Dagegen hat sich die Anlage in rediskont- und lombardfähigen Werten mit unter dem Einfluß der Vorschriften des KWG erheblich erhöht (bei den Großbanken von 27,1% Ende 1932 auf 40,2% Ende 1937 und mehr als 60% Ende 1940).

III. Die Stellungnahme der Theorie zum Problem der Bankenliquidität

1. Die „goldene Bankregel"

In der theoretischen Diskussion über die Bankenliquidität spielt die

[1]) Ausführliches Zahlenmaterial vgl. Rudolf Stucken, „Liquidität der Banken", Berlin 1940, S. 157ff.

auf Otto Hübner, Adolph Wagner und Carl Knies zurückgehende, sogenannte „goldene Bankregel" eine besondere Rolle[1]). Während ihr Begründer, Hübner, (im Jahre 1854) so weit ging, von dem „Kredit, welchen eine Bank geben kann, ohne Gefahr zu laufen, ihre Verbindlichkeiten nicht erfüllen zu können", die volle Korrespondenz der Fälligkeitstermine mit den fremden Geldern zu verlangen, forderte Wagner (1857) wesentlich realistischer lediglich, daß „die Art der Verbindlichkeit zum Regulator über Art und gegenseitiges Verhältnis der Bankaktiven, der Sicherheiten und des Barfonds zu machen" sei. Erfahrungsgemäß würden „die stets fälligen Verbindlichkeiten nicht alle gleichzeitig von den Gläubigern der Bank gekündigt" werden. Hierauf allein komme es aber an. Es müsse daher „empirisch das Verhältnis des Barfonds zu den Verbindlichkeiten gefunden werden". (Dagegen wandte sich Wagner gegen die Verbindung des Depositengeschäfts mit dem Gründungs- und Emissionsgeschäft, da dieses nach seiner Ansicht zu risikoreich war und häufig zu unerwünschten langfristigen Bindungen der Kreditinstitute führte.) Knies ging (1879) in der Formulierung der „goldenen Bankregel" noch einen wesentlichen Schritt weiter, indem er die Forderung aufstellte, daß dem Termin für die fälligen Zahlungsverbindlichkeiten der Termin nicht für die Fälligkeit, sondern für die mögliche Realisierung der Forderungen der Bank entsprechen solle. Die vorzeitige Realisierungsmöglichkeit einer Anlage (Verkäuflichkeit eines Wechsels oder Wertpapiers) erhielt damit die gleiche Bedeutung, wie ein entsprechend vorverlegter Fälligkeitstermin.

2. Die Lehre von der „Kredittransformation"

Gingen die Verfechter der „goldenen Bankregel" von der Entsprechung der Fälligkeitsfristen auf der Aktiv- und der Passivseite der Bankbilanz aus, und fanden sie sich auf dieser Grundlage zu begrenzten Konzessionen in Anlehnung an die Erfahrungen der Praxis bereit, so beschritt Schmalenbach in seiner Lehre von der „Transformationsfunktion" der Banken[2]) den umgekehrten Weg. Er bezeichnet die Umformung kurzfristiger Masseneinlagen in langfristige[3]) Kredite („Transformation") geradezu als die Aufgabe der Banken, durch deren Einschaltung (ähnlich wie bei der „Mobilisation" langfristigen Anlagekapitals in täglich veräußerbare Wertpapiere durch Einschaltung der Börse) die sonst unvereinbaren Befristungswünsche von Kreditnachsuchenden (Nachfrage nach Langkrediten) und Kapitalgebern (Angebot von Kurzkrediten) miteinander in Einklang gebracht werden. Diese Aufgabe gelte für die Kreditbanken ebenso wie für die Sparkassen und sonstigen Kreditinstitute einschl. der Pfandbriefanstalten (hier durch Mitwirkung der Börse), was sich in den Bilanzen der Kreditinstitute mühelos ablesen ließe. Es sei „ein Zeichen dafür, daß die Kreditbanken

[1]) Vgl. Stucken, a. a. O., S. 20ff.

[2]) E. Schmalenbach, Kapital, Kredit und Zins, Leipzig 1933, S. 115ff.

[3]) Über den wirklichen Charakter der Bankdebitoren vgl. unter IV (S. 107).

die wesentlichste Basis ihrer Existenz nicht richtig würdigen, wenn sie über ihre eigentliche und wesentliche Aufgabe sozusagen nur errötend zu sprechen vermögen".

Die Möglichkeit einer solchen Transformation von kurzfristigen in langfristige Kredite beruht auch nach Schmalenbach darauf, daß „ein großer Teil der Einleger sich zwar vorbehält, die Einlagen jederzeit abheben zu können, dies aber tatsächlich nicht tut; mit der Möglichkeit sofortiger Abhebung ist dem Einleger gedient. ... Bei den übrigen Einlegern, die ihre Beträge tatsächlich abheben, wird der erheblichste Teil durch den Zustrom neuer Einlagen ersetzt. Es ist ein fortgesetztes Kommen und Gehen mit dem Erfolg, daß der Bestand sich zwar etwas, aber nicht sehr erheblich, ändert." So komme es bei den einen zu fortlaufenden Prolongationen ihrer Einlagefristen, bei den anderen zu ebenso kontinuierlichen Substitutionen des einen Gläubigers durch einen neuen. Für Schmalenbach handelt es sich bei der übergroßen Masse der Debitoren um „formal kurzfristige, tatsächlich langfristige Kredite (im Wege ständiger Prolongation) mit gleitendem (d. h. der jeweiligen Marktlage bei Gelegenheit der Prolongation angepaßtem) Zinsfuß. ... Die jederzeitige Kündbarkeit macht einen langfristigen Kredit genau so wenig kurzfristig, wie ein Angestellter dadurch Gelegenheitsarbeiter wird, wenn als Kündigungsfrist nur ein Monat vereinbart ist."

Zwei Möglichkeiten können — immer nach Schmalenbach — bei der Transformation Störungen bereiten. „Wenn sich ungünstige Gerüchte über die Zahlungsfähigkeit des Schuldners verbreiten, würde er durch Massenabhebungen zahlungsunfähig werden. Daher muß die Verwandlung kurzfristiger Einlagen zu langfristigen Anlagen Firmen und Instituten vorbehalten werden, bei denen infolge großer Kapitalmacht, insbesondere durch erhebliches Eigenkapital, oder durch Garantie kapitalsicherer Körperschaften derartige Gerüchte nicht auftreten können. Zweitens wäre dieser Kapitalnehmer nicht geschützt gegenüber einer nicht ihn speziell berührenden, sondern allgemein auftretenden Woge des Mißtrauens, die sich in Massenabhebungen äußert. Gegen diese Möglichkeit hilft nur eine starke Transformationsreserve."

Die erforderliche Höhe der von den Banken als „Transformationsreserve" zu unterhaltenden liquiden Mittel schwankt nach Schmalenbach je nach den finanzwirtschaftlichen Umständen. Sie ist verschieden hoch zu bemessen in Zeiten der Wirtschaftsruhe oder in wirtschaftsunruhigen Zeiten, verschieden nach der politischen und wirtschaftlichen Struktur eines Landes, nach seinem Kapitalreichtum und dem — u. U. auch regional unterschiedlichen — Verhalten seiner Einwohner. Sie kann beeinflußt werden durch die Manipulierung der Lauffristen der Einlagen, in Notzeiten — grundsätzlich aber nur als äußerster Ausweg! — durch die Beschränkung oder schließlich die völlige Sperre der Abhebungen (Moratorien). Interesse verdient der Hinweis Schmalenbachs darauf, daß auch unter den langfristigen Debitoren ein gewisser, je nach den Zeitumständen schwankender Teil als liquide, da in nicht allzulanger Frist eintreibbar, anzusehen ist. Schmalenbach beziffert diese sogen. „liquide Schicht" bei den Wirtschaftskrediten auf schätzungsweise „in normaler Zeit höchstens 15%", während der Krise „Ende 1931 oder erst recht Ende 1932 bereits geringer, mit höchstens 10% anzunehmen". Grundsätzlich sei die liquide Schicht bei produktiven Krediten höher anzunehmen als bei konsumtiven Krediten, z. B. an öffentliche Körperschaften. „Die dünnste liquide Schicht scheinen die Kredite an die öffentliche Wirtschaft, eine etwas höhere die Kredite an die Privatwirtschaft und die größte liquide Schicht die Kredite an den Effektenmarkt zu haben." Real gesehen, setzt sich die liquide Schicht bei Wirtschaftskrediten in erster Linie zusammen aus überreichlichen Kassenbeständen, zu reich assortierten Lagern, nicht abgesetzten Lagerbeständen, spekulativ gebundenen Lagerbeständen, deren spekulative Bindung beendet werden könne, planmäßig verflüssigten Anlagen (d. h. wohl eingetriebenen eigenen Forderungen), außerplanmäßig ausrangierten Anlagen (Anlageveräußerungen), zu Anlagezwecken bereits diskontierten, aber noch nicht investierten Mitteln.

Die im einzelnen recht anregenden Ausführungen Schmalenbachs sind zweifellos geeignet, die Wagnersche Formulierung von dem „empirisch zu bestimmenden Verhältnis des Barfonds (bzw. heute der gesamten von einer Bank zu haltenden liquiden Mittel) zu den Verbindlichkeiten" konkret zu untermauern und wohl auch zu präzisieren. Sie teilen jedoch u. E. mit der „goldenen Bankregel" trotz aller realwirtschaftlichen Vertiefungen den Mangel der letzten Endes doch rein privatwirtschaftlichen Betrachtungsweise. Man wird dem Problem der Bankenliquidität, wie es sich in der modernen Geldwirtschaft darbietet, aber nicht mehr gerecht, wenn man nicht ebenso auch die volkswirtschaftliche Analyse des Wesens der Bank als der universalen geldwirtschaftlichen Schaltstelle in die Betrachtung miteinbezieht. Bevor wir dies tun, sei ein kurzer Blick auf die heute in der Theorie am stärksten verbreitete quantitätstheoretische Behandlung des Problems vorausgeschickt.

3. Die quantitätstheoretische Liquiditätslehre

Es ist das Verdienst der modernen quantitätstheoretischen Lehre, zwei entscheidende Feststellungen über das Wesen des Bankkredits getroffen und in einer umfangreichen Literatur erhärtet zu haben[1]): Erstens die Tatsache, daß scheckfähige Bankeinlagen in der modernen Geldwirtschaft nicht nur grundsätzlich die gleichen Dienste erfüllen wie das Bargeld, sondern auch zusammen mit diesem ihre Entstehung im wesentlichen der Geldschöpfung im Wege des Kredits verdanken; zweitens die nicht

[1]) Vgl. Hans Gestrich, Kredittheorie und Wirklichkeit, Weltwirtschaftliches Archiv, Band 52, Heft 2, September 1940, S. 277 ff., und die weitere Schrift des gleichen Verfassers, Neue Kreditpolitik, Stuttgart-Berlin 1936, in der die führenden theoretischen Werke zitiert werden.

minder wichtige Feststellung, daß nicht jede Geldschöpfung eine Ausweitung des gesamten Kreditvolumens einer Volkswirtschaft bedeutet und daß selbst im Falle einer statistisch nachweisbaren Kreditausweitung zwischen der lediglich „kompensatorischen" und daher kaufkraftpolitisch neutralen und der die gesamte wirksame Kaufkraftmenge tatsächlich vermehrenden, sogenannten „zusätzlichen" Kreditschöpfung unterschieden werden muß.

Dagegen hat man es — wohl unter dem Einfluß der angelsächsischen Autoren, die von jeher eine besondere Neigung zu rein quantitativen Problemstellungen zeigten — unseres Wissens bisher unterlassen, bewußt die Folgerungen aus diesen geldwirtschaftlichen Erkenntnissen für die qualitative Liquiditätspolitik der Banken zu ziehen. Vielmehr legte man allgemein das entscheidende Gewicht auf die begriffliche und bankpolitische Ausgestaltung der der Notenbank für ihre zentrale Geldmengenregulierung zur Verfügung stehenden Mittel. Nur unter diesem Gesichtspunkt fand die traditionelle oder auch gesetzlich angeordnete Rangordnung der Bankeinlagen nach ihrer Liquidität noch das Interesse der volkswirtschaftlich orientierten Bankwissenschaft. Dabei ging man im allgemeinen von der Vorstellung aus, daß es der Notenbank ja ein Leichtes sei, die Höhe der im gesamten Banksystem eines Landes vorhandenen Barbestände und Notenbankguthaben zu manipulieren und daß die so bewirkte Einflußnahme auf den Liquiditätsgrad der Kreditbanken das einfachste und sicherste Mittel darstelle, um auch diese zu einer entsprechenden Handhabung ihrer eigenen Kreditpolitik zu zwingen.

An dieser Auffassung ist zweifellos richtig, daß z. B. eine inflatorische Ausweitung des gesamten Geldumlaufs in einer Volkswirtschaft von der Notenbank geduldet oder verhindert werden kann, ebenso wie umgekehrt eine auf Deflation gerichtete Politik des Noteninstituts sich auch den Kreditbanken mitteilen muß. Dabei wird allerdings übersehen, daß es bei der Ausweitung ebenso wie bei der Einschränkung des Gesamtrahmens für das Kreditvolumen volkswirtschaftlich keineswegs gleichgültig ist, welcher Schuldner neue, zusätzliche Kredite erhält oder seinen bisherigen Kredit zurückzahlen muß. Auch die staatliche Wirtschaftslenkung, die sich der Notenbankpolitik als eines Mittels für die Bewältigung ihrer Lenkungsaufgaben bedient, hat u. E. ein Interesse daran, bei den Leitern der Kreditbanken und ihren Mitarbeitern in den Kreditbüros die Verantwortung und das lebendige Gefühl für die unterschiedliche volkswirtschaftliche Liquidität einer Anlage zu erhalten und zu pflegen. Die kritische Prüfung der den Banken zugehenden Kreditanträge auch unter volkswirtschaftlichen Gesichtspunkten bedeutet nicht nur ein in der Öffentlichkeit nur zu wenig beachtetes feinmaschiges Sieb, durch das so manche Fehlinvestition bereits im Stadium der Planung erkannt und verhindert wurde. Sie bildet darüber hinaus kraft der bei den Kreditbanken zusammenlaufenden vielfältigen Kenntnis und Erfahrungen ein unschätzbares Mittel, auch den kreditnachsuchenden Unternehmer im volkswirtschaftlichen Sinne zu beraten und lenken zu helfen.

Es scheint uns daher schon aus diesem Grunde wünschenswert, die unter privatwirtschaftlichen Gesichtspunkten gefundenen und entwickelten Erkenntnisse über eine qualitativ richtige Liquiditätspolitik der Banken auch nach der volkswirtschaftlichen Seite zu überprüfen und, soweit nötig, zu ergänzen. Die Kontrolle des gesamten Kreditrahmens durch die Notenbank wird hierdurch in keiner Weise gestört, sondern nur unterstützt und zweifellos auch erleichtert.

IV. Die Kreditbanken in der modernen Geldwirtschaft

Es kann nicht unsere Aufgabe im Rahmen dieses Aufsatzes sein, das Wesen der Geldschöpfung und die Voraussetzungen für ihre gesunde Begrenzung im einzelnen zu erläutern und hierfür den Beweis zu erbringen. Wir möchten hier auf die unter S. 104 Anm. 1 genannten Veröffentlichungen von Gestrich verweisen[1]) und uns im übrigen in unserem Zusammenhang auf eine kurze Analyse des geldwirtschaftlichen Charakters der Bankeinlagen beschränken, um so die Voraussetzungen für die entsprechenden liquiditätspolitischen Folgerungen zu gewinnen.

Zu unterscheiden ist zwischen Spareinlagen, Termingeldern und scheckfähigen Einlagen. Über Spareinlagen kann zwar innerhalb bestimmter, recht weit gezogener Grenzen wieder durch Abhebung verfügt werden; insofern erfordern sie auch das Halten einer gewissen Liquiditätsreserve. Dennoch unterscheiden sie sich von den Scheckguthaben in zweifacher Hinsicht. Einmal können sie nur dadurch entstehen, daß ein gleich großer Geldbetrag (die auf Sparkonto eingezahlten Noten oder die auf Sparkonto umgebuchten scheckfähigen Einlagen) aus dem Umlauf ausscheidet oder erlischt. Zweitens besitzen sie selbst, solange sie nicht wieder abgehoben werden, im Gegensatz zum Scheckguthaben keine Geldeigenschaft, d. h. sie können nicht zu Zahlungen benutzt werden. Beides zusammen macht die kompensierende Neuausgabe von Geld im Wege des Kredits (Geldschöpfung) im Ausmaß der hereingenommenen Spareinlagen kaufkraftpolitisch neutral. Es werden hier tatsächlich „hereingenommene Mittel wieder ausgeliehen".

Etwas Ähnliches gilt von den Termingeldern. Auch für die befristeten Einlagen wird mindestens für die Dauer der Befristung auf die Verwendung zu Zahlungen verzichtet. Im einzelnen Falle wird die kontoführende Stelle in der Regel beurteilen können, ob es sich bei der Termineinlage in Wirklichkeit um ein dauerhaftes „Sparguthaben" in anderer Form oder lediglich um eine von vornherein nur für kürzere Zeit gedachte Zwischenanlage, z. B. von vorübergehend flüssigen Betriebsmitteln eines Unternehmens, handelt. Hiernach wird sich die Bemessung der zugehörigen Liquiditäts-

[1]) Vgl. außerdem Kurt Hunscha, Kapitalknappheit und Bankkredit, Bank-Archiv 1941, Heft 4, und Zum Problem der zunehmenden Staatsverschuldung, Bank-Archiv 1941, Heft 20.

reserve richten. Kaufkraftpolitisch gesehen ist auch die „Wiederausleihung" der Termineinlagen neutral.

S c h e c k f ä h i g e G u t h a b e n sind dagegen Zahlungsmittel und entstehen ebenso wie die Banknoten grundsätzlich auf dem Wege des Kredits, d. h. durch „Geldschöpfung". Um dies zu erkennen, muß man sich lediglich vor Augen halten, daß ein bloßer Umtausch von Bar- in Buchgeld und umgekehrt, wie er sich bei jeder Ein- und Auszahlung am Kassenschalter einer Bank abspielt, die insgesamt umlaufende Geldmenge (Bar- und Buchgeld zusammen) ebensowenig berührt, wie ein Umtausch etwa von Reichsbanknoten in Rentenbankscheine oder von Münzen in Noten. Entsteht daher ein Scheckguthaben durch Einzahlung oder Überweisung von einer anderen Bank, so ist — entgegen einer viel verbreiteten Meinung — in Wirklichkeit gar kein neues Geld entstanden, denn gleichzeitig ist ein bisher umlaufender gleich hoher Geldbetrag, ausgegeben von einem anderen Geldinstitut (der Notenbank bzw. der überweisenden Bank), aus dem Umlauf außerhalb des Banksystems (und auf diesen allein kommt es an) ausgeschieden bzw. erloschen. Dagegen tritt der auf dem Kreditwege geschaffene Geldbetrag — und nur dieser — neu und zusätzlich in den Umlauf ein.

Es leuchtet ein, daß die gesamte umlaufende Geldmenge grundsätzlich (d. h. ohne Berücksichtigung der durch die Erfahrungen der letzten Jahre hinreichend erwiesenen Möglichkeit der Abschöpfung oder Sterilisierung überschüssiger Kaufkraft durch besondere Maßnahmen) nicht ausgedehnt werden sollte, wenn nicht auch der bewegliche Gütervorrat einer Volkswirtschaft, der mit Hilfe des Geldes von Produktionsstufe zu Produktionsstufe umgeschlagen und damit fortlaufend dem Konsum zugeführt oder doch der Konsumreife ständig weiter angenähert wird, eine entsprechende Vermehrung erfährt. Zu diesem Zweck ist es wichtig, daß nicht nur die Güter kontinuierlich in den Produktionsprozeß eintreten und ihn mit erreichter Konsumreife wieder verlassen, sondern daß auch das ständig im Kreditwege neu geschaffene Geld immer wieder zur Ausgabestelle zurückströmt und den Umlauf verläßt. Geldtechnisch geschieht dies durch die neben den Neuausleihungen ständig herlaufenden und diesen bei unverändert bleibendem Gesamtkreditvolumen die Waage haltenden Kreditrückzahlungen. Dem Güterumschlag im Bereich der Güterwirtschaft entspricht somit der fortgesetzte Geld- oder auch K r e d i t - u m s c h l a g im Bereich der Geldwirtschaft. Deswegen braucht ein bilanzmäßig unverändert aufrechterhaltenes Volumen von Wirtschaftskrediten noch keineswegs eine in Wirklichkeit langfristige Anlage zu sein. Sicherlich nimmt ein Unternehmen den ihm von seiner Bank zur Verfügung gestellten Betriebskredit immer wieder von neuem in Anspruch, doch ist jede neue Inanspruchnahme im Normalfalle auch mit der Einleitung immer wieder neuer Produktionsprozesse engstens verbunden oder sollte es jedenfalls sein.

Um eine wirklich langfristige Anlage handelt es sich nur dann, wenn der Verwendungszweck eines Kredits von vornherein die Bindung des angeforderten Kreditbetrages im Produktionsprozeß für längere Zeit erwarten läßt. Solche längerfristigen Investitionen, die in der Regel der Vermehrung des Anlagevermögens eines Betriebes dienen, aber auch eine dauerhafte Ausdehnung des Betriebsvermögens zum Ziele haben können, sofern durch diese nicht automatisch auch der Güterumschlag entsprechend erhöht wird, sind für den Bankkredit durch Geldschöpfung grundsätzlich nicht geeignet. Ihre Finanzierung ist mit Recht auch auf Grund volkswirtschaftlicher Überlegungen auf den Kapitalmarkt zu verweisen.

Hierbei ist allerdings zu berücksichtigen — und damit fügt sich das letzte Glied in die Kette unserer begrifflichen Betrachtungen —, daß auch die Kreditbank, volkswirtschaftlich gesehen, innerhalb ihrer Gesamteinlagen über einen gewissen Fonds von „Mitteln" verfügt, den sie, wenn nicht zur endgültigen, so doch zur Zwischenfinanzierung auch langfristiger Investitionen einsetzen darf. Wir denken hierbei nicht nur an die Spar- und Termineinlagen, deren Wiederanlage, wie wir gezeigt haben, mit keiner Vermehrung der umlaufenden Geldmenge verbunden ist und die daher — unter selbstverständlicher Wahrung der Sicherheit der Anlage — zur Überbrückung eines langfristigen Kreditbedarfs in gewissen Grenzen durchaus geeignet erscheinen. Vielmehr ist auch ein Teil der scheckfähigen Einlagen nach dem — allerdings unausgesprochenen — Willen der Einleger nicht als „Kasse" im Sinne eines zahlungstechnisch erforderlichen Vorrats an Zahlungsmitteln anzusehen, sondern stellt gewissermaßen eine Vorstufe zur endgültigen Ersparnis dar. Aus diesem Fonds an „unvollendeten" oder „unsichtbaren" Ersparnissen, die wegen der zunächst beibehaltenen Geldform auch als „Horte" bezeichnet werden, fließen die Zeichnungsbeträge auf neu emittierte Wertpapiere, ob es sich nun um Staatsanleihen, um Industrieobligationen oder um Pfandbriefe handelt. Die auf der Kenntnis der Zahlungs- und Spargewohnheiten ihrer Einleger beruhende Voraussicht einer Bank auf die innerhalb eines bestimmten Zeitraumes zu erwartende Zeichnungsbereitschaft für Wertpapiere bietet ihr aber ein durchaus geeignetes Mittel der internen Begrenzung ihrer Zwischenkredite, soweit diese sich in absehbarer Zeit von Wertpapieren ablösen lassen.

In dieser Tatsache möchten wir auch volkswirtschaftlich einen entscheidenden Vorteil des in Deutschland bestehenden Typs der gemischten oder Universalbank gegenüber der auf die reine Umschlagsfinanzierung beschränkten Depositenbank angelsächsischer Prägung erblicken. Die aus dem Kontokorrentverkehr und dem kurzfristigen Kreditgeschäft gewonnene genaue Kenntnis des Geschäftsgebarens ihrer Kreditnehmer auf der einen Seite und die aus der laufenden Anlageberatung stammende Vertrautheit mit den Spar- und Anlagewünschen ihrer Einleger auf der anderen Seite geben der Kreditbank deutschen Typs eine nicht hoch genug einzuschätzende Basis für die Erfüllung ihrer treuhänderischen Funktion als Regulator zwischen Geld- und Kapitalmarkt.

V. Privatwirtschaftliche und volkswirtschaftliche Liquidität

Wenn wir nunmehr aus unseren bisherigen Ausführungen das Fazit ziehen, so ergeben sich zwanglos drei selbständige Problemgruppen, in die sich das von uns behandelte Gesamtproblem der Bankenliquidität aufgliedern läßt. Die erste Gruppe umfaßt alle diejenigen Maßnahmen und Erwägungen, die der Erhaltung und Sicherung der Zahlungsfähigkeit der Banken im engeren Sinne dienen. Wir können sie zusammenfassen unter den Begriff der **privatwirtschaftlichen** Bankenliquidität. Die zweite Gruppe hat ihren Ursprung und zugleich ihre Rechtfertigung in der Tatsache, daß die Banken in der modernen Geldwirtschaft wichtige volkswirtschaftliche Funktionen zu erfüllen haben; hierin sehen wir, wie bereits erläutert, das besondere Problem der **volkswirtschaftlichen** Bankenliquidität. Zur dritten Gruppe gehören schließlich die vorwiegend quantitativ orientierten Maßnahmen und Vorschläge, die sich mit der **Liquiditätskontrolle** durch die Notenbank und den damit zusammenhängenden Fragen befassen.

1. Die privatwirtschaftliche Liquidität der Kreditbanken

Wie wir bereits einleitend bemerkten, hat die gesunde Geschäftsführung einer Kreditbank stärker als in jedem anderen Gewerbezweig gleichzeitig drei Erfordernisse zu beachten: die Wahrung der Liquidität, die Sicherung der Rentabilität und die Begrenzung des geschäftlichen Risikos. Von der Befolgung aller drei Grundsätze hängt nicht nur der geschäftliche Erfolg einer Bank, sondern ganz generell auch der „Kredit" ab, den sie in der Öffentlichkeit genießt und auf den sie zur Durchführung ihrer Aufgabe entscheidend angewiesen ist[1]). So gehören reichliche Abschreibungen und die Stärkung der offenen und stillen Reserven von jeher zu den wirksamsten Mitteln für die Pflege des Ansehens einer Bank und sind infolgedessen geeignet, auch indirekt zur Festigung ihrer Liquidität beizutragen.

Wenn somit Rentabilität und Liquidität einander auch nicht ausschließen, so stellen sie doch in mehr als einer Hinsicht konkurrierende Prinzipien dar, deren richtiger Ausgleich im Interesse des Ansehens und der finanziellen Stärke der Bank die besondere Aufmerksamkeit der Geschäftsleitung erfordert.

Beginnen wir mit der **Barliquidität**. Hier hat das Reichsgesetz über das Kreditwesen (KWG) — wie wir sehen werden, wohl aus notenbankpolitischen Erwägungen — im § 16 eine Mindestreserve vorgeschrieben, deren Höhe zwar noch nicht festgelegt ist, aber nach dem Gesetz bis zu 10% der Verbindlichkeiten (ohne die voraussichtlich gesondert zu deckenden Spareinlagen) erreichen kann. Die von den deutschen Kreditbanken tatsächlich unterhaltenen Barmittel, bestehend aus dem Kassenbestand, den Guthaben bei der Reichsbank und den deutschen Postscheckämtern, liegen, wie wir gesehen haben, wesentlich darunter. Das ist auch nicht

[1]) Vgl. hierzu und zum folgenden Hans Schippel, a. a. O.

verwunderlich; vielmehr ist es das selbstverständliche Bestreben des Gelddisponenten einer Bank, den keinen Zinsertrag bringenden Kassenbestand so niedrig zu halten, wie es die zahlungstechnischen Erfordernisse nur immer gestatten. Dies liegt durchaus im Sinne einer Entwicklung, die mit der Einführung des bargeldlosen Zahlungsverkehrs begann und sich aus rationellen Erwägungen die Konzentration der Kassenbestände der Volkswirtschaft bei der Notenbank als der „Bank der Banken" zum Ziele setzte. Die Zahlungsfähigkeit der Kreditbanken wird hierdurch so lange nicht beeinträchtigt, als diese über genügend liquide Anlagen verfügen, deren Hereinnahme durch die Notenbank im Bedarfsfalle gesichert ist.

Diesen Grundsatz machte sich insbesondere auch das KWG zu eigen, als es im § 16, II die zusätzlich zu haltende Liquiditätsreserve (sogenannte II. oder sekundäre, auch „indirekte" Liquidität) abweichend von der oben auf S. 100 erwähnten früheren Übung der Praxis eindeutig auf die bei der Reichsbank rediskont- und lombardfähigen Anlagen beschränkte[1]. Die Haltung einer angemessenen sekundären Liquiditätsreserve haben die Banken zweifellos von jeher als in ihrem Interesse liegend empfunden. So kann Stucken a. a. O. mit Recht mehrfach darauf hinweisen, daß gerade die Großbanken sich im allgemeinen eine größere Zahlungsbereitschaft „leisteten" als andere Institute.

Ein zweites Beispiel für das Zusammentreffen von Rentabilitäts- und Liquiditätserwägungen bildet die Bemessung des Eigenkapitals. Hier hat § 11 KWG eine Mindesthöhe des haftenden Eigenkapitals im Verhältnis zu den Gesamtverpflichtungen abzüglich der liquiden Mittel vorgesehen, die aber gleichfalls noch nicht festgesetzt wurde. Wenn man heute gelegentlich darauf hinweist, daß das Eigenkapital der Banken der in den letzten Jahren vor sich gegangenen Ausweitung ihrer fremden Mittel nicht genügend gefolgt sei, so ist hierzu zu bedenken, daß die endgültige Regelung dieses Verhältnisses kaum zweckmäßig erscheinen kann, solange nicht zu übersehen ist, auf welchem Stand sich die Bankeinlagen nach Beendigung des Krieges und nach der dann zu erwartenden Konsolidierung eines Teiles der schwebenden Reichsschuld bewegen werden. Es muß schon aus diesem Grunde als fraglich angesehen werden, ob eine Kapitalzufuhr von außen durch Erhöhung des Grundkapitals in allen Fällen ein geeignetes Mittel ist, um der genannten Entwicklung entgegenzuwirken. Aus diesen Erwägungen erklärt sich wohl auch das in der letzten Zeit sichtbar gewordene Bestreben der Bankleitungen, ihre ausgewiesenen offenen Reserven durch entsprechende Zuführungen aus dem Gewinn oder durch die Heranziehung bisheriger stiller Reserven stärker zu erhöhen.

---

[1]) Zur Sonderbehandlung der Nostroverpflichtungen und Nostroguthaben vgl. die beachtlichen Vorschläge von Stucken a. a. O. S. 152. Dagegen erscheint uns seine Anregung, in die Handelswechsel nach § 16, II auch „andere Arten von Wechseln einzubeziehen", durch die am 13. 3. 1935 erlassenen Richtlinien des Reichsaufsichtsamts für das Kreditwesen überholt

An sonstigen Liquiditätsvorschriften des KWG, die nach den Erfahrungen der Krise von 1931 für erforderlich gehalten wurden, ist vor allem der § 12 zu nennen, der zusammen mit den inzwischen ergangenen Durchführungsverordnungen eine obere Grenze für die Höhe von Einzelkrediten im Vergleich zum haftenden Eigenkapital festlegt. Diese Bestimmung dient zwar zunächst der Risikobeschränkung, ist aber auch ein Mittel der Liquiditätspolitik im weiteren Sinne. Das in der letzten Bankenkrise offenbar gewordene besondere Risiko unverhältnismäßig hoher Kredite an einzelne Unternehmungen darf aber nicht dahin verallgemeinert werden, den Großkredit an sich als in besonderem Maße risikovoll anzusehen. So hat bekanntlich die Umstellung der deutschen Wirtschaft auf die Erfordernisse der Kriegsführung die Großaufträge stärker in den Vordergrund kommen lassen, was seinen Niederschlag naturgemäß auch in der Finanzierung fand, ohne daß diese Entwicklung liquiditätspolitisch zu Bedenken Anlaß gäbe. Für die Friedenswirtschaft wird man im übrigen eher mit einem Wiederansteigen des Bedarfs gerade an kleineren und mittleren Krediten rechnen können.

Die ebenfalls in das KWG aufgenommenen Vorschriften über das Verhältnis des Aktienbesitzes, der dauernden Beteiligungen sowie der sonstigen festen Anlagen zum Eigenkapital der Kreditinstitute seien hier nur der Vollständigkeit halber erwähnt.

2. Die volkswirtschaftliche Liquidität der Kreditbanken

Zusammenfassend läßt sich sagen, daß die privatwirtschaftliche Liquiditätspolitik darauf gerichtet ist, die Zahlungsfähigkeit der Banken unter allen Umständen sicherzustellen und darüber hinaus alles das zu vermeiden, was von der einzelnen Bank aus zum Mißtrauen gegen die Sicherheit der Bankeinlagen führen und damit eine massierte Forderung nach Umwandlung von Buchgeld in Bargeld auslösen könnte. Demgegenüber hat die volkswirtschaftliche Liquiditätspolitik eine im wesentlichen kaufkraftpolitische Aufgabe. Wenn es auch keineswegs in der Macht der Kreditbanken steht, die Gesamtmenge des umlaufenden Geldes von sich aus maßgeblich zu bestimmen, so können sie doch durch ihre eigene Kreditpraxis viel dazu beitragen, volkswirtschaftlich nicht vertretbare Wünsche nach der Inanspruchnahme von „Zirkulations-" oder „Umlaufs"-Kredit (d. h. von Krediten auf der Basis der Geldschöpfung) zurückzuweisen. Selbstverständlich kann sich eine solche Kreditauslese nur im Rahmen der gesamtwirtschaftlich gebotenen und von der staatlichen Wirtschaftslenkung im Einvernehmen mit der Reichsbank aufgestellten Richtlinien bewegen. Das gilt insbesondere für die von den Gepflogenheiten einer normalen Friedensfinanzierung bewußt abweichende Heranziehung des Geldschöpfungskredits zur Erleichterung der Kriegsfinanzierung. Die hierdurch bewirkte Geldfülle erfordert bekanntlich weitreichende Maßnahmen der Kaufkraftlenkung, die zwar zur Aufrechterhaltung des bedrohten Gleichgewichts zwischen der Geld- und der Güterversorgung in der Wirtschaft ausreichen mögen und in Kriegszeiten unvermeidlich sein dürften, deren Vorhandensein aber für die Friedenswirtschaft nicht ohne weiteres im gleichen Umfang vorausgesetzt werden darf.

So halten wir aus den oben bereits erläuterten Gründen die Dauerfinanzierung langfristiger Investitionen als für den Bankkredit grundsätzlich nicht geeignet. Wenn Stucken auf Grund der in der Krise gemachten Erfahrungen darauf hinweist[1]), daß Investitionskredite liquiditätspolitisch nicht gefährlich seien, wenn sie nur „die gesamte Fähigkeit des kreditnachsuchenden Unternehmens, bei Bedarf Geldkapital für die Kreditrückzahlung freizusetzen", genügend berücksichtigten, so sieht er das Problem hier vielleicht doch zu sehr von der privatwirtschaftlichen Seite. So entspricht auch sein Vorschlag, die Debitoren so einzurichten, daß „jeder auf dem Debitorenkonto der Banken des kurzfristigen Geschäfts verbuchte Kredit pro Jahr um 15—20% reduziert werden kann", im wesentlichen den von Schmalenbach a. a. O. vorgetragenen Ansichten über die sogenannte „liquide Schicht". Wir möchten glauben, daß man die grundsätzlich durchaus mögliche Unterscheidung zwischen Umschlagskrediten und langfristigen Investitionskrediten nicht unnötig preisgeben sollte. So urteilt vielleicht auch Stucken zu hart, wenn er „diese Möglichkeit der Reduktion aller gewährten Kredite" als wichtiger bezeichnet „als die unsichere Erwartung, einen Teil dieser Kredite durch Emission von Aktien und Obligationen in kürzerer Zeit ganz abbauen zu können". Wir neigen, wie wir oben erläuterten, zu der Ansicht, daß die auf der langjährigen Vertrautheit mit den Spargewohnheiten und Anlagewünschen der kreditorischen Kundschaft basierte jeweilige Abschätzung der in absehbarer Zeit vorhandenen Placierungsmöglichkeiten einer Bank einen durchaus geeigneten Maßstab für die Begrenzung ihrer Betätigung auf dem Gebiete der Zwischenfinanzierung von langfristigem Kapitalbedarf abgibt.

Ähnlich liegt das Problem in der viel diskutierten Frage, ob die Kreditbanken sich endgültig zur Haltung von Wertpapieren unter ihren Anlagen entschließen sollen oder nicht. Auch diese Frage ist u. E. aus den gleichen Gründen wie beim Investitionskredit zunächst einmal grundsätzlich zu verneinen. Dabei möchten wir drei Vorbehalte als gerechtfertigt anerkennen.

Es muß den Banken erstens selbstverständlich zugebilligt werden, daß sie zur Erfüllung ihrer Funktion als Träger der Kurspflege an der Börse ständig einen gewissen Bestand an eigenen Wertpapieren jeder Art unterhalten. Dieser Bestand ist jedoch nicht auf dem Wege der Geldschöpfung zu finanzieren, sondern sollte seinen Gegenposten auf der Passivseite der Bilanz entweder in einem Teil der Spar- und Termineinlagen oder aber besser, ebenso wie die dauernden Beteiligungen, im Eigenkapital der Bank haben.

---

[1]) A. a. O. S. 131 und 143.

Der zweite Vorbehalt betrifft die oben bereits erwähnten, durch die staatlichen Notwendigkeiten, insbesondere auf dem Gebiete der Kriegsfinanzierung gegebenen besonderen Umstände. Selbstverständlich kann die Einschaltung des Bankkredits in die Reichsfinanzierung heute nicht durch eine strenge Unterscheidung nach lang- und kurzfristigem Kreditbedarf begrenzt werden. Dennoch darf dieser Sonderfall nicht zu dem Hinweis verleiten, daß ja heute volkswirtschaftlich ein ins Gewicht fallender Unterschied zwischen der lang- und der kurzfristigen Reichsfinanzierung nicht mehr bestehe und daß es daher grundsätzlich gleichgültig sei, ob die Inanspruchnahme der Banken auf dem Wege der Ausgabe lang- oder kurzfristiger Reichsschuldtitel erfolge. Dieser Einwand mag heute berechtigt scheinen[1]). Er hat aber nicht das geringste mit der, wie gesagt, für die normale Friedensfinanzierung geltenden, grundsätzlichen Überlegung zu tun, ob eine Bank sich auf die Hereinnahme von Schatzwechseln und anderen kurzfristigen Reichstiteln beschränken oder ob sie daneben auch für die Dauer langfristige Reichsanleihen hereinnehmen soll. Ganz abgesehen von allen, in der schwankenden Kursbewegung von Anleihepapieren liegenden privatwirtschaftlichen Bedenken, kann diese Frage u. E. auch volkswirtschaftlich nur dahingehend beantwortet werden, daß die Übernahme öffentlicher Anleihen als Daueranlage für eine Kreditbank grundsätzlich nicht geeignet erscheint. Die Heranziehung der Geldschöpfung für die Staatsfinanzierung sollte in der Regel der Deckung des wirklich kurzfristigen Finanzbedarfs vorbehalten bleiben. Die Bank sollte sich hierbei, wie bei der Investitionsfinanzierung, von dem Gedanken an die in absehbarer Zeit vorhandenen Konsolidierungsmöglichkeiten leiten lassen. Eine wichtige Ausnahme von dieser Regel bildet der Inhalt unseres dritten Vorbehalts.

Es ist vielfach darauf hingewiesen worden, daß der Anfall an Warenwechseln als Kreditunterlage schon seit längerer Zeit nicht nur in Deutschland, sondern auch im Auslande anhaltend zurückgegangen ist. Man hat hierin eine dauerhafte Strukturwandlung sehen wollen, über deren Ursachen allerdings nicht immer Klarheit bestehen dürfte. Der zumeist zur Erklärung herangezogene Hinweis auf Änderungen in der Wirtschaftsorganisation, wie z. B. der Hinweis auf den Wegfall geldwirtschaftlicher Finanzierungsaufgaben als Folge der fortschreitenden besitzmäßigen Konzentration der Betriebe, ist u. E. nicht stichhaltig. Wenn und in dem Maße wie tatsächlich geldwirtschaftliche Finanzierungen ausfallen, muß nämlich auch der Bedarf an Zahlungsmitteln, gleichgültig, ob es sich um Bar- oder um Bankgeld handelt, geringer werden. Es handelt sich aber nicht um eine solche absolute Schrumpfung im Geldverkehr schlechthin, sondern um die tatsächlich auffallende Abnahme der Warenwechsel im Verhältnis zum Geldbedarf. Der Schlüssel hierfür muß u. E. in der auch im Auslande zur Gewohnheit gewordenen verstärkten Selbstfinanzierung

[1]) Tatsächlich haben die Banken dennoch die von der Reichsbank zur Verfügung gestellten langfristigen Schatzanweisungen des Reiches zur Befriedigung des Anlagebedarfs ihrer Kundschaft stets an diese weitergeleitet.

der Betriebe gesucht werden. Theoretisch wäre ja ohne weiteres der Fall denkbar, daß die gewerblichen Unternehmungen aus der fortgesetzten Einbehaltung von Gewinnen schließlich so hohe Bestände an Bargeld und Bankguthaben ansammeln würden, daß sie zur Deckung ihres Zahlungsmittelbedarfs überhaupt nicht mehr den Kredit bei der Notenbank oder bei Kreditbanken in Anspruch nehmen müßten. Diese Möglichkeit möchten wir als den extremen und wahrscheinlich auch in Zukunft nie erreichten Schlußpunkt einer Entwicklung ansehen, die in geringerem Ausmaße bereits Wirklichkeit geworden ist.

Ob das heute übliche Ausmaß der Selbstfinanzierung von Dauer sein oder ob die Entwicklung der Preis-, Gewinn- und Steuerpolitik zu einem anderen Ziele hinstreben wird, vermögen wir nicht zu beurteilen. Für unser Problem kommt es lediglich auf die Tatsache an, daß der Bedarf an Zahlungsmitteln durch die Verschuldungsbereitschaft der Wirtschaft in Form des Wechselkredits schon seit langem nur noch eine recht ungenügende Deckung erfährt. Da andererseits nicht mit Rücksicht hierauf — wenn man einmal von den heutigen Sonderumständen der Geldüberfülle absieht — der für den Güterumschlag in der Wirtschaft erforderliche Geldumlauf unbefriedigt bleiben darf, ergibt sich die Pflicht und auch das volkswirtschaftlich begründete Recht des Staates, die vorhandene Lücke durch seine eigene Kreditbereitschaft auszufüllen. Das heißt, daß bei einem dauerhaften Mangel an privaten Warenwechseln aus volkswirtschaftlichen Erwägungen keine Bedenken dagegen erhoben werden können, wenn der Staat zur restlichen Deckung des Geldumlaufs eigene Schuldtitel zur Verfügung stellt. Ob man diesen die Form kurzfristiger Schatzwechsel oder langfristiger Anleihen oder auch eines Blocks der ewigen Staatsschuld gibt, spielt volkswirtschaftlich in diesem Fall keine Rolle. Festzuhalten wäre nur, daß der für diesen Zweck eingesetzte Staatskredit in dem von der Wirtschaftslenkung im Einvernehmen mit der Reichsbank sorgfältig zu beobachtenden wirklichen Zahlungsmittelbedarf der Wirtschaft seine Begrenzung finden sollte.

3. Die Liquiditätskontrolle der Notenbank

Über die Verantwortung der Notenbank für das gesamte Geldwesen eines Landes und die sich hieraus ergebenden Aufgaben und Möglichkeiten ist so viel geschrieben und gesprochen worden, daß wir im Rahmen dieses Aufsatzes hierauf nicht im einzelnen einzugehen brauchen[1]). Uns braucht hier lediglich die bekannte Tatsache zu interessieren, daß man vorgeschlagen hat, die Liquiditätsvorschriften für die Kreditbanken als Mittel der laufenden Einflußnahme des Noteninstituts auf die Bestimmung des Geldvolumens eines Landes zu benutzen. Wie Stucken in seiner schon

[1]) Über die Stellungnahme der Reichsbank zu diesen Fragen vgl. Karl Nordhoff, „Über die Liquiditätsfrage", Veröffentlichungen des Untersuchungsausschusses für das Bankwesen, 1933, Teil I, 1. Bd., S. 475ff.

vielfach zitierten kürzlichen Veröffentlichung gezeigt hat, kommt für diese Kontrollfunktion der Notenbank in erster Linie die Barreserve in Frage. Will man die Banken dazu anhalten, bei jeder wesentlichen Änderung ihres Einlagevolumens auf die Notenbank zurückzugreifen, so kann man den Barreservesatz entweder als eine starre oder aber sogar als eine variable Größe festsetzen, die man je nach der Tendenz der gewünschten Beeinflussung herauf- oder heruntersetzen kann. Wir wollen nicht bezweifeln, daß hierdurch ein gewisser Zwang auf die Kassenhaltungsgewohnheiten der Kreditbanken ausgeübt werden würde. Andererseits könnte sich die Notenbank beim Vorhandensein rediskont- und lombardfähiger Titel kaum dem Wunsche einer Bank entziehen, ihr gegen solche Titel Notenbankgeld auszuhändigen. Die in der Literatur vielfach anzutreffende Vorstellung, daß eine willkürliche Manipulierung der Barreserve einer Bank automatisch zu entsprechend vervielfachten Veränderungen des Bilanzvolumens der Kreditbanken führen müßte, mutet uns jedenfalls mindestens in Ansehung der deutschen Verhältnisse als wirklichkeitsfremd an. Letzten Endes fällt u. E. auch die Regulierung der Barliquidität auf die für die privatwirtschaftliche Liquiditätspolitik entscheidende Frage zurück, wie eine Bank ihre Gesamtliquidität einschließlich der sekundären Liquidität und wohl auch einschließlich der Liquidierbarkeit ihrer sonstigen Anlagen einrichtet.

Daß mit der Hereinnahme von Auslandsgeldern durch die Kreditbanken darüber hinaus Probleme aufgeworfen werden, die der besonderen Aufsicht durch das Noteninstitut bedürfen, unterliegt keinem Zweifel. Sie heute zu erörtern, scheint uns nicht erforderlich, zumal über diesen Fragenkomplex weitgehende Übereinstimmung der Meinungen vorausgesetzt werden darf.

VI. Ausblick

Die Heranziehung der Banken zur Deckung des Finanzbedarfs während des Krieges hat auf der einen Seite zu einem gewaltigen Anschwellen der nach den Vorschriften des KWG zu den liquiden Mitteln zu rechnenden Bestände an Reichswechseln und unverzinslichen Schatzanweisungen und auf der anderen zu einer außerordentlichen Verflüssigung der Wirtschaft und einer entsprechenden Abnahme der Wirtschaftskredite geführt. Unter diesen Umständen bietet die Einhaltung der bestehenden Liquiditätsvorschriften heute keinerlei Schwierigkeiten. Diese Situation dürfte sich jedoch nach Beendigung des Krieges vermutlich grundlegend ändern.[1])

Allein die wünschenswert erscheinende Verringerung des Geldumlaufs läßt die Konsolidierung eines erheblichen Teils der schwebenden Reichsschuld erwarten. Auf der anderen Seite wird die Wirtschaft einen hohen Nachholebedarf an Neu- und Ersatzinvestitionen aller Art, an der Wiederauffüllung ihrer Lagerbestände und an sonstigem Kapitaleinsatz haben, so daß die heute überaus reichlichen Betriebsreserven an flüssigen Mitteln

[1]) Vgl. Hans Schippel a. a. O.

schwinden werden. Beide Tendenzen zusammen müssen dahin wirken, daß der Anteil der liquiden Mittel an den Gesamtaktiven der Banken fühlbar zurückgehen wird. Wenn sich voraussichtlich auch gleichzeitig die Kreditoren verringern werden, so wird dies doch nicht ausreichen, um den aus der veränderten Schichtung der Anlagen zu erwartenden Rückgang der Liquiditätsrelationen aufzuheben.

Die Banken können dieser Entwicklung, wie wir glauben möchten, mit Ruhe und Zuversicht entgegensehen. Einmal wird sie sich keinesfalls überstürzt vollziehen, sondern in ihrem Tempo an die Voraussetzungen auf der Güterseite gebunden sein. Zweitens dürfte auch den Wirtschaftskrediten heute eine ungleich größere innere Liquidität zukommen als etwa während der Deflationskrise der Jahre 1930/31. Dies ist zweifellos einmal auf die veränderte Kreditpolitik des Staates im ganzen zurückzuführen. Daneben haben aber auch die Kreditbanken selbst während des Krieges die alterprobten Grundsätze der privat- wie volkswirtschaftlichen Bankenliquidität nicht aus den Augen verloren.

Friedrich Pfeffer

Organisation und Lenkung im Kreditwesen

Ein von jeder Überwachung und Beaufsichtigung durch den Staat völlig freies Kreditgewerbe hat es im modernen Staat niemals gegeben. Auch der liberale Staat hat mit fortschreitender wirtschaftlicher Entwicklung immer stärkere Aufsichtsrechte über das Kreditgewerbe geltend gemacht. In Deutschland ist diese Aufsicht zum Teil auf Grund ausdrücklicher gesetzlicher Bestimmungen durch die sogenannten Aufsichtsbehörden besonders für das öffentliche Kreditwesen, zum Teil ohne ausdrückliche Gesetzesvorschriften durch die Reichsbank ausgeübt worden, die infolge ihrer Machtstellung im gesamten Kreditapparat in der Lage war, die staatlichen Ansprüche auch gegenüber dem privaten Kreditgewerbe weitgehend durchzusetzen. Die besonderen Umstände der Wirtschaftskrise von 1931 führten dann durch die Einsetzung des Bankenkommissars zur Einrichtung einer allgemeinen Staatsaufsicht, bei der die Reichsbank ebenfalls einen maßgeblichen Einfluß ausübte. Eine umfassende Regelung auf diesem Gebiet hat jedoch erst der nationalsozialistische Staat geschaffen. Er hat zum ersten Mal auch hinsichtlich der Staatsaufsicht über das gesamte Kreditgewerbe den Totalitätsanspruch erhoben und verwirklicht, wenn man von der bolschewistischen Lösung, die das Kreditgewerbe überhaupt beseitigt und an seine Stelle den Staatsapparat setzt, absieht. Die Grundlage für die Ausübung der Staatsaufsicht über das Kreditgewerbe bildet das Reichsgesetz über das Kreditwesen vom 5. Dezember 1934 (jetzt in der neuen Fassung vom 25. September 1939) und die durch dieses Reichsgesetz erfolgte Einrichtung des Reichsaufsichtsamts für das Kreditwesen.

Durch die Einführung der totalen Staatsaufsicht ist entsprechend dem Grundsatz, daß der Staat die Wirtschaft führen, aber nicht selbst wirtschaften will, die Eigenverantwortung der Kreditinstitute für ihre geschäftliche Tätigkeit nicht beseitigt worden. Die geschäftliche Tätigkeit der Kreditinstitute wird nur einer laufend ausgeübten Kontrolle unterworfen, und es werden teils im Gesetz selbst, teils in Anordnungen, zu denen das Gesetz das Reichsaufsichtsamt ermächtigt, Grundsätze aufgestellt, die die Kreditinstitute bei ihrer geschäftlichen Tätigkeit zu beachten haben. Die Kreditinstitute bleiben also trotz der besonderen Staatsaufsicht eigenverantwortliche Unternehmen. Sie sind infolgedessen auch der Gesamtorganisation der gewerblichen Wirtschaft eingegliedert, die für das gesamte Kreditgewerbe ebenso wie für alle anderen gewerblichen Unternehmungen auf Grund des Gesetzes zur Vorbereitung des organischen Aufbaues der deutschen Wirtschaft vom 27. Februar 1934 errichtet worden ist.

In der Reichsgruppe Banken sind — getrennt nach Wirtschafts- und Fachgruppen, je nach ihrer besonderen Art oder Zweckbestimmung — alle deutschen Kreditinstitute mit Ausnahme der Reichsbank und der ihr nahestehenden Institute zusammengefaßt. Die Reichsgruppe und die ihr angeschlossenen Wirtschafts- und Fachgruppen sind Selbstverwaltungsorganisationen der gewerblichen Wirtschaft. Sie haben nach § 16 der Ersten Verordnung zur Durchführung des Gesetzes zur Vorbereitung des organischen Aufbaues der deutschen Wirtschaft vom 27. November 1934 ihre Mitglieder auf dem Fachgebiet zu beraten und zu betreuen. Zu dieser Beratung und Betreuung gehört natürlich auch die Unterstützung der Aufsichtsbehörde bei der Durchführung ihrer Aufgabe, denn die Aufsichtsbehörde kann nicht in jedem einzelnen Fall mit jedem einzelnen Institut in unmittelbare Verbindung treten. Insofern kann man also die Gruppen als Hilfsorganisationen der Aufsichtsbehörde bezeichnen.

Jedoch erschöpft die genannte Vorschrift des § 16 der Durchführungsverordnung nicht den gesamten Aufgabenkreis der Selbstverwaltungsorganisation. Sie findet vielmehr eine sehr bedeutsame Ergänzung und Erweiterung in der weiteren Bestimmung des § 16, der in seinem zweiten Absatz von den Pflichten des Leiters der Gruppe handelt. Dort ist bestimmt, daß der Leiter die Gruppe im Sinne des nationalsozialistischen Staates zu führen und die Angelegenheiten der Gruppe und ihrer Mitglieder unter Rücksichtnahme auf die Gesamtinteressen der gewerblichen Wirtschaft und unter Wahrung des Staatsinteresses zu fördern hat. Damit werden zwar zunächst der Tätigkeit des Gruppenleiters und natürlich auch der Gruppe selbst ganz bestimmte, im nationalsozialistischen Staat allerdings selbstverständliche Grenzen gesetzt. Die rein wirtschaftliche Interessenvertretung ist ausgeschlossen. Nicht nur das Gesamtinteresse der Wirtschaft, sondern das allgemeine Staatsinteresse steht dem Eigeninteresse der Gruppe und ihrer Mitglieder voran. Da es die selbstverständliche Aufgabe der staatlichen Aufsicht ist, das Gesamtinteresse der Wirtschaft und das allgemeine Staatsinteresse zu wahren, wird also durch die allgemeine Vorschrift des Absatz 2 des § 16 noch einmal besonders unterstrichen, daß die Reichsgruppe Banken und die ihr angeschlossenen Wirtschafts- und Fachgruppen zur Unterstützung der Aufsichtsbehörde verpflichtet sind.

Die Vorschrift, daß der Leiter die Gruppe im Sinne des nationalsozialistischen Staates zu führen hat, enthält aber darüber hinaus noch eine viel weitergehende Verpflichtung. Sie stellt dem Leiter der Gruppe die Aufgabe, die Gruppen so zu führen, daß diese sich über die Beratung und Betreuung auf dem Fachgebiet hinaus als ein lebendiger Organismus zur Vollstreckung des Staatswillens auf dem Gebiet der Wirtschaft überhaupt erweisen. Dementsprechend ist z. B. in dem Erlaß des Reichswirtschaftsministers vom 12. November 1936 ausgesprochen worden, daß die Gliederungen der Organisation der gewerblichen Wirtschaft neben ihren eigenen Angelegenheiten die Aufgaben durchzuführen haben, die die staatliche Wirtschaftsführung ihnen jeweils stellt. „Es muß", so heißt es in diesem Erlaß, „erreicht werden, daß mein Ministerium sich in Zukunft weitgehend auf die Aufstellung allgemeiner wirtschaftspolitischer Richtlinien beschränken kann, während die Ausführung der Weisungen den Gruppen und Kammern in eigener Verantwortung unter meiner Aufsicht obliegt." Den Gruppen ist dadurch, wie es einmal von maßgebender Stelle ausgesprochen worden ist, die besonders schwierige Aufgabe zugewiesen, daß sie die staatlichen und wirtschaftlichen Tendenzen aufeinander abzustimmen und somit gleichzeitig den Staatswillen zu vollstrecken und die Interessen der Wirtschaft zu wahren haben.

Diese schwierige Doppelaufgabe haben die Gruppen vielleicht nicht sofort in allen Fällen vollkommen gelöst. Aber sie sind in diese Aufgabenstellung doch in wenigen Jahren so hineingewachsen, daß sie unter den schwierigen Kriegsverhältnissen zu einem nach jeder Richtung hin brauchbaren Instrument der staatlichen Wirtschaftsführung geworden sind. Um zu diesem Ergebnis zu gelangen, waren bei denjenigen Gruppen besondere Schwierigkeiten zu überwinden, bei denen die einzelnen Teile bis zur Eingliederung in die Gesamtorganisation der gewerblichen Wirtschaft in zum Teil recht heftigen Meinungskämpfen gegeneinander standen. Das war bei einzelnen Teilen der Reichsgruppe Banken der Fall. Bei ihnen hatte schon die nunmehr einheitlich zu führende Beratung und Betreuung im engeren Sinne erhebliche Schwierigkeiten zu überwinden. Es stellt der Führung dieser Gruppen ein gutes Zeugnis aus, daß es in verhältnismäßig kurzer Zeit gelungen ist, diese aus der Vergangenheit überkommenen Gegensätze zu überwinden und alle Gruppen und deren Mitglieder zu einer für den Einzelnen und für die Gesamtheit sehr erfolgreichen Gemeinschaftsarbeit zusammenzuführen. Die Grundlage hierfür hat bei der Reichsgruppe Banken die Gemeinschaftsarbeit in zunächst einigen wenigen, für alle Gruppen gleich wichtigen und dringenden Aufgabenkreisen gegeben, wie z. B. bei der Berufserziehung, der innerbetrieblichen Rationalisierung, der Regelung des Wettbewerbs und besonders der Ordnung der Konditionen, wo unter dem Druck der Not und unter dem Einfluß der staatlichen Aufsichtsbehörde schon in früherer Zeit Anfänge einer Gemeinschaftsarbeit vorhanden waren.

Der nationalsozialistische Staat beansprucht nun aber nicht nur die totale Aufsicht über das Kreditwesen, sondern er will, wie er die gesamte Wirtschaft nach seinen Erfordernissen lenkt, auch den Kredit in der Wirtschaft selbst nach den Staatsnotwendigkeiten verwendet wissen; denn die Lenkung des Kredits ist ein Teil der Wirtschaftslenkung überhaupt. Freilich ist in den letzten Jahren in dem Urteil über die Bedeutung der Kreditlenkung für die allgemeine Wirtschaftslenkung ein Wandel vor sich gegangen. Die unmittelbare Lenkung der Wirtschaft durch Bewirtschaftung der Rohstoffe, Verteilung der Arbeitskräfte, Rationierung des Verbrauchs und Devisenkontrolle hat die mittelbare Lenkung durch Lenkung des Kredits in den Hintergrund gedrängt. Nur die Kapitalmarktkontrolle durch den Staat hat als Ergänzungsmaßnahme für die Mittel der unmittelbaren Wirtschaftslenkung eine erhebliche Bedeutung behalten. Die Wirtschaftslenkung durch diese unmittelbar die Güterseite betreffenden Maßnahmen ist so vollkommen, daß dem Kredit nur übrig bleibt, den durch die unmittelbare Lenkung vorgeschriebenen Wegen der Wirtschaft zu folgen. Damit hat der Kredit seine oft behauptete zentrale Stellung in der Wirtschaft verloren, und von einer „Herrschaft der Banken über die Wirtschaft" kann nicht mehr die Rede sein.

Die unmittelbare Lenkung der Wirtschaft durch Rohstoffbewirtschaftung, planvolle Verteilung der Arbeitskräfte, Devisen- und Investitionskontrolle hat, wie die erfolgreiche Kriegswirtschaft beweist, so außerordentliche Erfolge gehabt, daß der Staat auf diese Methoden der Wirtschaftslenkung niemals wieder grundsätzlich verzichten wird. Auch eine Verbrauchslenkung wird er in der Friedenswirtschaft dort aufrechterhalten, wo sie im allgemeinen staatlichen Interesse notwendig ist. Alle diese unmittelbaren Lenkungsmaßnahmen haben aber vom Standpunkt der Wirtschaft aus gesehen auch manche Nachteile im Gefolge. Sie erfordern einen sehr großen bürokratischen Apparat und fortgesetzte Eingriffe in jedes einzelne Wirtschaftsunternehmen. Die Wirtschaftsunternehmen selbst werden mit einer Fülle reiner Verwaltungsarbeit belastet, da bei der Ausführung jedes einzelnen Auftrags, zumal wenn es sich nicht immer um denselben Auftraggeber, etwa den Staat selbst, handelt, mit allen Stellen, die über die Zuweisung der Rohstoffe, der Arbeitskräfte und gegebenenfalls der Devisen zu entscheiden haben, neue Unterhandlungen geführt werden müssen. Die unproduktiven Aufwendungen wachsen also, sie nehmen Arbeitskräfte in Anspruch, die der unmittelbaren produktiven Arbeit entzogen werden, und schmälern dadurch nicht nur den Ertrag der Arbeit des einzelnen Unternehmens, sondern vor allem den Wirtschaftserfolg im Ganzen. Außerdem wird trotz aller Verfeinerung der Methoden eine Verschiebung der Wettbewerbsgrundlagen herbeigeführt, weil nicht mehr die Leistungsfähigkeit des einzelnen Unternehmers allein die Entwicklung der Betriebe bestimmt, sondern auch z. B. der Besitz des Rohstoffkontingents oder die größere Erfahrung und Gewandtheit im Verkehr mit den Verteilungsstellen und ähnliches.

Diese Nachteile der unmittelbaren Wirtschaftslenkung müssen in Kauf genommen werden, solange es die allgemeinen Staatsinteressen erfordern. In der kommenden Friedenswirtschaft liegen aber sicherlich solche überragenden allgemeinen Interessen nicht mehr auf allen Gebieten der Wirtschaft vor. Der Staat wird dann die unmittelbare Zuteilung der Rohstoffe, ihre Kontingentierung und Rationierung, die Verteilung der Arbeitskräfte mit ihrer mehr oder weniger starken Bindung an einen bestimmten Arbeitsplatz und die anderen, unmittelbar in die Produktion eingreifenden Maßnahmen der unmittelbaren Wirtschaftslenkung auf diejenigen Wirtschaftsgebiete beschränken können, auf denen auf andere Weise der vom Staat erstrebte Wirtschaftserfolg nicht erzielt werden kann. Auf anderen Gebieten der Wirtschaft aber werden die Methoden der mittelbaren Lenkung wieder größere Bedeutung gewinnen. In diesem Zusammenhang wird dann voraussichtlich auch die Lenkung der Wirtschaft durch die Lenkung des Kredits wieder eine besondere Rolle spielen, denn sie gewährleistet bei grundsätzlicher Aufrechterhaltung des Lenkungsanspruchs des Staates auf die Wirtschaft in ihrer Gesamtheit den einzelnen Unternehmen die freieste Entfaltungsmöglichkeit. Die Voraussetzung dafür, daß der Staat diesen Weg beschreiten kann, ist jedoch, daß er durch die Kreditlenkung auch wirklich die Lenkung von Produktion und Konsum in dem von ihm für notwendig erachteten Umfang erreicht. Durch geeignete organisatorische Maßnahmen wird er dieses Ziel weitgehend sicherstellen können. Zunächst ist erforderlich, daß die Ausrichtung der Unternehmungen im Sinne der volksverpflichteten Wirtschaft erfolgt. Das ist durch die Führung der Organisation der gewerblichen Wirtschaft im Sinne des nationalsozialistischen Staates gesichert. Sodann sind absolut einheitliche Direktiven der mit der staatlichen Wirtschaftsführung betrauten Stellen notwendig, über deren Ziel und Inhalt weder bei der Wirtschaftsorganisation noch bei den Unternehmungen irgend welche Zweifel entstehen können. Die Einheitlichkeit der Direktiven wird am besten dadurch gesichert, daß sie von einer einzigen zentralen Stelle ausgehen, der zugleich auch die Mittel zur Verfügung stehen, um ihren Anweisungen Geltung zu verschaffen. Für das Kreditwesen bedeutet das, daß die Aufsicht über die Kreditinstitute derselben Stelle übertragen wird, der die Gesamtlenkung des Kredits zusteht.

Wie stellt sich die heutige Lage hinsichtlich der Aufsicht über das Kreditwesen und der Regelung der Kreditlenkung dar? Das Kreditwesengesetz überträgt die allgemeine Aufsicht über die Kreditinstitute dem Reichsaufsichtsamt für das Kreditwesen, das eine dem Reichswirtschaftsminister nachgeordnete Behörde ist. Eine Reihe von Vorschriften des Kreditwesengesetzes oder der auf Grund dieses Gesetzes erlassenen Anordnungen des Reichsaufsichtsamts wirkt lenkend auf den Kredit ein, z. B. die Vorschriften über die Preisgestaltung im Kreditgewerbe, die Bestimmungen über die Liquidität, die Anlage von Spareinlagen u. a. m. Die Gesamtlenkung des Kredits ist durch das Kreditwesengesetz dem Reichswirtschaftsminister selbst zugewiesen. Das Gesetz bestimmt im § 30, daß der Reichswirtschaftsminister für die Beachtung allgemeinwirtschaftlicher Gesichtspunkte in der allgemeinen Kredit- und Bankpolitik und für die Anpassung der Geschäfte der Kreditinstitute an die Bedürfnisse der Gesamtwirtschaft zu sorgen hat. Außerdem hat er Mißstände, die im Kredit- und Bankwesen hervortreten, zu beseitigen. Er kann weiter geeignete Maßnahmen einleiten, sobald ein Kreditinstitut in Schwierigkeiten gerät oder zu geraten droht, und schließlich kann er Grundsätze über die Geschäftsführung der Kreditinstitute aufstellen. Wenn es sich bei diesen Maßnahmen um solche handelt, denen eine besondere Bedeutung zukommt, sind sie im Einvernehmen mit dem Reichsminister der Finanzen und dem Reichsbankdirektorium sowie im Benehmen mit dem Reichsaufsichtsamt zu treffen (§ 30 Abs. 2 KWG).

Neben dem Reichswirtschaftsminister übt die Reichsbank eine allgemeine Lenkungskontrolle aus, weil ihr durch den § 2 des Reichsbankgesetzes die Pflicht auferlegt ist, für die Nutzbarmachung der verfügbaren Geldmittel der deutschen Wirtschaft in gemeinnütziger und volkswirtschaftlich zweckmäßiger Weise zu sorgen. Zwischen der Reichsbank und dem Reichswirtschaftsminister ist also in bezug auf die Kreditlenkung eine besonders enge Zusammenarbeit notwendig, die zurzeit dadurch gewährleistet ist, daß die Leitung beider Stellen durch Personalunion miteinander verbunden ist.

Auf wichtigen Teilgebieten stehen jedoch nun auch noch anderen staatlichen Stellen neben dem Reichswirtschaftsminister bzw. Reichsaufsichtsamt und der Reichsbank Kontrollbefugnisse zu. So haben z. B. für den landwirtschaftlichen Kredit das Reichsernährungsministerium, für den Kredit der Gemeinden und Gemeindeverbände das Reichsministerium des Innern und unter ihm die Landes- und Provinzialstellen einen Einfluß, dem sie durch die ihnen zustehenden Aufsichtsbefugnisse über die verschiedenen Kreditinstitute auch unmittelbare Wirksamkeit verleihen können. Denn für zahlreiche Kreditinstitute besteht neben der Aufsicht durch das Reichsaufsichtsamt für das Kreditwesen noch eine besondere Staatsaufsicht, die durch die verschiedensten Stellen ausgeübt wird.

Bei den einer besonderen Aufsicht unterliegenden privatrechtlichen Kreditinstituten wird diese besondere Aufsicht allerdings ebenfalls durch den Reichswirtschaftsminister ausgeübt (z. B. bei den privaten Hypothekenbanken und den Schiffspfandbriefbanken). Andere, wie die Bausparkassen, unterliegen der Aufsicht des Reichsaufsichtsamts für Privatversicherung, das jedoch ebenfalls eine dem Reichswirtschaftsministerium nachgeordnete Behörde ist. Bei den öffentlich-rechtlichen Kreditinstituten ist dagegen die besondere staatliche Aufsicht ganz verschieden geregelt. Die Deutsche Rentenbank-Kreditanstalt untersteht der Aufsicht der Reichsregierung. Diese Aufsicht wird auf Grund der Ersten Durchführungs- und Ergänzungsverordnung zum Gesetz über die Errichtung der Rentenbank-Kreditanstalt vom 1. August 1925 von zwei Reichskommissaren ausgeübt, von denen einer vom Reichsfinanzminister, der andere vom Reichsernährungsminister bestellt wird. Das Spitzeninstitut der Kreditgenossenschaften, die Deutsche Zentralgenossenschaftskasse, ist der Aufsicht des Reichsministers der Finanzen unterstellt. Die Deutsche Girozentrale — Deutsche Kommunalbank —, das Spitzeninstitut der öffentlichen Sparkassen, untersteht der besonderen Aufsicht des Reichswirtschaftsministers. Die Staatsbanken unterliegen der Aufsicht des Finanzministers des Landes, für das sie errichtet sind, jedoch kann der Reichswirtschaftsminister nach dem Gesetz über Staatsbanken vom 18. Oktober 1935 die Aufsicht auch selbst übernehmen, was bisher erst zu einem Teil geschehen ist. Die Landschaften und die ihnen gleichzustellenden Institute, die ursprünglich der Aufsicht des Preußischen Landwirtschaftsministeriums unterstanden, sind durch § 4a, 1 der Zweiten Preußischen Verordnung zur Vereinfachung und Verbilligung der Verwaltung vom 29. Oktober 1932 dem Ministerium für Wirtschaft und Arbeit unterstellt worden, dessen Funktionen inzwischen auf den Reichswirtschaftsminister übertragen worden sind; diese Bestimmung ist aber bisher noch nicht verwirklicht worden, so daß die Aufsicht nach der Vereinigung des Preußischen Landwirtschaftsministeriums mit dem Reichsernährungsministerium zunächst noch von diesem ausgeübt wird. Für die Landschaften und ebenso für die landschaftlichen Banken besteht daneben noch eine „unmittelbare Staatsaufsicht", die vom Oberpräsidenten ausgeübt wird. Das gleiche gilt von den Stadtschaften, den Landesbanken und Landeskreditanstalten. Ebenso sind die Provinzialbanken und Girozentralen neben der besonderen Aufsicht des Reichswirtschaftsministeriums der unmittelbaren Staatsaufsicht des Oberpräsidenten unterstellt, und die Sparkassen des öffentlichen Rechts der Aufsicht des Regierungspräsidenten oder der zuständigen Landesregierung. Nimmt man noch hinzu, daß die landwirtschaftlichen Kreditgenossenschaften, die der Aufsicht des Reichswirtschaftsministeriums unterstehen, zugleich auch ein Teil des Reichsnährstandes sind, so erkennt man, daß trotz der Vereinheitlichung durch das Kreditwesengesetz noch eine große Zahl von Aufsichtsbehörden für eine Reihe von Instituten und Gruppen von Instituten vorhanden ist.

Bei der Vielfalt der deutschen Kreditinstitute und der verschiedenartigen Aufsichtsorgane ist die Aufgabe der Reichsgruppe Banken und der in ihr zusammengeschlossenen Wirtschafts- und Fachgruppen naturgemäß nicht immer einfach. Für die gesamte Organisation der gewerblichen Wirtschaft gilt der Grundsatz, daß die Gruppen selbst marktregelnde Maßnahmen nicht treffen sollen. Ausnahmen von diesem Grundsatz können nur, wie im Erlaß des Reichswirtschaftsministers vom 12. November 1936 ausgeführt wird, von Fall zu Fall nach sorgfältiger Prüfung der einschlägigen Verhältnisse zugelassen werden. Die Organisation der gewerblichen Wirtschaft steht nach dem genannten Erlaß mit ihren allgemeinwirtschaftlichen Aufgaben über den marktregelnden Verbänden. Sie soll deshalb zur Mitwirkung bei der vom Reichswirtschaftsminister ausgeübten Aufsicht über die marktregelnden Verbände herangezogen werden. Die Reichsgruppe Banken und die ihr angeschlossenen Wirtschafts- und Fachgruppen nehmen jedoch in dieser Hinsicht eine Ausnahmestellung ein. In einzelnen der Anordnungen, durch die die Wirtschaftsgruppen errichtet worden sind, ist zwar die in diesen Anordnungen übliche Bestimmung enthalten, daß sie marktregelnde Maßnahmen nicht treffen dürfen. Diese Vorschrift fehlt aber bei der Wirtschaftsgruppe Sparkassen, während sie bei der Wirtschaftsgruppe Kreditgenossenschaften die Einschränkung enthält, daß diese marktregelnde Maßnahmen nur mit Genehmigung des Reichswirtschaftsministers oder des Reichsministers für Ernährung und Landwirtschaft treffen darf, soweit nicht sonstige gesetzliche Bestimmungen eine Sonderregelung vorschreiben. Eine solche Sonderregelung ergibt sich für alle Wirtschaftsgruppen der Reichsgruppe und für die Fachgruppen Ländliche Kreditgenossenschaften und Gewerbliche Kreditgenossenschaften aus § 36 KWG, der bestimmt, daß das Reichsaufsichtsamt Mehrheitsbeschlüsse der „Spitzenverbände" der Kreditinstitute über die Geschäftsbedingungen — insbesondere über die Zins- und Provisionssätze — und über den Wettbewerb für allgemeinverbindlich erklären kann. Den Begriff der „Spitzenverbände" nimmt das Kreditwesengesetz aus der Zeit, ehe die Gesamtorganisation der gewerblichen Wirtschaft errichtet war. Als das Kreditwesengesetz erlassen wurde, gab es die „Spitzenverbände" der Kreditinstitute zum Teil bereits nicht mehr. An ihre Stelle waren die Wirtschafts- und zum Teil die Fachgruppen getreten. In der Dritten Verordnung zur Durchführung und Ergänzung des Kreditwesengesetzes vom 30. Juni 1936 ist infolgedessen im Artikel 6 bestimmt, daß die Wirtschaftsgruppen der Kreditinstitute und die aus Spitzenverbänden hervorgegangenen Fachgruppen der Kreditinstitute im Sinne des § 36 KWG den Spitzenverbänden der Kreditinstitute gleichstehen. Die Wirtschaftsgruppen der Reichsgruppe Banken und die aus Spitzenverbänden hervorgegangenen Fachgruppen Ländliche Kreditgenossenschaften und Gewerbliche Kreditgenossenschaften können demnach mit den aus § 36 KWG sich ergebenden Einschränkungen auch marktregelnde Maßnahmen treffen. Diese marktregelnden Maßnahmen wirken natürlich lenkend auf den Kredit ein. Aber es ist selbstverständlich, daß die Aufstellung der für die Lenkung des Kredits maßgebenden allgemeinen Richtlinien nicht Sache der Selbstverwaltung ist, sondern allein der mit der Wirtschaftsführung betrauten staatlichen Stelle zusteht. Die Selbstverwaltung hat vielmehr die Aufgabe, die für die Kreditlenkung vom Staat gegebenen Anweisungen durchzuführen und die Durchführung zu überwachen. Diese Aufgabe wird der Selbstverwaltung aber erschwert, wenn die Kreditinstitute Anweisungen von zahlreichen verschiedenen Stellen entgegennehmen müssen.

In den Jahren des Aufbaues der nationalsozialistischen Wirtschaft und vor allem während des Krieges sind freilich, wie man zugeben muß, besondere Schwierigkeiten in wesentlichen Fragen nicht hervorgetreten. Im Anfang galt es, Arbeit auf allen Gebieten zu beschaffen, also auch Kredit nach allen Seiten hin zu diesem Zweck zu lenken. Dann kam der Vorrang der Rüstungen und schließlich der der unmittelbaren Kriegsfinanzierung, die eine klare Linie für die Lenkung des Kredits vorschrieben und alle Sonderinteressen zurückdrängten. Schwierigkeiten ergaben sich unter solchen Umständen nur in scheinbaren Nebenfragen (Konditionen, Sicherheiten u. ä.), die für das Kreditgewerbe allerdings mitunter von erheblicher Bedeutung waren. In der kommenden Friedenswirtschaft werden jedoch gleichzeitig auf vielen Gebieten so dringende Aufgaben auftreten, wie sie noch niemals in der Vergangenheit in solchem Umfang und solcher Größe einer Wirtschaft gestellt worden sind. Nur ein absolut einheitlich gesteuertes Kreditsystem wird diese Riesenaufgabe zufriedenstellend lösen können.

Der Staat wird, daran ist kein Zweifel, eine Rangordnung der zu befriedigenden Bedürfnisse aufstellen müssen. Der Selbstverwaltung erwachsen dann neue große Aufgaben, darunter solche wie die Mitarbeit an der Organisation der europäischen Wirtschaftsordnung, für die keine Beispiele und Erfahrungen aus der Vergangenheit vorliegen. Die bisherige Bewährung der wirtschaftlichen Selbstverwaltung berechtigt zu der Überzeugung, daß sie auch diese Aufgaben zufriedenstellend lösen wird. Eine wichtige Voraussetzung dazu ist jedoch, daß für die Kreditwirtschaft dann auch formell eine einheitliche „Befehlsstelle" geschaffen wird, wie es der nationalsozialistischen Auffassung von der staatlichen Wirtschaftsführung entspricht und wie es am bezeichnendsten im Reichsnährstand, aber auch in der Bestellung der Generalbevollmächtigten für die Regelung der Bauwirtschaft, für die Eisen- und Stahlbewirtschaftung, für die deutsche Energiewirtschaft u. a. m. zum Ausdruck gekommen ist.

III. Zins

Walter Hofmann

Wesen und Wirkungen des Zinses

Der Zins als Entgelt für eine wirtschaftliche Leistung

Der Zins ist keine Ausgeburt kapitalistischer Entartung des Geldsystems, sondern ein Bestandteil des auf Arbeitsteilung aufgebauten gehobenen Tauschverkehrs unter den Menschen. Ein über den zweiseitigen Naturaltausch hinausgehender mehrseitiger Güter- und Leistungsverkehr ist nicht denkbar, ohne daß die am Tauschverkehr teilnehmenden Menschen in der Lage sind, auf Vorrat zu arbeiten. In diese Lage werden sie seit Beginn des Tauschverkehrs dadurch versetzt, daß die Arbeitsteilung unter den Menschen die Aussicht begründet, „vorgetane Arbeit" im Austausch der Güter und Leistungen mit anderen Teilnehmern am Tauschverkehr nutzbringend zu verwerten. So wird es mit der Arbeitsteilung zu einem elementaren Erfordernis des rationellen Wirtschaftens, die vorgetane Arbeit anderer für die eigene Arbeit in den Dienst zu stellen. Damit schiebt sich in Gestalt der vorgetanen Arbeit zwischen Arbeitsleistung und Bedarfsbefriedigung ein neues Produktionselement in den Wirtschaftsablauf ein: das Kapital. Ohne Verfügung über Kapital ist nun eine vorteilhafte Kombination der übrigen Produktionselemente zur wirtschaftlichen Leistung nicht mehr möglich.

Als mit dem Metallgeld ein allgemein gültiges und relativ wertbeständiges Tauschmittel in den Verkehr kommt, wird die vorgetane Arbeit in der Form dieses Tauschmittels bewertet und getauscht. Dadurch wird die Möglichkeit, vorgetane Arbeit zu jedem geeigneten Zeitpunkt in Güter oder Leistungen des gegenwärtigen Bedarfs einzutauschen, bedeutend erweitert und zugleich für jeden Teilnehmer am Wirtschaftsverkehr der Weg eröffnet, zu jeder Zeit und in jedem beliebigen Umfange auf den eigenen Verbrauch seines Arbeitsergebnisses zu verzichten und diese Teile seiner wirtschaftlichen Leistung für spätere Bedarfsfälle aufzuheben, d. h. zu sparen. Er kann nun entweder diese Teile seines Arbeitsergebnisses selbst „im Produktionsumweg" in Sachkapital verwandeln, d. h. investieren, oder anderen Teilnehmern am Wirtschaftsverkehr für längere oder kürzere Zeit in Form von Geldkapital zur Verfügung stellen, d. h. Kredit geben. Nach Einführung des Geldes kann sich die Speicherung vorgetaner Arbeit außer in der Ansammlung von Gütern auch in Form des Geldsparens vollziehen und so ein Kreditmarkt entstehen, auf dem die gesparten Gelder je nach der Dauer, für die ihr Eigner auf ihre Verwendung verzichten will, kurz- oder langfristig angeboten und gefragt werden. Das vorhandene

Geldkapital auf den verschiedenen Kreditmärkten zusammenzuführen und an die Stellen des Kapitalbedarfs weiterzuleiten, wird dann der wirtschaftliche Zweck der organisierten **Kreditvermittlung**. Für diesen Vorgang haben sich später die verschiedensten Formen herausgebildet, aus denen sich die einzelnen Typen von Kreditinstituten entwickelt haben, die dem heutigen Bild des Kreditgewerbes das Gepräge geben. Eine Anzahl von Unternehmungsformen, die in der kapitalistischen Wirtschaft entstanden sind, ist geradezu auf der Geeignetheit und Bereitschaft der Kreditmärkte aufgebaut, Geldkapital für die Finanzierung von wirtschaftlichen Aufgaben zu sammeln und zu vermitteln. Auch die öffentlichen Körperschaften, insbesondere Staat und Gemeinden, decken einen Teil ihres Finanzbedarfs aus den Kreditmärkten. Die starke Inanspruchnahme des Kredits für die Deckung des volkswirtschaftlichen Geldkapitalbedarfs zur Erstellung des in den Anlagen der öffentlichen und privaten Wirtschaft repräsentierten Sachkapitals beweist die Bedeutung der Funktionsfähigkeit der Kreditmärkte für den Aufbau und Ausbau der Wirtschaftsunternehmungen im weitesten Sinne und beleuchtet die volkswirtschaftliche Funktion des Sparvorganges, aus dem die Kreditmärkte gespeist werden. Am deutlichsten tritt das in Zeiten hervor, in denen besondere Anforderungen an die gesamte Wirtschaftskraft eines Volkes gestellt werden, wie z. B. im Kriege. Dann wird die nachhaltigste Forderung an den „Sparer" gestellt, sich im Konsum Beschränkungen aufzuerlegen und die ersparte Kaufkraft über die Kreditmärkte zur Deckung des gesteigerten Investitionsbedarfs bereitzustellen.

Die Bildung von Kapital und die Gewährung der Verfügung über dieses Kapital an andere, die das Kapital zu volkswirtschaftlich gerechtfertigten Zwecken verwenden, ist demnach eine **wirtschaftliche Leistung**, für die es in einer Wirtschaftsform, die die Erwerbsabsicht des einzelnen wirtschaftenden Individuums neben der sozialen Arbeitspflicht als Antriebskraft zur wirtschaftlichen Leistung in Betracht zieht, keinen Ersatz gibt. **Die notwendige Gegenleistung für diese wirtschaftliche Leistung ist der Zins**, und die Verweigerung einer Gegenleistung würde geradezu eine sozial und wirtschaftlich nicht vertretbare Ausbeutung der volkswirtschaftlichen Kapitalbildungskräfte bedeuten. Um die wirtschaftstheoretische Begründung und sozialethische Begrenzung dieser Gegenleistung haben sich die Gemüter seit jeher erhitzt, weil der Beitrag, den das Kapital zum Sozialprodukt leistet, im Gegensatz zu dem Anteil der anderen Produktionselemente nicht für jedermann sichtbar ist. Was die Werkzeuge und die Arbeit an produktiver Leistung schaffen, liegt vor aller Augen. Daß die sinnvolle Kombination dieser einzelnen Leistungen zu einem Wirtschaftsbetrieb auch des kleinsten Umfangs die Verfügung über Kapital voraussetzt und daß dieses Kapital das Ergebnis einer vorgetanen Arbeit ist, ist schwerer zu erkennen. Deshalb setzt die Anerkennung der wirtschaftlichen Berechtigung des Zinses und die Beurteilung der richtigen Bemessung der Gegenleistung für die Bereitstellung von Kapital das Wissen um die volkswirtschaftlichen Zusammenhänge zwischen Kapitalbildung und Wirtschaftsintensität voraus. Besonders der Schuldner ist leicht geneigt, im Zins nur die Kürzung seines Leistungsergebnisses, nicht aber die Abgeltung für die Vorleistung anderer zu sehen, die durch den Kredit in den fruchtbaren Zusammenhang mit seinen eigenen Leistungen eingegliedert wird.

Solange solche Zusammenhänge überhaupt nicht bestanden, hatte die Leihe vorgetaner Arbeit — sei es in Gütern oder in Geld — für den Empfänger nur Konsumtivwert. Für die Fälle einer solchen einseitigen Hilfeleistung mußte notwendigerweise die moralische Bewertung des Zinsnehmens eine andere sein als für die Bereitstellung von Kapital in einer Wirtschaftsverfassung, in der das Geldkapital volkswirtschaftlichen Produktionszwecken dienstbar ist. Der dem Begriff der Leihe innewohnende Hilfsgedanke schließt moralisch einen Nutzen für den Hilfeleistenden aus. Denn wer die Hilfsbedürftigkeit eines anderen zum eigenen Vorteil ausnutzt, begeht Wucher. Die auf einem anderen wirtschaftlichen Vorgang begründete Auffassung vom Darlehn, die sich erst unter der Wirkung einer entwickelteren Wirtschaftsverfassung herausbilden konnte, geht demgegenüber von einem wechselseitigen Verhältnis aus, bei dem eine Hilfe gegen einen Nutzen ausgetauscht wird. Auch das BGB unterscheidet bekanntlich auf diesen wirtschaftlichen Vorstellungen fußend die unentgeltliche Leihe von dem Darlehn, bei dem die Zinsansprüche des Darlehnsgebers besonderen Schutz genießen. Die Zinstheorien der Nationalökonomen, die auf einer produktiven Funktion des Kapitals aufbauen, unterstellen ebenfalls die Berechtigung des Zinses als eines Entgeltes für eine wirtschaftliche Leistung, mag es nun als Abgeltung für einen Konsumverzicht oder als Anteil am erhöhten Ertrag des Darlehnsnehmers oder als ein Ausgleich für das „Warteopfer" des Gläubigers erklärt werden.

Aber auch nach der Loslösung der Zinsdiskussion von der karitativen Vorstellung einer primitiven Nachbarhilfe, bei deren Mißbrauch grundsätzlich der „arme Schuldner" gegen den „reichen Gläubiger" in Schutz genommen werden mußte, behält das Zinsproblem eine soziale und wirtschaftliche Seite. Denn es widerspricht dem Gedanken der Förderung der wirtschaftlichen Produktivität, daß mit der Zinsforderung schuldrechtliche Abhängigkeiten und rentabilitätsmäßige Mißverhältnisse entstehen, die der Ausbeutung Tür und Tor öffnen und eine den gemeinnützigen Wirtschaftszweck gefährdende „Zinsknechtschaft" begründen können. Im Staat der unumschränkten Individualitätsrechte wurde der machtlose Schuldner, der seinen Verpflichtungen nicht nachkommen konnte, vom mächtigen Gläubiger in den Schuldturm gesperrt. Der Rechtsstaat hat seit jeher eine wichtige Aufgabe der staatlichen Ordnungspflicht in der Überwachung des Verhältnisses vom Gläubiger zum Schuldner gesehen. Der Staat muß im Interesse der sozialen Ordnung Vorsorge treffen, daß der Gläubiger besonders bei ihm günstiger Marktlage nicht seine Machtstellung in asozialer Weise gegenüber dem Schuldner mißbraucht. Die

Gestaltung des Klagerechts sowie die Ordnung des Konkurses und der Zwangsvollstreckung sind ganz allgemein darauf abgestellt, daß auch die Interessen des Schuldners angemessene Berücksichtigung erfahren. In Krisenzeiten hat der Staat noch darüber hinausgehende Eingriffe zugunsten des Schuldners für richtig gehalten, wie sie in neuerer Zeit z. B. in Maßnahmen zur Regelung des außergerichtlichen Vergleichs und zur geregelten Entschuldung in Erscheinung getreten sind. Dem Gedankengut des volksnahen Rechts entspricht es, daß kein Gläubiger einen Schuldner, der „unverschuldet" in Erfüllungsverzug kommt, mit dem unerbittlichen Gesetzesparagraphen nach Interesse und Belieben verfolgen kann.

Die Zinsbildung im „freien Spiel der Kräfte"

Das vom Kapitaleigner für volkswirtschaftliche Zwecke bereitgestellte Kapital wird zu einem erheblichen Teil auf dem organisierten Kreditmarkt angeboten und gesucht. Die Höhe des Zinses bestimmt sich deshalb grundsätzlich nach der Lage dieses Marktes. Wenn eine variable Gestaltung der Zinshöhe als das Ergebnis einer wechselnden Relation zwischen Angebot und Nachfrage auf den Kreditmärkten anerkannt wird, so ist damit jedoch keineswegs unlöslich die Vorstellung verbunden, daß diese Faktoren der Marktbildung sich in der Volkswirtschaft frei und ungezügelt auswirken müßten, um das wirtschaftliche Gleichgewicht sicherzustellen. Die Abhängigkeit der Zinsbildung von der Marktgestaltung ist weitgehend die Ursache dafür, daß die Zinsentwicklung im „freien Spiel der Kräfte" in hohem Maße von störenden Einflüssen besonderer inner- oder außenwirtschaftlicher Verhältnisse beeinträchtigt wird, die den natürlichen Marktausgleich verhindern und eine Krise erzeugen können. Der Einsatz der Lenkungskräfte des Staates gegen diese Krisenursachen bedeutet deshalb aber nicht die Verneinung der Markteinflüsse auf die Zinsgestaltung, sondern die zielbewußte Ausnutzung ihrer Wirkungen für das erstrebte wirtschaftspolitische Ziel.

Der Zins wird wie jeder Marktpreis grundsätzlich von einzelnen **Marktfaktoren** bestimmt. So wirkt auf der Nachfrageseite das Verhältnis zwischen investitionsbereitem Kapital und Investitionsbedarf als Kostenfaktor. Auf der Angebotsseite muß die Zurückhaltung des Kapitals gegenüber den unvermeidlichen Gefahren der wirtschaftlichen Kapitalverwendung mit einer dem Einzelfall angepaßten Risikoprämie überwunden werden. Schließlich ist die Dauer des Verfügungsverzichts, den der Kapitaleigner bei der Weitergabe des Kapitals einzugehen hat, im Zins abzugelten. Infolge der unterschiedlichen Relation der Preisbildungsmomente bei den einzelnen typischen Fällen der Kapitalverwendung hat sich eine Reihe von Marktzinssätzen herausgebildet, die ein Spiegelbild der von den Märkten gebotenen Anlageformen in der Verschiedenartigkeit ihrer Befristung, ihrer Sicherheit und der im Verhältnis zur allgemeinen Marktlage mit ihnen zu verbindenden Renditenerwartungen abgeben. Die Wirkungen dieser

Kostenfaktoren entsprechen sich wechselseitig in der Weise, daß in der Regel hoher Ertrag einer Kapitalanlage einer entsprechenden Steigerung der damit verbundenen Risiken gegenübersteht, sichere Anlagen, die der Kreditmarkt bietet, dagegen meist einen Verzicht auf kurzfristige Liquidierbarkeit verlangen und hochliquide Anlagen normalerweise eine entsprechend geringe Renditenaussicht begründen. Die Absetzung des einzelnen Marktzinses gegen den durchschnittlichen Landeszinsfuß ist also darin begründet, in welchem Maße im Einzelfall die im Zinssatz ausgedrückten Preiselemente, nämlich Knappheitsprämie, Risikoprämie und Prämie für Verfügungsverzicht als Gegenstücke der drei Marktfaktoren: Umfang des Kapitalangebots, Sicherheit der gebotenen Anlage und Befristung der Fremdgeldbeanspruchung zum Ausdruck kommen.

Ergeben sich diese drei Marktfaktoren als Preiselemente des Marktzinses, so ist die Entwicklung des Zinsspiegels einer Volkswirtschaft zunächst und in erster Linie durch den Umfang der Kapitalbildung vorgezeichnet, die sich in der betreffenden Volkswirtschaft vollzieht. Von verstärkter Kapitalbildung ist ein Druck auf die Zinsen, von verringerter Kapitalbildung eine Auftriebstendenz in der Zinsentwicklung zu erwarten. Die Kapitalbildung wird dadurch verstärkt, daß das Gesamtergebnis der in der Volkswirtschaft geleisteten produktiven Arbeit in ein günstigeres Verhältnis zum Gesamtverbrauch gebracht wird. Deshalb wird aber — mindestens in der nicht bis zur optimalen Grenze ihrer Produktivkräfte ausgenutzten Volkswirtschaft — das Ziel der Wirtschaftsführung nicht im Minderverbrauch gesehen, sondern vielmehr darin, daß die Gütererzeugung und -verteilung technisch und organisatorisch intensiviert wird, um so bei steigender Bedarfsbefriedigung und erhöhtem Lebensstandard den Überschuß der Erzeugung über den Verbrauch zu vergrößern. In Zeiten besonders gesteigerter Kapitalnachfrage kann auch zeitweilig durch Mehrleistung aller Glieder der Volkswirtschaft bei gleichzeitig verstärktem Verbrauchsverzicht und durch Hinausschiebung des Erneuerungsbedarfs am Produktionsapparat ein größerer Teil des Volkseinkommens, als normalerweise zur Kapitalbildung zur Verfügung steht, der Investitionsfinanzierung zugeführt werden, z. B. dadurch, daß Steuererhöhungen und Kreditnahmen des Staates das Volkseinkommen höher als normal beanspruchen. Der in diesem Verfahren liegende Zwang zur Mehrleistung und zum Minderverbrauch ist theoretisch bis an die Grenze der physiologischen Möglichkeit und der sozialen Zumutbarkeit zu steigern, aber es gibt keine Möglichkeit, die Aufbringung von Investitionskapital „auf künftige Generationen zu verschieben". Abgesehen von der Möglichkeit der Inanspruchnahme ausländischen und dem Verzehr aufgespeicherten inländischen Sachkapitals muß jede Generation ihren Kapitalbedarf selbst absparen bzw. abarbeiten. Für die Deckung des Investitionsbedarfs steht daher in jeder Volkswirtschaft soviel Kapital zur Verfügung, wie in der Volkswirtschaft selbst erarbeitet wird. Es gibt wohl in der gelenkten Wirtschaft — in anderem Zusammenhang zu erörternde — Möglichkeiten, durch staatlichen Krediteinsatz ungenutzte Produktionskräfte im Sinne einer verstärkten und beschleunigten Kapitalbildung zu aktivieren und durch steuerlichen Zugriff und durch Sparzwang eine zusätzliche Kapitalbildung zu erzielen, aber über den Einsatz der vorhandenen Produktionskräfte hinaus kann keine Zauberformel und kein finanztechnisches Kunststück Kapital aus dem Nichts „schöpfen".

Bei den volkswirtschaftlichen Produktionskräften liegt die optimale Begrenzung des Angebots, das im Ausgleich mit der Nachfrage den Marktpreis auf den Kreditmärkten, d. h. die Höhe des Zinses bestimmt. Deshalb haben — unter der Voraussetzung richtiger Kapitalverwendung — Volkswirtschaften mit starken Kapitalbildungskräften bei höherem Lebensstandard einen niedrigeren Zinsspiegel als Volkswirtschaften mit primitiverer Wirtschaftsentwicklung und geringerer Kapitalbildung. Da in einer zweckmäßig auf dem Weg zur Intensivierung fortschreitenden Volkswirtschaft die Kapitalbildung zunimmt, hat der Zins normalerweise eine Tendenz zum Absinken. Wenn der Zinsspiegel steigende Tendenz aufweist, so ist das nach der theoretischen Konzeption der Zinsfunktionen ein Signal dafür, daß die Kapitalbildung hinter den Kapitalansprüchen zurückbleibt, wie umgekehrt ein sinkender Zins ein Überangebot von unbeschäftigtem Geldkapital anzeigt. Daraus wird die regulative Bedeutung abgeleitet, die dem Zins bei freier Marktgestaltung dadurch zufällt, daß der steigende Zins diejenige Kapitalnachfrage von der Befriedigung ausschließt, die keinen Anspruch auf Befriedigung hat, weil die zu erwartende Produktivität der Anlage den verlangten Zinsertrag nicht zu erbringen verspricht, und daß ein sinkender Zins diejenigen Investitionsbedürfnisse wieder zur Befriedigung zuläßt, die im Aufschwung mit steigenden Zinsen vom Zutritt zu den Kreditmärkten ausgeschlossen wurden.

Die Zinsbildung in der gelenkten Wirtschaft

Es wurde bereits darauf hingewiesen, daß die praktische Gültigkeit dieser „klassischen Zinsfunktionen" eine Marktverfassung voraussetzt, in der das Gleichgewicht zwischen Kapitalbildung und Kapitalverwendung von keinerlei störenden Einflüssen durch besondere außen- oder innerwirtschaftliche Verhältnisse beeinträchtigt wird. Wenn diese Beeinträchtigungen aber vorliegen und die Volkswirtschaft nicht unter ihrer Wirkung Krisen und damit Kapitalverlusten ausgesetzt werden soll, verlangt das gesamtwirtschaftliche Interesse, daß Kapitalbildung und Kapitalverwendung mit anderen Mitteln als denen des liberalen Marktautomatismus im Gleichgewicht gehalten werden.

Störungen der klassischen Spielregeln des Marktautomatismus sind nun aber nicht erst die Folge der letzten Weltkrise oder das Kriterium „übersättigter" Volkswirtschaften, sondern sie sind schon mit der liberalen Marktauffassung selbst emporgewachsen. Die liberale Marktordnung, die vom freien Entfalten der Individualinteressen den Höchstgrad der Harmonie erwartet, war auch der Boden, aus dem die „Koalitionen" der wirtschaftenden Menschen und ihre Macht erwuchsen. Ihr durch die verbrieften Machtansprüche der Mehrheit begründeter Einfluß auf Lohn- und Preisbildung entzog bereits der automatischen Kapitallenkung ihre Grundlage, weil unter der Wirkung von Lohn- und Preismonopolen der Ertrag der Kapitalverwendung praktisch nicht mehr ausschließlich von der Produktivität der Anlagen, sondern mehr und mehr vom Preis- oder Lohndiktat der Organisationen abhängig wurde. So standen in der Zeit des „Hochkapitalismus" der Kapitalfehlleitung am wenigsten automatisch wirkende Korrekturkräfte entgegen, und es ist deshalb kein Zufall, daß ein Höhepunkt der Kapitalfehlleitung mit dem Kulminationspunkt des „Mißbrauchs wirtschaftlicher Machtstellungen" zusammenfällt.

Ebenso muß der Automatismus des Ausgleichs von Kapitalbildung und Kapitalverwendung versagen, wenn, wie es nach Versailles geschehen ist, durch blinde Ausnutzung der außenpolitischen Schwäche eines Volkes der Ertrag seiner wirtschaftlichen Arbeit ins Ausland abgeleitet wird und die volkswirtschaftlichen Investitionen aus „geborgtem" Kapital bestritten werden, dessen Abarbeitung mit einer Dauerbelastung des Volkseinkommens und der Devisenbilanz verbunden ist, so daß nur der von einer entsprechenden Wirtschaftspolitik erzwungene Verzicht auf Investitionen und auf Importe die Harmonie hätte wiederherstellen können, während in Wirklichkeit das Gegenteil geschehen ist.

Die wichtigste Einschränkung des freien Ausgleichs von Kapitalbildung und Kapitalverwendung folgt aber daraus, daß der den privatwirtschaftlichen Individualinteressen übergeordnete Staat in immer größerem Umfange den Anspruch erhebt, einen mit den politischen und wirtschaftspolitischen Anforderungen seiner Führungsaufgabe steigenden Anteil an der Kapitalbildung für staatspolitisch vordringliche Investitionsbedürfnisse der öffentlichen Hand zu reservieren. Soweit die öffentliche Hand dabei selbst als Teilnehmer am Wirtschaftsverkehr auftritt und z. B. Versorgungs- oder auch Erwerbsunternehmungen betreibt, die einen Kapitalbedarf entwickeln, wird für solche „werbenden" Anlagen auch der privatwirtschaftliche Grundsatz der Rentabilität als Kriterium der volkswirtschaftlichen Berechtigung der Kapitalverwendung angewandt, wobei diese Rentabilität aber auch nur mittelbar in Erscheinung treten kann, wie etwa z. B. beim Bau von Verkehrswegen durch die rentabilitätsmäßigen Vorteile, die den Benutzern der Verkehrswege aus ihrem Vorhandensein erwachsen.

An diesem Punkt hat die „Buchhalterideologie" (Keynes) im Rentabilitätsdenken bis in die jüngste Vergangenheit aber auch die G r e n z e n der Berechtigung jeder öffentlichen Investitionstätigkeit gesehen. Diese Auffassung hat deshalb folgerichtig auch alle öffentlichen Maßnahmen, die ohne Rücksicht auf die angeführten Rentabilitätserwägungen volkswirtschaftliches Kapital beanspruchten, verworfen und auch den Einsatz der öffentlichen Investitionen als Mittel zur Korrektur der konjunkturellen

Folgen mangelnder Investitionsinitiative der Unternehmer in das Gebiet der Fehlinvestitionen verwiesen und so die Verpflichtung des Staates zu einer aktiven Konjunkturpolitik verneint.

Die Arbeitsbeschaffungspolitik des nationalsozialistischen Staates hat der Erkenntnis zur praktischen Anerkennung verholfen, daß der öffentlichen Hand die Möglichkeit gegeben ist und damit die Verpflichtung obliegt, zur geeigneten Zeit mit einer eigenen Investitionstätigkeit den unheilvollen Kreislauf zwischen Umsatzschrumpfung und Investitionsunlust zu unterbrechen und damit ein neues und wichtiges Stabilitätsmoment in den Wirtschaftsablauf einzuschalten. Eines der wichtigsten Mittel zur Durchführung dieser Aufgabe ist die Kreditausweitung der öffentlichen Hand. Solange im Stadium der Krisenüberwindung die Vollbeschäftigung der Wirtschaft nicht erreicht ist, kann die öffentliche Hand im Kreditwege zunächst die auf den Kreditmärkten sich ansammelnden unbeschäftigten Gelder abschöpfen, um sie ihrer volkswirtschaftlichen Bestimmung, nämlich der Erzeugung von Gütern, zuzuführen. Durch eine neue „Initialzündung" soll die Stagnation überwunden und ein Aufschwung erreicht werden, dessen Fortwirkung gegebenenfalls durch anhaltende Kreditschöpfung sicherzustellen ist. Die erfolgreiche Beschreitung dieses Weges, wie es in der Arbeitsbeschaffung und im Vierjahresplan geschehen ist, setzt allerdings eben voraus, daß in der angekurbelten Wirtschaft der durch die Kreditausweitung ausgelösten Kaufkraftsteigerung ein entsprechend gesteigertes Güterangebot entgegengesetzt wird, damit die Kreditausweitung ohne inflationistische Wirkungen auf die Preis- und Lohngestaltung bleibt. Wird, wie in der Kriegswirtschaft, in einer vollbeschäftigten Wirtschaft das Kreditvolumen und die Gütererzeugung wegen der Vordringlichkeit der Rüstungsindustrie ausgeweitet, so muß mit der Verflüssigung der Kreditmärkte und der Kaufkraftsteigerung eine vollkommene Wirtschaftslenkung Hand in Hand gehen, die die Kaufkraftverwendung wie die Investitionstätigkeit unter Kontrolle hält, um die Entwicklung eines gleichgewichtsstörenden Mißverhältnisses zwischen Erzeugung und Verbrauch zu vermeiden.

Diese Lenkung betrifft auf der Geldseite unserer Wirtschaft in erster Linie die durch die Kreditausweitung hervorgerufene Gestaltung von Angebot und Nachfrage auf den Kreditmärkten und beinhaltet infolgedessen auch eine Beeinflussung der Preisbildung auf diesen Märkten, d. h. der Zinsgestaltung. Es ist der Sinn der organischen Zinssenkung, daß sie nicht darauf gerichtet ist, den Marktgesetzen Gewalt anzutun, sondern im Gegenteil darauf hinzielt, die Marktgesetze dem erstrebten Ziel dienstbar zu machen. Dadurch unterscheidet sich die Zinspolitik der Gegenwart von der Zinskonversion der Brüning-Aera, daß die gegenwärtige Zinspolitik nicht bei den äußeren Merkmalen der Lage an den Kreditmärkten, d. h. den Zinssätzen, sondern bei dem der Zinsbildung zugrundeliegenden Verhältnis von Angebot und Nachfrage auf den Kreditmärkten einsetzt. Der autoritären Führung einer zentral gelenkten Volkswirtschaft ist es möglich, auf dem Kapitalmarkt das Angebot an Anlagemöglichkeiten durch Emissionsbeschränkung und Offenmarktpolitik zu steuern und auf dem Geldmarkt durch Kreditausweitung den jeweils erwünschten Grad von Flüssigkeit zu bestimmen. So wird diejenige Marktverfassung hergestellt, die auch inmitten einer Periode starker Beanspruchung der Investitionskraft Zinssenkungen ermöglicht, wie es im Rahmen der freiwilligen Konversion des Jahres 1935 erfolgreich geschehen ist.

Die Zinsbildung in der Kriegswirtschaft

Unter dem Zeichen der Kriegsfinanzierung ist diese mit der Lenkung des Investitions- und Verbrauchsvolumens verbundene Wirkung auf die Gestaltung von Angebot und Nachfrage auf den Kreditmärkten noch nachhaltiger. Wenn die durch die kriegsmäßige Einschränkung der Verbrauchsgütererzeugung und durch die Liquidierung der Läger freigesetzten Geldmittel durch gleichlaufende Maßnahmen der Konsumbeschränkung den Kreditmärkten zugeführt und durch zielbewußte Beschränkung der Anlagemöglichkeiten unter ständigem Angebotsdruck gehalten werden, kann, wie die Erfahrung gezeigt hat, die Zinsgestaltung bei voller Deckung der gesteigerten Investitionsbedürfnisse ständig unter der Einwirkung verbilligender Marktfaktoren gehalten werden, ohne daß diesem Vorgang entsprechende Verschiebungen der tatsächlichen Relationen in der Kapitalbildungsbilanz gegenüberstehen. Die Wirkungen der Mangel- und Überangebotslage, die unter dem Walten einer liberalen Marktverfassung durch den Konjunkturabschwung bewirkt wird, werden in diesem Fall von der gelenkten Wirtschaft durch Konsumdrosselung und Investitionslenkung bewußt und gewollt ausgelöst und den wirtschaftspolitischen Zwecken der Wirtschaftsführung dienstbar gemacht.

Das Stabilitätsmoment, das die Verbrauchs- und Investitionslenkung der Lage auf den Kreditmärkten verleiht, bedeutet gleichzeitig eine günstige Beeinflussung eines anderen Faktors der Zinsbildung, der Risikoprämie. In einer stabilen Wirtschaft ist das objektive Risiko der Kapitalverwendung geringer als in einer vom konjunkturellen Auf und Ab in Unruhe gehaltenen Wirtschaft. Wenn der Schlüssel für den Konjunkturverlauf beim Staate liegt, treten die Sicherheitserwägungen bei der Kapitalverwendung immer mehr hinter den „Anlagehunger" zurück. So wird eine nivellierende Wirkung auf den „natürlichen" Abstand der Renditen etwa zwischen den sichersten Staatsanlagen und den Aktien ausgeübt, durch die die Zinssenkungstendenz gefördert wird.

Die gleiche Wirkung auf die Zinsskala und damit die Zinsgestaltung geht von der verminderten Dringlichkeit der Liquiditätsansprüche aus, die bei hochgradiger Flüssigkeit der Kreditmärkte an die Kapitalanlagen gestellt werden. Hier werden die Einflüsse des dritten Kostenelements des Zinses, der Liquiditätslage der Volkswirtschaft, sichtbar. In der vollbeschäftigten Wirtschaft werden normalerweise die vorhandenen Geldmittel voll beansprucht. Wenn, wie es unter dem Einfluß der gegenwärtigen Kriegsfinanzierung geschieht, die Märkte so flüssig sind, daß das freigesetzte Geldkapital auf längere Zeit nicht mit der Wiederbeanspruchung für seine vorbestimmten Zwecke rechnen kann, werden die sogenannten kurzfristigen Gelder praktisch immer langfristiger. Sie wandern dann vom Geldmarkt zu den mittelfristigen und langfristigen Anlagen hinüber und wirken vom Geldmarkt aus drückend auf die Kapitalmarktrenditen, deren unterschiedliche Höhe gegenüber den Renditen kurzfälliger Anlagen durch das im Zins enthaltene Entgelt für den langfristigen Verfügungsverzicht des Kapitaleigners bedingt ist. Wenn die Wirtschaftspresse bei der Erörterung dieses Vorgangs auf solche die Wertpapiermärkte beunruhigende Gelder die Bezeichnung „Pseudokapital" angewandt hat, so ist damit zutreffend gekennzeichnet, daß es sich bei diesen Mitteln um Kapitalmarktbestandteile handelt, die eigentlich ihrer wirtschaftlichen Bestimmung nach nicht auf diese Märkte gehören und deshalb das Bild dieser Märkte verfälschen. An die Anleger solcher Mittel richteten sich auch die Mahnungen des Leiters der Reichsgruppe Industrie und des Leiters der Reichsgruppe Banken, die im Sommer 1941 im Zusammenhang mit den Erörterungen über unerwünschte Kursentwicklungen an der Wertpapierbörse ausgesprochen worden sind. Gegen die „Fehlleitung" des Pseudokapitals wurde in den Maßnahmen des Reichswirtschaftsministers gegen unerwünschte Börsenentwicklungen im Herbst 1941 mit allem Nachdruck sogar die staatliche Autorität eingesetzt.

Es hat sich gerade in diesen Vorgängen gezeigt, daß eine Verwischung der Grenzen zwischen den einzelnen Abstufungen der Zinsskala wichtige Verteilungsfunktionen des Zinses außer Kraft setzt, die dann von der Wirtschaftsführung wieder durch Lenkungsmaßnahmen ersetzt werden müssen. Es hat nicht nur historischen Sinn, wenn bei richtiger Kreditmarktgestaltung — um nur die äußeren Grenzen abzuzeichnen — die Dividendenpapiere als risikoreichste Anlageform renditenmäßig an der Spitze liegen nächst den Hypotheken als sicherste, aber auch am wenigsten liquide Anlage. Den Hypotheken folgen renditenmäßig die leichter liquidierbaren und weniger risikovollen festverzinslichen Wertpapiere, unter denen die Staatspapiere als sicherste Anlage die geringste Rendite rechtfertigen. Diese in der Praxis noch durch viele Zwischenstufen verfeinerte Zinsskala stellt ein verästeltes Schleusensystem dar, durch das die den Kreditmärkten zuströmenden Geldkapitalien in die ihrer Herkunft und Bestimmung entsprechenden Bestandteile zerteilt und den geeigneten Verwendungsmöglichkeiten zugeführt werden. Ein Außerfunktionsetzen dieses Schleusensystems würde zu einer Verfeinerung der staatlichen Kapitallenkung zwingen, deren erkennbare Problematik die Grenzen sichtbar werden läßt, an denen die wohltuende dynamische Wirkung der staatlichen Einwirkung auf die Preisbildung an den Kreditmärkten sich mit den Gefahren einer volkswirtschaftlich nachteiligen Statik im Bereich der Kreditmärkte berührt.

Hierbei ist der Hinweis nötig, daß die Beschränkung der Betrachtung der Wirkungen des Zinses auf die Zusammenhänge zwischen Zinsbildung und Lenkung des volkswirtschaftlichen Kapitalfonds nicht von der Unterstellung ausgeht, die Abhängigkeiten zwischen Zinsentwicklung und Kapitalbildung seien gering einzuschätzen oder gar zu verneinen. Diese Abhängigkeiten werden in dieser Schrift von anderer Seite und von einem anderen Blickpunkt aus behandelt. Bei den in diesem Rahmen zu erörternden Zinsfunktionen ist von der bereits hervorgehobenen Grunderkenntnis auszugehen, daß nur vorhandenes Kapital verteilt und gelenkt werden kann. Es entspricht auch den Grundsätzen einer Wirtschaftsform, die die Unternehmerinitiative nicht nur nicht ausschließen, sondern im Gegenteil zu höchster Entfaltung anregen will, daß staatliche Lenkungsmaßnahmen innerhalb des Wirtschaftsorganismus nur insoweit angewendet werden, als die Selbstlenkung der Wirtschaft auf der Grundlage der vom autoritären Staat gesetzten Wirtschaftsziele nicht die gewünschte Wirkung aus eigener Kraft auslöst. Das darauf begründete Prinzip des Minimums staatlicher Eingriffe, das von zuständiger Seite besonders für die Zeit der Wiederkehr normaler Verhältnisse immer wieder betont worden ist, bedeutet insofern die Forderung, die natürlichen Lenkungswirkungen innerhalb der Wirtschaft so zu fördern, daß um so weniger staatlicher Eingriff notwendig ist. Es ist also angebracht zu fragen, welche Wirkungen auf eine volkswirtschaftlich erwünschte und gesunde Kapitalverteilung in Zukunft von der Zinsgestaltung zu erwarten sind, um zu einem Urteil darüber zu gelangen, an welchen Grenzen naheliegende Vorteile der Zinssenkung durch Nachteile in der Kapitalverteilung überkompensiert werden, wobei im Hinblick auf die künftige Rolle Deutschlands in der Weltwirtschaft sowohl die Frage der innerwirtschaftlichen wie der außenwirtschaftlichen Kapitalverteilung eine Rolle spielt.

Die Zinsbildung in der künftigen Friedenswirtschaft

Im innerwirtschaftlichen Sektor ist für die Dauer der Kriegsbeanspruchung der Wirtschaftskraft mit einer Fortwirkung der gegenwärtigen Verflüssigungstendenzen an den Kreditmärkten zu rechnen, da die bekannten Ursachen dieser Verflüssigung bestehen bleiben und sich eher noch verschärfen. Die gelenkte Wirtschaft soll nach ihrer Bestimmung ein Höchstmaß an Stabilität aufweisen, und der zielbewußte Kapitaleinsatz ist eines der wichtigsten Stabilitätsmomente der „krisenlosen Wirtschaft". Deshalb ist es folgerichtig, in der gelenkten Wirtschaft auch jede sprunghafte Zinsentwicklung, die immer als besonderes Merkmal der Unstabilität anzusehen ist, auszuschließen. Das erfordert die Überlegung, inwieweit in den an den Kreditmärkten vorherrschenden Verflüssigungstendenzen nachhaltig wirkende Marktfaktoren oder vorübergehende Wirkungen besonderer akuter Ursachenreihen vorliegen, die bei veränderten Voraussetzungen wieder rückläufige Entwicklungen auslösen.

Mit einer solchen Veränderung der marktbildenden Faktoren ist mit Sicherheit zu rechnen, wenn nach Beendigung des Krieges notwendigerweise eine Rückverlagerung des Verbrauchsgüter- und Produktionsmittelbedarfs auf friedenswirtschafliche Aufgaben stattfindet. Dann wird es notwendig sein, den nach Maßgabe der Wiederingangsetzung der Friedensproduktion steigenden privaten Investitionsbedarf und die Betriebsmittelanforderungen, die die Wiederauffüllung der Läger und die Belebung des Umsatzes stellen, mit einem anhaltenden Kapital- und Konsolidierungsbedarf der öffentlichen Hand in Einklang zu bringen, ohne stabilitätsstörende Entwicklungstendenzen in der Zinsgestaltung zur Auswirkung kommen zu lassen. Gewiß liegt es in der Hand der Wirtschaftsführung, den Ablauf dieses Vorgangs mit den Mitteln der Rohstoffverteilung und der Arbeitslenkung und mit der geeigneten Dosierung der Wiederfreigabe des Konsums und des Nachholebedarfs in der Wirtschaft zu steuern. Dies wird um so notwendiger sein, als auch nach dem Kriege jedenfalls noch längere Zeit mit erheblichen vordringlichen Staatsaufgaben zu rechnen ist, wie sie die Kriegswirtschaft und ihre Vorbereitung gestellt haben. Damit ist weitgehend das Tempo zu bestimmen, in dem die durch den entgegengesetzten Vorgang freigesetzten Mitteln wieder ihrer natürlichen volkswirtschaftlichen Beschäftigung zugeführt und die Anlagen, in die sie während dieser Zeit geflossen sind, liquidiert werden, so daß so lange auch die zinsmäßigen Auswirkungen dieser Rückverlagerung unter Kontrolle stehen.

Die Überwindung dieser Übergangszeit wird erleichtert, und der Zeitraum, innerhalb dessen das Mißverhältnis zwischen Kapitalangebot und neuem Kapitalbedarf sich ausgleicht, wird verkürzt, wenn der Zinsspiegel, mit dem die Wirtschaft in den neuen Abschnitt eintritt, dem den neuen Voraussetzungen entsprechenden natürlichen Zins so nahe wie möglich ist. Dies ist auch die Voraussetzung dafür, daß die marktwirtschaftliche Zinsskala, deren funktionelle Verteilungswirkung der Wirtschaftsführung und der Kreditwirtschaft die Übersicht über das vorhandene Geldkapital und damit ihre Entschließungen erleichtert, aus der Nivellierung wieder zur Differenzierung gelangt. In der durch den unterschiedlichen Renditenanreiz ausgelösten Fluktuation zwischen den Märkten werden die stabilisierenden Wirkungen nutzbar gemacht, die dieses Schleusensystem auf den Zinsspiegel auszuüben geeignet und bestimmt ist, und damit die Lenkungsaufgaben erleichtert und Eingriffe erspart, wo die „Selbstregelung" funktioniert.

Die Notwendigkeit sparsamsten Einsatzes der Lenkungskräfte ergibt sich schon aus der Tatsache, daß sich die Lenkungsaufgabe nach dem Kriege nicht im innerwirtschaftlichen Sektor erschöpft. Vielmehr wird nach dem Kriege insbesondere der Ausbau der neuen wirtschaftlichen Großraumordnung in Europa außenwirtschaftliche Kapitalprobleme stellen, die nur von Deutschland her eine Lösung finden können. Deutschland wir wieder seine nach dem Weltkrieg zum Schaden Europas zwangsweise liquidierte Gläubigerstellung beziehen, die einem Industriestaat zukommt. Es wird sich bei den Kreditgewährungen, die dieses Verhältnis kennzeichnen, nach der neuen Großraumkonzeption allerdings nicht um Kredite im alten Sinne handeln, sondern um Vorleistungen mit Produktionsmitteln, die laufend im wechselseitigen oder mehrseitigen Verrechnungsverkehr saldiert werden und sich nur durch die Befristung der daraus resultierenden Forderungen von den Zug-um-Zug-Geschäften unterscheiden werden. Auch soweit reine Kapitalinvestitionen in Gebieten in Frage kommen, in denen die heimische Volkswirtschaft aus eigenen Kräften das erforderliche Kapital nicht aufzubringen in der Lage ist, werden diese Kapitalübertragungen mit entsprechenden Maßnahmen der Produktionssteuerung, Rohstofflenkung und Verbrauchsregelung einhergehen, so daß sie praktisch nur eine räumliche Erweiterung des Anwendungsbereichs der deutschen Investitionsgrundsätze darstellen.

Trotzdem setzen solche Kreditgeschäfte voraus, daß das für den erweiterten Bereich erforderliche Kapital die Hemmungen überwindet, die die geringere Übersichtlichkeit der Verwendung und die verminderte Bestimmbarkeit des Schicksals dieses Kapitals dem Investitionswillen entgegensetzen. Auf die Zinsbildung angewandt, bedeutet das, daß diesem Kapital eine höhere Risikoprämie zugestanden werden muß als dem Kapital, das einen relativ sichereren und übersichtlicheren Weg in innerdeutsche Anlagen nimmt. Daß dieses im weiteren Investitionsbereich verwandte Kapital bei normalem Verlauf infolgedessen auch einen höheren Ertrag erwarten darf als das Kapital, das sich „im Lande redlich nährt", ist natürlich und notwendig. Berechtigten Bedarf nach Auslandskapital haben andererseits nur solche Volkswirtschaften, deren eigene Kapitalbildung nicht genügt, um den legitimen Investitionsbedarf zu decken. Solche Volkswirtschaften haben aber infolgedessen auch einen höheren Zinsspiegel als die entwickelteren Volkswirtschaften, und es wäre ihnen schlecht gedient, wenn der Zinssatz, zu dem ihnen das Auslandskapital zufließt, niedriger wäre als der, der für selbsterzeugtes Kapital aufgewendet werden muß. Die Folge wäre die Gefahr einer Überbeanspruchung von Auslandsgeld, die die Deutschland aus der Zeit vor 1931 bekannten Bedrohungen der Außenhandels- und Devisenbilanz in sich schließt, so daß diesen Rückwirkungen nach den bei gleicher Gelegenheit gesammelten Erfahrungen nur mit einem sehr starken Eingriff wirksam begegnet werden kann. Auf der anderen Seite ist natürlich auch eine willkürliche Überhöhung der Zinsen für Auslandsgeld etwa mit politischem Druck nicht zu vertreten, da durch sie die Gefahr heraufbeschworen wird, daß mit der Zahlung der die Rentabilitätsvoraussetzungen überschreitenden Zinsen der Kredit notleidend wird.

Obwohl also im gelenkten Wirtschaftsorganismus des Großraumes die klassischen Funktionen des Zinsgefälles ihre initiale Bedeutung für die außenwirtschaftliche Kapitalverwendung ebenso verloren haben wie für die innerwirtschaftliche Kapitalverteilung, hat die natürliche Zinsbildung auch für die zwischenstaatliche Verteilung des Kapitals ihre strukturelle Bedeutung. Eine mechanische Nivellierung des Außen- und Innenzinses würde wertvolle Korrektive und Hemmungen gegen Fehlleitungen beseitigen und gleichzeitig die Signalwirkungen außer Funktion setzen, die die Differenzierung der Zinsfüße zwischen Gläubiger- und Schuldnerwirtschaft insofern ausübt, als aus ihr abzulesen ist, ob und in welchem Maße sich im Schuldnerlande durch richtige Kapitalverwendung Volkseinkommen und Kapitalbildung bestimmungsgemäß erhöhen.

* * *

Erhöhter Wohlstand und besserer Lebensstandard ist das letzte Ziel der staatlichen Lenkungseinwirkungen auf den Wirtschaftsablauf. Der autoritäre Staat kann sich nicht untätig darauf verlassen, daß das volkswirtschaftliche Kapital, d. h. die vorgetane Arbeit von Generationen, nur aus dem privatwirtschaftlichen Zinsanreiz den Weg zur volkswirtschaftlich berechtigten Verwendung findet. Infolge seiner Lenkungsmacht und seiner Führungspflicht ist der autoritäre Staat berufen und in der Lage, die Marktvoraussetzungen, die den Zins bestimmen, so zu beeinflussen, daß die Gestaltung des Zinsniveaus seinen Lenkungsabsichten und seinem Führungswillen entspricht, ohne daß die Marktgesetze außer Kraft gesetzt werden. In den Händen einer nach dem Gemeinnutz orientierten Staats- und Wirtschaftsführung ist dieses Primat des Staates gegenüber dem Wirken der Marktfaktoren ein wohltätiges Instrument, um Stagnationen in der Erzeugung von Gütern und in der Beanspruchung der Arbeitskraft aufzufangen oder überhaupt zu vermeiden. Aber wie kein lebender Organismus, so kann auch die Wirtschaft nicht ständig im Treibhaus leben, ohne zu verkümmern. Chance und Risiko sollen die Unternehmerpersönlichkeit und den schaffenden Menschen auf den Plan rufen, um den Fortschritt zu erkämpfen. Die höchste Aufgabe der staatlichen Lenkung muß es deshalb sein, die natürlichen Lenkungskräfte, die der Wirtschaft innewohnen, zur Entfaltung zu bringen. Gerade in einer Zeit, in der die äußerste Anspannung der Wirtschaftskraft für ein großes Ziel den stärksten Eingriff in die Wirtschaft zeitigt, verlangen die natürlichen Lenkungskräfte des Wirtschaftsorganismus die höchste Pflege und Förderung, um in wiederkehrenden normalen Zeiten ihre volle Wirkung wieder ausüben zu können. Wenn deshalb die Wirtschaftsordnung des nationalsozialistischen Staates die Wirkungen des Zinses in die ordnende und planende Hand des Staates legt, so wird damit keine zinslose Wirtschaft proklamiert, sondern den Kapitalbildungs- und Kapitalverteilungskräften wird Weg und Ziel gewiesen, um auch die Kreditmärkte zu einem Instrument der Durchsetzung des wirtschaftspolitischen Gestaltungswillens des Staates zu machen. Nach siegreich beendetem Kriege werden die Kapitalbildungsaufgaben gegenüber den Kapitalverteilungsproblemen den Vorrang haben müssen. Diese Tatsache begründet die vorsichtige und umsichtige Behandlung, die der Staat der Zinsfrage bei aller Entschiedenheit der wirtschaftspolitischen Zielsetzung und der darauf gegründeten Maßnahmen hat angedeihen lassen.

Johannes Heintze

Die Bedeutung des Zinses für die Sparkapitalbildung

Art und Umfang der Sparkapitalbildung innerhalb einer Volkswirtschaft werden durch zahlreiche wirtschaftliche und außerwirtschaftliche Faktoren bestimmt. Maßgebend für die Sparfähigkeit und den Sparwillen der breiten Bevölkerungsschichten sind, um nur einige der wichtigsten Grundlagen zu nennen, die Höhe, die Schichtung und die Beständigkeit der Einkommensbildung, die soziale Struktur, der Stand der sozialpolitischen Vorsorge, der Bevölkerungsaufbau, das mehr oder weniger sparfreundliche Steuersystem und nicht zuletzt die Gestaltung und Handhabung der öffentlichen Finanzen und der Währungsordnung. Dazu kommen psychologische Momente, die mit Unrecht in ihrer Bedeutung häufig unterschätzt werden, so der Wille des einzelnen zum beruflichen und sozialen Aufstieg oder die traditionelle Gewöhnung an die regelmäßige Betätigung des Spartriebs. Schließlich kommt auch dem Entwicklungsgrad der Sparorganisation eine bedeutsame Rolle zu; ist ein dichtes, leistungsfähiges Netz von Spareinrichtungen vorhanden, die in der Lage sind, allen berechtigten Bedürfnissen des Sparers nach Einfachheit und Bequemlichkeit der Sparbetätigung sowie nach Sicherheit und leichter Verfügbarkeit der Ersparnisse zu genügen, so sind die Vorbedingungen der Sparkapitalbildung vergleichsweise günstiger, als wenn die Sparorganisation diesen Anforderungen nicht oder noch nicht entspricht.

Wenn sich nun in einem Jahr in der Höhe und Zusammensetzung des Sparkapitalangebotes gegenüber dem Vorjahr Wesentliches verändert, wird notwendig nach den Gründen dieser Bewegung geforscht werden. Nur in den seltensten Fällen wird es jedoch möglich sein, diese Veränderung eindeutig auf den einen oder den anderen der genannten Faktoren zurückzuführen; dabei können die extremen Fälle der Inflation oder einer allgemeinen Zahlungs- und Kreditkrise oder einer politischen Mißwirtschaft unberücksichtigt bleiben. In der Regel wird es vielmehr so sein, daß wirtschaftliche, psychologische und politische Tatsachen und Entwicklungstendenzen mit- und nebeneinander wirksam sind, daß diese sich vielfach überschneiden und sich in ihrer Wirkung auf den Sparer teils aufheben und teils verstärken. So kann eine steuerliche Maßnahme zur Begünstigung der Spartätigkeit in ihrer Auswirkung auf das tatsächliche Sparergebnis bei gleichzeitig rückläufigem Volkseinkommen vielleicht gerade nur ausreichen, um einen Rückgang der absoluten Sparleistung zu verhindern, während die gleiche Steuerbegünstigung in einer Epoche zunehmender wirtschaftlicher Kraftentfaltung dazu beiträgt, die an sich bereits vorhandenen Neigungen zu umfangreicherer Rücklagenbildung noch zu verstärken. Auch im letzteren Falle wird es aber nicht möglich sein, den größeren Sparerfolg anteilig in bestimmtem Verhältnis der günstigeren Einkommensentwicklung und der Steuerbegünstigung zuzurechnen, zumal in einer so vielfältig gegliederten und hoch entwickelten Wirtschaft wie der deutschen kaum je zwei Faktoren allein als ausschlaggebend auftreten.

Auch können z. B. allgemein sparhemmende Faktoren weitgehend durch eine größere Aktivität der Sparinstitute, durch einen wirkungsvollen Aufklärungsdienst und durch andere Vorkehrungen aufgefangen und neutralisiert werden. Es kommt noch hinzu, daß die einzelwirtschaftliche Sparkapitalbildung[1]) von vielen Millionen Einzelsparern getragen wird, die auf politische, allgemeinwirtschaftliche, steuerliche, soziale usw. Veränderungen ganz verschieden reagieren können und reagieren werden. Es handelt sich also bei dem Sparvorgang um eine Erscheinung, und zwar um eine Massenerscheinung, die ihrem Wesen nach so vielfältig bedingt ist, daß eine isolierende Untersuchung über die Zusammenhänge zwischen einzelnen bestimmenden Faktoren und dem Sparvolumen nicht zu exakten Ergebnissen gelangen kann.

I. Der Sparer und der Zins

Diese Erkenntnis gilt grundsätzlich auch für die Beziehungen zwischen Zinsgestaltung und Sparkapitalbildung, und zwar in dem Sinne, daß nicht zahlenmäßig und schlüssig nachgewiesen werden kann, daß bestimmte Änderungen im Sparzins eine gewissermaßen automatische Veränderung im Sparkapitalangebot auslösen. Denn es ist denkbar, daß z. B. trotz einer Erhöhung des Sparzinses eine Stagnation oder gar ein Nachlassen der Spartätigkeit eintritt. In Anlehnung an die sog. „klassische" Lehre sei unterstellt, daß ein vergleichsweise hoher Zins sparfördernd wirkt, während ein entsprechend niedriger Satz die Sparfreudigkeit dämpft. Die an sich

[1]) Nur derjenige Teil der Kapitalbildung, der sich als Geldsparen (auf Sparkonten bei Kreditinstituten vollzieht, soll Gegenstand der vorliegenden Untersuchung sein; außerdem werden vornehmlich die deutschen Verhältnisse berücksichtigt. Eine derartige Abgrenzung des Themas erscheint bei dem hohen Anteil des Geldsparens (bei Kreditinstituten) an der langfristigen Kapitalbildung insgesamt ohne Bedenken vertretbar. Nach den Untersuchungen des Instituts für Konjunkturforschung belief sich im Jahre 1938 die langfristige Geldkapitalbildung auf insgesamt fast 7 Mrd. RM; davon entfielen auf den Sparkapitalzuwachs bei Sparkassen, Banken und Kreditgenossenschaften reichlich 2,7 Mrd. RM oder annähernd 40%. Weitere 1,6 Mrd. RM wurden als Vermögenszuwachs der Individual- und Sozialversicherung ausgewiesen und die restlichen 2,7 Mrd. RM als Direktanlagen des Publikums in Rentenwerten und Aktien. In den Jahren 1939/41 dürfte sich der Anteil des Geldsparens an der langfristigen Kapitalbildung gegenüber 1938 nennenswert erhöht haben.

zweifellos sparanregende Wirkung eines höheren Zinssatzes kann dann trotzdem leicht überdeckt und gegebenenfalls auch mehr als ausgeglichen werden, wenn dieser höhere Zins deutlich der Ausdruck eines höheren Risikos ist, das der Sparer nicht zu tragen gewillt ist, oder wenn sich gleichzeitig die Löhne und Gehälter als Folge von Arbeitslosigkeit oder verstärktem Steuerdruck vermindern. Hier wird auch ein erhöhtes Zinsgebot nicht die sonst sparhemmenden Einflüsse zu überwinden vermögen. Es wäre jedoch verfehlt, daraus den Schluß zu ziehen, der Sparer wäre zinsunempfindlich; denn offenbar hat sich in dem angenommenen Fall nur eine Kompensation verschiedener Einflüsse vollzogen, und ohne die Zinserhöhung wäre der Sparrückgang wohl noch deutlicher in Erscheinung getreten.

Diese kompensatorischen Wirkungen gelten sinngemäß auch im umgekehrten Fall, wenn nämlich in Zeiten allgemein rückläufiger Zinssätze die Sparleistungen von Jahr zu Jahr kräftig steigen. Das besagt aber nur, daß die Verminderung des Zinsanreizes z. B. durch eine gleichzeitig erfolgende Einkommenserhöhung, die ihrerseits z. B. wieder durch eine gesteigerte Produktivität der Arbeit bedingt ist, mehr als ausgeglichen worden ist. Deswegen ist jedenfalls die Tatsache, daß breiteste Sparerschichten deutlich auf Zinsherabsetzungen reagieren, nicht zu leugnen.

Wollte man versuchen, die Erscheinung steigenden Sparkapitalangebotes bei rückläufigen Zinssätzen ausschließlich von der Zinsseite her zu erklären, so müßte man sich der in der Literatur ebenfalls vertretenen Ansicht anschließen, daß sinkende Zinssätze die Spartätigkeit anregten; denn der langfristig disponierende Sparer, der in bestimmter Zeit eine feste Sparsumme oder einen von vornherein festgelegten Zinsertrag anstrebe, müßte jetzt je Sparperiode mehr oder insgesamt längere Zeit sparen, um zu dem gesetzten Ziel zu gelangen. In dieser allgemeingültigen Form besitzt jedoch weder diese zinstheoretische Erklärung noch die vorher erwähnte „klassische" Auffassung Geltung. Da es sich vielmehr, wie schon dargelegt, beim Sparvorgang um eine sehr vielfältig — wirtschaftlich, politisch, psychologisch — bedingte Massenerscheinung handelt, wirken sich Zinssatzänderungen nicht einheitlich und gleichmäßig aus. Die Reaktionen der Sparer werden sich insbesondere danach unterscheiden, welche Sparziele von ihnen verfolgt werden, und es wird jeweils im Einzelfall von ihnen bestimmt werden müssen, ob und welche Folgerungen aus einer Erhöhung oder Verminderung des Sparzinses gezogen werden sollen, ob die Verbrauchseinschränkung verstärkt oder gelockert wird. Zu brauchbaren Ergebnissen wird daher hier nur durch eine Untersuchung der verschiedenen Sparmotive und ihrer relativen Zinsempfindlichkeit zu gelangen sein.

Bevor dies geschieht, kann aus den vorangegangenen Darlegungen noch die Ablehnung des von der klassischen Nationalökonomie als allgemeingültig aufgestellten Satzes abgeleitet werden: daß es grundsätzlich weitgehend von der Zinshöhe abhänge, ob eine Konsumsteigerung oder eine Erhöhung der Kapitalbildungs- und Investitionsrate in der Volkswirtschaft eintrete. Bei vorbehaltloser Anerkennung dieses Satzes würde dem Zins eine Regulierungsfunktion zugesprochen werden, die schon seit Jahrzehnten in dem tatsächlichen Wirtschaftsablauf, der nicht zuletzt durch ein ständiges Vordringen interventionistischer Eingriffe gekennzeichnet war, nicht mehr klar erkennbar gewesen ist. Endgültig und ausgesprochenermaßen ist die regulierende Funktion des Zinses durch die nationalsozialistische Wirtschaftspolitik beseitigt worden. In der staatlich gesteuerten Wirtschaft, in der die zentrale Lenkung und Ordnung alles wirtschaftliche Geschehen in ihren Bannkreis einbeziehen, ist kein Raum mehr für die Automatik von Zins und Preis und für jegliche Art „Marktmechanismus". An ihre Stelle ist, ausgehend von einer umfassenden Regulierung des Arbeitseinsatzes und der Gütererzeugung und -verteilung und dauernd gestützt auf deren Ergebnisse, ein System der Kapitalbewirtschaftung getreten, das alle Fragen des Sparkapitalangebots und seiner Verwendung und Lenkung unter gesamtwirtschaftlichen Gesichtspunkten vom Staate her ordnet; in diesem System aber kommt dem Zins nicht mehr die Rolle des Regulators oder des „Herrschers" zu. Wenn „das Kapital der Wirtschaft und die Wirtschaft dem Volke zu dienen" haben, dann ist damit zugleich auch der Zins — ohne seine hohe wirtschaftliche und soziale Bedeutung für Zinsnehmer und Zinsgeber gering zu veranschlagen — in ein systemgerechtes Verhältnis zu allen denjenigen Faktoren zu bringen, die außerdem Art und Umfang der Sparkapitalbildung beeinflussen.

Die Wirkungen vergleichsweise hoher oder niedriger Zinssätze oder von Zinssatzänderungen auf den Sparer werden, wie schon gesagt, je nach dem angestrebten Sparziel verschieden sein. In Anlehnung an Welter („Die Ursachen des Kapitalmangels in Deutschland", Tübingen 1931, S. 27ff.) werden nach den dem Sparvorgang zu Grunde liegenden Motiven das Zwecksparen, das Sicherungssparen und das Ertragssparen unterschieden[1]). Bei dem kurzfristigen Zwecksparen, das auf eine bestimmte, meist nicht sehr hohe Summe ausgerichtet ist, die z. B. zur Anschaffung von Kleidern, Ausstattungsgegenständen oder zur Vornahme einer Erholungsreise dienen soll, wird eine Zinsempfindlichkeit in der Regel nicht festzustellen sein. Es handelt sich hier ganz deutlich nur um einen aufgeschobenen Konsumakt. Die Dauer des Ansparens schwankt zwischen 2—3 Monaten

[1]) Außerwirtschaftliche Sparmotive können in diesem Zusammenhang außer Betracht bleiben. Sofern der einzelne aus einer bestimmten ethischen, religiösen oder weltanschaulichen Haltung heraus zum Sparen gelangt, wird ein mehr oder weniger hoher Zinssatz seinen Sparentschluß nicht berühren; vgl. dazu u. a. die sehr aufschlußreichen Untersuchungen von Max Weber: „Die protestantische Ethik und der ‚Geist' des Kapitalismus" (Sonderdruck), Tübingen 1934. — Ebensowenig kann hier auf die Zusammenhänge zwischen Volkscharakter und Sparsinn eingegangen werden, weil es sich hier meist um ganz verschieden bedingte Traditionswerte handelt, die einer Beeinflussung vom Zins her kaum unterliegen dürften.

und vielleicht 1—2 Jahren; der Zinsertrag fällt materiell wenig ins Gewicht und wird meist vom Sparer auch nicht einkalkuliert.

Ganz anders liegen die Dinge beim langfristigen Zwecksparen. Hier ist das Sparziel z. B. ein Eigenheimbau, Landzukauf o. ä., und der Sparer wird sich in diesen Fällen sorgfältig ausrechnen, welche Beträge jährlich (oder in kürzeren Zeitabschnitten) unter Einkalkulierung von Zins- und Zinseszins zurückgelegt werden müssen, um auf die benötigte Endsumme in einer bestimmten Zeit zu kommen. Ein Unterschied im Zinssatz von nur ½% fällt bereits stark ins Gewicht. Zum Vergleich werden in der nachstehenden Tabelle einmal drei Zinssätze (2½, 3 und 4%) in ihren Auswirkungen auf das Sparergebnis nebeneinandergestellt:

Monatliche Sparrate von 25 RM bedeutet nach	bei 2½% Zinsen			bei 3% Zinsen			bei 4% Zinsen		
	Einlage	Zins	Kapital	Einlage	Zins	Kapital	Einlage	Zins	Kapital
5 Jahren . .	1 500	97	1 597	1 500	115	1 615	1 500	155	1 655
15 Jahren . .	4 500	947	5 447	4 500	1 156	5 656	4 500	1 617	6 117
25 Jahren . .	7 500	2 875	10 375	7 500	3 588	11 088	7 500	5 222	12 722

Unter Zugrundelegung der längsten hier vorgesehenen Spardauer von 25 Jahren erhält der Sparer danach je nach der Höhe des Zinssatzes aus Zins und Zinseszins entweder 2875 RM (2½%), oder 3588 RM (3%) oder 5222 RM (4%). Setzt man die Unterschiede im Zinsertrag in Beziehung zu der jährlichen Sparrate von 12×25 = 300 RM, so leuchtet ohne weiteres ein, daß hier beim Sparer ein Fall ausgeprägtester Zinsempfindlichkeit vorliegen muß. Denn schon eine geringfügige Heraufsetzung des Zinses verkürzt die Ansparzeit für den erstrebten Betrag nennenswert, während eine Senkung des Satzes den Sparer vor die sehr schwerwiegende Entscheidung stellt, die periodische Sparrate zu erhöhen oder eine insgesamt wesentlich längere Spardauer ins Auge zu fassen. Ob der Sparer dieses neue Opfer, das möglicherweise spürbare Einschränkungen in seinem ganzen Lebenszuschnitt erfordert, in allen Fällen auf sich zu nehmen geneigt sein wird, muß dahingestellt bleiben. Vielfach wird das zinsmäßig bedingte Hinausschieben des Sparzieles auch entmutigend wirken.

In der Gruppe der unter der Bezeichnung „Sicherungssparen" zusammengefaßten Sparmotive ergibt sich nicht ein so klares Bild hinsichtlich der Zinsempfindlichkeit. Sparmotive etwa der folgenden Art stehen hier nebeneinander: Vorsorge für unvorhergesehene Notfälle, für Krankheit und Alter, Sicherung der Ausbildungskosten der Kinder, die Absicht der späteren beruflichen Verselbständigung oder bei Selbständigen der Plan einer Betriebserweiterung, bei freien Berufen der Wunsch, gegen mögliche Einkommensschwankungen durch eine Rücklage gesichert zu sein usw. In der Regel wird der Sparer selbst nicht vorhersagen können, wann der Fall eines Rückgriffs auf die Sparreserve tatsächlich eintreten wird. Ob die Kinder den ursprünglich vorgesehenen Ausbildungsgang durchlaufen oder ob die Pläne einer beruflichen Verselbständigung zur Reife gelangen werden, liegt im Schoße der Zukunft. Das „Gerüstetsein" auf alle möglichen, in der Zukunft liegenden Fälle eines plötzlichen Geldbedarfs ist das Gemeinsame der verschiedenen Arten des Sicherungssparens. Genügt für dieses Gerüstetsein ein Betrag von 50 RM oder 100 RM, so würde die Rücklagenbildung notfalls auch ohne Zinsvergütung erfolgen, die aber immer eine angenehme Beigabe bleibt. Je größer der zur Sicherung für erforderlich gehaltene Betrag wird, um so stärker fällt natürlich die Zinsleistung ins Gewicht, die nennenswert dazu beiträgt, das Sparziel schneller zu erreichen. Es ist jedoch deshalb nicht angängig, etwa nur den größeren Sicherungsspareinlagen eine Zinsempfindlichkeit zuzusprechen. Die Erfahrung lehrt, daß gerade auch die Kleinsparer, die Pfennige und wenige Mark im Laufe langer Jahre mit vorbildlicher Zielstrebigkeit zusammentragen, den Wert des Zinspfennigs sehr wohl zu schätzen wissen. Das Zeitmoment, ausgedrückt in der Dauer der planmäßigen Spartätigkeit, spielt also mit und neben der Größe der Beträge eine gewichtige Rolle bei der Frage der Zinsempfindlichkeit.

Bei der letzten Motivgruppe, dem Ertragssparen, kommt es darauf an, aus dem Zinsertrag der im Laufe von Jahren und Jahrzehnten gebildeten Ersparnisse später einmal die Kosten des Lebensabends zu decken oder doch einen Zuschuß zur Pension oder einer Altersrente zu erhalten. Die Wirkungen von Zinssatzänderungen werden hier verschieden sein, je nach dem, ob sie während der Ansparzeit eintreten — dann liegen die Verhältnisse ebenso wie bei dem schon behandelten langfristigen Zwecksparen — oder erst nach Abschluß dieser Zeit, wenn bestimmungsgemäß der Rentenbezug beginnt. Im letzteren Falle schwankt die Rente mit dem Zinssatz; ihre Erhöhung ist erklärlicherweise unproblematisch, ihre Schmälerung dagegen stellt den Sparer vor die Alternative: Einschränkung der Lebenshaltung oder Angreifen der Kapitalsumme und damit Rückverwandlung von Sparkapital in Verbrauchseinkommen oder schließlich Wahl einer anderen Anlageart, die einen höheren Zinsertrag als das Sparkonto verspricht.

Das Wort „Zinsempfindlichkeit" hat somit, wie dieses Beipiel zeigt, einen doppelten Sinn. Einerseits soll damit zum Ausdruck gebracht werden, daß Zinssatzänderungen unmittelbar die Spartätigkeit beeinflussen können, teils in positiver, teils in negativer Weise. Zum anderen aber können als Folge einer Zinsempfindlichkeit auch Verlagerungen in den Formen der Zukunftsvorsorge eintreten, indem z. B. ein Sparer von der ihm zinsmäßig nicht mehr genügend reizvollen Form des Geldsparens bei Kreditinstituten zur Direktanlage in Wertpapieren, zur privaten Hypothekenausleihung, der unmittelbaren Darlehnsgewährung usw. hinüberwechselt. Solche Fälle des „Ausweichens" werden allerdings nur bei größeren Beträgen in Frage kommen und im übrigen von dem Vorhandensein von Ausweichmöglichkeiten abhängen, die dem Sparer unter dem Gesichtspunkt von Sicherheit, Risiko und Verfügbarkeit anziehend und tragbar erscheinen. Grundsätzlich wird daher festgehalten werden dürfen, daß der Ertragssparer im allgemeinen mindestens so ausgeprägt zinsempfindlich sein wird wie der langfristige Zwecksparer.

Mehr als diese allgemeinen Regeln wird man nicht aufstellen können. Es sind ja nicht nur materiell-ökonomische Erwägungen, die Reaktionen beim Sparer auslösen; in seine Haltung zum Zins spielen noch viele unmeßbare und unwägbare Gefühle und Wunschvorstellungen hinein, die im Einzelfall zu ganz unerwarteten Konsequenzen führen können. Ein Arbeiten mit dem Denkgebilde des „homo oeconomicus" würde nur auf eine Vergewaltigung der Wirklichkeit hinauslaufen. Trotz dieser Einschränkungen und Vorbehalte hat die Analyse der drei Motivgruppen doch ergeben, daß nach Ausschaltung der kurzfristigen Zwecksparer bei der Mehrzahl der Sparer mit einer mehr oder minder starken Zinsempfindlichkeit gerechnet werden muß, die in der Regel mit der Spardauer (Zeitmoment) und der Größe der Ersparnisse wächst.

Im Spargeschäft der Kreditinstitute lassen sich die drei hier gebildeten Sparergruppen naturgemäß weder statistisch noch auch nur überschläglich aussondern. Immerhin erlauben die vorhandenen Unterlagen[1]) den sicheren Schluß, daß betragsmäßig — etwas anders liegt es bei der Kontenzahl — die zinsempfindlichen Ersparnisse bei weitem überwiegen. Ende 1938 waren von den öffentlichen Sparkassen des Altreichs (im Neugeschäft ohne Aufwertungsspareinlagen) rund 29,2 Millionen Sparkassenbücher mit einem Sparkapitalbetrag von fast 17,5 Mrd. RM im Umlauf. Dabei ergab sich folgende Größenklassenschichtung:

Größenklassen	Sparkassenbücher %	Spareinlagen %
bis 100 RM	53,9	2,2
über 100 „ 1000 RM	31,1	20,4
„ 1000 „ 3000 RM	10,9	30,1
„ 3000	4,1	47,3
Insgesamt	100,0	100,0

Bei den Kreditgenossenschaften dürften die Verhältnisse ähnlich liegen, während bei den Kreditbanken eine stärkere Besetzung der höheren Größen-

[1]) Hier und im folgenden werden die Zahlenbeispiele zumeist aus der Statistik der öffentlichen Sparkassen genommen, deren Ergebnisse, da sie etwa drei Viertel aller Geldspareinlagen verwalten, als repräsentativ angesehen werden können.

klassen unterstellt werden kann. Bei dieser Schichtung der Einleger und der Einlagen, die übrigens nicht nur ein Zufallsergebnis des Stichjahres war, sondern immer typisch für das Spargeschäft, auch in der Zeit vor dem Weltkriege gewesen ist, kann unbedenklich gesagt werden, daß zwar die reichliche Hälfte der Einleger (53,9%) mit Guthaben bis zu 100 RM im allgemeinen wenig auf Zinsänderungen reagieren wird, obwohl es auch da beachtenswerte Ausnahmen gibt. (Jedes Sparen beginnt mit kleinen Beträgen, die erst im Laufe der Jahre in die höheren Größenklassen hineinwachsen.) Auf diese Einleger entfallen aber nur 2,2% des Gesamteinlagenbestandes. Selbst wenn noch alle Einleger mit Einlagen von über 100 bis 1000 RM (der Zahl nach 31,1%) als kaum zinsempfindlich bezeichnet würden — tatsächlich müssen hier jedoch noch erheblich stärkere Vorbehalte als in der Eingangsgruppe gemacht werden —, würden erst 2,2 und 20,4% des Einlagenbestandes davon erfaßt werden. Bei Ersparnissen in der Größenordnung von über 1000 RM wird ohne weiteres und ziemlich allgemeingültig unterstellt werden müssen, daß sie zinsreagibel sind; auf sie aber entfallen mehr als 75% des Einlagenbestandes. Tatsächlich wird dieser Prozentsatz aber noch in gewissem, wenn auch nicht näher zu beziffernden Umfang erhöht werden müssen, da mit jeder Erweiterung der sozialpolitischen Vorsorgeeinrichtungen (Kranken-, Unfall-, Invalidenversicherung und allgemeine Altersversorgung) die Dringlichkeit des „Sicherungssparens um jeden Preis" abnehmen wird. Das wird in erster Linie die Gruppe der Sparer mit Guthaben zwischen 100 und 1000 RM angehen. Hier kann dann die Sparkraft des einzelnen, der sich mehr als früher gegen unvorhergesehene Notfälle durch das Eintreten der Gemeinschaft gesichert sieht, in steigendem Umfang für andere, weiter gesteckte Ziele eingesetzt werden; derartige Ersparnisse aber sind wieder stärker zinsempfindlich.

Die Statistik liefert zu dieser Frage noch weitere Anhaltspunkte. Um der vielfach beobachteten Zinsempfindlichkeit der Sparer besser Rechnung zu tragen, sind die meisten Kreditinstitute nach 1924 dazu übergegangen, neben den sog. Normalspareinlagen auch solche mit längerer Kündigungsfrist und entsprechend höherer Verzinsung hereinzunehmen. Im Kreis der öffentlichen Sparkassen hat sich nun, um nur einmal die Entwicklung der letzten Jahre zu charakterisieren, der Anteil dieser höherverzinslichen Guthaben ständig und gleichmäßig erhöht; sie machten Ende 1933 mit 3,5 Mrd. RM rund 29% des Gesamtspareinlagenbestandes aus und stiegen bis Ende 1939 — also in einer Periode ständig rückläufiger Zinssätze — auf 7,1 Mrd. RM oder 36,3%. Die hier obwaltende Tendenz ist so offenkundig und im übrigen so ausschließlich zinsorientiert, daß sie als gewichtigster Beleg für das hohe Ausmaß der Zinsempfindlichkeit angesehen werden muß. Für eine Zinsdifferenz von „nur" ½ bis ¾% wird für mehr als ein Drittel des Gesamtbestandes eine immerhin spürbare Verfügungsbeschränkung in Kauf genommen.

II. Die kapitalbildende Kraft des Sparzinses

Das langfristige Zwecksparen und das Ertragssparen sind die Musterbeispiele für einzelwirtschaftliche Sparvorgänge, bei denen vom Sparer von vornherein die kapitalbildende Kraft des Sparzinses einkalkuliert wird, in dem einen Fall, um einen bestimmten Kapitalbetrag für einen Investitionszweck zu erhalten und im anderen, um aus dem Angesparten eine laufende Rente zu erzielen. Das Gewicht von Zinsdifferenzen im Umfange von ½ bis 1½% wurde oben bereits dargelegt. Sowohl beim langfristigen Zwecksparen wie auch beim Ertragssparen wird für die — meist sehr lange — Anspardauer das volkswirtschaftlich relevante Sparkapitalangebot um den Betrag von Zins und Zinseszins erhöht. Im Anschluß daran erhebt sich unwillkürlich die Frage, ob auch bei anderen Sparergruppen als den hier als Musterbeispiel bezeichneten der alljährlich vorgenommene Zinszuschlag als Sparkapital erhalten bleibt oder ob er verbraucht wird bzw. in welchem Verhältnis sich Verbrauch und „Stehenlassen" des Zinsertrages zueinander verhalten.

Nach der ständigen Praxis der Spar- und Kreditinstitute werden die aufgelaufenen Sparzinsen am Jahresschluß dem Kapital zugeschrieben und mit diesem vom Beginn des neuen Rechnungsjahres ab verzinst. Mit der Gutschrift verlieren die Zinsen also ihre Selbständigkeit, sie werden zu einem nicht mehr auszusondernden Teil des Sparkapitals und teilen hinfort dessen Schicksal. Ein unmittelbarer statistischer Nachweis, ob die Sparzinsen abgehoben und verbraucht oder ob sie weiter, faktisch als eine Einzahlung, stehengelassen werden, ist also nicht zu führen. Es hat aber nicht an Versuchen gefehlt, dieser Frage durch repräsentative Erhebungen näherzukommen. So hat Reusch („Die Zinspolitik der Sparkassen" in: Schriften des Vereins für Sozialpolitik, 137. Band, Erster Teil, I, München und Leipzig 1913, S. 75ff.) für das Jahr 1910 eine Untersuchung über den „Verbleib der Zinsen" bei einer größeren Anzahl von Sparkassen angestellt. Danach wurden bei den befragten Kassen zweier preußischer Regierungsbezirke in den ersten drei Monaten des betreffenden Jahres von je 100 M gutgeschriebener Zinsen im Durchschnitt 13 bzw. 16 M abgehoben; es handelte sich dabei nur um solche Beträge, die „als Zinsen" — ohne Auflösung des Sparkontos — abgehoben wurden. Bemerkenswert ist dann noch, daß von diesen 13 bzw. 16% Zinsabforderungen fast 80% auf den Januar, den üblichen Zinsgutschriftsmonat, entfielen. Im weiteren Verlauf des Jahres dürften Zinsabhebungen keine Rolle mehr spielen, so daß dem Schluß von Reusch nur zugestimmt werden kann: „Von den jährlich kapitalisierten Zinsen der Spareinlagen wird in dem darauffolgenden Jahre etwa ein Viertel, vielleicht nur ein Fünftel, den Sparkassen wieder entzogen. Der Rest ist als endgültig gespart zu betrachten. Er teilt das Schicksal des übrigen Sparkapitals".

Es ist nicht einzusehen, warum in dieser Hinsicht in der Zeit nach der Stabilisierung der Währung eine grundsätzliche Änderung eingetreten sein sollte. Eher könnte ein noch günstigeres Verhältnis als in der Zeit vor dem Weltkriege erwartet werden; denn besonders in den ersten Jahren nach 1924 ging es darum, die Sparbestände aus dem Nichts heraus wieder vollkommen neu aufzubauen. Das Bedürfnis nach „Sicherung" war gerade nach den schweren Zerrüttungserscheinungen der Inflationsjahre ungewöhnlich stark, und außerdem haben unzweifelhaft die damals — im Vergleich zur Gegenwart — abnorm hohen Zinssätze ihre Reizwirkung nicht verfehlt, die Zinsgutschriften zur Beschleunigung des Sparprozesses bei dem Kapitalstock zu belassen.

Daß Vieles für die Richtigkeit dieser Überlegung spricht, bestätigt in den gegebenen Grenzen auch die Statistik. Reusch (a. a. O.) hatte bekanntlich festgestellt, daß der ausschlaggebende Teil aller Zinsabhebungen auf den Januar zu entfallen pflegt. Die Auszahlungen dieses Monats müßten daher über dem Auszahlungsdurchschnitt der übrigen 11 Monate des Jahres liegen, da sie gegenüber dem „Normalen" durch die abgehobenen Zinsen überhöht sind. Das bestätigen die folgenden Ziffern:

Auszahlungen auf Sparkonten bei den Sparkassen im Reich
(Beträge in Mill. RM)

	1926	1927	1928	1936	1937	1938
Januar	171	251	362	523	480	511
Durchschnitt Febr./Dezember .	203	287	352	405	404	449

Es sind jeweils drei Jahre (1926—28 und 1936—38) als Perioden der Sparkapitalbildung herausgegriffen worden, die ihrem Wesen nach sehr unterschiedlich sind. Die Jahre 1926—28 waren noch typische Aufbaujahre (für die Bestandsbildung). Die Durchschnittsbestände auf Sparkonten lagen im Vergleich zu 10 Jahren später noch sehr niedrig. Die Ertragssparer, die vornehmlich für die Zinsabforderungen im Januar in Frage kommen, hatten zum größten Teil ihr Sparziel noch nicht erreicht, und es war daher zu erwarten, daß in diesen ersten Jahren der Januar sogar noch unter dem Durchschnitt der übrigen 11 Monate blieb. Schon 1928 setzte jedoch die „Normalisierung" ein, und für die Periode 1936—38 mit ihren weit größeren Beständen zeigt sich bereits das erwartete Bild der relativen Auszahlungsüberhöhung im Januar. Damit werden die von Reusch für die Vorweltkriegszeit festgestellten Tendenzen weitgehend bestätigt, selbstverständlich aber nur in dem Sinne, daß eine hohe Wahrscheinlichkeit für die Annahme spricht, daß — speziell von Ertragssparern — im Januar die Zinsen zur Deckung des Lebensunterhalts abgeholt werden. Der entscheidende, schätzungsweise bei 75—80% der Zinsgutschriften liegende Rest aber teilt — genau wie früher — das Schicksal des Kapitals.

Dieses relativ starke „Beharrungsvermögen" der Zinsen wird durch die Technik der Zinsgutschrift, wie ein Vergleich mit anderen Arten von Zinseinkommen zeigt, deutlich gefördert; denn der Sparer erhält die Zinsen nicht bar ausgezahlt, sondern ohne sein Zutun gutgeschrieben, und die Eintragung dieses Kapitalzuwachses erfolgt bei der nächsten Vorlegung des Buches. Er braucht also von sich aus keinerlei Verfügungen zu treffen. Demgegenüber werden der private Gläubiger einer Hypothek, der die Zinsen vielleicht bar ausgehändigt erhält, oder der Besitzer von Wertpapieren, dem Zinsen und Dividenden auf laufendem Konto gutgeschrieben werden, jeweils erneut vor die Entscheidung gestellt, den Zinsertrag zu verbrauchen oder zu sparen. Der größte Teil des Zinseinkommens aus Hypotheken und Wertpapieren dürfte bestimmungsgemäß als Renteneinkommen dienen.

Die Neubildung von Ersparnissen aus Zinsen hat seit jeher die Kapitalbildungsbilanzen aller Sparinstitute maßgeblich beeinflußt. Zur Verdeutlichung werden auch hier die statistischen Daten aus dem Sparkassenkreis genommen, da sie am weitesten zurückreichen und auch meist weitergehend aufgegliedert sind als die Nachweise der Kreditgenossenschaften und Kreditbanken. Nach den Untersuchungen von Reusch (a. a. O. S. 72) sind in der Zeit von 1870—1911 bei den preußischen Sparkassen die Spareinlagen um 11,4 Mrd. M gewachsen; die kapitalisierten Zinsen machten davon 4,9 Mrd. M oder 43% aus. In den einzelnen Jahren und Jahrzehnten zeigten sich sehr starke Abweichungen; so belief sich in dem Jahrzehnt 1870—79 der Anteil der Zinsgutschriften am Gesamtzuwachs auf 26%, in den Jahren 1900—1911 dagegen auf 47% im Durchschnitt. Ihr Anteil stieg notwendig mit dem Alter und der Höhe der zinstragenden Bestände (zumal Zinssatzänderungen, die das Gewicht der Zinsgutschriften wesentlich hätten beeinflussen können, in jenen Jahrzehnten kaum eine Rolle spielten) und erreichte Spitzensätze in den Jahren eines allgemein konjunkturell bedingten Nachlassens der Spartätigkeit. In dem Krisenjahr 1907 z. B. machten die Zinsgutschriften in Höhe von 264 Mill. M rund 80% des Gesamtzuwachses von 332 Mill. M aus. Das aus den Zinsgutschriften stammende Sparkapitalangebot stellte also einen bedeutsamen Stabilisierungsfaktor in dem Sinne dar, daß zu starke allgemeinwirtschaftlich oder politisch bedingte Schwankungen im reinen Einzahlungsüberschuß weitgehend ausgeglichen wurden.

In den Jahren nach 1924 mußte der Anteil der Zinsgutschriften trotz weit höherer Zinssätze zunächst stark zurückbleiben, da der Bestandsaufbau nur schrittweise erfolgen konnte. Immerhin machten die Zinsgutschriften, die 1925 nur 7,5% des Einlagenzuwachses betragen hatten, nach ununterbrochener Anteilssteigerung 1930 bereits wieder 37,5% aus und näherten sich damit den Sätzen in den Jahrzehnten vor dem Weltkrieg.

Die Entwicklung der Jahre 1933—38 wird in der nachstehenden Tabelle gezeigt:

Zusammensetzung des Einlagenzuwachses (öffentl. Sparkassen) 1933—1938 (Beträge in Mill. RM)

Jahr	Einzahlungs-überschuß	Zinsgut-schriften	Sonstige Ver-änderungen	Einlagen-zuwachs	Zinsgut-schriften in Prozent des Einlagen-zuwachses
1933	219	401	— 37	583	68,8
1934	253	430	+ 47	730	58,9
1935	503	414	+ 88	1 005	41,2
1936	309	424	+ 63	796	53,3
1937	924	461	+ 62	1 447	31,9
1938	1 322	515	+ 110	1 947	26,5
1933—38	3 530	2 645	+ 333	6 508	40,6

Die immerhin beträchtlichen Schwankungen um den Durchschnittssatz dieser 6 Jahre von 40,6% herum erklären sich aus den in den einzelnen Perioden recht unterschiedlichen Einzahlungsüberschüssen, die in dieser Unterschiedlichkeit bei allen Gruppen der Kreditwirtschaft in gleicher Weise zu beobachten waren und im übrigen wohl nur zum kleinsten Teil auf Zinssatzänderungen zurückgehen. Gleichzeitig ergibt sich aus der vorstehenden Tabelle wiederum deutlich die hohe Bedeutung der Zinsgutschriften für den Kapitalbildungsprozeß und darüber hinaus ihre gewichtige Funktion als stabilisierender Faktor, eine Tatsache, der gerade bei einer längerfristigen Investitionsplanung besondere Wichtigkeit beizumessen ist. Das kontinuierliche Ansteigen der Zinsgutschriften wurde nur im Jahre 1935 unterbrochen; die im März 1935 vorgenommene erhebliche Ermäßigung der Spareinlagenzinsen findet darin ihren Ausdruck.

In der jüngsten Vergangenheit, speziell seit Kriegsausbruch, ist die anteilige Bedeutung der Zinsgutschriften an der Sparkapitalneubildung erklärlicherweise stark zurückgegangen. Die kriegswirtschaftlich bedingten Einschränkungen in der privaten Lebenshaltung und die bekannten Verhältnisse am Konsumgütermarkt und in der Bauwirtschaft haben dazu geführt, daß der bilanzmäßige Zuwachs an Sparkapital in den letzten beiden Jahren zu 85—90% aus den weit überdurchschnittlichen Einzahlungen (bei gleichzeitig annähernder Halbierung der früher üblichen Auszahlungsquote) bestritten wurde. Im Jahre 1940 z. B. belief sich der Anteil der Zinsgutschriften am Spareinlagenzuwachs insgesamt bei den Sparkassen auf nur noch 11%. Bei Sparkassen, Banken und Kreditgenossenschaften zusammen war es aber immerhin im Jahre 1940 ein Betrag in der Größenordnung von fast 1 Mrd RM, der aus dieser Quelle als Beitrag zur nationalen Sparkapitalbildung verbucht werden konnte.

III. Der Sparzins im Zinsgefüge

Der weitaus größte Teil der den Spar- und Kreditinstituten zur Verwaltung anvertrauten Spargelder steht diesen in ihrer Gesamtheit langfristig zur Verfügung und kann daher entsprechend langfristig in Hypotheken, bestimmten Wertpapieren, langfristigen Darlehen an private oder öffentliche Schuldner usw. angelegt werden. Die Spareinlagen und ihre bilanzmäßigen Gegenposten gehören also grundsätzlich zum Kapitalmarkt, und es bedeutete weitgehend nur die Legalisierung dieses Tatbestandes, als im Reichsgesetz für das Kreditwesen die Sondervorschriften über den

Zinsentwicklung 1894—1914

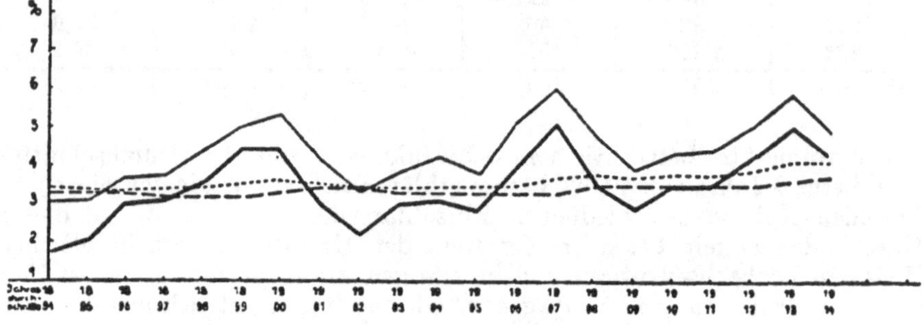

--- = Sparzins (Normalsatz)

----- = Realverzinsung $3\frac{1}{2}$ % Pr. Konsols

— = Reichsbankdiskont

— = Privatdiskontsatz

Sparverkehr dem Kapitalcharakter dieser Einlagen Rechnung trugen; es war die ausgesprochene Absicht des Gesetzgebers, dadurch u. a. die Aufnahmefähigkeit des Kapitalmarkts auf längere Sicht zu erhöhen und die dauernde Aufrechterhaltung eines angemessenen Zinsniveaus für Kapitalmarktanlagen zu erleichtern. Damit wurde gleichzeitig erneut bestätigt, daß der Sparzins in seiner absoluten Höhe und in seinen tendenziellen Bewegungen durch die Zinssätze für andere Kapitalmarktanlagen maßgebend bestimmt wird.

Die Kapitalmarktorientierung des Sparzinses und seine relative Unempfindlichkeit gegenüber den alle konjunkturellen Phasen des Wirtschaftsverlaufs widerspiegelnden Geldmarktsätzen kann für die Vorweltkriegszeit aus dem vorstehenden Schaubild abgelesen werden. Während sich bei den repräsentativen Geldmarktsätzen (Reichsbank- und Privatdiskont) die für die damalige Zeit charakteristischen sehr lebhaften Ausschläge zeigen, die selbst bei den im Schaubild gewählten, stark ausgleichend wirkenden Jahresdurchschnittssätzen noch deutlich in Erscheinung treten, ergeben sich bei den Kapitalmarktsätzen nur ganz geringfügige Schwankungen im langfristigen Verlauf. Diese Schwankungen erreichten beim Sparzins knapp ½% — bei einem mittleren Zinssatz von rund 3½% — und bei der Realverzinsung der 3½% Preußischen Konsols auch nur reichlich ¾%, während die Spanne zwischen diesen beiden Kapitalmarktsätzen im allgemeinen nur etwa ¼ bis höchstens ¾% betrug.

Wesentlich bewegter ist das Entwicklungsbild des Zinsgefüges in den Jahren seit 1924[1]). Für die Jahre 1928 bis Anfang 1941 sind hier in einem weiteren Schaubild wieder die Jahresdurchschnitte repräsentativer

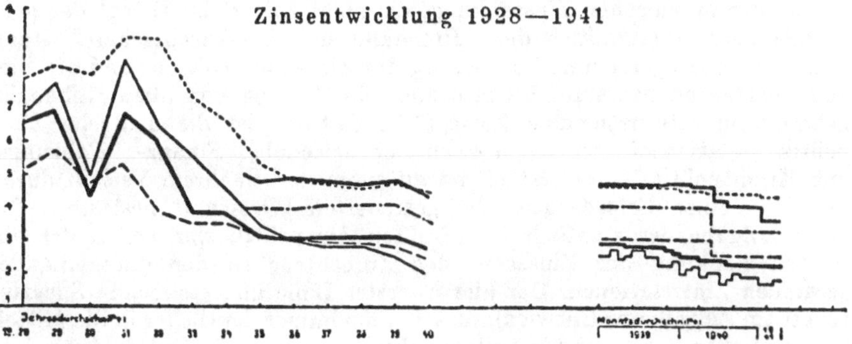

--- = Sparzins (Normalsatz)
— — = Zinssatz für Spareinlagen mit jährl. Kündigungsfrist (ab 1935)
······ = Realverzinsung der Renten (insgesamt)
— = Realverzinsung öffentl. Anleihen bei Neuemissionen (ab 1935)
— = Tagesgeldsatz
— = Privatdiskontsatz

Geldmarkt- (Tagesgeld und Privatdiskont) und Kapitalmarktsätze (Normalsatz für Spareinlagen und — ab 1935 — auch der Zinssatz für Spareinlagen mit einjähriger Kündigungsfrist, die Realverzinsung der Rentenwerte insgesamt und — ebenfalls ab 1935 — die Effektivverzinsung bei Neuemissionen öffentlicher Anleihen) eingezeichnet. Zur Verdeutlichung der jüngsten Entwicklung sind für die letzten 2½ Jahre die Monatsdurchschnittssätze danebengestellt worden.

Es ist hier nicht der Ort, die in dem Schaubild zum Ausdruck kommenden allgemeinen zinspolitischen Veränderungen zu deuten und die jeweils

[1]) Die Entwicklung der Jahre 1924—27 ist hier nicht berücksichtigt worden, da die damalige zinspolitische Lage in mehrfacher Hinsicht untypisch war und deshalb für die vorliegende Untersuchung ohne Erkenntniswert ist.

bewegenden Ursachen aufzuzeigen. Vom Standpunkt der vorliegenden Untersuchung genügen vielmehr folgende Feststellungen:

1. Die starken Ausschläge bei allen hier verzeichneten Zinssätzen in der Periode 1928—32 spiegeln die mangelnde Stabilität der damaligen Geld- und Kapitalmarktverhältnisse mit ihrer Abhängigkeit vom internationalen Zinsgefälle und insbesondere die Wirkungen des schweren Kriseneinbruchs 1931/32 deutlich wider. Bemerkenswerterweise macht der Sparzins im Gegensatz zu den Verhältnissen vor 1914 jede Bewegung der typischen Geldmarktsätze mit, wenn auch in abgeschwächter Form[1]). Erst seit 1933 beginnt sich der Sparzins wieder zunehmend von der Geldmarktentwicklung zu lösen. Die nach der Machtübernahme eingeleitete Politik der organischen Zinssenkung, die nicht zuletzt im Dienst des politischen Programmpunktes der „Brechung der Zinsknechtschaft" stand und eine neue „gerechtere" Fixierung des Zinses als Kosten- und als Einkommensfaktor erstrebte, brachte auch die Lösung von allen Abhängigkeiten vom internationalen Zinsgefälle. Seitdem ist die deutsche Zinspolitik — als wichtiges Glied auch der nationalen Finanz-, Währungs- und Kreditpolitik — weitestgehend autonom und in ihrem Verlauf durch die allgemeinen Erfordernisse der gesteuerten Wirtschaft bestimmt. Die Hauptaufgabe der staatlich beeinflußten Zinspolitik war neben der absoluten Senkung der Zinssätze das Zurechtrücken der durcheinander geratenen Zinsrelationen. Der hier in erster Linie interessierende Sparzins rückte im Zuge dieser Entwicklung seit 1935 immer deutlicher in die Mittellinie zwischen Geld- und Kapitalmarktzins; das wird in dem Schaubild dadurch besonders deutlich, daß seit diesem Zeitpunkt neben dem Normalzins für Spareinlagen auch der für Jahresspareinlagen verzeichnet ist. Aus den besonders seit 1935 viel gleichmäßiger und ruhiger verlaufenden Zinskurven darf jedoch nicht auf eine Erstarrung der Zinslage geschlossen werden; gerade in diesen letzten Jahren ist die zinspolitische Diskussion eigentlich niemals zur Ruhe gekommen. Nur waren Gegenstand der Debatte jeweils nicht Zinsänderungen in der Größe von mehreren Prozenten, sondern vielfach nur von Bruchteilen eines Prozents. Die Differenzierung der Sätze ist jedenfalls in dieser ganzen Zeit in Bewegung geblieben und die Zinskalkulation viel schärfer geworden.

2. Die Spanne zwischen Sparzins und dem allgemeinen Rentenzins, die in den Jahren 1928—32 selbst im Jahresdurchschnitt bis zu 4½% heranreichte, ist im Laufe der Zeit stark zusammengedrückt worden, und zwar auf etwa 1½%; sie liegt damit also noch erheblich über den bis 1914 üblichen Spannungssätzen. Die Gründe dieser Entwicklung sind bekannt; sie liegen zum großen Teil in der Unkostenlage der Spar- und Kreditinstitute, die ihrerseits wieder auf das stärkste durch die gegenüber der Zeit vor dem Weltkrieg wesentlich gesteigerten Kosten der Kapitalsamm-

[1]) Vgl. hierzu u. a. Eisfeld, „Die Faktoren der Sparkassenzinspolitik" in „Deutsche Sparkassen-Zeitung" 1930 Nr. 75 und 76.

lung (Ausbau des Kleinsparwesens, Sparen in kleineren Einzelbeträgen usw.) bestimmt wird. Werden jedoch die Zinssätze für Jahresspareinlagen, die mehr als ein Drittel des Gesamtbestandes der Sparinstitute ausmachen, in Beziehung zum Rentenzins und besonders zu der Realverzinsung der Neuemissionen öffentlicher Anleihen gesetzt, so ergibt sich bereits wieder — zumindest für die letzten 4—5 Jahre — eine sehr weitgehende Annäherung an die Verhältnisse in den Jahrzehnten vor dem Weltkrieg; die Spanne beträgt neuerdings nur noch knapp ½%.

In diesem Zusammenhang ist darauf hinzuweisen, daß der Sparzins in der großen Linie der Entwicklung seit 1935 und verstärkt in den letzten 2 bis 3 Jahren von der Realverzinsung der öffentlichen Anleihen bestimmt worden ist. Machte die öffentliche Verschuldung Anfang 1933 etwa ein Drittel der deutschen Kreditverschuldung insgesamt aus, so ist ihr Anteil an dem inzwischen etwa verdoppelten Gesamtvolumen bis zur Gegenwart auf gut zwei Drittel gestiegen. In steigendem Umfang sind also die vergleichsweise niedrig verzinslichen Reichswerte als Gegenposten zu den neuen Spareinlagen hereingenommen worden, während die sonst außerdem üblichen höherverzinslichen Anlagen (Hypotheken, Kommunaldarlehen und private Darlehen) absolut und besonders relativ an Gewicht verloren haben.

3. Die Tatsache der Kapitalmarktorientierung des Sparzinses besagt weiterhin, daß er in seiner Höhe und Entwicklung grundsätzlich mit dem Rentenzins und anderen Kapitalmarktsätzen (Hypotheken usw.) verbunden ist. Der Sparzins ist also gewissermaßen ein abgeleiteter Zins, der sich der allgemeinen Kapitalzinsentwicklung anschließt und ihr folgt. Eine bemerkenswerte Ausnahme von dieser Regel hat sich im Jahre 1940 ergeben. Wie nämlich aus den Monatsdurchschnitten für die Zinsentwicklung der Jahre 1939—41 (zweites Schaubild rechts) deutlich abgelesen werden kann, ist im Frühjahr 1940 der Sparzins als Schrittmacher der Rentenzinssenkung angesetzt worden. Der Herabsetzung des Normalzinses für Spareinlagen auf 2½% — auf die Bedeutung dieses Satzes wird noch zurückzukommen sein — ist jedenfalls die Rentenzinssenkung erst in mehreren Etappen gefolgt. In der Übergangszeit mit ihren plötzlich vergrößerten Spannen zwischen Sparzins und Rentenzins ergaben sich daher für die Sparer wie für die Verwalter von Geldspareinlagen schwierige Probleme: Angesichts der weithin bestehenden Zinsempfindlichkeit weitester Sparerschichten mußte immerhin mit der Möglichkeit größerer Umlagerungen vom Sparkonto zum Wertpapier gerechnet werden. Wenn solche Verschiebungen im Gesamtbild der Sparkapitalbildung nicht sichtbar geworden sind, so ist dies auf drei Gründe zurückzuführen: Einmal sind die Umlagerungen, die in gewissem Umfange zweifellos stattgefunden haben, in ihrer Wirkung auf den Sparkapitalzuwachs durch die anhaltend überaus günstige neue Spartätigkeit überdeckt worden. Zum anderen wurden manche Umlagerungswünsche von Sparern mit größeren Beträgen mit Rücksicht darauf zurückgestellt oder gar nicht weiter verfolgt, daß

die Ausweichmöglichkeiten in andere Anlagen stark eingeschränkt waren; zahlreiche Wertpapiergattungen waren nur schwer erhältlich und Direktausleihungen am Hypothekenmarkt usw. waren angesichts der Drosselung des Baumarktes und der privaten Investitionstätigkeit nicht möglich. Schließlich hat es psychologisch zweifellos eine Rolle gespielt, daß mit dieser Vorwegnahme der Sparzinssenkung, die entscheidend dem Reiche zugute kommt, die Politik einer Verbilligung der Kriegskosten energisch weitergetrieben wurde. Insofern war der dem Sparer auferlegte Zinsverzicht sein Beitrag zu einer besseren und billigeren Kriegsfinanzierung.

Ein Zinssatz von 2½% ist in der Geschichte des deutschen Sparwesens bisher nicht zu verzeichnen gewesen[1]). Trotzdem sind unter der Geltung dieses Satzes die Sparleistungen des deutschen Volkes sogar um das Drei- bis Vierfache höher gewesen als in den vergangenen Jahren. Es wurde jedoch oben schon dargelegt, daß dieses ungewöhnliche Ansteigen der Spartätigkeit bei rückläufigen und vergleichsweise sehr niedrigen Zinssätzen nicht als Argument für eine angebliche Zinsunempfindlichkeit der Sparer verwendet werden dürfe. Für die Dispositionen des Sparers spielt es die entscheidende Rolle, daß er im Kriege nur wenig Möglichkeiten hat, in einen höheren Konsum oder in andere Geldanlageformen auszuweichen. Für die Zukunft wird es jedoch eine der wichtigsten Aufgaben der Sparinstitute und der für die Zinsgestaltung verantwortlichen Regierungsstellen sein, den Spareinlagenzins so zu gestalten, daß er auf die Dauer seine notwendigen und wichtigen Funktionen im Dienste der Sparförderung erfüllen kann. Der Sparzins muß also auf einer Höhe gehalten werden, die vom Sparer selbst als gerecht und billig empfunden wird, die an seine Erfahrungsvorstellungen und seine Gewohnheiten anknüpft[2]) und die insbesondere auch marktmäßig die Doppelfunktion des Zinses als Kostenfaktor und Einkommensquelle gebührend berücksichtigt.

So wünschenswert eine weitere Zinssenkung und damit Zinsentlastung vom Standpunkt des Schuldners vielleicht scheinen mag, so sind doch auf der anderen Seite der Fortführung dieses Prozesses Grenzen u. a. auch durch den Einkommenscharakter des Zinses gesetzt. Daß es markttechnisch in

---

[1]) Bei einem internationalen Vergleich der Sparzinssätze nach dem Stande vom Herbst 1938 zeigt sich das interessante Ergebnis, daß Sätze von 2½—3% durchgängig in stark industrialisierten Volkswirtschaften mit großer Kapitalbildungsquote und relativ hohem Lebensstandard anzutreffen sind (Beispiele: USA, Großbritannien, Frankreich, Belgien). Sätze über 3% — teilweise bis 4% — dagegen finden sich nur in überwiegend agrarischen, relativ kapitalarmen Volkswirtschaften (z. B. Bulgarien, Dänemark, Finnland, Jugoslawien).

[2]) Gerade diese psychologischen Faktoren, die mit den Worten „Erfahrung und Gewohnheit" nur angedeutet werden können, werden in ihrer praktischen Auswirkung vielfach unterschätzt. Eine interessante Spezialstudie dazu hat Ch. von Reichenau in ihrem Beitrag: „Der Einfluß des Zinsfußes auf den Sparer" (Schmollers Jahrbuch, 55. Jahrg., 1. Heft, Februar 1931, S. 43—62) geliefert; auf diese Arbeit sei verwiesen.

der total gesteuerten Wirtschaft wohl möglich wäre, das Zinsniveau weiter unter Druck zu halten und auch die repräsentativen Kapitalmarktsätze nochmals zu ermäßigen, unterliegt wohl keinem Zweifel. Von diesen Möglichkeiten soll jedoch nicht Gebrauch gemacht werden. Im Herbst 1941 hat der Reichswirtschaftsminister und Reichsbankpräsident in seinen Reden mehrfach betont unterstrichen, daß der derzeitige Sparzins von 2½% nunmehr stabil gehalten werden solle, um den Sparanreiz lebendig bleiben zu lassen. Der Politik der organischen Zinssenkung soll also eine Politik der Zinsstabilität folgen. Rücksichten auf die Bedeutung des Zinses als Einkommensverteiler und als Sparquelle dürften dabei eine gewichtige Rolle gespielt haben.

Hans Weltzien und Robert Arzet

Zur Problematik des Zinses auf kurzfristige Bankeinlagen

Allgemeine Bemerkungen

Die Vielgestaltigkeit des Zinsproblems tritt in mehrfacher Richtung in die Erscheinung. Unter dem Einfluß der Goldwährungssysteme war der Zins das wichtigste Instrument der Kreditpolitik und des zwischenstaatlichen Ausgleichs von Konjunkturen. Je mehr diese Funktion des Zinses infolge der Änderung der Währungssysteme im Sinne einer Selbständigmachung nationaler Wirtschaftsziele an Bedeutung verlor, desto mehr spielten sich die Erörterungen über den Zins auf der Ebene betriebswirtschaftlicher Überlegungen ab. Man hat sogar das Empfinden, daß die ursprüngliche und übergeordnete Funktion des Zinses in Verbindung mit dem Mechanismus der Goldwährungssysteme das Wesen seiner Teilfunktionen häufig überschattet hat und einer in die Tiefe gehenden Durchleuchtung der Zinsfragen entgegen stand. Bezeichnend ist nun die Tatsache, daß von dem Augenblick ab, wo die zwischenstaatliche Funktion des Zinses wegfiel, die ausgesprochene Eigengesetzlichkeit der Zinsbewegungen sehr bald in eine wiederum fast verabredet anmutende Gleichartigkeit der Zinsenentwicklung einmündete. Die Politik des billigen Geldes ist geradezu eine Begleiterscheinung der nationalen Eigenständigkeit der Zinspolitik.

Die oft daraus gezogene Folgerung, daß die internationale Verflechtung der Kreditsysteme einer entscheidenden Zinsverbilligung feindlich war, gilt aber doch nur mit einigen Vorbehalten. Die letzten beiden Jahrzehnte vor der Jahrhundertwende, die gewiß noch keinerlei Hemmungen in der Freiheit des zwischenstaatlichen Kapitalaustausches aufwiesen, standen in der ganzen Welt im Zeichen sehr niedriger Zinssätze, über deren Ursprung die Forschungslücken immer noch nicht ganz geschlossen sind. Die Auffassung, wonach der Umbau der Währungssysteme in den durch unerwartete Produktionsvorkommen üppiger versorgten Goldwährungssystemen die Bewegung zu niedrigeren Zinsen ausgelöst hat, verdient eine sehr ernsthafte Behandlung, denn auf der wirtschaftlichen Seite lagen keine Faktoren vor, die unbedingt in dieser Richtung zu wirken brauchten. Trotzdem läßt sich der neue Tatbestand einer national unabhängigen Zinspolitik doch so formulieren, daß nach Abkehr von einer Art mehr schicksalhaft empfundenen Abhängigkeit der führenden Handelsstaaten von den Entwicklungsgesetzen, die von einer vermuteten Weltwirtschaftsordnung ausgingen, die Verantwortung für die wirkliche Lösung der wirtschaftlichen und sozialen Probleme stieg, sich aber gleichzeitig die Erkenntnis durchsetzte, daß eine Vollbeschäftigung der Wirtschaft bei stark schwankenden und oft überhöhten Zinsen ein Ding der Unmöglichkeit sei. Dieser Funktionswandel des Zinses kam zeitlich schon früher, wenn auch unterschiedlich ausgeprägt, in der Struktur der Zentralbanken zum Ausdruck, indem bei schrumpfender Bedeutung des Handelswechsels auch der Wirkungsgrad der Diskontpolitik zurückging und entsprechend dem Vordringen der Staatsanleihe zu zusätzlichen Methoden der Markt- und Zinsbeherrschung geschritten werden mußte (Offenmarktpolitik).

Das theoretische Diskussionsziel

Es ist keine überraschende Feststellung, wenn gesagt wird, daß sich bei dem früheren, stark elastischen Zinsgefüge die allgemeine Problematik hauptsächlich auf Fragen der Konversionen und einer reibungslosen Marktvorbereitung beschränkte, jedenfalls solange empfindliche Grenzpunkte der Zinsentwicklung noch nicht erreicht waren. Die Politik des billigen Geldes, oder besser gesagt der niedrigen Zinsen, hat mit der Zeit zu Fragestellungen geführt, die dem Zins als Kosten- und Ertragsfaktor wieder eine stärkere Betonung verliehen und es ist bezeichnend, daß an Stelle der früheren Zinserörterungen, die um Zentralbank- und Währungsprobleme kreisten, eine mehr ideologische und daneben aber auch ausgesprochen betriebswirtschaftliche Betrachtungsweise trat. Man diskutiert das Wesen des Zinses im Handel, in der Industrie und in der Landwirtschaft, man spricht vom Rechnungszins und vom kalkulatorischen Zins.

Die Betrachtung der Bankzinsen ist unter diesem Gesichtswinkel ebenfalls in ein neues Stadium eingetreten. Hier ist nun insofern ein besonders wichtiger Punkt der neuen Problemstellung erreicht, als die Rückläufigkeit der Zinsentwicklung den Banken eine größere Empfindlichkeit für entscheidende Grenzfragen des Zinses verleiht. Man darf ohne weiteres sagen, daß diese Empfindlichkeit gleichzeitig auch den Ausdruck einer besonders wichtigen und verantwortlichen Stellung der Banken in der Kapitalstruktur bildet. In der Tat haben seit einigen Jahren die zentralen Diskontprobleme aufgehört, das Interesse der Öffentlichkeit zu beanspruchen; die offiziellen Zinssätze sind in den führenden Ländern auf einem Stand angelangt, der sowohl nach den zur Verfügung stehenden Erfahrungen als auch nach den wirtschaftlichen Notwendigkeiten der Gegenwart keine nennenswerte Senkung mehr verträgt, ohne grundsätzliche Probleme auszulösen. Auf der anderen Seite haben sich im gleichen Maße, wie sich die Diskontpolitik der Zentralbankinstitute vereinfachte und die Zinslast für den wirtschaftlichen Schuldner erleichterte, die Zinsprobleme der Banken erschwert und vervielfältigt.

Die Banken stehen an jener Stelle der gesamten Kreditstruktur, an der sich der Zinsdruck in entscheidenden kalkulatorischen Fragestellungen auswirkt. Solange eine gewisse Zinshöhe und eine im freien Wettbewerb, d. h. auch in Konjunkturschwankungen, erprobte Zinselastizität bestand und solange vielseitige geschäftliche Möglichkeiten zahlreiche und sich wertvoll ergänzende Quellen des Ertrages offen hielten, gab es kaum ein Problem der Zinsspanne, d. h. ein grundsätzliches Ertragsproblem für den Kreditapparat, insbesondere bestand keine Veranlassung, auf der Einlageseite der Banken die Zinsfrage bis zu jener Grenze durchzudenken, die schließlich auf einigen Gebieten der Zinsabhängigkeit auch eine grundsätzliche Trennungslinie zwischen Zins und Zinslosigkeit aufrichten würde.

Stellt sich so für Deutschland das Problem der Zinslosigkeit der kurzfristigen Einlagen zunächst als letztes theoretisches Diskussionsziel einer Zinssenkung dar, so ist hier allerdings der Vorbehalt am Platz, daß diese Frage nicht unbedingt nur im Zusammenhang mit niedrigen Zinsen erörtert zu werden braucht. Wäre dies der Fall, so könnte leicht die Auffassung entstehen, daß sich diese Frage überhaupt nur im Zusammenhang mit der Ertragsspanne ergibt und keine innere Verbindung mehr mit dem tieferen Problem des Zinses aufweist. Gerade das Wesen der Einlagenzinsen ist bisher vielleicht zu einseitig oder gar zu oberflächlich betrachtet worden, als daß man bis zur grundsätzlichen Sichtung der wirklichen Zusammenhänge vorgestoßen wäre. Der Einlagezins steht immer so weit im Wirkungsbereich des Sparzinses, daß eine bestimmte Distanz notwendig ist, wenn anders nicht das Gleichgewicht zwischen den verschiedenen Komponenten des Geld- und Kapitalmarktes gestört werden soll. Das schließt selbst eine Zinslosigkeit für kurzfristige Einlagen nicht ohne weiteres aus, da es sich bei der Zinslosigkeit in den meisten Fällen nur um eine Fiktion handelt, d. h. da wo ein zinsloses Konto dem Besitzer für die Abwicklung von Zahlungsvorgängen und für die Inanspruchnahme anderer Dienstleistungen seiner Bank mehr Nutzen spendet, als ihm durch einen Verzicht auf Zinsen verloren geht.

Zinslosigkeit für kurzfristige Einlagen im Lichte der US-amerikanischen Entwicklung

Es ist, um einen Diskussionsbeitrag zu liefern, zum mindesten auffällig, daß in den Vereinigten Staaten und in einigen anderen Ländern die Frage der Zinslosigkeit für kurzfristige Bankeinlagen schon zu einem Zeitpunkt aufgeworfen und allen Ernstes behandelt wurde, als die allgemeine Höhe der Zinssätze oder etwa ein Ertragsgesichtspunkt eine besondere Herausstellung des Charakters der Einlagenzinsen nicht erforderlich gemacht hätte. Zeigt es sich, daß die Argumente, die bei diesen Erörterungen zutage treten, in grundsätzlicher Hinsicht auch auf die heutige Problematik zutreffen, wobei immer die verschiedenartige Morphologie der Kreditsysteme berücksichtigt werden muß, so würde gewissermaßen die Zinslosigkeit für kurzfristige Einlagen noch unter einem anderen Vorzeichen als dem der Ertragsspanne zu beachten sein.

In den Vereinigten Staaten war nun die Zahlung von Zinsen auf Depositen Gegenstand häufiger Diskussionen in Bankkreisen, und zwar schon mehr als 70 Jahre bevor die gesetzliche Kontrolle der Depositenzinssätze durch das Bankgesetz von 1933 eingeführt wurde. In den dreißiger und vierziger Jahren des vorigen Jahrhunderts kam es wiederholt zu Erörterungen, als einige New Yorker Banken durch eine eigenmächtige und überdimensionale Erhöhung ihrer Einlagenzinsen Mittel aus den damals noch bescheidenen Kapitalzentren der Provinz an sich zu ziehen suchten, um Kriseneinflüssen zu begegnen. Jedoch erst nach der sehr tiefgreifenden Krise von 1857 erhielt diese Frage ein stärkeres Gewicht und das New Yorker Clearinghouse setzte eine Kommission ein, die in einem im März 1858 erstatteten Bericht die Abschaffung der Zinszahlung auf kurzfristige Bankdepositen empfahl. Offenbar waren damals folgende Tatbestände entscheidend: 1. bestand ein starker Wettbewerb zwischen den Banken um diese Gelder, die gewissermaßen das Ergebnis des Sparprozesses außerhalb New York darstellten, 2. wurden diese in New York sich ansammelnden Mittel vorwiegend zu Kreditgeschäften mit spekulativem Einschlag verwandt und 3. bildeten die Sätze für derartige Gelder in Ermangelung einer zentralen Kreditkontrolle das Zünglein an der Waage der Geldmarktentscheidungen und der Zinssätze überhaupt. Die Krise ging zu schnell vorüber, um Maßnahmen in der vorgeschlagenen Richtung zur Durchführung kommen zu lassen. Im November 1873 wurde erneut ein Bericht mit Vorschlägen zur Beseitigung kreditwirtschaftlicher Mängel veröffentlicht, in welchem die Abschaffung der Zinsen auf Bankeinlagen an erster Stelle stand. An dem bisherigen Zustand, der ein buntes Nebeneinander der Bedingungen bot, änderte sich jedoch nichts.

Zwanzig Jahre später kamen diese Fragen im Zusammenhang mit einer neuen Krise wieder auf das Tapet. Allmählich aber verloren sie an Bedeutung infolge der Erkenntnis, daß sie nur einen Teilausschnitt der allgemeinen Mängel der amerikanischen Kreditstruktur bildeten und in einer allgemeinen Bankreform berücksichtigt werden müßten. Es ist bedeutsam, daß die Frage der Zinsen bzw. Zinslosigkeit sich durchaus nicht auf Zwischenbankeinlagen (Interbankdeposits, Nostroguthaben) beschränkte, sondern sich auch — wenn vielleicht mehr am Rande — auf die kommerziellen Einlagen erstreckte, für die also offenbar kein besonderer Beurteilungsstandard gefunden wurde. Dagegen blieben Sparbanken, für die bereits besondere Reservehaltungsbestimmungen bestanden, in der Regel aus den Erörterungen heraus.

Wenn das Bundesreserveamt in der ersten Zeit keine Stellung zu diesen Fragen nahm, so gingen schon die Schöpfer des Federal Reserve Act von der Überzeugung aus, daß das System der Zwischenbankdeposíten in dem Maße eine Schwächung erfahren würde, als der Zwang zur zinslosen Reservehaltung bei den Bundesreservebanken die Fähigkeit der New Yorker Banken, Mittel aus dem Inneren des Landes heranzuziehen, ohnehin vermindern würde. Diese Erwartungen haben sich jedoch bemerkenswerterweise nicht erfüllt, wie überhaupt gerade die Reservevorschriften infolge Fernbleibens von mehr als der Hälfte der Banken vom Bundesreservesystem nie zur vollen und zentralen Auswirkung kamen. Eine New Yorker Untersuchung im Jahre 1917 zeigt, daß zu gleicher Zeit Zinssätze zwischen 1 und 4% auf kurzfristige Bankeinlagen bezahlt wurden. Im Jahr 1918 kam es erstmalig zu einem Abkommen zwischen den an das New Yorker Clearinghouse angeschlossenen Banken, das die Einlagenzinssätze an die offizielle Diskontrate der New Yorker Bundesreservebank band und eine Höchstrate sowohl für Zeiteinlagen als auch für täglich fällige Einlagen einführte. Dieses Beispiel ist dann richtungsweisend geworden für eine allmähliche Vereinheitlichung der Sätze seitens der einzelnen Clearinghouse-Vereinigungen. Im Jahre 1933 wurde von dem New Yorker Clearinghouse der Begriff der täglich fälligen Einlagen auf Depositen auf bis zu 90 Tagen fällige Depositen ausgedehnt, anstatt bis dahin 30 Tagen; damit wurde der Begriff der kurzfristigen Bankeinlagen außerordentlich erweitert. Der Widerstand der Banken gegen eine schematische Festlegung der Zinssätze für Einlagen wurde immer schwächer, insbesondere auch deshalb, weil es sich im Verlauf der verschiedenen Zinssenkungsetappen einwandfrei gezeigt hatte, daß diese Entwicklung auf das Volumen der Kurzgeldeinlagen, ja selbst auch auf die Zusammensetzung der Bankeinlagen, keinen nennenswerten Einfluß auszuüben vermochte.

Hinzu kam natürlich auch die Ertragsüberlegung. Mit der Schrumpfung der verschiedenen Ertragssparten, teils infolge der Wirtschaftskrise teils als Ergebnis der tief einschneidenden Bankreformen, setzte sich die Überzeugung durch, daß eine ausreichende Zinsmarge überhaupt nur noch durch die Zinslosigkeit der kurzfristigen Bankeinlagen erzielt werden konnte. Damit traten alle zinstheoretischen Erörterungen in. den Hintergrund. Wenn der Umfang der kurzfälligen Depositen trotz der zinsmäßigen Gleichstellung der Zwischenbankdepositen mit den Reserven bei den Bundesreservebanken keine nennenswerte Einschränkung erfahren hat, d. h. Mitgliedsbanken in der Provinz nach wie vor einen Teil ihrer Reserven bei den New Yorker Großbanken halten, ohne daß diese offiziellen Liquiditätscharakter haben, so beweist dies, daß sie als Arbeitsreserven betrachtet werden, die für die Zwecke des Zahlungsverkehrs und im Zusammenhang mit anderen Funktionen offenbar nützlicher sind als die unter formalen Gesichtspunkten erzwungene zentrale Reservehaltung. Rückblickend läßt sich sagen, daß in den Krisenjahren die Zwischenbankdepositen in ihrer ungewöhnlichen Höhe das Liquiditätsbild der amerikanischen Bankwirtschaft zweifellos verwischt haben und daß insbesondere die Fragen der Liquidität zweiter Ordnung bei den Provinzbanken infolge allzu großen Vertrauens in den Liquiditätscharakter ihrer New Yorker Guthaben nicht mit der erforderlichen Objektivität und Gründlichkeit behandelt worden sind. In den letzten Jahren sind die kurzfristig fälligen Zwischenbankdepositen (Nostroguthaben) aller amerikanischen Mitgliedsbanken unentwegt gestiegen. Sie haben Mitte 1941 einen Stand von rund 10 Mrd. $

erreicht, d. h. genau ein Drittel der gesamten kurzfristigen Depositen und 90% der gesamten Zeitdepositen kommerzieller Natur. Zeitdepositen der Banken untereinander scheinen überhaupt nicht in einem irgendwie ziffernmäßig darstellbaren Umfang zu bestehen.

Die amerikanische Diskussion um die Einlagenzinsen kreiste zu allen Zeiten sichtlich um die für eine wirksame und geschlossene Geldpolitik vitale Frage, inwieweit die Verzinsung der Bankeinlagen nicht den Bemühungen um eine Zentralisierung der Reserven entgegensteht. Selbst mit der Errichtung des Bundesreservesystems wurde, wie gezeigt, eine solche Zentralisierung der Reservehaltung nicht erzielt. Hatte man aber vor Einsetzen der Politik des billigen Geldes immer noch Hemmungen, durch die Dekretierung einer vollständigen Zinslosigkeit der kurzfristigen Einlagen und damit durch deren Gleichstellung mit den offiziellen Reserven der Mitgliedsbanken des neuen Systems bei den Bundesreservebanken den Liquiditätscharakter dieser Einlagen besonders zu betonen, so wurden diese Hemmungen in dem Augenblick überwunden, wo infolge der allgemeinen Zinssenkungstendenz die Frage der Erhaltung einer ausreichenden Ertragsspanne für die Banken praktisch den Ausschlag gab. Für die Rechtfertigung der Zinslosigkeit, unabhängig davon, ob es sich um Nostroguthaben der Banken oder kommerzielle Einlagen handelte, fiel aber noch besonders in die Waagschale, daß das amerikanische Zahlungssystem in stärkstem Umfang auf dem Scheckverkehr ruht, der auch die kleinsten Konten zu Arbeitskonten stempelt. Dieser Arbeitsinhalt der kurzfristigen Einlagen hat in jenen Grenzfällen, wo die Beanspruchung der Einlagen durch Scheckdispositionen ein normales Maß zu übersteigen pflegt, die Festsetzung monatlicher Mindestguthaben oder die Erhebung von Gebühren als angemessene Behandlungsweise empfinden lassen.

Ergänzende Erfahrungen des Auslandes

Bevor die Nutzanwendung dieser Erkenntnisse und Erfahrungen auf die Beurteilung des deutschen Problems erfolgt, sollen mit einem kurzen Seitenblick noch einige ausländische Teilprobleme gestreift werden, deren Behandlung ebenfalls geeignet erscheint, den Einblick in das Wesen der Kurzgeldeinlagen zu erweitern.

Eine besondere Darstellung wäre der Behandlung zwischenstaatlicher kurzfristiger Bankdepositen zu widmen. Sie würde aber in diesem Zusammenhang deshalb nur wenig interessieren, weil auf diesem Gebiet die Zinssätze eine ganz andere Bedeutung hatten; hier erreichte der Ansturm kurzfristig fluktuierender Gelder der Weltwirtschaft infolge Kapitalflucht aus Europa derartige Ausmaße, daß die Zinslosigkeit ohne strenge Grenzziehung zwischen kurz- und langfristigen Einlagen schon früher zu einer festen Regel wurde. Lediglich die englischen Großbanken zahlten noch lange Zeit auf Auslandseinlagen weit höhere Zinsen als auf inländische, was zum Teil als Beweis dafür angesehen werden kann, daß zur Aufrechterhaltung der kurzfristigen Geldposition Londons die Heranziehung internationaler Mittel à tout prix auch nach der Abwertung des Pfundes notwendig war.

In England wurden im übrigen Zinsen auf kurzfristige Bankeinlagen der einheimischen Wirtschaft nur in besonderen Fällen gezahlt, in denen gewöhnlich die Aufrechterhaltung eines Mindestguthabens verlangt wurde. Auch hier sind die kurzfristigen Geldeinlagen der Tummelplatz für Scheckdispositionen der Kundschaft. Im Gegensatz zu den Vereinigten Staaten ist die Zinsrate auf längerfristige Einlagen nicht einem starren Schema unterworfen worden, sondern verblieb elastisch und kompetitiv, ein Tatbestand, der insofern nicht ganz uninteressant erscheint, als in den Vereinigten Staaten dann und wann Bestrebungen erkennbar sind, von der Starrheit der Zinssätze für Zeitdepositen loszukommen. Bei verschiedenen Gelegenheiten wurde der Versuch gemacht, die Bundesreservebehörden davon zu überzeugen, daß für Einlagen von mehr als 6 Monaten höhere Sätze bezahlt werden könnten, da sich mit solchen Einlagen ja auch andere Erträgnisse erzielen ließen. Wenn diese Tendenzen nicht stärker zum Durchbruch kamen, so mag bei der großen Geldflüssigkeit der vergangenen Jahre doch auch der Gedanke mitgesprochen haben, daß ein höherer Zinsanreiz vielleicht zu einer zu weitgehenden Umgruppierung der Depositen Veranlassung geben würde; jedenfalls hat sich an der schematischen Zweiteilung der Zinsstruktur für Bankeinlagen — Zinslosigkeit bis zu 90 Tagen, Zinssätze von 1% für längerfristige Einlagen — nichts geändert.

Billiges Geld — Liquidität — Ertrag — Zinsstufung: die wesentlichen Ausgangspunkte der deutschen Problematik

Hat man sich der Frage des inneren Wesens und der Behandlung der Kurzgeldeinlagen an Hand ausländischer Beispiele soweit angenähert, daß die Rolle dieser Bankeinlagen als Reservehaltung der Kreditinstitute selbst bzw. der Wirtschaft ebenso ausreichend geklärt erscheint, wie ihre zusätzliche Bedeutung als Arbeitskonten für die Einleger, so erhebt sich nunmehr die Frage, welche anderen Gesichtspunkte noch für die Beurteilung dieses Zinsausschnitts besonders bei der Betrachtung der deutschen Verhältnisse relevant sein könnten. Es bestand bereits Veranlassung, darauf hinzuweisen, daß auf den Hintergrund des Leihzinses projiziert, in den Vereinigten Staaten keine Geneigtheit bestand, eine unbedingte und stufenmäßige Abhängigkeit der Zinsen für kurzfristige Einlagen vom Leihzins zu konstruieren. Dies ging daraus hervor, daß selbst bei hohem Leihzins die Diskussion um die Zinslosigkeit der Kurzgeldeinlagen uneingeschränkt weiterging.

Nun ist nicht zu verkennen, daß die Summation dieser Einlagen eine Größenordnung und eine Stabilität bewirkte, welche vom Standpunkt der Kreditinstitute aus die kreditwirtschaftlichen Nutzungsmöglichkeiten dieser Konten erheblich steigert, mit anderen Worten: Der Bodensatz dieser kurzfristigen Einlagen ist — immer ceteris paribus — erfahrungsgemäß so stetig, daß es nicht mehr als eine Umgehung der goldenen Bankregel empfunden wird, wenn diese Mittel auch zur Gewährung von Krediten herangezogen und damit in einen erweiterten Arbeitsrahmen eingespannt werden. Dies ist durchaus keine neue Entdeckung. In dem Maße also, wie die Kreditinstitute wirksameren Gebrauch von den kurzfristigen Einlagen zu machen in der Lage sind als ihrem eigentlichen Wesen entspricht, muß sich eine gewisse Bereitwilligkeit einstellen, diese Konten zinsmäßig besser zu behandeln.

Theoretisch würden sich die Interessen von Schuldner und Gläubiger für die Zinslosigkeit dann treffen, wenn der Nutzen, den die Banken aus der Auswertung dieser Konten ziehen, aufgezehrt wird durch die Kosten, die ihnen durch die Zahlungsmanipulationen erwachsen und der Einleger in der Leistung dieser Zahlungsvorgänge einen vollen Entgelt für die Zinslosigkeit der Konten erblickt. Offenbar neigt sich bei denjenigen Kreditinstituten, die durch einen großen Filialapparat sehr umfangreiche Kapitalsteile dieser Art auf sich vereinigen können, die Waage mehr zugunsten des eigenen größeren Vorteils aus dieser Kontenführung (nach dem Gesetz der großen Zahl), und damit zugunsten einer Weiterverzinsung dieser Konten. Die Zinslosigkeit dieser Einlagen würde in Deutschland in der Tat eine letzte Stufe der Zinsmargenanpassung bedeuten. Andererseits entbehren diese Konten bei den mittleren und kleineren Kreditinstituten wegen des schmaleren Rahmens zum Teil der gekennzeichneten Einsatzfähigkeit auf der Debitorenseite und müssen u. U. mit Anlagen belegt werden, die sich ungünstiger verzinsen, dafür allerdings in der Regel einen höheren Liquiditätsgrad beanspruchen. Dieser Hinweis soll lediglich zeigen, daß die Auffassung der Bankkreise zu dieser Frage nicht leicht auf einen gemeinsamen Nenner zu bringen ist, solange nicht ein letzter und unerbittlicher Zwang zur Herbeiführung der Zinslosigkeit für kurzfristige Einlagen vorliegt. Es ist nützlich, den an anderer Stelle kurz angedeuteten Gedanken weiterzuspinnen, daß auch die kurzfristigen Bankeinlagen unter gewissen Voraussetzungen sich in das Stufenbild der Zinsen auf der Debetseite einfügen, dann nämlich, wenn bei ausreichenden Beträgen und einem vorgeschrittenen Beharrungsstreben die Zinshöhe bedingt wird durch die Wirtschaftlichkeit, mit der sie auf der Debetseite genutzt werden können.

Aber auch hier gibt es eine Grenze, über die hinaus der optimale Nutzeffekt kurzfristiger Bankeinlagen durch die aufkommende Gefahr einer einseitigen Anlage beeinträchtigt wird. Je stärker das Mißverhältnis zwischen dem Einlagenvolumen und den Anlagemöglichkeiten, desto schwieriger wird die Entscheidung darüber, welche Anlagen man den kurzfristigen Einlagen gegenüberstellen soll. Dieses Dilemma ist dann besonders groß, wenn kurzfristige Wirtschaftskredite Seltenheitswert gewinnen und die den Banken verfügbaren Mittel in festverzinslichen Titeln mit längerer Laufzeit angelegt werden müssen. Kurzfristige Einlagen können zu einem embarras de richesse werden; sie sind in den Vereinigten Staaten während der Jahre 1933—37 stark mit zweitklassigen Anlagen belegt worden und büßten ihre Liquiditätsfunktion fast völlig ein. Dieses Experiment der hauptsächlich in der Provinz operierenden Banken konnte nur deshalb gut ausgehen, weil die Politik des billigen Geldes offen genug als Richtschnur der staatlichen Wirtschaftspolitik gekennzeichnet wurde, um die an zweitklassige Wertpapiere geknüpften Erwartungen einer Kurssteigerung zu rechtfertigen. So paradox es klingt, so kann doch gesagt werden, daß diejenigen Banken, die hier ein normalerweise unverantwortliches Risiko eingingen, in den Jahren 1935—39 die größten inneren Reserven aufzubauen vermochten.

Mit dem Stillstand der Politik des leichten Geldes bzw. dem Abschluß dieser Entwicklung ergäbe sich aber die Gefahr, daß an Stelle von Kurssteigerungen wieder Kurssenkungen kommen und damit geraten die Anlagen, die gegen die Bankdepositen stehen, in die Gefahrenzone der Kursrisiken. Diese Frage mag heute bei elastischen Märkten für die festverzinslichen Wertpapiere noch nicht zur Diskussion stehen, sie wird aber gerade beim Übergang in die Friedenswirtschaft zweifellos die Banken bei ihren Liquiditätsüberlegungen in erster Linie beschäftigen. Eine Zinslosigkeit der kurzfristigen Bankeinlagen hätte vielleicht die Wirkung, daß ein Teil dieser Liquiditätsreserven der Wirtschaft und des Kreditapparates stärker zur Notenbank abgeleitet wird und dort nun wieder voll und ganz in die Liquiditätsfunktion hineinwächst. Eine solche Entwicklung würde zweifellos dafür sorgen, daß nicht allzuviel Wasser in die Bankbilanzen hineinkäme, das ja doch zu gegebener Zeit wieder herauslaufen dürfte, also einen Deflationsvorgang bei den Banken darstellte, der immer mit einer Liquidierung von Krediten bzw. Anlagen verknüpft ist. Mit anderen Worten: das Liquiditätsbild bliebe echter, wenn durch eine Zinslosigkeit der kurzfristigen Depositen das Unterscheidungsmerkmal zwischen einer gewünschten Liquiditätsfunktion und kreditwirtschaftlichen Nutzungsfähigkeit der kurzfristigen Depositen deutlicher zur Geltung käme. Vom Standpunkt der Liquiditätsvorsorge der Zentralbanken aus müßte also diejenige Zinspolitik der Banken vorzuziehen sein, welche von selbst einen größeren Teil der verfügbaren Liquiditatsreserven der Wirtschaft unter den unmittelbaren Schutz der Zentralbank stellt.

Bevor dieser Gedanke weiter überprüft wird, erscheint es jedoch zweckmäßig, im Anschluß an den Exkurs über die amerikanische Problematik die Frage aufzuwerfen, inwieweit in Deutschland von einer Reservehaltungsfunktion der kurzfristigen Bankeinlagen die Rede ist. Zweifellos konnte in früheren Jahrzehnten von einer solchen Funktion gesprochen werden. Das Kreditwesengesetz hat aber in richtiger Erkenntnis der Tatsache, daß für den Fall einer Krise diese Reserven nicht den Vorstellungen einer ausreichenden Liquidität entsprechen, die Nostroguthaben aus dem Liquiditätsrahmen herausgenommen und die Gesetzgeber mußten das um so mehr tun, als sie von einer sofortigen Auffüllung der Barliquidität auf 10% der Gesamtverpflichtungen (ohne Nostroverpflichtungen) Abstand nahmen. Man weiß, daß diese Nostroguthaben gewissermaßen Guthaben im Kreise sind und daß viele Doppelzählungen unvermeidbar erscheinen; die Krise von 1931 hatte den zweifelhaften Wert dieser Reserven ausreichend erwiesen. Wenn also das Kreditwesengesetz den Reservecharakter eines wesentlichen Teiles der kurzfristigen Bankeinlagen formell verneint, diese aber andererseits nicht nur durchgehalten, sondern weiter erhöht werden, so ist daraus der Schluß zu ziehen, daß die Einleger größeren Wert auf den Arbeitswert dieser Konten als auf die Liquiditätsrolle legen. Im Unterbewußtsein und nach den praktischen Erfahrungen wird zwar diesen Konten noch eine Liquiditätsfunktion zugeschrieben, aber man wird gewiß annehmen dürfen, daß der Einleger ihren Arbeitscharakter auf alle Fälle höher bewertet und deshalb der Tendenz eines Abbaues der letzten Schranke vor der Zinslosigkeit theoretisch nicht unbedingt ablehnend gegenüber steht, besonders dann nicht, wenn die gegenseitige Unterhaltung dieser Konten im Kreditapparat die Abwicklung des Zahlungsverkehrs stark erleichtert.

Um die Frage wieder aufzugreifen, die sich bei der Betrachtung der Einlagenzinsen im Blickwinkel der Sätze für ausgeliehenes Kapital ergab, sei davon ausgegangen, daß die Politik des billigen Geldes überall zu einer Erstarrung der Zinsstruktur geführt hat. So segensreich diese Entwicklung für die Wirtschaft überhaupt war, so ist es jedoch auch nicht abwegig zu sagen, daß diese Erstarrung mitverantwortlich für das Vorbeigehen an manchen wesentlichen Wirkungsbereichen des Zinses war. Zu den Zeiten, als die Schwankungen auch als ein Kriterium der wirtschaftlichen Wechsellagen und damit der Risiken erschienen, konnte selbst der Mann von der Straße sich etwas unter der Beziehung zwischen dem Zins und der Ertragslage der mit Kredit arbeitenden Unternehmungen vorstellen. Es ist durchaus nicht erstaunlich, wenn diese Zusammenhänge heute der Vergessenheit entrissen und auch von der Wissenschaft wieder gebührend gewürdigt werden. Man spricht wieder mehr von der Notwendigkeit eines gestuften Zinses, d. h. von einer Zinsstruktur, die den selbst zu normalen Zeiten gegebenen Verschiedenheiten in bezug auf die Risiken Rechnung trägt. Diese Überlegung führt zu dem, was man als die selektive Funktion des Zinses bezeichnen kann. Sie berührt natürlich in erster Linie die Zinsentscheidungen auf der Debitorenseite der Banken und steht hier nur insoweit zur Diskussion, als selbst im Rahmen einer dauerhaften Politik des billigen Geldes stärkere Abstufungen in den Debetzinsen wiederum eine neue Betrachtungsweise für die Einlagenzinsen nach sich ziehen würden. Unbedingt zwingend wäre diese Folgerung an Hand der amerikanischen Erfahrungen nicht, oder eben nur deshalb, weil bei Unterstellung eines auch nach oben elastischen Rahmens der Debetzinsen auch die Geneigtheit wächst, das Problem der Einlagenzinsen mehr in der Wechselwirkung zur Debitorenseite zu betrachten. Allerdings würde sich hier die Problematik mehr auf das Gebiet der länger gebundenen Bankeinlagen verschieben und dort natürlich die Forderung einer engeren Bindung der Sätze an die Schwankung der Debetzinssätze mit einem zusätzlichen Gewicht versehen.

So wie die Dinge im deutschen Kreditwesen heute liegen, mußten bei diesen grundsätzlichen Betrachtungen die Ertragsverhältnisse der Banken und die Herstellung eines gesunden Stufenbildes des Zinses wichtige Faktoren bilden. Man sollte sich aber davor hüten, die Verhältnisse während des Krieges als endgültig zu betrachten, sowohl was den Umfang als auch den Charakter der getätigten kreditwirtschaftlichen und der zusätzlichen Bankfunktionen anbelangt. Es ist bekannt, daß manche Aufgaben von den Banken im Interesse der Öffentlichkeit zu wenig remunerativen Bedingungen durchgeführt werden und daß andererseits viele geschäftliche Möglichkeiten, die besonders mit der Finanzierung des Außenhandels zusammenhingen, auf den Nullpunkt herabgesunken sind. Aus diesen Gründen läßt sich von einem klaren und stabilen Ertragsbild überhaupt nicht sprechen. Jedenfalls hat sich bei der Diskussion über die unteren Grenzen der Einlagenzinsen herausgestellt, daß die deutsche Kreditwirtschaft noch von jener Zwangslage entfernt ist, die eine generelle Zinslosigkeit der kurzfristigen Einlagen erforderlich machen würde. Immerhin bleiben es die Ertragsfragen und das gegenwartsnahe Rationalisierungsproblem, die zunächst das Denken in diesen Grenzgebieten des Zinses dauernd stark beeinflussen.

Schlußfolgerungen

Hier drückt sich aber auch deutlich aus, daß es äußerst schwierig ist, eine gemeinsame Linie zu finden, da in dem vielseitig gegliederten Kreditapparat die Kosten der Kapitalsammlung im weitesten Sinne sehr unterschiedlich liegen. Der Wirkungsgrad der volumenmäßigen Erweiterung der Bankbilanzen dürfte bei den großen und mittleren Banken erheblich größer sein, als bei den kleineren Instituten. Der Gedanke, daß sich aus diesen strukturellen Unterschieden die Berechtigung für eine stärkere Abstufung auch der Einlagenzinsen ableiten ließe, findet trotzdem in den tatsächlichen Erfahrungen keinen Nährboden. Soll der Prozeß der Heranziehung von neugebildeten Kapitalien reibungslos zwischen den verschiedenen Gruppen des Kreditgewerbes erfolgen, so kann man auf eine einheitliche Festlegung der Zinsbedingungen nicht verzichten, wenn auch die Kostenlage der Kreditinstitute eine solche Abstufung nahe legen würde. Ebenso kann die Frage übergangen werden, ob die geographische und wirtschaftliche Struktur eines Landes auf der Seite der Habenzinsen Unterschiede berechtigt erscheinen läßt. Auf der Seite der Debitoren haben sich solche Abstufungen herausgebildet — und gerade ein so stark gegliedertes Land wie die Vereinigten Staaten zeigt eine bemerkenswerte Streuung unter-

Berücksichtigung territorialer Sonderrisiken —, während auf der Habenseite sich die Schematisierung der Bedingungen ohne Schwierigkeiten durchführen ließ. Die Erkenntnis, daß für das Sammeln von Kapital und die bankmäßige Verwaltung andere Gesetze bestehen, als für den zweckmäßigen Einsatz und die nützliche Beschäftigung dieser Mittel, hat diese Zinspolitik erleichtert.

Wenn bei der Schilderung der amerikanischen Verhältnisse kurz angedeutet wurde, daß die Dekretierung der Zinslosigkeit der kurzfristigen Einlagen und selbst die Einbeziehung der Depositen zwischen 30 und 90 Tagen in den Raum der kurzfristigen Einlagen keine nennenswerte Veränderung der Einlagenstruktur der Banken hervorgerufen haben, so liegt hier ein Tatbestand vor, der auch für die Beurteilung der deutschen Verhältnisse bedeutungsvoll ist, auch wenn das Zahlungsverkehrssystem in den Vereinigten Staaten und in England erheblich einfachere Formen als in Deutschland aufweist.

In Deutschland legt das reich gegliederte Netz der Zahlungssysteme Rücksichten nahe, die nicht bagatellisiert werden sollten; und gerade in Deutschland bietet fast jedes Zahlungs- und Überweisungssystem in irgend einer Art besondere und zusätzliche Vorteile, die nicht untereinander austauschbar sind, wie ja überhaupt in dieser Hinsicht der Kundendienst viele in der Öffentlichkeit nicht ohne weiteres sichtbare Vorteile und Bindungen schafft. Bei allen Grenzfragen der Bankzinsen spricht diese Scheu vor einer grundsätzlichen Beeinflussung der Einlagenstruktur der deutschen Kreditwirtschaft mit und man wird mit Recht soweit dafür ein Verständnis aufbringen können, als es notwendig erscheint, an den Grundsätzen einer verwaltungsmäßig wohlerprobten und volkswirtschaftlich bestmöglichen Auswertung der im Kreditapparat zusammenströmenden Einlagen nicht zu rühren. Immerhin wird man in Zeiten so starker Geldfülle wie sie heute vorliegen, die Gefahr von Verlagerungen kurzfristiger Einlagen nicht hoch zu veranschlagen brauchen, da nun einmal die einzelnen Wirtschaftskreise an den ihrer Struktur entsprechenden Geldinstituten festzuhalten pflegen. Vielleicht wird die Komponente aus diesen Betrachtungen sein, sich die Möglichkeiten einer weiteren bescheidenen Zinssenkung auf kurzfristige Einlagen zu überlegen und das Ergebnis eines solchen Schrittes, der immer noch ein gewisses Gefälle gegenüber der Reichsbank und dem Postscheckverkehr aufrecht erhält, müßte dann immer noch zeigen, ob die gegenteiligen Befürchtungen begründet sind.

Karl Eugen Mößner

Staatskredit, Kapitalmarkt und Konversionen

I.

Bis zum Weltkriege 1914/18

Die langfristigen Veränderungen des Zinsspiegels an den europäischen Anleihemärkten sind im Verlauf der letzten 150 Jahre in steigendem Maße von den wechselnden außerordentlichen Kreditbedürfnissen der um die Vorherrschaft auf dem Kontinent ringenden Nationen beeinflußt worden, in deren Haushalt das Heer und der Staatsschuldendienst ein Kernstück bildeten. Auf eine außerordentliche Überhöhung des Zinsniveaus während der napoleonischen Kriege folgte von 1820 bis 1850 eine nur wenig unterbrochene rückläufige Zinsentwicklung, die sich nach einem vorübergehenden Wiederanstieg zwischen 1856 und 1868 bis zur Jahrhundertwende kräftig fortsetzte, um dann einem erneuten Anziehen der Kapitalzinsen bis zum Weltkriege zu weichen. Diesem Verlauf der großen Linie der Zinsbewegung entsprach der durchschnittliche Kursstand erstklassiger (mit 4% bzw. ab 1843 mit 3½% verzinslicher) Anleihen, für den sich im groben Durchschnitt folgendes Bild ergibt:

1790	98	1870	78
1815	79	1880	98
1821	70	1891	100
1831	93	1896	114
1841	104	1901	98
1851	89	1911	76

Innerhalb dieser Entwicklung bildeten die Konversionen das unentbehrliche Mittel, um die Lasten des Staatsschuldendienstes immer wieder in Einklang mit der Gesamtstruktur der öffentlichen Haushalte zu bringen. So charakterisierte der französische Finanzminister Rouvier ihr Wesen und ihre bis zum Weltkriege vorwiegend finanzwirtschaftliche Bedeutung sehr treffend mit den Worten: „La conversion n'est pas la faillite, c'est pour l'Etat l'exercice d'un droit régulier, indiscutable. Petits ou gros capitalistes, tous savent également que, lorsque l'Etat emprunte, il se réserve la faculté de rembourser le jour ou l'amélioration du crédit public le lui permet." Die Rentenbesitzer begriffen auch im allgemeinen, daß die Konversionen den Staatskredit festigten, und die Geschichtsschreiber berichten uns mehr als einmal von der einsichtigen Äußerung: „Ich bin mit der ergriffenen Maßnahme zufrieden, da ich durch die Zinskürzung das Kapital für um so besser gesichert ansehe".

Praktisch bezog man nun früher in den Begriff der Konversion nicht nur die Zinssenkung, sondern auch die Vereinfachung und Zusammenfassung der langfristigen Anleihen und die Konsolidierung der kurzpflichtig aufgenommenen Verpflichtungen ein[1]). Bei der Durchführung dieser Maßnahmen verfolgte jedes Land seine eigenen Gesichtspunkte, so daß sich auf Grund der verschiedenen wirtschaftlichen Voraussetzungen und Entwicklungsstufen der Kapitalmärkte insbesondere in England, Frankreich und Deutschland typische Unterschiede herausbildeten.

In England reicht die Tradition auf dem Gebiete der Konversionen am weitesten zurück. Dort ist bereits im Jahre 1711 der Zinssatz einer von der Bank von England im Jahre 1694 aufgenommenen Anleihe von 8% auf 3% reduziert worden. 1714 wurde die Herabsetzung des „gesetzlichen Zinsfußes für private Schulddarlehen" von 6% auf 5% angeordnet. Zwei Jahre später erfolgte die erste reguläre Staatsanleihekonversion, bei der 33 Mill. £ ebenfalls von 6% auf 5% konvertiert wurden. Eine weitere Staatsanleihekonversion von 5% auf 4% folgte 1727. Im Jahre 1749 wurde schon die erste Stufenkonversion praktisch erprobt, durch die der Zins für 54 Mill. £ zunächst von 4% auf 3½% und nach Ablauf von 8 Jahren automatisch von 3½% auf 3% vermindert wurde. Bei allen diesen Maßnahmen entwickelte das englische Schatzamt einen beachtlichen Ideenreichtum in der Verbindung von Konversionsvorgängen mit der Fundierung schwebender Schulden, der Vereinfachung des Schuldenwesens und der Neubeschaffung von Finanzmitteln.

Nach den napoleonischen Kriegen wies England mit 902 Mill. £ (1815) die bedeutendste Staatsschuld Europas auf[2]). Es benutzte die einsetzende Erholung der Kapitalmärkte, um von 1822 bis 1853 in sieben Konversionen einen Betrag von 150 Mill. bzw. später 230 Mill. £ von 5% allmählich über 4% auf 3½% und 3% zu reduzieren. Noch stärker wurde der zweite große Konversionszeitraum des 19. Jahrhunderts ausgenutzt mit der Durchführung der bedeutendsten und schwierigsten Vorweltkriegskonversion unter dem damaligen Finanzminister Goshen (der zweiten Stufenkonversion in der englischen Geschichte). Die 3% Konsols standen 1888/89 infolge der Konversionsgerüchte 102, die 2¾% Konsols lagen über pari und die 2½% Konsols notierten 96. Bei dieser Lage wurde die 3% Schuld in Höhe von 558 Mill. £ in eine bis 1903 mit 2¾% verzinsliche Schuld konvertiert, die sich dann automatisch in eine 2½% verwandelte. Stillschweigen galt als Annahme des Konversionsvorschlages. Die Konversionsprämie betrug ¼%. Die Mitwirkung der Banken war durch Provisionen gesichert. Die Bedingungen für die Gläubiger waren, abgesehen von der Unkünd-

[1]) Vgl. z. B. Béla Földes, Finanzwissenschaft, Jena 1920, S. 644.

[2]) „Mit der Staatsschuld erwarb es die Siege der Heere der mit ihm alliierten Staaten." Vgl. Béla Földes, a. a. O., S. 601.

barkeit bis 1923, wenig vorteilhaft. Trotzdem war die Konversion ein voller Erfolg. Nur 42 Mill. £ verlangten die Rückzahlung. Da die Goshen Konsols nahezu den Gesamtbetrag der englischen Staatsschuld ausmachten, bedeutete die Konversion eine so gut wie völlige Vereinheitlichung der Nationalschuld. Das auf 15 Jahre festgelegte Konversionsschema erwies sich jedoch gegenüber der wirtschaftlichen Entwicklung als zu starr. Der Kurs der Konversionsanleihe sank von 113 im Jahre 1897 auf 72 Ende 1913.

Durch seine sehr energische Konversionspolitik ist es jedoch England gelungen, seine Staatsschuld trotz der zahlreichen Kriege von 902 Mill. £ 1815 auf 650 Mill. £ 1914 herabzudrücken bei gleichzeitiger Halbierung der Zinssätze von 5% auf 2½%. Die fundierte Schuld bezifferte sich am 31. März 1914 auf 87% der Gesamtschuld. Der Aufwand für den Schuldendienst ermäßigte sich von 1815 bis 1914 von 60% auf 20% der gesamten Staatsausgaben. Dieses Ergebnis war nur möglich, indem man die Entlastungen durch die Konversionen weitgehend für die Tilgung einspannte.

Eine solche Politik des Schatzamtes hatte zwei wesentliche Voraussetzungen: Materiell hat sich der englische Konsolbesitz seit der Jahrhundertmitte immer stärker auf eine kleine Zahl von persönlichen Vermögen und institutionellen Vermögensverwaltungen konzentriert[1]) (Banken, Versicherungsgesellschaften, große Hausvermögen usw.). Die Zahl der Konsolkonten ging von 246166 im Jahre 1855 über 204575 im Jahre 1880 und 180430 im Jahre 1884 auf 169235 im Jahre 1888 zurück. Gleichzeitig stieg die durchschnittliche Höhe der Konten von 2900 £ 1857 auf 3600 £ 1888. Dem Betrage nach befand sich der größte Teil der Konsols im Besitz von 541 Vermögensträgern, die Verhältnisse lagen hier also ganz ähnlich wie beim englischen Grundbesitz. Dabei fanden im Konsolbesitz überwiegend solche Vermögensteile Anlage, denen weniger an hoher Rente als an absoluter Sicherheit und langfristigem Zinsgenuß lag. Für den spekulativ eingestellten Reichtum bestand lohnende Verwendung genug in dem weltweiten Handels- und Industriegeschäft.

Zu dieser Konzentration des Staatsfondsbesitzes in relativ wenigen Händen kam noch die sehr wirksame Organisation der Fondsnachfrage durch einen elastischen und außerordentlich leistungsfähigen Geld- und Kapitalmarkt. Der Liquiditätsbegriff der institutionellen Kapitalsammel- und Kapitalverwaltungsstellen war viel weniger eng am güterwirtschaftlichen Umschlagsprozeß orientiert als auf dem Kontinent. Neben den Handelswechseln rechnete der englische Geldmarkt mit hohen Beträgen an kurz- und mittelfristigen Staatstiteln. So entsprach es bereits damals auch der allgemeinen Übung, Staatsanleihen, deren Fälligkeitstermin nahe heranrückte und die infolgedessen eine hohe Kursstabilität

[1]) Vgl. insbes. Karl Kimmich, Die Ursachen des niedrigen Kursstandes deutscher Staatsanleihen, Stuttgart-Berlin 1906, S. 261.

aufwiesen, als liquide Kapitalreserve zu behandeln. Wählte man als Konversionstermin jene Phase der Depression, in der der Wechseldiskont stark unter den Effektenzins herabgedrückt zu werden pflegte, dann stand das Placement der Banken, Versicherungen, Sparkassen usw. in besonders hohem Maße zur Verfügung.

Eine gewisse Gefahr bei diesem Wechselspiel der Anlagen je nach der Entwicklungstendenz von Diskont- und Effektenzins bestand zwar für die Kursbildung der Konsols. Ihr wurde jedoch dadurch begegnet, daß die Bank von England und das Schatzamt stets über große Interventionsmittel verfügten. Die Bank von England hatte seit 1884 die gesetzliche Pflicht, ihre Noten bis zum Betrage von 14 Mill. £ durch Staatsschuldverschreibungen zu decken. Auch war das Schatzamt jederzeit in der Lage, zwecks Entlastung des Marktes in erheblichem Umfange Konsolbestände öffentlicher Verwaltungen in Zeitrenten umzuwandeln. Ende März 1896 befanden sich beispielsweise 171 Mill. £ Konsolbestände, d. h. annähernd ein Viertel des Umlaufs, in Händen der öffentlichen Verwaltungen. Auf Grund dieser Bestände wurden für Rechnung der Sparkassen und des Obersten Gerichtshofes Konsols laufend in Zeitrenten umgewandelt. Von 1863 bis 1883, also vor der Durchführung der größten Konversion (1888/89), sind allein auf diesem Wege 118 Mill. £ Konsols in neue Zeitrenten verwandelt worden. In der praktischen Auswirkung auf den Markt kam dies einer laufenden Tilgung gleich. Die Käufer (Sparkassen, Versicherungen usw.) von Zeitrenten trugen zur Kurssteigerung der Konsols bei ohne daß sie selbst etwas davon hatten, da die erworbenen Zeitrenten nicht marktfähig waren[1]).

Ein besonderer Vorteil dieses Amortisationsspieles war, daß es keiner Kontrolle des Parlaments und der Öffentlichkeit unterlag. Kleinere Anleihen sind auf diesem Wege mittels Zeitrentenschulden unter Vermeidung des offenen Marktes an die Sparkassen abgegeben worden (z. B. die fortification loan im Jahre 1860 und eine Fundierungsanleihe von 6 Mill. £ im Jahre 1886). Da Annuitäten auch einmal ablaufen, kam man bereits damals auf den Gedanken, die Anleihen kurz vor Ablauf zu verlängern und aus den ersparten Beträgen neue sogenannte „Rolling Annuities" zu bilden, d. h. solche, die sich von selbst erneuerten[2]).

Neben dieser lautlosen und elastischen Marktmanipulierung fanden laufend freie Tilgungen durch die Einrichtung eines Old Sinking Fund seit 1829 statt, der bis 1890 70 Mill. £ Konsols und kurzfristige Titel aufkaufte. Seit 1875 bestand daneben noch ein New Sinking Fund, der das Tilgungssystem noch weiter kultivierte (Zwangstilgung). Das Geheimnis

[1]) Ihre Anziehungskraft für die Käufer lag darin, daß Zeitrenten nicht konvertierbar waren. Praktisch hat man also den Konsolmarkt konversionsreif gemacht, indem man für einen Teil der Staatsschuld durch Umwandlung in Zeitrenten auf Konversion verzichtete!

[2]) Über praktische Beispiele vgl. Karl Kimmich a. a. O. S. 133.

einer über 100 Jahre hinweg erfolgreichen englischen Konversionspolitik lag also in einem gesättigten Kapitalreichtum[1]), in einer sehr wirksamen Organisation der laufenden Nachfrage nach Staatstiteln und in der raffinierten Art des Einsatzes einer kontinuierlichen Tilgung für die Marktregulierung.

Auch Frankreich verfügt über eine alte Konversionstradition. Die ersten größeren Konversionen im vergangenen Jahrhundert wurden in den Jahren 1825, 1852 und 1862 vorgenommen, in denen der Zinssatz für 4,4 Mrd. Fr. Anleihen von 5% über 4½%, 4% und 3½% auf 3% gesenkt wurde. Der Verlauf der ersten Konversion nach den napoleonischen Kriegen im Jahre 1825 wurde mit einer neuen Kapitalaufnahme des Staates verbunden, die die Kapitalschuld bei einem zur Konversion aufgerufenen Betrage von 635 Mill. Fr. um 204 Mill. Fr. vermehrte. Das Konversionsprojekt war insofern besonders interessant, als eine Unterscheidung zwischen Alt- und Neubesitz diskutiert wurde, die man jedoch bei der praktischen Durchführung fallen ließ. Banken, Versicherungsgesellschaften und verschiedene sonstige Vermögensträger, z. B. Hospitäler, wurden zum Umtausch verpflichtet.

Von 1875 bis 1902 wurden weitere fünf Konversionen durchgeführt, von denen drei (1883, 1893 und 1903) die 5% Kriegsanleihe betrafen, deren Zinssatz in Etappen von 5% auf 4½%, dann auf 3½% und schließlich auf 3% vermindert wurde. Es handelte sich um die für damalige Begriffe außerordentlich hohe Summe von 6816 Mill. Fr. Man verzichtete deshalb bei der ersten Reduktion auf eine Senkung um 1%, obwohl die 4% Rente bereits 1883 den Paristand bedeutend überschritten hatte. Auch trug man dem Interesse der Rentenbesitzer an einem gesicherten Zinsgenuß durch eine Unkündbarkeit auf 10 Jahre Rechnung, d. h. man verzichtete praktisch 10 Jahre auf eine Zinssenkung, für die das Kursniveau der Staatsrenten bereits reif war. Wer nicht innerhalb 10 Tagen Barrückzahlung verlangte, verlor das Recht auf Rückzahlung der gekündigten Summen. Auch diese Konversion erfolgte, wie die meisten Konversionen in Frankreich, zwecks Beseitigung eines Etatsdefizits.

Bei der zweiten Etappe im Jahre 1893 wagte man den Sprung über 1% bei sehr intensiver Marktvorbereitung. Die Grenze der Notenzirkulation der Banque de France war von 3,5 Mrd. auf 4 Mrd. Fr. erhöht worden, und um jedes Risiko auszuschalten, wurden die Proteststücke nicht sofort gekündigt, der Staat behielt sich vielmehr das Recht vor, die Rückzahlung nach freier Wahl in Serien vorzunehmen. Wer nicht binnen 8 Tagen Kapitalrückzahlung forderte, hatte sich mit der Konversion einverstanden erklärt

[1]) Die Kosten der von England geführten Kriege, die überwiegend die Ursache der englischen Staatsschuld bildeten, hatten sich durch Erweiterung der englischen Kolonial- und Handelsmacht mehr als bezahlt gemacht. Diese Investitionen erwiesen sich größtenteils kaum weniger reichtumbildend als beispielsweise der Erwerb der Suezkanalaktien im Jahre 1875 und andere „produktive“ Verwendungen öffentlicher Gelder.

und erhielt den neuen Zins auf 8 Jahre gesichert. Der unmittelbare Erfolg der Konversion war nicht schlecht, doch ging die 1% Zinssenkung über das hinaus, was der französische Rentner zu opfern bereit war. Infolgedessen blieb die Kursentwicklung des Konversionspapieres eine rückläufige (von 116 im Jahre 1880 auf 82 im Jahre 1913).

Dabei konzentrierte sich — bei geringer Industrialisierung und unbedeutendem Pfandbrief- und Kommunalobligationenumlauf — das Anlageinteresse in Frankreich auf die Staatsrenten. Die Staatsschuld war die große Sparkasse des mittleren und kleineren Erwerbs. Zählte man 1830 nur 125000 Staatsrentenbesitzer, so waren es 1869 800000 und 1901 weit über 2 Millionen. Auch der Besitz der verschiedenen öffentlichen Kassen (Ehrenlegion, Invalidenkasse, Universitätskassen, zentrale Depositenkasse) war ein ständig zunehmender und belief sich bereits um 1900 einschließlich der bei der Banque de France deponierten Beträge auf 46% des gesamten Umlaufs. Man konnte also mit Recht sagen, die ganze Nation habe die Renten des Staates in Händen. Dies hatte den Vorteil einer im allgemeinen guten Bewertung, auch konzentrierte sich der Gesamtumlauf auf ein oder zwei Typen.

Die zähe Verbissenheit, mit der die Rentner an ihrem ungeschmälerten Zinsgenuß festhielten, hatte jedoch auch die Kehrseite, daß Konversionen von längst konversionsreifen Typen immer wieder verschoben wurden und in der Regel erst unter dem Druck von Budgetdefizits zur Durchführung kamen. Charakteristisch nannte man deshalb in Frankreich die Konversionen „ressources latentes du budget". Dieser Zustand wurde auch innerhalb des Landes Jahrzehnte hindurch scharf kritisiert, und der französische Finanzwissenschaftler Beaulieu schrieb: „Unsere Staatsmänner haben das nationale Interesse verraten, indem sie zynisch die Steuerzahler den Rentiers opferten". Der Grundsatz „les contre-parties des conversions sont les charges fiscales" wurde zwar in der Theorie viel zitiert, in der Praxis blieb es aber im wesentlichen beim alten. Eine deutsche Stellungnahme meint im Jahre 1905 zur französischen Konversionspolitik, man habe „lange einen bedenklichen Staatssozialismus praktiziert, indem man aus Rücksicht auf die vielen kleinen Rentenbesitzer, aus Furcht vor den Wählern zuerst unter Louis Philipp, dann unter Napoleon III. und neuerdings unter der jetzigen Republik die Konversionen immer wieder verschoben hat"[1]). Für die Finanzwirtschaft war dieser Weg des geringsten Widerstandes bequem, er wurde jedoch auf lange Sicht dornenvoll. Insbesondere wirkte sich aber auch die zunehmende Vorliebe der Franzosen für ausländische Anleihen (1895 machten sie bereits 19 Mrd. Fr. von insgesamt 64 Mrd. Totalbesitz aus) auf die Kursstabilität der Staatsrenten sehr nachteilig aus.

Im Gegensatz zu England und Frankreich hat sich ein einheitlicher Staatsfondsmarkt in Deutschland erst sehr spät herausgebildet. Selbst

[1]) Vgl. Karl Kimmich, a. a. O. S. 235.

nach der Errichtung des Bundesstaates fiel der Staatskredit in einzelne Märkte ganz unterschiedlicher Größe und verschiedenen Charakters auseinander. Zu diesem verfassungspolitischen Grund kam noch ein anderer, nämlich die eiserne Spartradition, die das Finanzwesen des führenden Brandenburg—Preußen auszeichnete. Dieser Staat verstand es, von 1713 bis 1786 sein Heer von 38000 auf 195000 Mann zu bringen, die ständischen Schulden abzutragen, Festungen und Kanäle zu bauen und bei alledem noch einen Staatsschatz von 54 Mill. Talern anzusammeln. Erst nach den napoleonischen Kriegen bestand eine geringe Staatsverschuldung von 232 Mill. Taler (1822) und diese wurde mit zäher Energie bis 1848 auf 158 Mill. und bis 1868 auf 90 Mill. Taler abgetragen. Entsprechend stiegen die Kurse der 4% preußischen Staatsschuldscheine von 68¼ im Jahre 1820 auf 91¾ im Jahre 1830 und 103½ im Jahre 1840.

Vor der Reichsgründung fand nur eine größere Konversion im Jahre 1842 statt, sie betraf die Umwandlung von 99 Mill. Talern 4% in 3½% Staatsschuldscheine. Eine kleinere Konversion im Jahre 1862 schlug fehl, indem nicht einmal die Hälfte des aufgerufenen Kapitals auf die Zinsermäßigung einging. Die nächste Zinsherabsetzung fand 1885 statt, sie konvertierte ein Kapital von 546 Mill. M von 4½% auf 4% und tilgte damit den 4½% Typus für die preußische Staatsschuldenverwaltung ganz. Die bedeutendste Konversionsperiode bildeten dann die Jahre 1896/97, in denen das Reich, Preußen, Bayern, Württemberg und Baden insgesamt 5,68 Mrd. M von 4% auf 3½% senkten. Die Zinsersparnis belief sich allein in Preußen auf 18 Mill. und insgesamt für alle fünf Schuldner auf 28,4 Mill. Die Umwandlung in 3½% wurde mit der Wirkung angeboten, daß das Angebot für angenommen galt, wenn nicht innerhalb von 3 Wochen eine gegenteilige Erklärung abgegeben wurde.

Den Staatskonversionen schlossen sich meist entsprechende Operationen der Provinzen und Städte und der öffentlich-rechtlichen und privaten Pfandbriefinstitute an. Im Gegensatz zu Frankreich und England hat sich ja insbesondere der Realkredit in Deutschland früh eine bedeutsame eigenverantwortliche Position erworben. Die erste Landschaft wurde bekanntlich noch von Friedrich dem Großen gegründet und neben den öffentlich-rechtlichen Realkreditinstituten entwickelten sich seit der Reichsgründung die privaten Hypothekenbanken immer mehr zu einer für den Aufbau der Städte unentbehrlichen Einrichtung. Der deutsche Emissionsmarkt war also nicht nur durch die Zahl der verschiedenen Staatsfonds charakterisiert, sondern auch dadurch, daß eine ganze Reihe erstklassiger halböffentlicher, genossenschaftlicher und privater Kreditnehmer an ihn herantraten. Im Jahre 1913 bestanden neben 211 Emittenten von öffentlichen Titeln 50 Pfandbriefemittenten und 286 Emittenten von Industrieanleihen. Auf insgesamt 547 Emittenten entfielen 1328 Anleihen. Die durchschnittliche Emissionsgröße errechnete sich für die Pfandbriefinstitute auf 6,6 Mill., für die öffentlichen Anleihen einschließlich der Kommunalanleihen und Kommunalobligationen auf 2,6 Mill. und für die Industrieemissionen auf 1,6 Mill. M. Von einem Gesamtumlauf an Festverzinslichen in Höhe von 48,7 Mrd. M entfielen nur 4,8 Mrd. auf das Reich, 15,9 Mrd. auf die Länder, 15,96 Mrd. auf die Pfandbriefinstitute, 5,3 Mrd. auf die Gemeinden und rund 2 Mrd. auf den Markt der Kommunalobligationen.

In diesen historischen Voraussetzungen liegen die spezifisch deutschen Konversionsschwierigkeiten in der Zeit vor dem Weltkriege beschlossen. Die einzelnen Emittenten traten ohne gegenseitige Abstimmung mit ihren oft verschiedenartigen Konversionsanleihen an den Markt. Da das Überraschungsmoment ein wichtiger Bestandteil des Konversionserfolges ist, war — ganz abgesehen von der Gefahr der Überladung des Marktes — das Ergebnis dieses Zustandes, daß die ersten Konversionen in der Regel die ihnen nachfolgenden schädigten. So konnte nur dort eine Anspannung im Gefolge von Konversionen vermieden werden, wo eine intensive Kurspflege infolge der dauernden Verbundenheit mit dem Markte gegeben war.

Von einer planmäßigen Pflege des Marktes im ganzen konnte bei der Vielzahl der sich durchkreuzenden Dispositionen kaum gesprochen werden, wenn auch einzelne Märkte, wie z. B. der Pfandbriefmarkt, sich einer besonders intensiven Kurspflege erfreuten. Auch der Einfluß der Tilgungen auf das Kursniveau konnte infolge der mangelnden Übereinstimmung ihres Einsatzes nicht von jener intensiven Gesamtwirkung sein, die das Tilgungswesen beispielsweise innerhalb des englischen Fondsmarktes hatte.

Nicht zuletzt fehlte auch noch weitgehend das für die Weststaaten typische wirksame Schleusensystem für die Anlagen der großen Vermögensträger. Zwar hielten Banken, Sparkassen, Versicherungen und sonstige Zweckvermögen auch gewisse Staatsfondsbestände. Diese Anlagen blieben aber hinter denen Englands und Frankreichs weit zurück. Es war schon richtig, wenn ein bedeutender Sachkenner für das private Versicherungswesen feststellte, deutsche Staatsfonds seien als Anlage unbeliebt, da leicht Kursverluste entständen. Dem konnte aber entgegengehalten werden, daß die Unzuverlässigkeit der Kurse ihre Ursache gerade in dem zu schmal basierten Markt der Staatsanleihen hatte, so daß erst eine Erweiterung des Anlegerkreises zu einer entsprechenden Hebung des Staatskredits und damit des gesamten Rentenmarktes beitragen konnte. Auch die Börsengesetzgebung und die Steuergesetze waren bis zum Weltkriege einer Förderung und Bevorzugung des Rentenmarktes in Deutschland wenig günstig.

So war zwar der deutsche Emissionsmarkt von sprichwörtlicher Solidität, jedoch reichlich unelastisch und ohne die straffe Organisation, die seine volle Ausnutzung erst ermöglicht hätte. Seine vielfältige Struktur hatte den Vorteil, daß beispielsweise das Mißlingen einzelner Konversionen für den Gesamtmarkt ohne besondere Bedeutung war, während bei den Weststaaten infolge der Konzentration auf wenige Effektentypen ein konversionspolitischer Fehlgriff sehr leicht zu einer allgemeinen Störung für längere Zeit führte. Auch wirtschaftspolitisch war die Vielfalt der

Effektenformen während der Industrialisierungsperiode in Verbindung mit der Intensivierung der Landwirtschaft und dem Ausbau der Städte ohne Zweifel von großer Bedeutung. Wenn jedoch Frankreich trotz des verlorenen Krieges von 1870, trotz der stagnierenden Bevölkerung und der fehlenden wirtschaftlichen Unternehmungslust einen Diskont und einen Landeszinsfuß aufwies, die meist ganz erheblich unterhalb der entsprechenden Sätze in Deutschland lagen, so unterstreicht dies, daß neben den gegebenen materiellen Grundlagen für die Stellung und Kapazität eines nationalen Emissionsmarktes auch die Abstimmung der Marktverfassung auf die emissionspolitischen Aufgaben von nicht zu unterschätzendem Gewicht ist[1]).

Im ganzen sind in Europa in der zweiten Hälfte des 19. Jahrhunderts rund 70 Mrd M[2]) Anleihen von Konversionen erfaßt worden. Auch wenn man berücksichtigt, daß im Wege der stufenweisen Herabsetzung dieselben Anleihebeträge mehrmals konvertiert wurden, bleibt als Ergebnis die Herabsetzung der Verzinsung einer Schuldenlast von schätzungsweise 50 Mrd. M von 5% bis 4½% auf 3½% bis 3%. Die aus dieser Entlastung resultierende Erhöhung des Verschuldungsspielraumes der einzelnen Länder diente etwa seit der Jahrhundertwende in steigendem Maße der Finanzierung jener öffentlichen Investitionen, die die Periode der Hochindustrialisierung kennzeichnen (Verstaatlichung und Ausbau weiterer Teile des Verkehrswesens, Aufbau moderner Versorgungsbetriebe usw.). Nach der liberalen Marktverfassung war damit das Signal zu einer Umkehrung der Zinstendenz gegeben.

II.
Seit der Weltwirtschaftskrise

Mit der Jahrhundertwende zogen an den europäischen Kapitalmärkten die Renditen an. Der Weltkrieg warf seine Schatten voraus und die durch ihn verursachte Überhöhung des europäischen Zinsniveaus hielt sich im ganzen so ziemlich bis zur Weltwirtschaftskrise. Durch sie erst wurde die ganze Labilität der geld- und kapitalmarktpolitischen Nachkriegsverhältnisse in vollem Umfange offenbar.

Die erste Phase der Zinssenkung setzte schon kurz vor dem wirtschaftlichen Zusammenbruch in denjenigen Ländern ein, die durch Kapitalzuflüsse aus Kapitalfluchtgeldern, durch einen geringen Eigenbedarf und durch stabile politische Verhältnisse den Kursstand ihrer festverzinslichen Werte erheblich zu steigern vermochten. So erfolgten 1930/31 die ersten bedeutenderen Anleihekonversionen in der Schweiz und ein erster Ansatz

[1]) Die Rendite der englischen Staatsanleihen lag während des ganzen vergangenen Jahrhunderts ½ bis 1% niedriger als die der kontinentalen Staatsanleihen.

[2]) Die statistischen Unterlagen dieser Ziffer verdanke ich Herrn Dr. Robert Arzet, der mich auch sonst mit Zahlenmaterial unterstützte.

zu einer Konversion mit sanftem Druck in dem stark überschuldeten Australien. Auch die Zinskonversion in Deutschland auf Grund der 4. Notverordnung gehört in diesen ersten Abschnitt der Zinssenkungsbestrebungen.

Im Mittelpunkt der zweiten Konversionswelle standen die zeitlich unmittelbar aufeinander folgenden englischen und französischen Konversionen, denen 1934 die holländische, dänische und italienische Konversion folgten. Den vorläufigen Abschluß und in Bezug auf ihren umfassenden Charakter auch einen gewissen Höhepunkt bildeten dann im Jahre 1935 die zwei großen deutschen Konversionen, die mit einer Zinssenkung von 1½% bei allen wesentlichen privaten und öffentlichen Anleihen eine Wiederherstellung der Emissionsmärkte verbanden.

Wer noch im Frühjahr 1932 von der Möglichkeit einer englischen Staatsanleihekonversion oder gar von einem Sprung über 1½% bei rund einem Drittel der gesamten Staatsschuld gesprochen hätte, wäre wahrscheinlich in London als Phantast verlacht worden. Die schlagartige Ausnutzung einer hinsichtlich ihrer materiellen und psychologischen Voraussetzungen einmalig günstigen Situation hat diese in der Konversionsgeschichte bedeutsame Umwandlung von rund 2 Mrd. £ Kriegsanleihen von 5% auf 3½% ermöglicht. Daß die unmittelbare Erschütterung der englischen Wirtschaft durch die Wirtschafts- und Währungskrise eben erst verklungen war, brauchte sich nicht als ein Nachteil zu erweisen, sofern sich die materiellen Voraussetzungen am Markte überzeugend durchzusetzen vermochten. Hier kam nun der Rückstrom der englischen Fluchtkapitalien, der Zustrom von Fluchtgeldern aus den Ländern, die noch nicht abgewertet hatten, und der unerwartete Glücksfall ergiebiger indischer Goldzuflüsse der englischen Regierung zu Hilfe.

Zu diesen fundamentalen materiellen Voraussetzungen kam das sehr günstige Placement der zu konvertierenden Anleihe. Die Besitzstreuung war zwar im Vergleich zur Vorweltkriegszeit eine sehr viel breitere geworden, handelte es sich doch um eine Kriegsanleihe. Praktisch lag jedoch mehr als die Hälfte des ganzen Blocks bei den großen Vermögensträgern, denn der englischen Übung entsprechend war die 5% Anleihe mit dem Heranrücken der Fälligkeit immer stärker als liquide Kapitalreserve und nicht mehr als langfristiges Papier behandelt worden. In welchem Umfange dieses der Fall war, geht schon daraus hervor, daß intensiv über die Probleme diskutiert wurde, die sich aus der Konversion für den englischen Geldmarkt ergeben müßten, da dieser seiner ganzen Struktur nach mit sehr hohen Beträgen liquider Anlagen rechnete.

Auch die marktvorbereitenden Maßnahmen wurden auf diese Zusammensetzung des Placements abgestellt und mit viel Umsicht betrieben. Eine Diskontsenkung von 6% auf 2½% innerhalb von 4 Monaten und am Tage der Konversionsbekanntmachung auf 2% in Verbindung mit fortgesetzten Schatzwechselkäufen der Bank von England unter entsprechender Aufblähung ihres Notenumlaufes sorgten für die Flüssigkeit des Geldmarktes. Gleichzeitig organisierte das Schatzamt eine äußerst wirksame Nachfrage am Anleihemarkt, indem es teils selbst, teils durch Einsatz verschiedener Fonds erhebliche Anleiheposten übernahm. Auch die Großbanken wurden unter Wahrung ihrer Ermessensfreiheit veranlaßt, einen erheblichen Teil ihrer Debitoren in Staatstitel umzuwandeln. Eine Abriegelung des Marktes nach außen durch eine Emissionskontrolle und ein völliges Emissionsverbot für 5 Monate nach innen sorgten für die gewünschte Verknappung des Angebots und die Beseitigung eventueller Ausweichmöglichkeiten.

Auf Grund dieser Politik stieg der Kurs der dem neuen Zinssatz korrespondierenden 3½% Staatsanleihe von 77 im Februar 1932 auf 93⅞ im Zeitpunkt der Konversion. Um weithin sichtbar zu machen, wie sehr der Markt dem angestrebten Zinsniveau von 3½% bereits gefolgt war, arrangierte man noch zwei kleine Vorkonversionen. Nicht unwesentlich war, daß man den Konversionstermin streng geheim hielt, um alle eventuellen Gegenoperationen möglichst zu vermeiden. Am Tage der Konversionsveröffentlichung selbst setzte eine Propaganda nie dagewesenen Ausmaßes ein. Der Rundfunk, jedes Kino, jede Plakatsäule und jedes Zeitungsblatt waren eingesetzt, um eventuell noch schwankende Gläubigerschichten konversionsreif zu machen. Millionen von persönlich gehaltenen Briefen gingen von den amtlichen Stellen und den Banken an die Anleihebesitzer.

Die Durchführung der Konversion selbst war nach allen diesen Vorbereitungen kaum noch mehr als ein arbeitstechnisches Problem, das dadurch besonders erleichtert wurde, daß die Gläubiger, soweit sie durch Schweigen ihre Zustimmung gaben, im Besitz der gekündigten Stücke blieben, für die lediglich neue Kuponbogen ausgegeben wurden. Wer innerhalb der ersten 4 Wochen nicht ausdrücklich protestierte, erhielt einen Bonus von 1%, der einkommensteuerfrei war und innerhalb von 14 Tagen nach der Zustimmung ausgezahlt wurde. Das Ergebnis der Konversion war ein Umtausch von 92% des Umlaufs der 5% Anleihe. Der Kurs der Konversionsanleihe fiel zwar vorübergehend bis auf 96½, fing sich aber dann auf Grund des Wirksamwerdens der weiteren Marktstützung und kletterte langsam auf pari.

Die weitere Folge war, daß der britische Staatskredit nunmehr auf der 3½% Basis arbeiten konnte. Innerhalb kurzer Zeit ergaben sich für neue Schatzbonds Sätze zwischen 2½% und 3½%. Dazu kamen die Auswirkungen auf die privaten Märkte, die schnell zu einer Belebung der englischen Binnenwirtschaft führten. Schon im Herbst 1932 konnten auch die englischen Industriegesellschaften an die Konversion ihrer Anleihen denken. In der Regel handelte es sich hier um eine Zinsermäßigung von 6% auf 5% bis 4½%. Die Politik des leichten Geldes griff auch schnell auf die für England typischen Wohnungsbaufinanzierungsinstitute, die Building Societies, über, die infolge des enormen Zuflusses an billigen Einlagegeldern eine starke Ausdehnung ihrer Ausleihungen vornehmen konnten. Auf dieser Grundlage stieg dann die jährliche Produktion an Wohnungen von durchschnittlich unter 200000 in den Jahren 1926 bis 1932 auf durchschnittlich 350000 in den Jahren 1933 bis 1939[1]).

Zusammenfassend kann man sagen, daß das Geheimnis dieses Erfolges in einer günstigen materiellen und psychologischen Ausgangsposition lag, die unter Einsatz aller technischen und organisatorischen Mittel der modernen Geld- und Kapitalmarktpolitik von einer guten Regie geschickt ausgenutzt wurde. Eine der im Hintergrund stehenden Hauptvoraussetzungen darf man dabei allerdings nicht übersehen: die seit der Währungskrise einsetzende revolutionäre Wandlung der Struktur des Londoner Marktes, der aus einem führenden Zentrum des internationalen Kapitalumschlages immer zwangsläufiger zu einem Instrument der binnenländischen Wirtschafts- und Kapitalmarktpolitik wurde.

In Frankreich bewirkte nach dem Weltkriege das Schlagwort „L'Allemagne payera tout" lange eine Lähmung der Initiative in Richtung einer Konsolidierung der finanziellen Verhältnisse. Die politische Lage und die Psychologie der Massen trug das ihre zu dieser Lethargie bei. Erst die Politik Poincarés arbeitete mit der Amortisationskasse (1926), die aus einer Reihe von Steuereinnahmen gespeist wurde, für einen Abbau der schwebenden Schulden. Durch die von ihr durchgeführten Umschuldungs- und Zinssenkungsaktionen wurde der Rentenmarkt gestärkt, insbesondere nachdem sie 1928 Tilgungen von Staatsrenten und Obligationen durch freien Rückkauf an der Börse vornehmen konnte. Mit der Caisse des Dépots et Consignations zusammen hat das Institut von 1926 bis 1932 rund 24 Mrd. Fr. öffentlicher Schuldverschreibungen getilgt, was bereits 1930 die 4% Rente auf pari hob.

Um die Jahreswende 1930/31 wäre der wirtschaftlich günstigste Zeitpunkt für eine Konversion gegeben gewesen. Er wurde verpaßt, weil man Rückwirkungen aus der Verärgerung der Wähler auf die vor der Tür stehenden Kammerwahlen von 1932 befürchtete. Die Abwertung des englischen Sterlings war dann das Zeichen für eine allgemein einsetzende Kapitalflucht, die den französischen Rentenmarkt in eine labile Verfassung brachte, sank doch die 4% Rente bis auf 84.

Wenig später wurde die Regierung durch das Defizit des Jahres 1932/33 in Höhe von 7 Mrd. Fr. zu einer Konversion gezwungen, die nun bei ungeeigneter Marktverfassung und unter dem Druck einer schlechten Haushaltslage durchgeführt werden mußte. 84 Mrd. Fr. 5%, 6% und 7% Staatstitel, das waren rund ein Drittel der französischen Staatsschuld, sollten auf einen einheitlichen Zins von 4½% gebracht werden. Die durchschnittliche Zinssenkung berechnete sich auf 1,1%, die jährliche Ersparnis bei vollem Erfolg auf 1,4 Mrd. Da die Vereinheitlichung von 6 Anleihen

---

[1]) Vgl. K. E. Mößner, Wohnungsbau und Wohnungsbaufinanzierung in England und in den Vereinigten Staaten, Berlin 1939, S. 26.

notwendig war, wurde eine einheitliche Konversionsanleihe zum Umtausch und zur Neuzeichnung zu pari aufgelegt. Rückforderung des Kapitals konnte nur innerhalb von 6 Tagen mittels schriftlicher Erklärung verlangt werden. Nach dem englischen Vorbild erfolgte die Marktvorbereitung durch Forcierung einer Rentenhausse im Wege von Aufkäufen, wodurch eine Steigerung der 4% Rente über pari erreicht wurde. Die kurstechnische Situation war demnach günstiger als bei der englischen Konversion. Die Konversionskosten in Höhe von 3 Mrd. Fr. verzehrten allerdings die erzielte Zinsersparnis von mehr als 2 Finanzjahren, obwohl eine Prämie nicht gewährt wurde. Ihre außerordentliche Höhe erklärt sich aus der Notwendigkeit des Stücketausches und dem Riesenumfang des technischen Arbeitsanfalls infolge der Kleinstückelung der französischen Staatsschuld.

Der unmittelbare Erfolg der Konversion war ein guter. Mit 94½% war der Umtausch höher als beim englischen Vorbild. Der flüssige Geldmarkt hatte seine Schuldigkeit getan und die „große Kapitalmarktreserve" hatte sowohl während der Vorbereitung als auch nach der Durchführung der Konversion eine Emissionssperre überflüssig gemacht. Trotz alledem war der Konversion kapitalmarkt- und kreditpolitisch nur ein vorübergehender Effekt von geringer Reichweite beschert. Die Kurse der 4½% Konversionsanleihe glitten rasch ab und bewegten sich in den folgenden Jahren zwischen 80 und 90. Die allzu enge Verkettung von Rentenmarkt und Staatsfinanzen erwies sich in einer Periode politischer Labilität als verhängnisvoll. Die ständige Defizitwirtschaft belastete materiell und psychologisch den Kapitalmarkt; Hortung und Kapitalflucht waren nicht nachdrücklich verhindert worden und der permanente Regierungswechsel war auch nicht dazu angetan, das verlorene Vertrauen in den Staatskredit wiederherzustellen. An sich entsprach der Verlauf der Dinge der typischen französischen Konversionsproblematik: der richtige Zeitpunkt war aus wahlpolitischen Rücksichten versäumt worden und als man unter dem Druck der Haushaltsvorlage zur Konversion schritt, hatten sich die wesentlichen Voraussetzungen eines durchschlagenden Erfolges bereits wieder verflüchtigt.

Die Selbständigkeit und Energie, mit der Italien nach dem Weltkriege die Neugestaltung seiner Wirtschaft in die Hand nahm, ließen auch am italienischen Kapitalmarkt eigene Entwicklungslinien hervortreten. Bei reichster Volkskraft ist Italien das klassische Land der Kapitalarmut, und der Ausbau eines modernen Produktionsapparates war nur durch einen umfassenden Einsatz staatlicher Mittel möglich. Bei der schmalen Basierung des gesamten Marktes mußte dadurch die öffentliche Finanzgebarung zum wesentlichsten Kriterium der Geld- und Kreditmarktentwicklung werden.

Nun verstand es der Faschismus, wie die Zwangskonsolidierung von 1926 zeigt, energisch zuzugreifen. Durch sie wurde die schwebende Schuld, die mit 27,8 Mrd. Lire fast genau ein Drittel der inneren Staatsschuld von 91 Mrd. Lire ausmachte, so gut wie beseitigt. Die Notwendigkeit weiterer staatlicher Arbeitsbeschaffungsmaßnahmen im Anschluß an die Weltwirtschaftskrise ließ jedoch nach 1930 die schwebende Schuldenlast wieder aufleben, so daß sich die Haushaltslage von dieser Seite erneut schwieriger gestaltete.

Von der italienischen Staatsschuld in Höhe von 98 Mrd. Lire entfielen nun zwei Drittel auf zwei Anleihen, nämlich die 5% Littorio-Anleihe und die 5% Konsolidati. Ein Entlastungsversuch durch eine Konversion lag also nahe, da insbesondere die politischen und psychologischen Voraussetzungen für sie ausgezeichnet waren. So setzte man den Diskont von 7% im Frühjahr 1932 über 6% und 5% auf 4% im Januar 1933 herab und führte durch einen verstärkten Ankauf der öffentlichen und halböffentlichen Bankinstitute Kurssteigerungen am Rentenmarkt durch, die auch das private Publikum an den Markt zogen. Hand in Hand mit weiteren Diskontsenkungen auf 3½% und 3% ging eine Senkung der übrigen Zinssätze, so daß nunmehr die Einlagezinsen bei Banken und Sparkassen auf 1½% standen. Eine Probekonversion über 4 Mrd. Lire 4% Schatzanweisungen mit einer Laufzeit von 9 Jahren und einem Zeichnungskurs von 99 wurde weit überzeichnet, was die Konversionsabsicht bestärken mußte. So schritt man bei einem Kurs der 5% Konsols von 98⅓ und der 3½% Konsols von 92½ im Februar 1934 zu einer Zinssenkung um 1½%.

Die beiden aufgerufenen Anleihen bezifferten sich auf 81 Mrd. Lire. Der besonderen Schwierigkeit, daß die 5% Littorio-Anleihe erst am 31. Dezember 1936 rückzahlbar war, trug man dadurch Rechnung, daß bei Protest die Rückzahlung am 1. Januar 1937 zu pari einschließlich der bis dahin aufgelaufenen Zinsen zugesagt wurde. Bei Zustimmung wurde die Zinsdifferenz für 3 Jahre in Höhe von 4½% vorausbezahlt. Einen weiteren besonderen Anreiz bildete eine Losprämie von 10 Mill. Lire auf je 1 Mrd. konvertierte Anleihe. Die neue Anleihe war mit einer festen Tilgungsfrist versehen und genoß bedeutende Steuererleichterungen. Innerhalb von 6 Tagen konnte auf schriftlichem Wege abgelehnt werden. Die Börsennotiz der alten Stücke kam in Fortfall. Mit einer Zustimmung von 99,8% der Gläubiger war der unmittelbare Erfolg der Anleihe ein vollkommener.

Nach der Durchführung der Zinssenkung dieses für den italienischen Markt sehr umfangreichen Kapitalbetrages um 1½% zeigte sich jedoch, daß das Placement der Konversionsanleihe ein recht labiles war. In Auswirkung dieses Umstandes sanken die Kurse von 97,3 am 12. Februar 1934 bis auf 65 im Januar 1936, was einer Erhöhung der Effektivverzinsung auf 5½% gleichkam. Die teilweise Flucht aus der Anleihe kam den anderen Märkten zugute, wodurch eine Herabkonvertierung bei den Pfandbriefen und Kommunalobligationen auf 4% ermöglicht wurde.

Angesichts des dringenden öffentlichen Geldbedarfs war im August 1935 die Zinsrate für kurzfristige Schatzwechsel von 4% auf 5% erhöht worden bei ziemlich gleichzeitiger Diskonterhöhung von 3½% über 4½% auf 5% im September. Da die kurzfristige Deckung der Kreditbedürfnisse angesichts der Finanzierung des Abessinienkrieges wieder stärker in den

Vordergrund trat, blieben die zahlreichen Maßnahmen zur Bereinigung der Lage am Rentenmarkt ohne nachhaltigen Erfolg. Mit der Auflegung einer 5% Kriegsanleihe zur Neuzeichnung im September 1935 wurde deshalb eine Heraufkonvertierung der 3½% Konversionsanleihe verbunden und damit das mühsam aufgebaute Konversionsgebäude wieder abgetragen. Der Zeichnungskurs der neuen Anleihe war 95. Beim Umtausch wurde die 3½% Konversionsanleihe zu 80 angerechnet, die Barzuzahlung betrug also 15%. Bei vollem Gelingen der Hinaufkonvertierung konnte der Staat mit einer Zuzahlung von 9,2 Mrd. Lire rechnen, während sich seine jährliche Zinsbelastung um 920 Mill. erhöhte. Der schlechte Kursstand der 3½% Anleihe und die Lombardfähigkeit der neuen Anleihe zu 80% des Nominalwertes mit ½% unter dem offiziellen Satz sicherten einen weitgehenden Erfolg.

Die Erfahrungen anläßlich der großen italienischen Zinskonversion unterstreichen das entscheidende Gewicht der materiellen Fundamente jeder Konversion, die letztlich in der gegebenen Einkommens- und Vermögensstruktur verankert sind. Werden diese unter äußerster Anspannung aller politischen Disziplin und aller moralischen Energien über ein bestimmtes Maß hinaus überlastet, so können sich für den Staat und die Anleihegläubiger Opfer ergeben, die den nachhaltigen Erfolg einer Konversion wieder weitgehend illusorisch machen.

In Deutschland erfolgte der erste Versuch einer Zinssenkung in Gestalt der Brüningschen Zwangskonversion von 1931 politisch, wirtschaftlich und psychologisch unter den denkbar ungünstigsten Voraussetzungen[1]. Das Ergebnis, eine durchschnittliche Herabsetzung der Nominalzinssätze bei 12,3 Mrd. RM Inlandschuldverschreibungen von 8% auf 6% und die hieraus resultierende Zinsersparnis von 250 Mill., stand in keinem Verhältnis zu der völligen Desorganisation der Emissionsmärkte. Die Durchschnittskurse sämtlicher festverzinslichen Werte sanken bis Juli 1932 auf 60 herab, und die Funktionen des Marktes waren damit vollkommen lahmgelegt.

Erst mit der grundlegenden Änderung der Staatsverfassung durch den Nationalsozialismus hat das Problem der Staatsverschuldung und Zinssenkung ein neues Gesicht bekommen. In Abkehr von jeder deflatorischen Tendenz wurde die Wiederingangsetzung der Produktion in den Mittelpunkt der Wirtschaftspolitik gestellt und damit ein festes Fundament geschaffen für die Hebung des allgemeinen Vertrauens, die Minderung der wirtschaftlichen Gefahren, die Vermehrung der Investitionslust und die

---

[1]) Daß eine Zwangskonversion ausnahmsweise auch Erfolg haben kann, sofern das politische Vertrauen nicht völlig verwirtschaftet ist, beweist die österreichische Zwangskonvertierung von 1868. „Trotz der gefürchteten Zwangskonvertierung schloß die Unifizierung mit einem unerwarteten Erfolg ab, ohne daß wesentliche Kursschwankungen, geschweige denn ein Kurssturz, eingetreten wäre." Dies war nur möglich, weil durch die Entlastung des Staatshaushaltes das Vertrauen in die Kapital- und Ertragssicherheit der Anleihen gewachsen war. Vgl. Josef Püregger, 50 Jahre Staatsschuld 1862—1912, Wien 1912, S. 258.

Wiederherstellung vernünftiger Kosten-Ertragsrelationen. Sparkapitalbildung und Zinssenkung waren so in eine Wirtschaftslenkung eingeordnet, innerhalb deren man wieder mit festen Größen rechnen konnte. Die Kapitalmarktpolitik setzte nicht beim Zinssatz, sondern bei den Bestimmungsfaktoren des Marktes ein und sie ließ die Entwicklung ausreifen, um ihr Ziel umfassend und nachhaltiger zu erreichen.

Die lange Anlaufszeit bis zum Jahre 1935 wurde benutzt, um gewissenhaft und gründlich den gesamten Markt in eine gesunde Verfassung zu bringen. Dem Ziel einer Befreiung des Marktes von labilen Anleihekomplexen diente das Gemeindeumschuldungsgesetz (in Verbindung mit der Darlehnssperre für Gemeinden), die Aufwertung der Schutzgebietsanleihen, die Umwandlung der Sachwertanleihen und Dollarbonds und die Beseitigung der Neubesitzanleihe im Zuge des Umtausches der 7% Reichsanleihe von 1929 in die 4% Reichsanleihe von 1934. Eine Änderung des Börsengesetzes, die Neufassung des Einkommensteuergesetzes, das Kapitalanlage- und Anleihestockgesetz dienten der besonderen Stärkung der Verfassung des Rentenmarktes.

Zu allen diesen, lediglich vorbereitenden Maßnahmen, trat dann als wirklich entscheidender Faktor die totale Lenkung des Kapitalmarktes auf Grund der praktischen Erfahrung, daß es für die Bestimmung des Zinsniveaus nicht auf das absolute Maß der Geldkapitalbildung ankommt, sondern auf das Verhältnis zwischen dem am Markt effektiv wirksamen Anlagebedarf zu den gebotenen Anlagemöglichkeiten. Die Verknappung der Anlagen erfolgte im Wege einer lückenlosen Emissionskontrolle[1]). Die wirksame Nachfrage organisierte die Reichsbank durch die Konstituierung jenes geschlossenen Kreislaufes von der Geldschöpfung durch kurzfristige Vorfinanzierung bis zur Geldabschöpfung durch Konsolidierung. Er ist in den letzten Jahren so häufig beschrieben worden[2]), daß sich ein Eingehen auf ihn in vorliegendem Zusammenhang erübrigen dürfte.

Teils Voraussetzung und teils Folge dieses Manipulierungssystems ist das im Vergleich zur Vorweltkriegszeit auch bei uns ganz außerordentlich verbreiterte institutionelle Placement, dessen volle Ausnutzung dadurch ermöglicht worden ist, daß sich die praktische Bedeutung der traditionellen Liquiditätsunterscheidung zwischen kurzfristigen und langfristigen Anlagetiteln des Staates auf Grund der Geschlossenheit unseres Wirtschaftskreislaufs stark gemindert hat. Durch das Zusammenwirken der von der gesamtwirtschaftlichen und von der kapitalmarktpolitischen Seite her durchgeführten und aufeinander abgestimmten Maßnahmen trat jedenfalls jene Wendung in der Einkommens- und Kapitalbildung ein, die die Zinssenkung von 1935 als reife Frucht einer klugen und zähen Arbeit anfallen ließ.

[1]) Vgl. Kurt Lange, Kapitalmarktpolitik, unten S. 55.

[2]) Vgl. insbes. Hans Gestrich, Erleichtert ein flüssiger Geldmarkt die Anleiheunterbringung, Bank-Archiv 1939, Nr. 8, S. 200ff.

Bei der Durchführung der Aktion selbst erhöhte die Zweiteilung in eine Konversion der privaten und eine Konversion der öffentlichen Schuldverschreibungen die Schonung des Marktes, indem sie die jedem Konversionsvorgang unvermeidlich anhaftende Stoßwirkung abschwächte. In richtiger Abschätzung der aus der vergangenen Periode noch verbliebenen Mentalität kam zunächst die Zinssenkung bei 6,5 Mrd. RM Pfandbriefen und 1,8 Mrd. Kommunalobligationen von 6% auf 4½% mit Wirkung vom 1. 4. 1935. Das Schweigen galt als Zustimmung, hatten doch sämtliche bisherigen Erfahrungen erwiesen, daß auf diese Weise die geringste Zahl von Stücken in Bewegung kam. Die ausdrücklich Protestierenden erhielten zwar weiter ihre 6%, sie mußten jedoch ihre Stücke, die die Handelsfähigkeit und die Lombardfähigkeit verloren, deponieren. Im Ergebnis stimmten nicht nur 99,74% der Gläubiger zu, der Markt überwand darüber hinaus die Anspannung so schnell, daß bereits am 22. April 1935 eine allgemeine Genehmigung von Pfandbriefemissionen bis zu 2% der umlaufenden konvertierten Pfandbriefe im Rahmen alter Restemissionen erteilt werden konnte. Den vollen kreditpolitischen Erfolg erweist ein Vergleich der Pfandbriefkurse seit der Konversion mit der früheren Kursbewegung (vgl. Tabelle). Der wirtschaftspolitische Erfolg wurde durch den Einsatz der Neuemissionen für den sozialen Wohnungsbau (Kleinwohnungen und Kleinsiedlungen) sichergestellt.

Im zweiten Abschnitt der Konversion wurden unter grundsätzlich ähnlichen Bedingungen etwas über 2 Mrd. RM öffentliche Anleihen konvertiert, davon waren rund 1 Mrd. Anleihen des Reichs und Reichsschuldbuchforderungen, rund 400 Mill. Länderanleihen, rund 200 Mill. Provinzialanleihen und rund 440 Mill. Gemeindeanleihen. Die Zinsentlastung errechnete sich auf zirka 30 Mill. Bei den Reichsschuldbuchforderungen bestand insofern eine Sonderregelung, als eine Zusatzverzinsung von 1½% auf Antrag bei Nachweis des Altbesitzes unter Verzicht auf die Konversionsprämie gesichert wurde. Die Einspruchsfrist von 10 Tagen und der 2%ige einkommensteuerfreie Bonus entsprachen der Regelung bei der Konversion der privaten Schuldverschreibungen. Eine Erweiterung erfuhr die Aktion insofern, als nunmehr auch rückwirkend unter Einbeziehung der ersten Konversion ein Ausgleich für besondere Härten geschaffen wurde. Die Zustimmung war auch hier eine hundertprozentige. Ganze 0,6% betrugen die Proteste. Der kreditpolitische Erfolg auch dieser zweiten Phase der Konversion wurde dadurch unter Beweis gestellt, daß es innerhalb der ersten 1½ Jahre nach der Konversion gelang, einen Betrag von 3,3 Mrd. RM schwebender Reichsschulden zu den neuen Bedingungen zu konsolidieren.

Die deutsche Konversion, die sich von den ausländischen Großkonversionen dadurch unterschied, daß sie sich nur zum kleineren Teil auf Staatspapiere bezog, wirkte sich dann weiter auf den Markt der Industrieobligationen und den privaten Hypothekenmarkt aus. Diese beiden Märkte waren auf Grund ihrer wenig einheitlichen Bedingungen außerhalb der generellen Konversion geblieben. Die Kurssteigerungen am Markt der

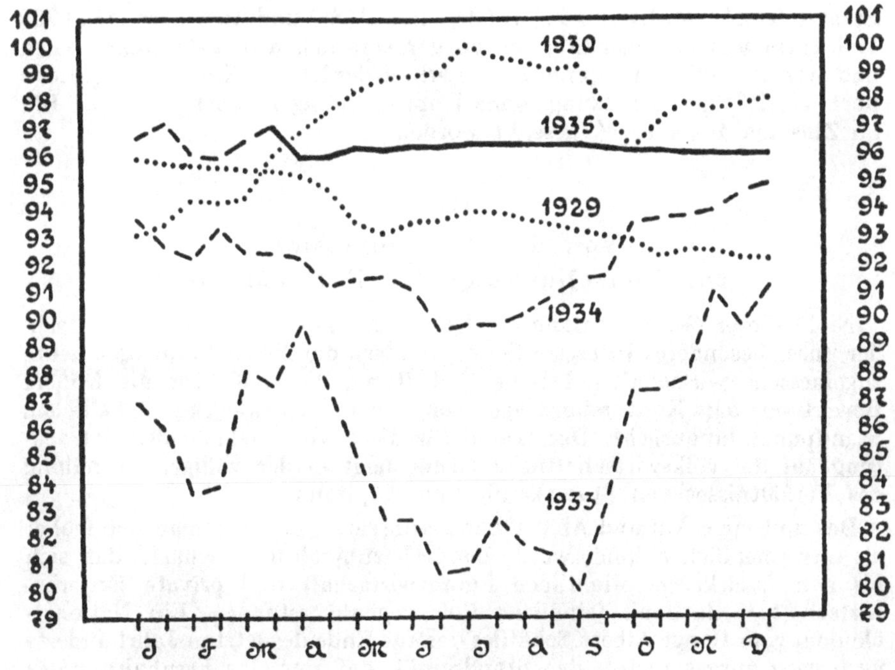

Pfandbriefkurs der Jahre 1929, 1930, 1933–35

········ 8 % – – – – 6 % ——— 4½ %

Industrieobligationen machten nunmehr solche Fortschritte, daß in immer stärkerem Umfange auch hier 6% Emissionen in 5% und 4½% umgewandelt werden konnten. Auch zwei 5% Neuemissionen konnten im Verlauf von 1935 bereits mit Erfolg durchgeführt werden. Für die Ausdehnung der Zinssenkung auf den unorganisierten Realkredit wurde durch Gesetz vom 26. Juni 1936 ein zweckmäßiger Modus gefunden.

Neben Deutschland (10,3 Mrd. RM von 6% auf 4½%), England (2 Mrd. £ von 5% auf 3½%), Frankreich (84 Mrd. Fr. von 5—7% auf 4½%) und Italien (61,4 Mrd. Lire von 5% auf 3½%) haben innerhalb des letzten Jahrzehnts auch Belgien (26 Mrd. Fr. von 5% bis 7½% auf 4%), Holland (900 Mill. Fl. von 4½ und 5% auf 4%), Dänemark (775 Mill. Kr. von 4½ und 5% auf 4%) und Norwegen (500 Mill. Kr. von 6, 5½ und 5% auf 4%) bedeutendere Konversionsoperationen durchgeführt. Bezieht man die Schweiz (900 Mill. Fr. von 6 bis 4½% auf 4 bis 3½%), die Vereinigten

Staaten (rund 5 Mrd. $ von 4¼ auf 3¼ und 2¼%) und Australien (rund 760 Mill. £) ein und berücksichtigt neben den staatlichen auch die kommunalen und privaten Anleihen, dann sind innerhalb der letzten Konversionsperiode nach vorsichtiger Schätzung (ohne Doppelzählungen) über 100 Mrd. RM im Zins um 1 bis 1½% gesenkt worden.

III.
Von der Zinskonversion zur Konsolidierung der Nationalschuld

Nicht dieser Gesamtumfang der letzten Zinskonversionen ist es jedoch, der unser besonderes Interesse findet, sondern die diesen Vorgängen heute zugemessene wirtschaftspolitische Bedeutung, die weit über die frühere Bewertung der Konversionsfrage von einem überwiegend fiskalischen Standpunkt hinausgeht. Der Grund für diese Verschiebung der Betrachtung auf die volkswirtschaftliche Ebene liegt in der völligen Wandlung des Verhältnisses von Staatskredit und Kapitalmarkt.

Das mühsame Auf und Ab der Landeszinssätze, mit dem man sich früher als unvermeidlich abfand, wurde dadurch zumindest verschärft, daß sich bis zum Weltkriege öffentliche Finanzwirtschaft und private Erwerbswirtschaft vielfach als feindliche Pole gegenüberstanden. Ein Nationalökonom vom Range Albert Schäffles vertrat Ende des letzten Jahrhunderts noch ganz ausgesprochen den Standpunkt, daß nur eine Fernhaltung des Staates vom Geldmarkt einen niedrigen Zins garantiere, sie sei deshalb die günstigste Voraussetzung für eine optimale wirtschaftliche Produktion. Diese Stellungnahme war typisch für die damalige allgemeine Auffassung, die wenig Verständnis für eine wirtschaftspolitische Orientierung der öffentlichen Verschuldungspolitik hatte. Man war sich zwar durchaus bewußt, wie sehr der wirtschaftliche Aufschwung Deutschlands seit 1870 auch politisch begründet war. Der Staat als Fiskus stieß jedoch am Kapitalmarkt auf eine sehr heftige Konkurrenz der erstklassigen privaten Geldborger. Daß diese ihn während des wirtschaftlichen Aufschwungs in den Perioden erhöhter Unternehmerinitiative in den Hintergrund drängten, war zwar ohne nachteilige Folgen, in der Depression fehlte jedoch die von Rentabilitätsrücksichten nicht unmittelbar abhängige Kreditnachfrage des Staates als ausgleichender Faktor für die rückläufigen privaten Investitionen. Ja, die öffentliche Hand verschärfte die Krisenlage in der Regel noch dadurch, daß sie die Geldmarktverflüssigung der Depressionsjahre zu Konversionen und Schuldentilgungen verwandte. Da reizvolle private Anlagen fehlten, wurden staatliche Zinskonversionen gerade in solchen Zeiten von den Gläubigern ohne jede Erschütterung des Kredites hingenommen. Auch ergab sich für die wirklich langfristigen Sparer im Endeffekt insofern ein Ausgleich, als die Senkung der Warenpreise die Senkung der Zinseinnahmen durch die Konversion wieder ausglich (1895/96 fielen

z. B. die Warenpreise in Deutschland auf den Stand von 1840 zurück, in England unterschritten sie ihn).

Die Entscheidung über die Zweckmäßigkeit einer Zinssenkung unterlag also auch bereits früher nicht derart dem einseitigen Votum der Gläubiger, wie man heute gerne anzunehmen geneigt ist. Volkswirtschaftlich hatte aber die mangelnde Übereinstimmung zwischen öffentlicher Finanzpolitik und allgemeiner Wirtschaftspolitik enorme Produktionsausfälle im Gefolge und kapitalpolitisch wurden die Staatspapiere infolge ihrer starken Reaktionsfähigkeit gegenüber dem Konjunkturverlauf und ihrer hohen Empfindlichkeit gegenüber politischen Zwischenfällen leicht in gewissem Umfange zum Objekt der Spekulation.

Der neue staatskreditäre Interventionismus steht nun heute in Bezug auf das Verhältnis von Staatskredit und Kapitalmarkt so ziemlich auf einem dem früheren entgegengesetzten Standpunkt und hier liegt die tiefere Ursache für die ganze Umstellung unserer Konversionstechnik und Konversionstaktik. Aus der Auffassung heraus, daß nur ein bestimmtes Maß jährlicher Neuverschuldung das Optimum an wirtschaftlicher Produktion sicherzustellen vermag, ergibt sich dort, wo die Verschuldungsbereitschaft der Privatwirtschaft zur Erreichung dieses Verschuldungsgrades nicht ausreicht, das Einspringen der öffentlichen Hand als logische Folge. Die Staatsverschuldung wird also nicht mehr wie einst als ein „notwendiges Übel" betrachtet, sie ist vielmehr zu einem Postulat erfolgreicher Wirtschaftslenkung geworden. Ihr Einsatz erfolgt so, daß er keine zinsverteuernde Wirkung mehr hat, sondern eine zinsverbilligende. Die mit den neuen Grundsätzen erzielten Erfolge (Beseitigung der Arbeitslosigkeit) wären jedenfalls nach orthodoxen Grundsätzen niemals zu erzielen gewesen.

Aus dieser neuen Anschauung heraus wurde die frühere überwiegend passive Konversionspolitik zu einem Anachronismus. So gut wie alle an den letzten Großkonversionen beteiligten Staaten zeigen infolgedessen einen Übergang zu einer aktivistischen Konversionstaktik. Insbesondere wurde der doktrinäre Begriff der Konversionsreife, durch den früher fällige Zinsberichtigungen über ein Jahrzehnt und länger hingeschleppt wurden, überall fallen gelassen. Ein Irrtum wäre es jedoch anzunehmen, daß für die jüngsten Methoden etwa stärkere Lock- und Druckmittel charakteristisch seien. Das Gegenteil ist der Fall. Dort, wo alle Ausweichmöglichkeiten versperrt sind und der Markt durch eine feste Hand gelenkt wird, erweist sich der Einsatz besonderer Mittel als überflüssig. So zeichnen sich gerade die jüngsten Großkonversionen durch ihre Einfachheit in den Konversionsbedingungen aus und bestätigen damit die alte Erfahrung, daß die komplizierten und modifizierten Konversionen stets die problematischeren waren. Charakteristisch für die jüngste Konversionstechnik ist lediglich die bewußte Ausnutzung von Erfahrungen, die sich bereits bei der Durchführung früherer Konversionen als vorteilhaft erwiesen (Konzentration der Konversion auf den günstigsten Zeitpunkt durch möglichst kurze Einspruchsfristen, Schweigen als Annahme im Interesse einer möglichst geringen Störung des Placements, Weg der geringsten Arbeitsbelastung zwecks Niedrighaltens der Konversionskosten[1]). Charakteristisch für die Konversionspolitik jüngsten Stils ist ferner, daß sie über die rein fiskalischen Erwägungen hinaus eine allgemeine Senkung des Zinsniveaus bezweckte, die auf dem Gebiet der Neuemissionen in erster Linie der öffentlichen Hand zugute kommt.

Wesentlicher als der Wandel in den technischen und organisatorischen Voraussetzungen der Anleihekonversionen größeren Stils, der an Hand der praktischen Beispiele bereits deutlich geworden sein dürfte, ist demnach die Frage nach den Auswirkungen dieser neuen Methodik, wobei wir uns hier auf die Konsequenzen für den Kapitalmarkt beschränken. Qualitativ bedeutet die neue Politik die Herausbildung eines vorzugsweise benutzten Standardtyps am Rentenmarkt mit dem Vorteil einer Zusammenfassung und Vereinheitlichung des Staatsfondsmarktes, auf den sich die Renditen aller übrigen Anlagemärkte abstimmen. In dieser Beziehung haben wir besonders viel nachzuholen, und die Bestrebungen können nur dahin gehen, den Staatspapieren einen möglichst umfangreichen und widerstandsfähigen Markt zu verschaffen. Die Realisierung dieses Zieles war nun aber auf Grund der gegebenen geschichtlichen Voraussetzungen nur möglich durch eine zeitweilige Ausschaltung der privaten Emissionsmärkte und eine außerordentliche Beanspruchung des organisierten Kreditapparates, der den neuen zinspolitischen Zielsetzungen am leichtesten dienstbar gemacht werden konnte und ohne unmittelbare Gefährdung seiner Funktionen eine erhebliche Hereinnahme von Staatstiteln vertrug. Da die Geschäftsstruktur der Kreditbanken hier relativ enge Grenzen zog, ergab sich innerhalb des institutionellen Placements eine immer stärkere Verlagerung auf Sparkassen, Lebensversicherungen und Sozialversicherung, für die die Anlage in Staatstiteln infolge der weit stärkeren Gebundenheit ihrer Gelder viel weniger ein Liquiditäts- als ein Ertragsproblem ist. Die Problematik allzu starker Prämienerhöhungen oder Einlagezinssenkungen ließ bereits hier die ersten Grenzen einer allzu starren Verfolgung der Politik des billigen Geldes erkennen.

In dem Maße der Sättigung des Anstaltsbesitzes an Schuldtiteln ergab sich dann auf Grund des zunehmenden Bedarfs und aus dem Bestreben heraus, die innerhalb der Konsumsphäre nicht zum Zuge kommenden Einkommensteile immer restloser zu erfassen, die Notwendigkeit, einen größer werdenden Anteil der neuen Emissionen direkt im Publikum unterzubringen. Auch diese Wiederherstellung des Kapitalmarktes in seiner natürlichen Reichweite stützt sich in erster Linie auf das vorhandene Banksystem im weitesten Sinne. Das Ideal einer guten Placierung

[1]) Idealtypisch für eine freiwillige Konversion auf der Grundlage einer vereinfachten Technik ist die jüngste Zinskonversion bei Pfandbriefen und verwandten Schuldverschreibungen in Deutschland von $4\frac{1}{2}\%$ auf 4%.

von Staatsanleihen ist deren Eindringen in alle Schichten des Volkes, dessen einzelne Teile auf diesem Wege immer mehr mit der Staatsschuld und dem Wohl und Wehe des Staates verknüpft werden. Alle geschichtlichen Erfahrungen lehren, daß die im breiten Publikum placierten Stücke bei Anspannungen im allergeringsten Umfange an den Markt kommen und daß die tägliche Kleinarbeit der Bankinstitute, die an das Eigeninteresse der Anleger anknüpft, hier den besten Placierungsweg darstellt. Auch in diesem bedeutsamen Zusammenhang scheint sich die Stabilisierung eines bereits erreichten niedrigen Zinsniveaus als vorteilhafter zu erweisen als jede weitere in ihrer Nachhaltigkeit problematische Senkung; denn je breiter diese Basis ist, desto solider und tragfähiger ist das Placement im ganzen, und das Endziel jeder Konversion ist schließlich die Konsolidierung der Nationalschuld.

Günter Keiser

Kreditverschuldung und Zinsen in der Volkswirtschaft

Die Funktion der Kreditverschuldung

Die moderne Industriewirtschaft, wie sie das 19. Jahrhundert begründet hat, ist ohne Kreditverschuldung nicht denkbar. Offensichtlich ist die Kreditverschuldung einer der entscheidenden Motoren der wirtschaftlichen Entwicklung. Wirtschaftliche Aufschwungsphasen sind stets auch Zeiten wachsender Verschuldung der Wirtschaft, Zeiten der Entschuldung sind umgekehrt stets Depressionsphasen. In der vorkapitalistischen Wirtschaft hat es zwar auch eine nicht unbedeutende Kreditverschuldung gegeben, doch war sie weitgehend konsumtiver Natur, d. h. sie diente vorwiegend der Überbrückung privater Notstände und dem höfischen Luxus. Der Ausbau der Wirtschaft erfolgte im Vorkapitalismus ganz überwiegend durch Sparen der Unternehmer, also durch das, was wir heute Selbstfinanzierung nennen. Auch in der Anlaufsphase des Kapitalismus hat sich darin nicht allzuviel geändert. Die ersten wirtschaftlichen Großgebilde wiederum, die entstanden, bargen zu bedeutende Risiken in sich, so daß hier die Finanzierung hauptsächlich mit Hilfe des neugeschaffenen Instruments der Aktie als eines am Risiko beteiligten Kapitaltitels erfolgte, während die Einschaltung des Kredits entsprechend begrenzt blieb. Je mehr sich aber die kapitalistische Wirtschaft in sich festigte und ausbreitete, um so dringlicher und umfangreicher wurde der Kreditbedarf, vor allem auch für den Warenumschlag, und um so bedeutungsvoller wurde damit die Kreditschöpfungsfunktion der Banken für die Finanzierung des wirtschaftlichen Ausbaues.

Verbunden mit diesem Prozeß war eine Aufspaltung der Gesellschaft in eine verhältnismäßig schmale unternehmerische und eine breite nichtunternehmerische Schicht. Damit mußte im wirtschaftlichen Kreislauf immer mehr Geld anfallen, das eine nichtunternehmerische Anlage suchte, sich also entweder, soweit es sich um Liquiditätsreserven handelte, bei den Banken oder, soweit es Sparcharakter hatte, bei den verschiedenen Spareinrichtungen ansammelte. Damit wurde der glatte Ablauf des wirtschaftlichen Geschehens schlechterdings von einem richtigen Funktionieren der Kreditübertragung abhängig; denn Sparen und Geldübertragung auf die Banken bedeutet kreislaufmäßig zunächst Kaufkraftstillegung. Gelingt die Übertragung dieser stillgelegten Kaufkraft nicht, besteht also nicht bei der Wirtschaft eine entsprechende Bereitschaft zu neuer Kreditverschuldung, so entsteht zwangsläufig eine Krise und bei längerem Anhalten dieses Zustandes eine permanente Depression, wie es z. B. in den Vereinigten Staaten in den Jahren zwischen 1930 und 1938 deutlich in Erscheinung trat. Die Wirtschaft der hochentwickelten Industriestaaten mit ihrer umfangreichen Investitionsgüterindustrie ist andererseits schlechterdings angewiesen auf eine hohe Sparquote, also auf eine ständig weitergreifende Kreditverschuldung. Treten hier Störungen oder Ausfälle ein, so ist das wirtschaftliche Gleichgewicht rasch erschüttert.

Das deutsche Geldvermögen 1893—1913[1])

In Mrd. M	Bestand Ende			Zunahme in Mrd. M		Zunahme in % des Bestandes von 1893 bis 1913
	1893	1903	1913	1893 bis 1903	1903 bis 1913	
Umlauf an Stückgeld . . .	3,1	4,5	6,6	1,4	2,1	111
Bankdepositen[2])	1,7	4,7	12,3	3,0	7,6	647
Spareinlagen	7,0	13,1	23,3	6,1	10,2	233
Kapitalanlagen der Versicherungen	2,0	4,0	8,2	2,0	4,2	307
Umlauf an Inlandsschuldverschreibungen						
Reich	1,9	3,1	4,8[3])	1,2	1,7	153
Bundesstaaten	9,6	11,8	15,9[3])	2,2	4,1	66
Gemeinden	1,5	3,0	5,3[3])	1,5	2,3	255
Öff. Hand zusammen	13,0	17,9	26,0[3])	4,9	8,1	100
Industrieobligationen . .	1,3	2,3	4,6[3])	1,0	2,3	254
Pfandbriefe	6,5	10,7	16,0[3])	4,2	5,3	144
Kommunalobligationen. .	0,3	0,8	2,0[3])	0,5	1,2	577
Inlandsschuldverschreibungen insgesamt.	21,1	31,7	49,2	10,6	17,5	134
Abzüglich des Besitzes von Geldanstalten	2,4	4,6	8,6	2,2	4,0	258
Publikumsbesitz	18,7	27,1	40,6	8,4	13,5	117
Ausländische Wertpapiere (einschl. Aktien)	10,0	15,0	20,0	5,0	5,0	100
Inlandsaktien	6,0	11,0	16,5	5,0	5,5	175
Private Hypotheken . . .	12,0	19,0	25,0	7,0	6,0	104
Geldvermögen insgesamt .	60,5	98,4	152,5	37,9	54,1	152

[1]) Nach Carl Krämer, Nr. 11 „Sparkasse" von 1937.
[2]) Guthaben von Banken möglichst ausgeschaltet.
[3]) 1912.

Aus diesem Zusammenhang erklärt sich die unerläßliche Funktion der **Kreditschöpfung** in der modernen Wirtschaft. Die Kreditschöpfung ist sozusagen der Virulus, der diesen Mechanismus in Gang setzt und die stets gegebenen Trägheitsfaktoren, insbesondere auf der Seite der Anlagebereitschaft, überwindet. Die Beträge, die als solche jeweils als zusätzliche Kreditschöpfung zu umreißen sind, sind dementsprechend immer begrenzt und nur Bruchteile des gesamten Krediteinsatzes; sie lösen aber den breiten Strom der Kreditverschuldung erst aus. In der Vorkriegszeit und auch noch in den Jahren bis zur Wirtschaftskrise waren die Banken entsprechend ihrer damaligen Zentralstellung in Industriefinanzierung und Börsensystem die entscheidenden Träger der Kreditverschuldung. Nach der Krise mußte überall infolge der Erschütterungen des Kreditsystems der Staat diese Funktion übernehmen.

Den engen Zusammenhang zwischen Kreditverschuldung und wirtschaftlichem Aufschwung mögen einige Zahlen verdeutlichen. Zunächst haben wir aus den Untersuchungen von Carl Krämer die Ziffern über die Entwicklung des deutschen Geldvermögens zwischen 1893 und 1913, einer bekanntlich nur von wenigen kurzen Krisen unterbrochenen Aufschwungsphase, zusammengestellt (vgl. Tabelle S. 197). Danach hat sich das Geldvermögen, das in dieser Aufstellung neben den eigentlichen Krediten auch den Geldumlauf und den Aktienbesitz umfaßt, in den Jahren 1893 bis 1903 um 37,9 Mrd. M und im folgenden Jahrzehnt um 54,1 Mrd. M erhöht. Im ganzen bedeutet das gegenüber dem Ausgangsbestand von 1893 eine Steigerung auf das Zweieinhalbfache! Dabei ist es kennzeichnend, daß die weitaus stärkste Progression (+ 647%) bei den Bankdepositen in Erscheinung tritt, denen naturgemäß eine entsprechende Steigerung bei den Bankdebitoren (von 1,3 auf 7,5 Mrd. M) gegenübersteht. Deutlicher kann der Wirkungszusammenhang von Wirtschaftsaufschwung und zunehmender Kreditverschuldung kaum demonstriert werden.

Nach der Inflation war die deutsche Wirtschaft praktisch von jeder Kreditverschuldung frei. Der Aufschwung bis 1929 war daher bedingt und begleitet von einem Krediteinsatz ganz außerordentlichen Umfangs. Für Ende 1929 hat Dr. C. A. Herrmann den Gesamtumfang der damals vorhandenen Kreditverschuldung auf 89 Mill. RM geschätzt gegenüber einer entsprechenden Vergleichsziffer von 114,4 Mrd. Mark Ende 1913. In dieser Ziffer sind schätzungsweise etwa 10 Mrd. Aufwertungsschulden enthalten, so daß also ein Betrag von rund 80 Mrd. in den Jahren von 1919—1929 hinzugekommen ist. Der Verschuldungsprozeß dieser Aufschwungsphase weist entsprechend der eigentümlichen Ausgangslage einer fast verschuldungsfreien Wirtschaft und als Folge der gegebenen politischen Umstände zwei Besonderheiten auf: einmal ist an dieser Neuverschuldung der deutschen Wirtschaft das **Ausland** mit entscheidenden Quoten beteiligt, und zum anderen erfolgte die neue Kreditverschuldung in einem ganz ungewöhnlichen Umfang in **kurzfristiger** Form, wie die folgenden Zahlen deutlich machen.

in Mrd. Mark bzw. RM	1913	1928	1929	1930	1931	1932	1933
Kreditverschuldung insges.. .	114,4	80,4	89,0	94,6	90,8	86,5	85,5
davon insgs. ausl. Herkunft. .	0,8	22,4	24,9	25,8	21,4	19,2	15,9
davon in- u. ausl. Kurzkredite	14,7	30,5	33,2	32,8	27,7	24,4	23,2

Am Höhepunkt der Konjunktur, Ende 1929, waren also nicht weniger als 27% der gesamten Kreditverschuldung ausländischer Herkunft, und der Anteil der Kurzkredite an der Gesamtverschuldung war von 12,8% in 1913 auf rund 38% gestiegen.

In den Krisenjahren bis 1933 ging dann infolge des Tilgungsprozesses die Kreditverschuldung von 1930 an ständig zurück und da die Tilgungen in erster Linie die ausländischen und die kurzfristigen Kredite betrafen, trat gleichzeitig in der Struktur der Kreditverschuldung eine gewisse Annäherung an den Normalzustand ein. Die mit 1933 beginnende neue Aufschwungsphase ist nun wiederum gekennzeichnet durch eine rasche Zunahme der Kreditverschuldung. Die Gesamtziffer stieg zunächst nur langsam um 1 Mrd. 1934 und 4—5 Mrd. 1935/36, dann schneller um rund 6 Mrd. 1937, 11 Mrd. 1938, reichlich 20 Mrd. 1939, um schließlich 1940 im Zeichen des Krieges die Ziffer von rund 32 Mrd. RM zu erreichen. Im ganzen hat sich so die Kreditverschuldung von 85,5 Mrd. Ende 1933 auf schätzungsweise 163 Mrd. Ende 1940 erhöht. Läßt man die besonderen Verhältnisse des Kriegsjahres 1940 außer Betracht, so wird gleichwohl deutlich, wie eng auch in der jüngsten Aufschwungsphase der Zusammenhang zwischen wirtschaftlichem Auftrieb und zunehmender Kreditverschuldung ist.

Gestaltungswandel der Kreditverschuldung

Gleichwohl ist festzuhalten, daß sich in diesem Zusammenhang neuerdings **Auflockerungserscheinungen** geltend gemacht haben und daß die Kreditverschuldung heute den Höhepunkt ihrer Bedeutung für die wirtschaftliche Entwicklung deutlich überschritten hat. Einmal hat nämlich ganz offensichtlich die Funktion des Kredites für den **privaten** Sektor der Wirtschaft eine einschneidende Schwächung erfahren. Es ist bekannt, daß der bedeutende Ausbau, den der deutsche Industrieapparat in den Jahren seit 1933 erfahren hat, ganz überwiegend aus den eigenen Mitteln der Unternehmen finanziert wurde, teils weil der Privatwirtschaft lange Jahre hindurch der Zutritt zum Kapitalmarkt bewußt verwehrt wurde, teils aber auch, weil diese Methode der Selbstfinanzierung den Wünschen und Risikovorstellungen der Unternehmungen ausgesprochen entgegenkam. Ebenso ist auch im Bereich der Landwirtschaft mit der Einführung des Erbhofgesetzes die Möglichkeit zum Krediteinsatz entscheidend eingeengt worden. Aber auch im Sektor der staatlichen Investitionen ist neben der Finanzierung aus Krediten in wachsendem Umfang die Finanzierung aus dem Steueraufkommen getreten. In den halböffentlichen Sektoren der Partei, des Reichsnährstands, der Arbeitsfront schließlich sind umfangreiche Investitionen aus den Aufkommen an Beiträgen und Umlagen, also ebenfalls unter Ausschaltung des Kreditweges, bestritten worden. Eine volkswirtschaftlich äußerst bedeutsame Schmälerung des Kreditvolumens und der Kreditfunktion steht noch bevor: die Ablösung des Alterssparens durch die staatliche Altersversorgung. Das Sparen für das Alter spielte sowohl in der freiwilligen Form (über Versicherungs-, Sparkassen- und Effektensparen) als auch in der Form des Zwangssparens (über die Sozialversicherungen) im Rahmen des gesamten Sparprozesses bisher eine entscheidende Rolle und war damit eine der wichtigsten Quellen für die Kreditversorgung der Wirtschaft und des Staates. Wenn in Zukunft die Altersversorgung auf den Staat übergeht, der die dazu erforderlichen Mittel im Steuerwege hereinholt, fallen auf jeden Fall die heute von der Sozialversicherung eingesetzten Kreditmittel weg, und es ist außerdem damit zu rechnen, daß auch das private Sparen für das Alter gewisse Einbußen erleidet.

Theoretisch ist in der gelenkten Wirtschaft ein Zustand durchaus denkbar, bei dem alle volkswirtschaftlich erforderlichen Investitionen unmittelbar, also entweder aus den Überschüssen der Wirtschaft oder aus dem Steueraufkommen des Staates, finanziert werden. Das wäre eine Rückkehr zum Zustand der kreditfreien Wirtschaft. Die dynamische Funktion der Kreditverschuldung, auf die wir oben verwiesen, wäre dann abgelöst durch die planmäßige staatliche Investitionslenkung. Ein solcher Zustand aber wird immer eine theoretische Konstruktion bleiben. Neben den erwähnten Formen der Direktfinanzierung wird der Krediteinsatz auch in Zukunft nicht entbehrt werden können, einmal weil in der sozial so stark durchgegliederten Wirtschaft der Gegenwart stets Geld- und Sparüberschüsse anfallen werden, die mit Hilfe des Kredits zu übertragen sind, und zum anderen, weil der Selbstfinanzierung aus richtigen wirtschaftspolitischen Überlegungen heraus in Zukunft engere Grenzen gesetzt werden; ebenso werden die Möglichkeiten zur Ausschöpfung der Steuerquellen unter normalen friedensmäßigen Umständen hinter dem Investitionsbedarf einer sich rasch weiterentwickelnden Volkswirtschaft stets zurückbleiben. Es ist aber festzuhalten, daß die zukünftige Wirtschaftsordnung nicht mehr so ausschließlich wie in der liberalen Zeit auf eine ausreichende Verschuldungsbereitschaft einerseits und ein ausreichendes Kreditangebot andererseits angewiesen ist. Lücken und Mängel, die sich hier ergeben, können stets durch die inzwischen eingespielten Methoden der Direktfinanzierung ausgeglichen werden.

Mit diesem Wandel in der volkswirtschaftlichen Stellung der Kreditverschuldung gehen nun noch eine Reihe von strukturellen Umbildungsvorgängen Hand in Hand, die man unter den drei Stichworten Entprivatisierung, Kollektivierung und Nationalisierung zusammenfassen kann. Was zunächst die Entprivatisierung angeht, so war vor dem Weltkrieg der öffentliche Anteil an der Kreditverschuldung eng begrenzt. Von den 152 Mrd. Geldvermögen (einschl. Aktien nach der Krämerschen Aufstellung) entfielen auf die Schuldverschreibungen des Reichs nur 4,8 Mrd. und auf die Bundesstaaten 15,9 Mrd., die aber im wesentlichen den öffentlichen Eisenbahnen zuzurechnen sind. Eine größere Rolle spielte daneben die Kreditverschuldung im kommunalen Sektor mit 7,3 Mrd. M. Dem standen allein an Privat- und Pfandbriefhypotheken 1913 über 40 Mrd. und an Bankdebitoren und Industrieobligationen über 12 Mrd. gegenüber. Bereits im Nachkriegsaufschwung bis 1929 rückte dann die öffentliche Hand als Investitionsträger immer stärker in den Vordergrund, insbesondere wenn man berücksichtigt, daß auch der private Wohnungsbau damals durch den Einsatz der Hauszinssteuermittel weitgehend von der öffentlichen Kreditinitiative abhängig wurde. Der Aufschwung nach der Weltwirtschaftskrise ist vollends nicht nur in Deutschland, sondern auch im größten Teil des Auslands, vor allem in den Vereinigten Staaten, ganz entscheidend durch die zunehmende Verschuldungsbereitschaft des Staates bedingt. Wie unsere Übersicht zeigt, hat sich die private Verschuldung

Die deutsche Kreditverschuldung 1932—1940[1])

	Insgesamt	öffentliche Wirtschaft		private Wirtschaft	
		in Mrd. RM	in % der Gesamtverschuldung	in Mrd. RM	in % der Gesamtverschuldung
1932	86,5	28,9	33,4	57,6	66,6
1933	85,5	29,8	34,9	55,7	65,1
1934	86,6	32,3	37,3	54,3	62,7
1935	90,3	36,2	40,1	54,1	59,9
1936	94,8	40,9	43,1	53,9	56,9
1937	100,9	46,2	45,8	54,7	54,2
1938	111,8	55,0	49,2	56,8	50,8
1939	132,0	73,5	55,7	58,5	44,3
1940[1])	164,0	107,0	65,2	57,0	34,8

der deutschen Wirtschaft noch bis 1936 ständig zurückgebildet und ist dann bis 1938 nur unwesentlich gestiegen, während die öffentliche Verschuldung von 29 Mrd. Ende 1932 auf 73,5 Mrd. Ende 1939, also auf das Zweieinhalbfache, anstieg. Ähnliches gilt für die USA[2]):

[1]) Bis 1937 nach Angaben von K. A. Herrmann in „Die Deutsche Volkswirtschaft“ 1938, S. 895. Für 1938—1940 roh geschätzt.
[2]) Nach einer Untersuchung des National Industrial Conference Board.

in Mrd. $	1930	1937
langfristige private Verschuldung . . .	85,75	74,30
öffentliche Schuld	34,20	56,40

Bei einem ständigen Rückgang der privaten Verschuldung hat sich also in USA die öffentliche Schuld bereits zwischen 1930 und 1937 fast verdoppelt. Das Bild wird noch deutlicher, wenn man in die Gegenüberstellung auch die kurzfristige Verschuldung einbezieht. Bei den amerikanischen Banken gingen zwischen Ende 1929 und Ende 1938 die gesamten Ausleihungen von 26,2 Mrd. $ auf 13,2 Mrd. $ zurück. Inzwischen hat sich das Verhältnis durch die amerikanischen Aufrüstungsmaßnahmen noch viel krasser zu Ungunsten der privaten Verschuldung verschoben.

Es ist selbstverständlich, daß der Krieg diesen Prozeß der Entprivatisierung der Kreditverschuldung noch ungemein steigern muß; denn im Zuge des im Kriege unvermeidlichen Substanzverzehrs macht die Entschuldung der privaten Wirtschaft rasche Fortschritte, während gleichzeitig ein wachsender Teil des Sozialeinkommens dem Staat für die Kriegsführung im Kreditwege zur Verfügung gestellt wird. So stand in Deutschland bereits Ende 1940 einem Umlauf von privatwirtschaftlichen Wertpapieren in Höhe von 16 Mrd.RM (wobei neben den Industrieobligationen und Pfandbriefen auch die für den Wohnungsbau eingesetzten Kommunalobligationen und die Anleihen öffentlicher Unternehmungen mitberücksichtigt sind) ein Umlauf an öffentlichen Anleihen (einschl. Schatzwechseln und Schatzanweisungen) von rund 86 Mrd. RM gegenüber. Auch nach dem Kriege wird das berühmte Gesetz von der zunehmenden Staatsverschuldung weiter in Kraft bleiben. Die wichtigsten Entwicklungsaufgaben, die der deutschen Wirtschaft dann im größeren europäischen Raum gestellt sind, werden zum überwiegenden Teil durch den Staat finanziert werden müssen. Das gilt naturgemäß in erster Linie für den Bau von neuen Verkehrslinien, den Autobahnbau, den Städteumbau usw., aber auch für den Wohnungsbau und die sonstigen großen Sozialeinrichtungen, die beabsichtigt sind.

Der zweite bemerkenswerte Wandel in der Struktur der Kreditverschuldung liegt in der zunehmenden Kollektivierung der Geldanlage[1]), d. h. in der Zurückdrängung der direkten Kapitalanlage durch die Anlage über die verschiedenen Geldanstalten (Spar- und Kreditinstitute, Sozial- und Privatversicherungen). Dieser Prozeß tritt auf allen Teilabschnitten der Kreditverschuldung mit gleicher Deutlichkeit in Erscheinung. So stand Ende 1913 einem Pfandbriefumlauf von 16 Mrd. M noch ein Bestand an Privathypotheken von 25 Mrd. M gegenüber. Heute schwanken die Schätzungen für die Privathypotheken zwischen 6,5 und 10 Mrd RM, denen an Hypotheken der Pfandbriefinstitute 12,5 Mrd. RM gegenüberstehen. Von der Zunahme des Umlaufs an inländischen Schuldverschreibungen

[1]) Vgl. hierzu Dr. Heinrich Strathus, Die Zukunft des Kredits, Berlin 1939.

entfielen in den Jahren 1893 bis 1913 6,2 Mrd. M auf den Anstaltsbesitz, dagegen 21,9 Mrd. M auf den Publikumsbesitz. Nach dem Kriege ist die Direktanlage des Publikums in Rentenwerten ständig zurückgegangen. Während 1924—1929 noch 14,6 Mrd. RM hierfür anzusetzen sind, waren es in den Aufschwungsjahren 1933 bis 1938 nur noch 3,5 Mrd. RM. Die folgende Aufstellung zeigt die Verteilung der Geldkapitalbildung in den Jahren zwischen 1933 bis 1938. Sie macht deutlich, daß an der gesamten Geldkapitalbildung bis 1935 die Privatanlage in Wertpapieren so gut wie überhaupt nicht beteiligt war und auch in den folgenden Jahren nur zwischen einem Viertel und einem Fünftel des Gesamtbetrags schwankte. Die Ursachen dieses Prozesses sind bekannt. Die Abflachung der

Geldkapitalbildung 1933—1938[1]). Zuwachs jeweils gegenüber Vorjahr[2])

in Mill. RM	1933	1934	1935	1936	1937	1938
Umlauf an Noten u. Münzen.	73	257	402	591	535	1780
Bank- u. Giroguthaben . .	208	1228	444	978	1219	2220
Spareinlagen	630	957	1321	1097	1935	2700
Lebensversicherungen . . .	270	316	465	472	559	600
Sozialversicherungen . . .	136	421	466	664	819	1100
Bei Geldanstalten zus. .	1317	3179	3098	3802	5067	8400
Sonderwechsel	—	—	—	600	800	—1400
Schatzanweisungen und Steuergutscheine	708[3])	—354	—163	—195	—166	740
Schuldverschreibungen im freien Verkehr	—326	—59	—147	691	587	2200
Aktien im freien Verkehr .	111	116	152	338	337	590
Im freien Verkehr zus. .	493	—297	—158	1434	1558	2130
Geldvermögenszuwachs insg.	1810	2882	2940	5236	6625	10530

Einkommenspyramide, die die Nachkriegszeit brachte, hat die Einkommensüberschüsse der besitzenden Schicht, die in erster Linie für die Direktanlage in Wertpapieren in Frage kommen, zurücktreten lassen gegenüber den sich bei der breiten Masse der Einkommensbezieher ansammelnden Spargeldern, die naturgemäß vorwiegend den Sparanstalten zufließen. Der wachsende Liquiditätsdrang der Wirtschaft, wie er als internationale Erscheinung nach dem Kriege und insbesondere nach der Krise festzustellen ist, hat dazu geführt, daß laufend wesentlich größere Beträge als früher in der Form von Stück- und Bankgeld gehalten werden und damit erst über die Kreditinstitute wieder zu produktivem Einsatz gelangen.

[1]) Vgl. Dr. G. Keiser, Geldkapitalbildung und „Effektensparen", 1938 „Bank-Archiv" 1939, S. 370.

[2]) Minus = Rückgänge.

[3]) Die hohe Ziffer erklärt sich durch die Ausgabe der Steuergutscheine bei den Steuerzahlungen, stellt also ein „geschenktes Sparen" dar.

Dazu kommt der ständige Ausbau des Versicherungssparens und die zunehmende Bedeutung des Zwangssparens über die Sozialversicherungen, durch die wesentlich größere Sparbeträge als vor dem Kriege in die Anstaltsanlage übergeleitet wurden.

Der dritte Strukturwandel, die Nationalisierung der Kreditverschuldung, ist ein Prozeß, der mit voller Deutlichkeit erst nach der Weltwirtschaftskrise in Erscheinung trat. Vor dem Kriege pflegten alle führenden Industriestaaten einen großen Teil ihres Kapitalüberschusses im Ausland anzulegen, und die Verhältnisse in den Jahren zwischen 1919 und 1932 unterschieden sich darin nur dadurch, daß Deutschland als Kapitalexportland ausgefallen und Frankreichs Fähigkeit zur Kapitalausfuhr entscheidend geschwächt war, während dafür die Vereinigten Staaten und daneben einige kleine Kapitalexportländer (Schweden, Schweiz, Holland) in den Vordergrund rückten. Dieser internationale Kapitalverkehr erleichterte in den einzelnen Ländern den Ausgleich der inneren Spannungen zwischen Kapitalangebot und Investitionsmöglichkeiten und war eine wichtige Triebkraft für die internationale Ausbreitung der kapitalistischen Wirtschaftsstruktur und der damit verbundenen dynamischen Wirtschaftsentwicklung. Die Erträge der ausländischen Kapitalanlagen waren gleichzeitig für die Gläubigerländer eine der wichtigsten Grundlagen des nationalen Reichtums. Welche Bedeutung diese Ziffern in der Nachkriegszeit bis 1929 noch erreichten, mögen die folgenden Angaben aus den Zahlungsbilanzuntersuchungen des Völkerbunds illustrieren:

Erträge aus ausländischen Kapitalanlagen

in Mill. RM	1927	1928	1929	1930	1931	1932	1933	1934	1935
Frankreich . .	2012	2612	3160	2976	1904	192	305	412	658
Großbritannien .	5110	5110	5110	4603	3238	2209	2227	2209	2260
USA	2852	2856	2936	3230	2608	1911	1365	924	928
Schweiz	·	268	320	·	·	·	·	·	·
Niederlande . . .	·	·	217	·	·	150	166	135	173

Die Weltwirtschaftskrise von 1931, die sich daran anschließenden Währungsentwertungen und die systematischen Transfererschwerungen, wie sie die meisten Schuldnerländer bis zur Gegenwart beibehielten, haben die ausländischen Kapitalanlagen zu einem großen Teil entwertet und die Zinserträge auf Bruchteile der früheren Höchstsummen zurückgehen lassen. England als das einzige Land, das aus seinen überseeischen Kapitalanlagen bis zuletzt noch einen entscheidenden Teil seines Handelsbilanzdefizits decken konnte, dürfte als Ergebnis des Krieges gleichfalls seine Gläubigerposition bis auf geringe Reste verlieren. Es ist richtig, daß diese internationale Kapitalentflechtung z. T. eine zwangsläufige Folge von — weitgehend politisch bedingten — Fehlern in der internationalen Kapitalverteilung und Mängeln im damaligen System der Weltwirtschaft war. Mit der politischen und wirtschaftlichen Neuordnung der Welt, wie wir sie als Ergebnis dieses

Krieges erwarten, wird in den dann geschaffenen Großwirtschaftsräumen auch die Kapitalausfuhr wieder stärkere Bedeutung gewinnen. Planmäßig gelenkt und auf sinnvolle wirtschaftliche Ergänzungsinvestitionen ausgerichtet, wird sie vielleicht für die führenden Staaten dieser Großwirtschaftsräume sogar mit der Zeit wieder eine wichtige Stellung im nationalen System der Kreditverschuldung einnehmen. Für die Gegenwart aber bleibt festzuhalten, daß die Kreditverschuldung im wesentlichen zu einem rein nationalwirtschaftlichen Problem geworden ist.

Das Problem der tragbaren Höhe der Kreditverschuldung

Wenn auch die zunehmende Kreditverschuldung, wie wir nachzuweisen suchten, als entscheidender Motor der wirtschaftlichen Weiterentwicklung eine unentbehrliche Funktion in der Wirtschaft der Gegenwart ausübt, so gibt es doch zweifellos volkswirtschaftliche Grenzen für den Umfang der Kreditverschuldung. Um dieses Problem richtig zu verstehen, ist zunächst festzuhalten, daß die Kreditverschuldung als solche keine absolute sondern stets nur eine relative Größe ist. Das Gewicht, das ihr zuzumessen ist, ist nämlich abhängig von der jeweiligen Kaufkraft des Geldes. Als nominelle Wertgröße ist die einmal gegebene Kreditverschuldung ihrer Natur nach konstant. Alle übrigen Wertgrößen der Volkswirtschaft befinden sich dagegen in ständiger Bewegung. Steigen die Preise und die Wertansätze (Kurse u. dgl.), erhöht sich also die Wertsumme des Volkseinkommens und des Volksvermögens, so fällt das relative Gewicht der bestehenden Kreditverschuldung; das Umgekehrte gilt bei fallenden Preisen. Man kann eine solche Veränderung im volkswirtschaftlichen Gewicht der Kreditverschuldung auch künstlich-wirtschaftspolitisch auslösen: nach außen durch Währungsab- oder -aufwertung, nach innen durch Kreditinflations- oder-deflationspolitik. Eine Währungsabwertung wie sie England, Frankreich und die USA nach 1931 durchgeführt haben, führt in der Regel zum Anstieg der Binnenpreise und damit auch zu einer relativen Abwertung der bestehenden nominellen Kreditverschuldung. Eine Entwertung der Binnenkaufkraft des Geldes durch Kreditinflation führt zu demselben Ergebnis. Sie ist, wie in den Jahren nach dem Weltkrieg, der letzte, oft zwangsläufige Ausweg aus einer übermäßigen Kreditverschuldung. Man konnte gelegentlich sogar von wissenschaftlicher Seite die Theorie vertreten hören, daß eine generationenweise wiederkehrende Abwertung aller Schulden sozusagen als ein Gesetz der wirtschaftlichen Entwicklung anzusehen sei, eine Vorstellung, die nicht scharf genug abzulehnen ist, aber immerhin den Ernst des Problems verdeutlicht. Daß solche Theorien auftreten und daß es in der Tat immer wieder in der Wirtschaftsgeschichte zu Abwertungen gekommen ist, zeigt aber jedenfalls an, daß die Kreditverschuldung nicht nur ein Motor der wirtschaftlichen Entwicklung, sondern auch ein Belastungsfaktor für die Wirtschaft ist. Damit mündet das Problem der Kreditverschuldung ein in das allgemeine Zinsproblem; denn es sind nicht die Schulden als solche, die „belasten", sondern nur die Zinsen, die für diese Schulden zu zahlen sind.

Da eine Kreditverschuldung ohne volle Legalität des Zinsanspruchs nicht oder jedenfalls nicht im erforderlichen Umfange möglich wäre, ist der Zins ein tragender und unentbehrlicher Bestandteil der dynamischen Volkswirtschaft. Nur eine stagnierende Wirtschaft ohne Kapitalbedarf könnte unter Umständen ohne den Zins auskommen. Diese Unentbehrlichkeit des Zinses für die wachsende Wirtschaft ändert aber nichts an der Tatsache, daß der Zins als solcher kein Produktionsfaktor ist. Wenn alle Zinsansprüche gestrichen würden, so wäre das Realeinkommen der Volkswirtschaft, also die Versorgung mit Gütern und Leistungen, ebenso groß wie zuvor; was dem Gläubiger an Einkommen entzogen würde, erschiene beim Schuldner als Mehreinkommen. Der Zins ist also vor allem ein Element der Einkommensverteilung. In den Zinsansprüchen dokumentiert sich ein Vorweganspruch an das Volkseinkommen, der vom Arbeits- und Unternehmereinkommen abzuzweigen ist. Denn der Zinsanspruch geht ein in die Preise, Mieten und Steuern, und insofern trägt jeder Käufer, Mieter und Steuerzahler, also praktisch jedes Glied der Volksgemeinschaft, seinen Teil zur Ansammlung des Zinseinkommens bei. Dabei ist es gleichgültig, ob dieses zinspflichtige Kapital einmal produktiv in der Wirtschaft angelegt wurde, also „arbeitet", oder ob es konsumtiv etwa für soziale Zwecke oder gar für den Krieg verausgabt wurde. Doch tritt die Einkommensumverteilung über den Zinsanspruch am deutlichsten überall da in Erscheinung, wo ein großer Teil der Kapitalverschuldung konsumtiv verwendet worden ist, was vor allem für die staatliche Kreditverschuldung zutrifft, insbesondere naturgemäß im Kriege. Im französischen und englischen Staatshaushalt wurde zeitweise die Hälfte des Steueraufkommens als Zinsen wieder ausgeschüttet, also nur über die Staatskasse umverteilt. Eine scharf abzugrenzende Sonderstellung nimmt nur der Zinsertrag der ausländischen Kapitalanlagen ein. Hier handelt es sich in der Tat auch gütermäßig um zusätzliches volkswirtschaftliches Einkommen. In Höhe des ausländischen Zinsertrags können Waren ohne sonstige Gegenleistungen eingeführt werden, kann die Lebenshaltung der Nation im ganzen gesehen verbreitert werden.

Sieht man von dieser Ausnahme des Auslandszinses ab, so liegt also die besondere Bedeutung und Problematik des Zinses in seiner Funktion als Sozialfaktor. Das Zinsaufkommen, das, wie erwähnt, von der Gesamtheit der Einkommensbezieher über Preise, Mieten und Steuern aufgebracht wird, ist die Grundlage für die Einkommensgestaltung einer bestimmten sozialen Schicht. Je breiter diese Schicht ist, je mehr sich also Zinszahler und Zinsempfänger decken, um so geringer sind die Spannungen, die durch diese Umverteilung der Sozialprodukte ausgelöst werden, um so schwächer ist das Belastungsgefühl, das durch das Bestehen der Kreditverschuldung und der damit zusammenhängenden Zinsverpflichtungen hervorgerufen werden kann. Von der Streuungsbreite des Zinsempfangs hängt es auch ab, ob das Zinseinkommen zum Entstehen einer breiten Rentnerschicht führt oder nicht und ob schließlich jenes Rentnerideal entsteht, das in Frankreich als dem ältesten kapitalistischen Lande des Kontinents so gefährliche Rückwirkungen auf die volkswirtschaftliche Leistungskraft ausgeübt hat. Höhe und Verteilung des Zinseinkommens sind also für das soziale Gleichgewicht von entscheidender Bedeutung.

Höhe und Verteilung des Zinsaufkommens

Versuchen wir, dieses Problem einmal statistisch zu umreißen, so liegen für Deutschland durch die verdienstvollen Untersuchungen von Dr. Kurt A. Herrmann recht zuverlässige Schätzungen vor. Danach berechnete sich das gesamte Zinsaufkommen der deutschen Volkswirtschaft wie folgt[1]):

	1932	1933	1934	1935	1936	1937	1940
in Mrd. RM . . .	4,81	4,65	4,71	4,70	4,57	4,76	rd. 5,9
in Proz. des Volkseinkommens . .	10,6	10,0	8,9	7,6	7,3	7,0	rd. 6,0

Der Gesamtbetrag des Zinsaufkommens ist also bis 1936 als Folge der Zinssenkungspolitik ständig leicht zurückgegangen. Vor allem aber ist das Verhältnis des Zinsaufkommens zum gesamten Volkseinkommen mit der zunehmenden Wirtschaftsankurbelung rasch gesunken von 10,6% Ende 1932 auf 7% 1937, und auch für 1940 kommt unsere Schätzung, obwohl inzwischen der absolute Betrag der Zinsleistungen durch die Kriegsverschuldung beträchtlich auf rund 6 Mrd. RM gestiegen ist, gegenüber dem Volkseinkommen nur zu einem Satz von rund 6%. Trotz des raschen Anstiegs der Kreditverschuldung ist also die relative Zinsbelastung der Volkswirtschaft beträchtlich gesunken. Gewiß ist das einmal das Ergebnis einer bewußten Zinssenkungspolitik und zum zweiten ein Ausdruck dafür, daß in den letzten Jahren, wie dargestellt, ein beträchtlicher Teil der volkswirtschaftlichen Investitionen aus den eigenen Mitteln der Unternehmungen und aus dem Steueraufkommen — also ohne Zinsverpflichtungen — finanziert wurde. Gleichwohl drückt sich aber in diesem Verhältnis deutlich die dynamische und produktive Funktion der zunehmenden Kreditverschuldung aus.

Ähnliches läßt sich für die Vereinigten Staaten nachweisen. Hier hat sich die private langfristige Verschuldung von 15 Mrd. $ 1900 auf 85 7 $ Mrd. 1930 erhöht; entsprechend stieg die Zinslast im Durchschnitt dieser 30 Jahre jährlich um 6,1%. Zugleich aber erfuhr in diesem Zeitraum auch das Volkseinkommen eine durchschnittliche jährliche Steigerung von 5,8%; die

[1]) Für 1932—1937 nach Angaben von Kurt A. Herrmann, „Zins in der Volkswirtschaft" in „Die deutsche Volkswirtschaft" 1938, S. 894ff. Für 1940 roh geschätzt.

relative Belastung der amerikanischen Volkswirtschaft durch Zinsverpflichtungen hat sich also trotz der starken absoluten Zunahme der Kreditverschuldung nicht nennenswert geändert. Daraus ergibt sich die — naheliegende — Schlußfolgerung, daß ein Anwachsen der Zinsbelastung nur dann zu wirtschaftlichen oder sozialen Störungen führt, wenn Volkswohlstand und Volkseinkommen nicht mitwachsen. Eine solche Diskrepanz ergibt sich regelmäßig beim Umschlag von der Hochkonjunktur zur Krise und noch wesentlich ausgeprägter als Folge von Kriegen mit ihrem Substanzverzehr bei gleichzeitigem stürmischen Anstieg der Kreditverschuldung, insbesondere natürlich für das verlierende Land. Jede richtig gesteuerte Volkswirtschaft muß also auch ihre Verschuldungspolitik unter diesem Gesichtspunkt straff kontrollieren. Der Ausweg, wie er in den letzten Jahren international beschritten worden ist: die Last der zunehmenden Kreditverschuldung durch planmäßige Zinssenkung leichter zu machen, ist dabei nur ein einmaliges und in seiner Wirkung begrenztes Hilfsmittel.

Für die volkswirtschaftlichen Auswirkungen der mit den Zinsleistungen verbundenen Einkommensumverteilung ist es, wie angedeutet, von großer Bedeutung, wie sich das Zinsaufkommen auf die private und öffentliche Wirtschaft verteilt. Hohe private Zinsverpflichtungen schlagen sich in den Preisen, hohe öffentliche Zinsverpflichtungen in den Steuersätzen nieder. Entsprechend der vorstehend geschilderten Tendenz zur Entprivatisierung der Kreditverschuldung ist in Deutschland — und ähnlich in fast allen anderen Ländern — der Anteil des von der Privatwirtschaft beigesteuerten Zinsaufkommens ständig zurückgegangen. Für Deutschland können wir hier wieder die Ziffern von Kurt A. Herrmann, für 1940 durch eine rohe Schätzung ergänzt, heranziehen.

Zinsaufkommen in Mrd. RM	1932	1935	1937	1940
öffentliche Wirtschaft . .	1,31	1,50	1,49	rd. 3,00
private Wirtschaft . . .	3,50	2,90	2,85	rd. 2,90

Während danach 1932 nur knapp 30% des gesamten Zinsaufkommens von der öffentlichen Wirtschaft aufgebracht wurden, war bereits 1937 der öffentliche Anteil auf rund 40% gestiegen, und für 1940 ist er auf mehr als 50% zu schätzen[1]).

[1]) Interessant ist in diesem Zusammenhang eine ältere Untersuchung in „Wirtschaft und Statistik" (Verschuldungs- und Zinsbilanz der deutschen Wirtschaft, W. u. St. 1933, S. 277). Hier wird das gesamte Zinsaufkommen für 1932 etwas höher, nämlich mit 5,21 Mrd., veranschlagt. Davon sollen 2,88 Mrd. von der produktiven Wirtschaft aufgebracht worden sein, 1,31 Mrd. von der Wohnwirtschaft und 1,02 Mrd. von der öffentlichen Verwaltung. Bei dieser Aufstellung sind die öffentlichen Zinsleistungen den Gebieten zugerechnet, in denen das betr. Kapital angelegt ist. Die Zinsleistungen der öffentlichen Betriebe erscheinen also bei der produktiven Wirtschaft und die Zinsleistungen für im Wohnungsbau investierte öffentliche Gelder bei der Wohnwirtschaft.

Kennzeichnend für den grundsätzlichen Charakter dieser Tendenz sind auch die folgenden Ziffern für die Vereinigten Staaten:

Zinsleistungen privater und öffentlicher Schuldner in den USA[1])

In Mill. $	1899	1913	1923	1929	1933	1937
Zinsen auf private langfristige Schulden	620	1194	2020	2633	2117	1230
Zinsleistungen öffentlicher Schuldner	108	187	1486	1419	1600	1850

Bis zum Weltkrieg stiegen also private und öffentliche Schuldverpflichtungen etwa in gleichem Ausmaß. Der Weltkrieg brachte naturgemäß ein starkes Ansteigen der öffentlichen Schuldverpflichtungen, während sich in der großen „Privatkonjunktur" bis 1929 die gewerblichen Zinsverpflichtungen wieder stärker in den Vordergrund schoben. Seitdem haben sich die Zinsleistungen gewerblicher Schuldner mehr als halbiert, während die staatlichen Zinsverpflichtungen ständig stiegen und bereits 1937 um die Hälfte größer waren als die entsprechenden privaten Zinsschulden.

Nun tritt aber keineswegs das gesamte Zinsaufkommen der deutschen Volkswirtschaft auf der anderen Seite in entsprechender Höhe als Einnahme bei privaten Einkommensbeziehern in Erscheinung. Vielmehr fließt davon zunächst ein Teil an das Ausland als Vergütung für die Auslandskredite[2]), ein weiterer beträchtlicher Teil verbleibt der Kreditwirtschaft einmal als Zinsspanne, aus der die Unkosten und Gewinne der Kreditwirtschaft zu decken sind, und zum anderen als Ertrag der zinstragend angelegten eigenen Mittel[3]). Schließlich fließt der Zinsertrag, den die Versicherungen aus ihren Vermögensanlagen beziehen, den privaten

Verteilung der Zinseinnahmen

In Mrd. RM	1932	1935	1937	1940[5])
Ausland	1,04	0,57	0,45	0,35
Kreditwirtschaft[4]) . . .	1,46	1,52	1,67	2,10
Versicherungen[4])	0,47	0,49	0,59	0,75
Erwerbs- u. Verbrauchswirtschaft	1,84	1,82	2,08	2,75
insgesamt. . . .	4,81	4,40	4,79	5,95

[1]) Aus National Industrial Conference Board Studies, Number 241.

[2]) Daß neuerdings infolge der Transferbehinderung diese Beträge weitgehend bei der Konversionskasse eingefroren sind und somit der deutschen Wirtschaft erhalten bleiben, kann bei dieser Überlegung außer Betracht bleiben.

[3]) Diese wurden vom Stat. Reichsamt für 1932 einschl. des Eigenkapitals der Versicherungen mit 5,9 Mrd. — wohl etwas zu hoch — veranschlagt.

[4]) Einschl. der Zinseinnahmen auf das Eigenkapital.

[5]) Roh geschätzt.

Einkommensbeziehern nicht direkt sondern erst zu einem späteren Zeitpunkt in Gestalt der Versicherungsleistungen zu, wobei gleichfalls die Unkostenspanne abzusetzen ist. Als direktes Zinseinkommen der Erwerbs- und Verbrauchswirtschaft verbleibt somit nur ein Betrag, der, wie unsere Aufstellung zeigt, in den letzten Jahren zwischen 40 und 50% des gesamten Zinsaufkommens schwankte.

Der Anteil des Auslandes an den Zinseinnahmen ist also im Zuge der Tilgungen und Zinskürzungen ständig zurückgegangen; für 1940 ist er nur noch auf rund 6% des gesamten Zinsaufkommens zu schätzen gegenüber 21% im Jahre 1932. Ein reichliches Drittel des gesamten Zinsaufkommens entfällt auf die Zinsspanne der Kreditwirtschaft, die aber, wie erwähnt, auch die Zinseinnahmen auf das Eigenkapital der Kreditinstitute enthält. Der bei der Kreditwirtschaft verbliebene Teil des Zinsaufkommens ist in den letzten Jahren ständig gestiegen. Das ist einmal die natürliche Folge der erwähnten wachsenden Bedeutung der anstaltsmäßigen Geldkapitalbildung. Weiter wirkt sich hier aus, daß ein zunehmender Teil der Geldkapitalbildung sich in der Form von Stückgeldbesitz und kurzfristigen Guthaben niederschlägt. Bei dieser Form der Geldeinlage entfallen die Zinsausschüttungen entweder ganz, wie bei den Noten, oder sind jedenfalls gegenüber der Zinsspanne nur sehr gering, wie bei den Bankguthaben. Ein Teil dieser Zinsüberschüsse der Kreditwirtschaft fließt übrigens der öffentlichen Hand zu; das gilt vor allem für die Zinseinnahmen der Notenbank, zum kleinen Teil auch für die Zinsüberschüsse der Sparkassen. Auch die Zinseinahmen der Privat- und Sozialversicherungen sind mit dem Ausbau und der Wiedergesundung dieser Einrichtungen naturgemäß seit 1932 trotz der Zinssenkungsmaßnahmen ständig gestiegen. Der Restbetrag, der vom Zinsaufkommen der privaten Erwerbs- und Verbrauchswirtschaft zufließt, schwankte in den Aufschwungsjahren 1932 bis 1937 zwischen 1,8 und 2,1 Mrd. RM und hat sich erst 1940 mit dem kriegsbedingten Anstieg der Sparguthaben und der direkten Geldanlage in Staatstiteln auf schätzungsweise 2¾ Mrd. RM erhöht. Auch dieser Betrag ist aber keineswegs in voller Höhe als Renteneinkommen anzusetzen; denn es sind darin auch die Zinsbezüge enthalten, die die Erwerbswirtschaft aus der Anlage ihrer flüssigen Mittel erhält. Für 1932 nahm das Statistische Reichsamt an, daß etwa ein Viertel der gesamten Zinsbezüge der Erwerbs- und Verbrauchswirtschaft auf die wirtschaftlichen Unternehmen entfiel. Der Anteil dürfte heute eher größer sein, da die große Flüssigkeit der Erwerbswirtschaft nicht nur zu einem beträchtlichen Anstieg der Bankguthaben, sondern auch zu einer zunehmenden Anlage von Wirtschaftsgeldern in Wertpapieren geführt hat. Für die Jahre bis zum Kriegsausbruch dürfte daher das private Zinseinkommen im engeren Sinne kaum nennenswert über 1½ Mrd. RM hinausgegangen sein. Hierzu sind allerdings die Beträge hinzuzurechnen, die im Rahmen der Versicherungsleistungen aus Zinseinnahmen stammen; sie lassen sich zahlenmäßig nicht umreißen.

Sozialwirtschaftlich gesehen steht das **Dividendeneinkommen**, soweit es Privatpersonen zufließt, dem Zinseinkommen gleich. Dementsprechend sind diese beiden Größen in der deutschen Volkseinkommenstatistik als „Einkünfte aus dem Kapitalvermögen" zusammengefaßt. Ihre Bedeutung im Rahmen des volkswirtschaftlichen Gesamteinkommens geht aus der folgenden Aufstellung hervor:

in Mill. M bzw. RM	1913 Reichsgebiet damalig.	1913 Nachkriegs-reichsgebiet	1925	1929	1932	1934	1936	1937	1938
Volkseinkommen	50 100	45 700	57 612	60 774	45 175	52 710	64 884	72 590	79 722
Einkünfte aus Kapitalvermögen	6 200	5 700	1 191	3 181	2 298	2 569	2 724	2 802	2 950
in % d. Volkseinkommens . .	12,4	12,5	2,0	4,2	5,1	4,9	4,2	3,9	3,7

Eine nähere Aufteilung liegt nur für die Jahre bis 1931 vor. Sie ist in der folgenden Tabelle dargestellt und für 1938 durch eine Schätzung ergänzt.

Die Zusammensetzung der Kapitaleinkünfte (in Mill. M bzw. RM)

Kapitaleinkünfte aus	1913	1925	1927	1929	1930	1931	1938[1]
inländischen Schuldverschreibungen	1 800	100	615	960	1 100	1 215	1 500
Privathypotheken u. ähnlichen Darlehen	1 200	120	290	425	450	455	300
Sparkasseneinlagen	720	120	290	700	770	815	700
inländischen Bankdepositen .	150	120	180	315	190	245	150
deutschen Auslandsanlagen . .	1 450	105	95	95	80	75	50
zusammen . . .	5 320	565	1 470	2 495	2 590	2 805	2 700
Aktien deutscher Gesellschaften	1 220	450	635	900	920	670	700
G.m.b.H.-Anteilen	300	341	417	426	350	175	450
zusammen	1 520	791	1 052	1 326	1 270	845	1 150
Kapitaleinkünfte insgesamt .	6 840	1 356	2 522	3 821	3 860	3 650	3 850
davon Portefeuillebesitz .	270	125	265	365	410	470	900 (zusammen)
Ausland	400	40	150	275	200	150	
Verbleibendes deutsches Privateinkommen.	6 170	1 191	2 107	3 181	3 250	3 030	2 950

Der Anteil der Kapitaleinkünfte am gesamten Volkseinkommen war also in der gesamten Nachkriegszeit auch nach dem Wiederaufbau der

[1]) Ungefähre Schätzung.

Kreditverschuldung wesentlich geringer als vor dem Kriege und ist mit dem wirtschaftlichen Aufschwung seit 1933 aus den dargestellten Gründen (Zinssenkung, langsameres Wachstum der Kreditverschuldung) ständig zurückgegangen bis auf 3,7% im letzten Jahr vor Kriegsausbruch. Man kann, roh geschätzt, annehmen, daß, abgesehen von den ausgesprochenen Krisenjahren, ein Viertel bis ein Drittel der gesamten Kapitaleinkünfte auf das Dividendeneinkommen entfällt. Der Anteil der privaten Zinseinnahmen am Volkseinkommen dürfte demgemäß zuletzt bei etwa 2,5% gelegen haben. Insgesamt spielt also das Zinseinkommen im Rahmen des Gesamteinkommens der deutschen Volkswirtschaft nur eine völlig untergeordnete Rolle. Dabei ist noch in Rechnung zu stellen, daß auch von den privaten Zinseinkünften jeweils nur ein Teil in das Verbrauchseinkommen eingeht, weil gerade von den Zinseinnahmen regelmäßig ein großer Prozentsatz entweder dem Kapital zugeschlagen wird oder wiederum Anlage am Kapitalmarkt findet. Das gilt bekanntlich in erster Linie für die Zinsgutschriften bei Spar- und Bankeinlagen, aber erfahrungsgemäß auch in beträchtlichem Umfang für die Schuldverschreibungs- und Hypothekenzinsen[1]). Gerade diese Tatsache, daß stets ein entscheidender Teil des Zinseinkommens dem Kapitalmarkt zugute kommt, ist eine der wertvollsten volkswirtschaftlichen Nebenwirkungen des Zinseinkommens.

Die Bändigung des Zinses

Wir haben dargestellt, daß eine ständig zunehmende Kreditverschuldung für die Weiterentwicklung der modernen Industriewirtschaft nicht zu entbehren ist, wenn auch ihre Funktion in diesem Entwicklungsprozeß in der gelenkten Wirtschaft nicht mehr so ausschlaggebend ist wie früher in der liberalen. Wir haben weiter festgestellt, daß die mit der Kreditverschuldung verbundenen Zinsleistungen für eine Volkswirtschaft nur dann eine Last darstellen, wenn Produktion und Einkommen der Volkswirtschaft nicht entsprechend mitwachsen, wobei darauf verwiesen werden konnte, daß in Deutschland in der letzten Aufschwungsphase das Volkseinkommen sogar rascher gewachsen ist als die Zinsbelastung. Schließlich haben die Statistiken über die Verteilung des Zinsaufkommens ergeben, daß die Zinseinnahmen zwar im Rahmen des volkswirtschaftlichen Gesamteinkommens nur eine eng begrenzte Rolle spielen, daß sie aber für das glatte Funktionieren der Kreditwirtschaft, für die Versicherungseinrichtungen und für die Alimen-

---

[1]) Für 1932 hat das Statistische Reichsamt in der mehrfach zitierten Untersuchung geschätzt, daß von den gesamten privaten Renteneinkommen in Höhe von 2,09 Mrd. RM (einschl. der Zinseinnahmen der Versicherungen) vielleicht nur 0,9 Mrd. als Ersatz oder Ergänzung des Arbeits- oder Unternehmereinkommens verbucht wurden, während der Rest von 1,2 Mrd. zu neuer Kapitalbildung verwendet wurde. Auch für 1937 vertritt K. A. Herrmann den Standpunkt, daß von dem gesamten Zinsaufkommen von 4,8 Mrd. RM. nicht mehr als 1 Mrd. in das Verbrauchseinkommen eingegangen sind.

tierung des Kapitalmarkts von großer Bedeutung sind. Solange also eine Wirtschaft zu ihrer Weiterentwicklung die Kreditverschuldung braucht, muß sie auch den Zins dulden und in das gegebene volkswirtschaftliche System sinngemäß einbauen.

Dabei ist naturgemäß die Funktion des Zinses in einer gelenkten Wirtschaft eine völlig andere als unter den früheren Gegebenheiten. Früher war der Zins selbst ein entscheidender Bestimmungsfaktor für den Umfang der Kreditverschuldung; denn von der Höhe des Zinses hing sowohl weitgehend die Investitionswilligkeit als auch die Sparbereitschaft ab. Darüber hinaus hatte der Zins die Funktion, die disponiblen Mittel der Volkswirtschaft denjenigen Investitionszwecken zuzuleiten, die ihn erwirtschaften und damit, marktmäßig betrachtet, ihre volkswirtschaftliche Dringlichkeit erweisen konnten. In der gelenkten Wirtschaft dagegen ist das Investitionsvolumen weitgehend eine zentral bestimmte Größe. Die Aufgabe, die in diesem Sinne vor Kriegsausbruch der Vierjahresplan und das Aufrüstungsprogramm hatten, werden nach dem Krieg die dann aufzustellenden großen Pläne über die Neugestaltung des europäischen Großwirtschaftsraums übernehmen. Man wird bei der Deckung der für diese Entwicklungsaufgaben erforderlichen Investitionsmittel nicht mehr allein auf das Kreditaufkommen angewiesen sein, sondern dafür auch zahlreiche andere Quellen (Selbstfinanzierung, Steueraufkommen, Beiträge der angeschlossenen Gebiete usw.) heranziehen können. Damit ist zweifellos die Funktion des Zinses als quantitativer Bestimmungsfaktor der Kreditverschuldung geschwächt. Das gleiche gilt auch für seine frühere qualitative Funktion als Lenkungsfaktor für die Kreditmittel. Richtung und Reihenfolge der Investitionen werden weitgehend im Rahmen der staatlichen Planung bestimmt werden. Der Faktor der zinswirtschaftlichen Rentabilität wird dabei zwar durchaus nicht vollständig ausscheiden, jedoch häufig in den Hintergrund treten. Typisch zeigt sich das bereits bei dem bekannten Wohnungsbauprogramm für die Nachkriegszeit, wobei daran zu erinnern ist, daß früher gerade der Wohnungsbau in seinem jeweiligen Volumen in besonders hohem Grade zinsabhängig war.

Auch was das Aufkommen der für die Kreditverschuldung einzusetzenden Mittel angeht, so kann zweifellos heute mit einer verringerten Zinsreagibilität gerechnet werden. Das hängt einmal mit der wachsenden Bedeutung zusammen, die das Zwecksparen (für den Erwerb langlebiger Konsumgüter, z. B. Autos, für Eigenheimbauten usw.) in jeder Volkswirtschaft mit zunehmendem Massenwohlstand erhält. Solche Zwecksparvorgänge sind aber weitgehend zinsunempfindlich. Auf die zukünftige Zurückdrängung des Alterssparens durch die beabsichtigte staatliche Altersversorgung wurde bereits verwiesen. Es kommt weiter hinzu, daß sich in allen Volkswirtschaften heute eine zunehmende Wertschätzung der Liquidität durchsetzt. Das tritt in Erscheinung in dem überall zunehmenden Stückgeldumlauf, in der Zurückdrängung der Termineinlagen durch die täglich fälligen Einlagen, in der weitgehenden Ablösung der Wertpapieranlage durch die anstaltsmäßige Geldanlage usw. Je höher aber die Liquidität eingeschätzt wird, um so weniger Gewicht wird auf die Höhe der Verzinsung gelegt. Schließlich darf auch nicht übersehen werden, daß die Risikoprämie, die in jedem Zinssatz enthalten ist, in der gelenkten Wirtschaft bei Aussicht auf dauernde Vollbeschäftigung die Tendenz zur Schrumpfung auf einen Minimalsatz hat.

Wenn auch die gelenkte Wirtschaft den Zins sowohl aus wirtschaftlichen wie aus sozialen Gesichtspunkten nicht entbehren kann, so sind doch in ihr alle Voraussetzungen gegeben, den Zins einmal niedrig und zweitens stetig festzusetzen, ihn also zu lenken und zu bändigen wie die übrigen Bestimmungskräfte der Volkswirtschaft. Niedrige Zinsen sind immer das Zeichen einer hochentwickelten und gesunden Volkswirtschaft gewesen, hohe Zinssätze ein Zeichen wirtschaftlicher Schwäche. Die Tendenz zur Senkung der durchschnittlichen Zinssätze ist bekanntlich keineswegs nur auf die gelenkten Volkswirtschaften beschränkt. Eingeleitet wurde dieser Prozeß durch die Politik des billigen Geldes in England und USA, und er griff dann von da auf die Kapitalüberschußländer (Schweden, Schweiz, Holland usw.) über. Auch Deutschland hat seit der Weltwirtschaftskrise, vor allem aber seit 1933 verstärkt auf eine Senkung des Zinsniveaus hingearbeitet. Im Zeichen des Krieges wurde die Zinssenkungspolitik noch intensiviert und in dem ganzen von Deutschland besetzten Gebiet durchgesetzt. Als letztes Land hat sich schließlich auch Frankreich, die bisherige Hochburg der überdurchschnittlichen Zinssätze, dieser Politik anzuschließen vermocht. Der beste Beweis für die Allgemeingültigkeit der Politik des billigen Geldes ist die Tatsache, daß die Kriegsfinanzierung in allen Ländern auf einer wesentlich niedrigeren Basis möglich wurde als im Weltkrieg (in England und USA mit 2½%, in Deutschland mit 3½% gegenüber einem Durchschnittssatz von 5% 1914—18).

Wenn auch Keynes, der diese Entwicklung als erster vorausgesehen und gefordert hat, dabei vom „sanften Tod des Rentners" sprach, so steht doch außer Zweifel, daß der Politik der Zinssenkung eine untere Grenze gesetzt ist. Einmal können die Zinsen nicht unter die Spanne sinken, die die Kreditwirtschaft zur Deckung ihrer Unkosten braucht, und zum anderen muß die Wirtschaftspolitik stets die soziale Funktion des Zinses in Rechnung stellen. Der Zins ist eine Belohnung für volkswirtschaftlich zweckmäßiges Verhalten. Die jetzt für das Eiserne Sparen zugebilligten Vergünstigungen machen deutlich, daß für eine solche Belohnung der Zins allein nicht immer ausreicht und daß darüber hinaus noch andere zusätzliche Vorteile zugebilligt werden müssen. Nur bei ausreichender Zinsvergütung ergeben sich für die volkswirtschaftlich erwünschten Sparziele, wie Altersversorgung, Eigenheimbau usw. erträgliche Sparfristen. Es ist kennzeichnend, daß in allen Ländern mit besonders scharfer Zinssenkung Sonderzinssätze für das Massen- und Kleinsparen künstlich geschaffen wurden. So haben in England und USA die für Massenabsatz bestimmten Zertifikate einen Zinsvorsprung von ½—¾% gegenüber den üblichen Finanzierungsmitteln. Man wird also alles in allem davon ausgehen können, daß der Landeszinsfuß in der gelenkten Weltwirtschaft der Zukunft sich auf einer mittleren Linie — mit Schwankungen etwa zwischen 2½ und 3½% — einspielen und daß dieses Niveau dann keine weitere Reduzierung erfahren wird.

Die zweite zu erwartende Eigentümlichkeit des Zukunftszinses, die Stetigkeit, trat schon in den letzten Jahren vor dem Kriege als Tendenz immer deutlicher in Erscheinung. Während früher die Diskontsätze der Notenbanken in rascher Folge oft mehrmals monatlich je nach der Geldmarktlage verändert wurden mit entsprechenden Rückwirkungen auf das übrige Zinsgefüge, sind nach 1932 Änderungen der Notenbankdiskontsätze äußerst selten geworden. Die typische Kurve, die die Zinsentwicklung früher in jeder Konjunkturphase durchlief und die ein entscheidender Faktor im Mechanismus des Konjunkturablaufs war, erübrigt sich von selbst in einer stetig beschäftigten Wirtschaft. Ist erst einmal die volkswirtschaftlich zweckmäßige und tragbare Zinshöhe erreicht und hat sich alsdann auch die richtige Abstufung der verschiedenen Zinssätze eingespielt, so sind in der gelenkten Wirtschaft alle Voraussetzungen für eine langfristige Stetigkeit der Zinssätze gegeben. Selbstverständlich ist dieser Zustand im Augenblick noch keineswegs erreicht, und gerade die Umstellungsnotwendigkeiten der Nachkriegszeit dürften auch auf zinspolitischem Gebiet noch manche Schwierigkeiten und Spannungen auslösen. Es kann aber keinem Zweifel unterliegen, daß ein solcher Zustand der Zinsstetigkeit im Rahmen einer geordneten Friedenswirtschaft durchaus zu erreichen sein wird.

Der Zins der Zukunft wird also, grundsätzlich gesehen, eine ähnlich feststehende Größe sein wie die übrigen Bestimmungsfaktoren der Preise. Damit hätte dann der Zins seine sinnvolle, klar umrissene Stellung im sozialen und wirtschaftlichen Gefüge der gelenkten Wirtschaft unserer Tage gefunden. Er herrscht dann nicht mehr, er lenkt nicht mehr, er beflügelt zwar nicht mehr die wirtschaftliche Entwicklung, aber er lastet auch nicht mehr, er dient in klar gesteckten Grenzen dem geordneten Zusammenspiel der wirtschaftlichen Kräfte.

IV. Finanzierungen

Friedrich Reinhart und Max von Zabern

Die Eigenkapitalbildung gewerblicher Unternehmungen

Umfang und kreditwirtschaftliche Auswirkungen

In Zeitabschnitten erhöhter wirtschaftlicher Tätigkeit ist die Eigenkapitalbildung von Unternehmungen besonders aktiv. Dies gilt sicherlich auch für das zurückliegende Jahrzehnt, in welchem die deutsche Wirtschaft Höchstleistungen in der Güterproduktion vollbrachte.

Nicht nur diese Aktualität, sondern auch die zentrale kreditwirtschaftliche Bedeutung des Problems der Eigenkapitalbildung rechtfertigt und fordert eine Auseinandersetzung mit diesen Fragen. Das Eigenkapital ist die wichtigste Finanzierungsquelle der Unternehmungen, bei Aktiengesellschaften entspringen ihr im großen Durchschnitt gesehen, weit mehr als die Hälfte der gesamten Betriebsmittel. Bei einem derartigen Übergewicht der eigenen Mittel innerhalb der Gesamtfinanzierung der Unternehmungen ist es wohl verständlich, daß die mit ihrem Umfang und ihrer Entstehung zusammenhängenden Fragen bei Beurteilung der Finanzierungsvorgänge in der gewerblichen Wirtschaft und der Lage der Kreditmärkte besonders bedeutsam sind.

Trotz dieser Wichtigkeit der Eigenkapitalbildung als kreditwirtschaftliches und darüber hinaus als gesamtwirtschaftliches Problem hat sich Schrifttum und Statistik wenig damit beschäftigt. Man kann wohl sagen, daß die Informationsmöglichkeiten über ihren Umfang und ihre Entwicklung im umgekehrten Verhältnis zu ihrer wirtschaftlichen Bedeutung stehen. Dieser Mangel liegt an den Schwierigkeiten der statistischen Erfassung, auf die hier nicht näher eingegangen werden kann. Es gibt weder über den jährlichen Gesamtzuwachs des Eigenkapitals der gewerblichen Unternehmungen, noch über den Anteil der Selbstfinanzierung umfassende Erhebungen, geschweige denn über wichtige damit zusammenhängende Einzelerscheinungen.

Bei dem Mangel statistischer Informationsmöglichkeiten ist man darauf angewiesen, Einzelerscheinungen zu beobachten, die zusammengenommen wenigstens einen ungefähren Begriff von den Vorgängen vermitteln. Im folgenden können deshalb nur Annäherungswerte gegeben werden, die aber, so unvollkommen sie sind, doch wertvolle Folgerungen zulassen.

Umfang der Eigenkapitalbildung bei Aktiengesellschaften

Bei dem Versuch einer Urteilsbildung über den Umfang der Eigenkapitalbildung im letzten Jahrzehnt geht man am zweckmäßigsten davon aus, daß Unternehmungen sich Eigenkapital einerseits durch Zufuhr von außen beschaffen, d. h. durch Aufnahme neuer Teilhaber, durch Emissionen von Aktien und andererseits Kapital aus eigenen Erträgen bilden, ein Vorgang, den man als Selbstfinanzierung zu bezeichnen pflegt. Es ist zweckmäßig, diese Möglichkeiten getrennt zu betrachten, denn das Kreditgewerbe nimmt an der Versorgung der Unternehmen mit Eigenkapital von außen her wesentlichen Anteil, während die Selbstfinanzierung der Industrie aus eigenen Erträgen ohne Mithilfe der Banken zustande kommt.

Wie groß nun der Beitrag zur Eigenkapitalbildung aus der ersten Quelle war, ist nur bei Aktiengesellschaften in vollem Umfange festzustellen. Die Neuausgabe von Aktien bewegte sich im Anfang des letzten Jahrzehnts auf einem außerordentlich niedrigen Niveau. Bis 1935 ist sie über 200 Mill. RM jährlich nicht hinausgegangen, während sie in früheren Aufschwungsjahren über 1 Mrd. RM jährlich betragen hat. Die Geringfügigkeit dieser Ziffern ist auch daran zu erkennen, daß in diesen Jahren die Neuausgabe von Aktien nicht einmal 1% der Summe des Aktienkapitals der gesamten deutschen Aktiengesellschaften ausmachte. Auch in den folgenden Jahren der gewaltigen Produktionsausdehnung in Deutschland hat sich die Neuausgabe von Aktien nur wenig über diesen Tiefstand erhoben. Die jährlichen Neuemissionen bewegen sich bis 1937 in Größenordnungen von 300 bis 400 Millionen und steigen erst in den beiden folgenden Jahren auf Beträge an, die an 1 Mrd. RM heranreichen und sie übersteigen.

In dem Zeitabschnitt vor Ausbruch des Krieges vollzog sich demnach ein geringer Teil der Eigenkapitalbildung bei Aktiengesellschaften durch Inanspruchnahme des offenen Marktes. Im gesamten Jahrzehnt kann man mit Neuemissionen im Betrage von etwas über 4 Mrd. RM rechnen. Ein nicht unerheblicher Teil der eben genannten Beträge ist nicht vom breiten Publikum, sondern von Unternehmungen direkt übernommen worden. Es trifft dies in erster Linie auf die großen Gemeinschaftsgründungen des Vierjahresplanes zu, auf die ein wesentlicher Teil der Neuemissionen entfällt. Die Übernahme der Aktien ging zu Lasten der Eigenmittel der sich beteiligenden Unternehmungen. Wird dieses Eigenkapital nun vornehmlich durch Selbstfinanzierung gespeist, so kann man in diesen Fällen von Selbstfinanzierung in erweitertem Sinne sprechen. Die beiden Wege der Kapitalbeschaffung berühren sich hier eng und gehen teilweise ineinander über.

Vergegenwärtigt man sich den Umfang des wirtschaftlichen Aufstiegs und die gewaltigen Aufgaben, welche der deutsche Produktionsapparat im letzten Jahrzehnt zu bewältigen hatte, so ist es jedem, der mit den gesamtwirtschaftlichen Größenordnungen vertraut ist, ohne weiteres klar, daß diese Quelle nur einen Teil des Kapitalbedarfs befriedigen konnte. Die zweite Quelle, die Bildung innerbetrieblicher Reserven aus eigenen Erträgen, die Selbstfinanzierung, ist in der Regel für den Außenstehenden unsichtbar, doch gibt es Anhaltspunkte, welche wenigstens auf ihre Größenordnung schließen lassen. Unter Zuhilfenahme verschiedener Daten, insbesondere des Aufkommens an Körperschaftssteuer, lassen sich diejenigen Erträge der Aktiengesellschaften ermitteln, welche ihnen nach allen Ausschüttungen und Steuerzahlungen verbleiben. Diese unverteilten Gesellschaftseinkommen sind seit 1932, in welchem Jahre sie noch kaum in Erscheinung traten, von Jahr zu Jahr angestiegen und bewegen sich heute zwischen 1 und 2 Mrd. RM jährlich. Insgesamt kann man für das letzte Jahrzehnt mit einem Betrag von ungefähr 7 Mrd. RM rechnen, der den Aktiengesellschaften aus einbehaltenen Erträgen zusätzlich zur Verfügung stand. Die in den Bilanzen ausgewiesenen Reserven, welche seit 1935 ebenfalls langsam anstiegen, machten nur einen geringen Bruchteil der gesamten Reservenbildung aus.

Es ist besonders im Hinblick auf die Kurssteigerung der Aktien von Wert, sich diese statistisch nachweisbaren Reserven vor Augen zu halten, um übertriebene Vorstellungen über die Ansammlungen von eigenen Mitteln bei Aktiengesellschaften zu vermeiden. Die gesamten von den Aktiengesellschaften in der letzten Aufschwungsperiode einbehaltenen Erträge machen mit 7 Mrd. RM im großen Durchschnitt demnach nur ein Drittel des gesamten nominellen Aktienkapitals aus. Man mag dagegen einwenden, daß die genannten Ziffern nur die steuerbaren Erträge umfassen und die tatsächliche Reservenbildung über die genannten Zahlen noch hinausgeht. Zweifellos wurden in einzelnen Fällen Abschreibungssätze zugebilligt, welche die tatsächliche Abnutzung überstiegen. Auch die Rückstellungen, die teilweise Reserven-Charakter annahmen, sind von Jahr zu Jahr angestiegen. Man darf aber andererseits nicht unberücksichtigt lassen, daß ein großer Teil der Reserven zur Wiederauffüllung der Lücken diente, welche die schwere Wirtschaftskrise von 1930/32 hinterlassen hatte. Reserven sind außerdem dazu da, die Risiken, welche in der jetzigen Zeit nicht gerade gering sind, mit tragen zu helfen und wenn notwendig, auch dafür eingesetzt zu werden. Die Wirtschaftsführung hat keine Zweifel darüber gelassen, daß sie das gesamte Risiko der Wirtschaftsumstellungen und der wirtschaftlichen Wechselfälle dem Unternehmer selbst überlassen muß.

Der größere Teil der Mittel, welche der Ausbau neuer Industriezweige und die gewaltige Ausdehnung der Produktion im letzten Jahrzehnt erforderte, wurde demnach, soweit Eigenkapital daran beteiligt war, bei Aktiengesellschaften durch Selbstfinanzierung, auf die nach unserer Schätzung 7 Mrd. RM entfallen, aufgebracht und erst in zweiter Linie durch Inanspruchnahme des Kapitalmarktes, der mit ungefähr 4 Mrd. RM an der Aufbringung der Mittel beteiligt war.

Die Verlagerung des Schwergewichts auf die Selbstfinanzierung war einerseits bedingt durch die günstige Wirtschaftsentwicklung, welche die Ertragsmöglichkeiten steigerte und andererseits durch kapitalmarktpolitische Maßnahmen. Es erwies sich im Anfang der Wiederaufrüstung als notwendig, die Quellen des Kapitalmarktes möglichst dem Reichsbedarf nutzbar zu machen, weshalb private Emissionen nur in beschränktem Umfang zugelassen wurden. Die privaten Unternehmungen waren darauf angewiesen, so weit wie möglich ihre eigenen Quellen zur Deckung des Kapitalbedarfes heranzuziehen. Es wurde deshalb eine sehr zurückhaltende Ausschüttungspolitik getrieben, wozu auch noch die besonderen Vorschriften über Dividenden-Ausschüttungen (Anleihestock, Dividendenabgabeverordnung) beitrugen. Trotz Wiedererlangung derselben und sogar noch erhöhter Umsätze blieben die Ausschüttungen der Aktiengesellschaften in der jetzigen Aufschwungsperiode weit hinter denjenigen der Jahre 1928/29 zurück. Allein aus nicht ausgeschütteten Erträgen wurden, wenn man 1928 als Norm zugrunde legt, Milliardenbeträge für die Selbstfinanzierung frei.

Die Selbstfinanzierung der Unternehmungen wurde außerdem in solchen Fällen besonders begünstigt, in welchen der Rückgriff auf den Kapitalmarkt nicht ratsam oder auch nicht möglich erschien. Der Ausbau der Wirtschaft mußte in eine Richtung gelenkt werden, die von den Unternehmungen großen Einsatz von Kapital und Übernahme größerer, insbesondere auch technischer Wagnisse erforderte, denn die im Entstehen begriffenen Fabrikationsmethoden konnten in kurzer Zeit veralten. Zudem waren die neuen Produkte zunächst mit den alten preislich kaum konkurrenzfähig. Diese Fälle eigneten sich nicht zur Finanzierung über den Kapitalmarkt. Die zweckmäßigste Form waren Gemeinschaftsgründungen der beteiligten Unternehmungen mit Preiszusicherungen, welche es ermöglichten, im Laufe der Zeit einen dem Wagnis entsprechenden Fonds zu bilden. Der Vorteil der Selbstfinanzierung lag in diesen Fällen in der Sicherstellung der Finanzierung ohne Rücksicht auf die jeweilige Aufnahmefähigkeit oder Aufnahmebereitschaft des Kapitalmarktes.

Allerdings hat diese Methode der Bevorzugung der Selbstfinanzierung dazu geführt, daß in vielen Fällen ein Mißverhältnis zwischen dem ausgewiesenen und dem gesamten im Unternehmen arbeitenden Eigenkapital und dadurch optische Verzerrungen bei Kursen und Dividenden entstanden, die auch aus sozial-politischen Gründen besonders im Kriege unerwünscht sind. Deshalb wurde den Unternehmen mit Hilfe von Steuererleichterungen besonders günstige Gelegenheit zu einer Korrektur dadurch geboten, daß die angesammelten Reserven in gewissem Umfang steuerbegünstigt in Aktienkapital verwandelt werden konnten. Davon wurde bereits von vielen Unternehmen Gebrauch gemacht. Bis Mitte November 1941 haben die durch diese Verordnungen ermöglichten Kapitalberichtigungen der Aktiengesellschaften fast 1 Mrd. RM erreicht, demnach bereits ein Siebentel der oben berechneten Reservenbildung.

Umfang der Eigenkapitalbildung bei Personalgesellschaften

Während bei Aktiengesellschaften auf Grund der veröffentlichten Bilanzen, der Aktien-Emissionen und der Höhe des versteuerten Gewinnes über den Verlauf der Eigenkapitalbildung einiges bekannt ist, fallen bei den zahlreichen anderen Unternehmungen auch diese Anhaltspunkte der

Schätzung aus. Sicherlich in noch größerem Umfange als bei Aktiengesellschaften ist bei ihnen die Selbstfinanzierung die wichtigste Quelle der Eigenkapitalbildung, da ihnen ein organisierter Kapitalmarkt zur zusätzlichen Beschaffung von Eigenkapital nicht zur Verfügung steht.

Der beste Anhaltspunkt zur Beurteilung des Umfanges der Eigenkapitalbildung bei Nichtaktiengesellschaften ist das Unternehmereinkommen, dessen absolute Höhe sich seit Beendigung der Krise, in welcher es auf 6 Mrd. RM abgesunken war, wieder auf über 15 Mrd. RM jährlich erhöhte. Mit dem Betrage hat sich auch die Zahl der Einkommensbezieher etwa verdreifacht.

Es ist nun, von Steuerzahlungen abgesehen, nicht möglich, denjenigen Teil festzustellen, der nicht verbraucht, d. h. in den Unternehmen verbleibt und gespart wird. Auch aus den Ziffern über die gesamte Spartätigkeit kann der Teil, welcher auf gewerbliche Unternehmen entfällt, nicht ausgegliedert werden. Die Gesamtziffern über die Geldkapitalbildung geben aber immerhin einen Begriff von den Größenordnungen, um die es sich handelt, weshalb wir in diesem Zusammenhang kurz auf sie hinweisen.

Die Zunahme der Sparbeträge bei Banken und Versicherungen hat in dem zur Erörterung stehenden Zeitabschnitt etwa 30 Mrd. RM insgesamt, d. h. im Jahresdurchschnitt 3 Mrd. RM betragen. Wenn an dieser Geldkapitalbildung sicherlich auch Unternehmungen beteiligt waren, so dürfte doch der größere Teil ihres Sparens sich in anderen Formen vollziehen. Es schlägt sich, soweit es Geldform annimmt, teilweise in Kundschaftseinlagen bei Banken nieder, die seit 1933 um 20 Mrd. RM, d. h. ebenfalls um 2—3 Mrd. RM im Jahresdurchschnitt gestiegen sind. Weitere Sparbeträge finden direkte Anlage in Wertpapieren. Die Wertpapierbestände in privater Hand dürften seit 1934 ebenfalls beträchtlich angestiegen sein.

Ein erheblicher Teil dieser Sparsummen entfällt nun zweifellos auf die Unternehmer, denn sie gehören zu den sparkräftigsten Teilen des Volksganzen, die anderen Gruppen wie den Gehalts- und Lohnempfängern wenig nachstehen dürften. Die relativ große Sparkraft der Unternehmer liegt einesteils in dem umfangreichen Kapitaleinsatz begründet, der neben der Vergütung für die Arbeitsleistung, dem Unternehmerlohn, erhebliche Zinseinnahmen bringt. Außerdem wird aber auch in der heutigen Wirtschaftsform dem überdurchschnittlichen Unternehmer eine Gewinnchance belassen, die notwendig ist, um den wirtschaftlichen Fortschritt zu gewährleisten. Dies alles spricht dafür, daß der Unternehmer einen wesentlichen Anteil an der oben angeführten Geldkapitalbildung hat, wobei wir zunächst übersehen, daß zu dieser Geldkapitalbildung neben den Betriebsüberschüssen auch noch andere Ursachen beigetragen haben, auf die wir noch später zu sprechen kommen.

Auch aus dem Umfang der gesamtwirtschaftlichen Tätigkeit kann man sich eine ungefähre Vorstellung der Größenordnungen machen, in welchen sich die Einkommen der gesamten gewerblichen Wirtschaft bewegen. Die gesamten Güterumsätze der deutschen Wirtschaft belaufen sich jährlich auf immerhin mehr als 200 Mrd. RM, der Wert der gesamten industriellen Güterproduktion auf 100 Mrd. RM, während der gesamte Kapitaleinsatz in Industrie und Handel sicherlich nicht hinter dieser Summe zurückbleibt. Wenn man die Gewinnrichtpunkte für die Industrie mit allen Vorbehalten, die dagegen geltend gemacht werden können, auf die gesamtwirtschaftlichen Umsätze anwendet, d. h. 5,5% vom Umsatz und 7,5% vom betriebsnotwendigen Kapital berechnet, so würden jährlich sich 15—20 Mrd. RM ergeben, zu welchen zur Errechnung der Roherträge der Unternehmerlohn noch zugerechnet werden müßte.

Die angeführten Größenordnungen lassen nun vermuten, daß die Selbstfinanzierung der Nichtaktiengesellschaften jährlich höhere Milliardenbeträge erreicht, sagen wir einen mittleren Betrag von 4 Mrd. RM im Jahr. Dieser wird natürlich mit der wirtschaftlichen Tätigkeit schwanken. Daß er den für Aktiengesellschaften berechneten Satz von etwa einer Milliarde jährlich wesentlich überschreitet, liegt in dem Gesamtgewicht der sonstigen gewerblichen Betriebe und darin begründet, daß bei Aktiengesellschaften ein Teil der Erträge in Form von Dividenden ausgeschüttet wird und für die Selbstfinanzierung ausfällt. Leider reichen die vorhandenen Unterlagen ohne eingehendere Bearbeitung zu genaueren jährlichen Schätzungen nicht aus, doch dürfte die obige Feststellung für unsere Zwecke vorerst vollkommen genügen.

Kreditwirtschaftliche Auswirkungen

Die kurz skizzierten Vorgänge der Eigenkapitalbildung übten nun, wofür allein schon die angegebenen Größenordnungen sprechen, einen wesentlichen Einfluß auf andere Teilgebiete der Finanzierung aus, um so mehr als sich das Sparen der Unternehmer heute in anderen Formen als früher vollzieht. Ein wesentlicher Teil der Überschüsse diente früher der Erweiterung der Betriebsanlagen, der Finanzierung von Vorräten, d. h. dem Ankauf von Sachgütern oder blieb vielfach als sonstiges Betriebskapital in den Unternehmungen. In den organisierten Kreditmärkten traten diese sehr umfangreichen Sparbeträge deshalb nur wenig in Erscheinung.

Die früheren Sparformen haben sich nun durch die zentrale Lenkung der Investitionen, die Güterbewirtschaftung und die besonders kriegsbedingten Notwendigkeiten geändert. Der Anlage in Sachgütern waren in vielen Wirtschaftszweigen sehr enge Grenzen gezogen. Der großen Masse von Unternehmungen war es sogar nicht einmal möglich, im Rahmen der Abschreibungen Ersatzbeschaffungen vorzunehmen. Diese Beschränkung der Verwendungsmöglichkeit des neu gebildeten Eigenkapitales im Unternehmen selbst führte nun dazu, daß ein großer Teil dieser Sparsummen in andere Anlagen drängte, und, ähnlich wie die bei den sonstigen Einkommensbeziehern entstehenden Sparbeträge, in den organisierten Kreditmärkten als Nachfrage auftrat.

Wenn wir, um eine niedrige Vergleichsziffer zu wählen, annehmen, die Selbstfinanzierung habe in der gesamten gewerblichen Wirtschaft im Jahresdurchschnitt nur 2—3 Mrd. RM betragen, so wären, falls diese Beträge nicht reinvestiert werden konnten, im letzten Jahrzehnt insgesamt 20—30 Mrd. RM den Geld- und Kapitalmärkten aus dieser Quelle zugeflossen. Selbst im Rahmen des gesamten Kreditvolumens haben derartige Beträge entscheidendes Gewicht.

Ein großer Teil, wahrscheinlich der größere, fand nicht direkt Anlage in Wertpapieren, sondern strömte den Banken als Kundschaftseinlagen zu. Auf ihren erheblichen Zuwachs um 30 Mrd. RM im letzten Jahrzehnt wurde bereits hingewiesen. Zu einer der typischsten Erscheinungen des Kreditgewerbes, der Ausweitung der Bilanzen, haben deshalb die Vorgänge der Eigenkapitalbildung der gewerblichen Wirtschaft zweifellos wesentlich beigetragen. Man muß sich über diese Entstehungsursache des Zustroms von Kundschaftseinlagen klar sein, um ihren Charakter richtig einzuschätzen. Besonders für die Beurteilung der Zukunftsentwicklung ist dies von wesentlicher Bedeutung. Es wäre nun sehr wünschenswert, könnte ungefähr der Anteil bestimmt werden, welchen die aus Ertragsüberschüssen entstandenen Einlagen an dem gesamten Einlagezustrom gehabt haben, denn neben der Entwicklung der Eigenkapitalbildung ist die in dem Anstieg der Bankguthaben zum Ausdruck kommende Geldflüssigkeit der Unternehmungen noch auf andere Einflüsse zurückzuführen, wie auf die Unmöglichkeit der Vornahme sämtlicher Ersatzbeschaffungen, Vorratsauflösungen. Es stammen hieraus sicherlich auch erhebliche Beträge, denn die Abschreibungen der gesamten Industrie haben im letzten Jahrzehnt etwa 25 Mrd. RM betragen und die Vorratsauflösungen, die jedoch erst während des Krieges auftraten, wurden für das 1. Kriegsjahr sogar auf jährlich 6 Mrd. RM geschätzt. So gewichtig auch diese Beträge sein mögen, so stellen sie doch, wenn man von den einmaligen Vorratsauflösungen absieht, den von der Eigenkapitalbildung ausgehenden Einfluß keineswegs in den Schatten.

Ein weiterer Teil des neugebildeten Eigenkapitales fand direkte Anlage in Wertpapieren. Soweit Schuldtitel des Reiches dafür angekauft wurden, entstanden keine neuen kreditwirtschaftlichen Probleme, sondern lediglich eine sehr erwünschte Verbreiterung des Marktes. Soweit sich aber die Nachfrage anderen Märkten wie dem Aktienmarkte zuwandte, konnte sie dort unter gewissen Voraussetzungen infolge des großen Umfanges dieser Mittel zu einer empfindlichen Störung des Gleichgewichts führen. Es bestand unter den gegebenen Umständen für die gewerblichen Unternehmungen ein starker Anreiz, zwecks Beteiligung oder aus sonstigen Gründen Anteilscheine der Aktiengesellschaften zu erwerben. Es war deshalb notwendig, in diesem Markte Maßnahmen zu treffen, um die Nachfrage nach Aktien einzudämmen.

Am empfindlichsten wirkte sich aber die Entwicklung der Eigenkapitalbildung vermutlich in denjenigen Bereichen des Kreditwesens aus, die den

Unternehmen am nächsten stehen, im kurz- und mittelfristigen Bankkredit. Bevor die Unternehmen das neu sich bildende Eigenkapital in betriebsfremde Märkte abwandern ließen, wurde von der Möglichkeit, es dem eigenen Betrieb nutzbar zu machen, begreiflicherweise Gebrauch gemacht. Eine dieser Möglichkeiten bestand darin, fremdes Kapital durch Eigenkapital zu ersetzen. Es fanden in dem Zeitabschnitt stärkerer Selbstfinanzierung umfangreiche Kreditrückzahlungen statt, welche durch Neuinanspruchnahme nicht wieder ausgeglichen wurden. Die Buchkredite der Banken haben trotz des Wirtschaftsaufschwunges seit 1933 bei einem damaligen Stand von 11 Mrd. RM um einige Milliarden abgenommen. Eine ähnliche Entwicklung dürften die Wechselkredite gewerblicher Unternehmungen, deren Summe aus den veröffentlichten Bankbilanzen nicht ersichtlich ist, genommen haben. Im Zusammenhang damit trat außerdem eine starke Verlagerung der Debitoren unter den einzelnen Bankengruppen ein. Durch die entgegengesetzte Entwicklungstendenz von Eigenkapital und Bankkredit hat der letzte sowohl an relativer wie absoluter Bedeutung stark eingebüßt. Daß der Einfluß der Selbstfinanzierungsvorgänge auf das Volumen des Bankkredites sehr stark sein würde, geht schon aus den Größenverhältnissen der beiden Finanzierungsbereiche hervor. Rechnen wir mit einer durchschnittlichen jährlichen Selbstfinanzierung von nur 2—3 Mrd. RM, so erreicht dieser Zuwachs allein in wenigen Jahren schon Summen, die dem gesamten Volumen des Bankkredites gleichkommen. Bekanntlich haben zu dieser Entwicklung des Bankkredites neben den geschilderten Einflüssen auch noch eine Reihe anderer Faktoren beigetragen, wie die infolge der Liquidität verstärkte gegenseitige Kreditgewährung der Unternehmungen, das Auftreten des Staates als direkter Kreditgeber durch Anzahlungen. Die letzteren aber mengenmäßig festzustellen und mit den anderen zu vergleichen, ist ein statistisch unlösbares Problem.

Es ist im Rahmen dieser Betrachtungen nicht möglich, die sehr interessanten Zusammenhänge zwischen Selbstfinanzierung und Kreditmärkten weiter zu verfolgen. Was hier nur andeutungsweise in großen Zügen dargestellt werden konnte, müßte im Interesse einer klaren Erkenntnis der Zusammenhänge eingehender untersucht werden. Es handelt sich hier um ein Zentralproblem der deutschen Wirtschaft, das insbesondere auch im Interesse der Wirtschaftspraxis in Schrifttum und Statistik eingehendere Beachtung wohl verdient.

Lenkung der Eigenkapitalbildung

Wie alle für den Ablauf der Gesamtwirtschaft wichtigen Erscheinungen, so wird in unserem heutigen Wirtschaftssystem die Eigenkapitalbildung der Unternehmungen nach den Notwendigkeiten der gesamten Volkswirtschaft ausgerichtet und gelenkt. Im früheren Wirtschaftssystem blieb die Regelung der Ertragsbildung der Unternehmungen im großen und ganzen der freien Konkurrenz überlassen. Unsere heutige Wirtschaftsform, welche die freie Konkurrenz teilweise ausschaltet, setzt andere Regulatoren an ihre Stelle.

Die Lenkung der Eigenkapitalbildung tritt als rein finanzielle Maßnahme nach außen hin kaum in Erscheinung. Die Lenkungsmaßnahmen sind derart umfassender Natur, daß sie keine kreditwirtschaftliche und finanzielle, sondern eine allgemein wirtschaftliche Begründung, wie Stabilerhaltung des Preisniveaus und der Währung erhalten. Vom finanziellen Standpunkt müssen diese Lenkungsmaßnahmen aber unter einem anderen Blickwinkel betrachtet werden. Was allgemein wirtschaftlich gesehen als reine Preisbildung mit dem Endziel der Aufrechterhaltung eines stabilen Preisniveaus erscheint, nimmt im finanziellen Sektor den Charakter einer Kontrolle der Eigenkapitalbildung an. Das tritt schon darin deutlich in Erscheinung, daß der Kernpunkt der Kriegsmaßnahmen des Preiskommissars in der Festlegung von Gewinnrichtpunkten für die Unternehmungen besteht. Es wird somit derjenige Teil der Erträge vereinbart und festgelegt, aus welchem sich das Eigenkapital bildet. Durch die Entscheidungsbefugnis über die Höhe des angemessenen Gewinnes der Unternehmungen ist das Preiskommissariat zu der Stelle geworden, welche über die Lenkung des wichtigsten Teilgebietes der Finanzierung der gewerblichen Wirtschaft letzten Endes entscheidet.

Mit der Festsetzung von Gewinnrichtpunkten wurde ein Instrument geschaffen, welches eine direkte Kontrolle der Eigenkapitalbildung ermöglicht. Dieses System wird nach einer längeren Zeitspanne der Verbesserungen und Verfeinerungen die Handhabe geben, eine Lenkung auszuüben, welche auf die Notwendigkeiten einzelner Industriezweige Rücksicht nimmt. Es wird dadurch möglich sein, die Quote der Selbstfinanzierung für gewisse Zweige zu begünstigen und damit die gesamte Richtung der wirtschaftlichen Entwicklung maßgeblich zu beeinflussen.

Bei der herrschenden Geldfülle und der relativ günstigen Entwicklung der Ertragslage vieler Wirtschaftszweige bestand bisher die Lenkungstätigkeit vornehmlich darin, auf die Eigenkapitalbildung bremsend einzuwirken. Bereits bei Kriegsausbruch wurde der Grundsatz aufgestellt, daß die Erträge der Unternehmungen während des Krieges nicht über die Gewinne der Friedenszeit hinausgehen oder gewisse Gewinnrichtsätze nicht überschreiten sollen. Bereits entstandene Mehrgewinne müssen abgeführt, die Entstehung zusätzlicher Gewinne durch Preissenkung verhindert werden. Mit diesen Lenkungsmaßnahmen ist für die Dauer des Krieges in gewissem Sinne ein Selbstfinanzierungsstop ausgesprochen worden.

Neben diesen direkten Lenkungsmaßnahmen steht der Wirtschaftsführung in der Besteuerung ein Mittel zur Verfügung, mit dessen Hilfe sie regulierend auf die Höhe der Eigenkapitalbildung Einfluß nehmen kann. Dieses Mittel ist besonders jetzt im Kriege öfters angewandt worden. Bei Personengesellschaften wirkte sich die 50%ige Erhöhung der Einkommensteuer, bei den Aktiengesellschaften die wiederholte Heraufsetzung der Körperschaftssteuer in dieser Richtung aus.

Wenn auch heute in der Lenkung der Eigenkapitalbildung die Maßnahmen vorherrschen, welche ein weiteres Anwachsen zu verhindern suchen, so ist damit nicht gesagt, daß diese Einstellung einen unabänderlichen Grundsatz darstellt, der für die Zukunft allein maßgeblich wäre. Im Gegenteil, auch auf diesem Gebiete hat die nationalsozialistische Wirtschaftspolitik sich als sehr anpassungsfähig an die jeweiligen Erfordernisse erwiesen. In der Zeit des gewaltigen Aufbaues hat sie der deutschen Wirtschaft einen zusätzlichen Anreiz zur Produktionssteigerung dadurch gegeben, daß sie die aus größeren Umsätzen und weitgehender Kapazitätsausnutzung resultierenden Ertragssteigerungen ihr zunächst beließ und ihr damit Gelegenheit gab, die Krisenverluste teilweise wieder auszugleichen, sowie ihre Gesamtfinanzierung auf eine solidere Basis zu stellen. Wir haben bereits darauf hingewiesen, daß insbesondere für die im Aufbau begriffenen Zweige der Industrie, die zur deutschen Wehrfähigkeit entscheidend beitrugen, zunächst Preise bewilligt wurden, welche die Eigenkapitalbildung bewußt gefördert haben. Gerade diese Unternehmungen erforderten in der Regel einen großen Kapitaleinsatz, der auch mit erheblichem Wagnis verbunden war und nur in beschränktem Umfange durch Fremdkapital aufgebracht werden konnte.

Es gibt noch eine Reihe anderer Beispiele für die Begünstigung der Eigenkapitalbildung mit dem Zweck, bestimmte wirtschaftspolitische Ziele zu erreichen. So werden die Unternehmungen in den neuen Ostgebieten durch besondere Steuererleichterungen gefördert, volkswirtschaftlich erwünschte Unternehmungsformen steuerlich bevorzugt. Diese Beispiele zeigen, daß die Wirtschaftsführung durchaus gewillt ist, das Mittel der Lenkung der Eigenkapitalbildung nicht starr in einer Richtung anzuwenden, sondern sie den jeweiligen Bedürfnissen anzupassen.

Der deutschen Wirtschaft stehen in der Nachkriegszeit Aufgaben bevor, welche diejenigen der Vorkriegsjahre bei weitem noch übertreffen. Zur Bewältigung dieser Aufgaben ist der restlose Einsatz auch der deutschen Unternehmer notwendig. Darauf werden die Maßnahmen, welche auf die Eigenkapitalbildung ausgerichtet sind, in Zukunft weitgehend Rücksicht nehmen müssen. Erhöhte Gewinnmöglichkeiten sind in unserer heutigen Wirtschaftsform, wenn auch nicht der einzige, so doch ein wichtiger Ansporn für das Eingehen erhöhter Risiken und das Herausholen außerordentlicher Leistungen. Es standen bisher bei den Entscheidungen über die Maßnahmen zur Lenkung der Eigenkapitalbildung mehr preis- und steuerpolitische Überlegungen im Vordergrund, doch ist damit nicht gesagt, daß nicht auch Erwägungen finanzieller Natur, wie z. B. wieviel Eigenkapital notwendig sein wird, um den Ausbau der Wirtschaft sicherzustellen, um die technischen und organisatorischen Fortschritte zu gewährleisten, in Zukunft eine größere Rolle spielen werden.

Wilhelm Bötzkes und Karl Krebs

Fragen der Industriefinanzierung

I.

Die deutsche Industrie beschafft sich die Mittel zur Errichtung, Erneuerung und Ausgestaltung ihrer Anlagen seit jeher auf sehr verschiedenen Wegen, wobei die Frage nach der im Einzelfalle zweckmäßigsten Form die ganze Problematik der langfristigen Industriefinanzierung generell aufrollt. Die Beschaffung langfristiger Mittel für die Industrie, insbesondere für die Aufnahme neuer Produktionsverfahren, die Herstellung neuer Erzeugnisse und Umstellung auf neue Werkstoffe, mit anderen Worten: für Entwicklungs- und Pionierleistungen, gehörte stets zu den schwierigsten Problemen der kreditwirtschaftlichen Theorie und Praxis. Zeitbedingte Verhältnisse und Erscheinungen, wie sie zum Beispiel jetzt durch die wirtschaftlichen Kriegserfordernisse zutage treten, können dabei zur Folge haben, daß die bei der langfristigen Industriefinanzierung herausgebildeten Grundsätze und Erfahrungen in der Praxis nicht immer klar erkannt und berücksichtigt werden.

Die richtige Auswahl unter den zur Verfügung stehenden Finanzierungsmöglichkeiten zu treffen, ist nicht immer leicht und erfordert eine enge Zusammenarbeit zwischen Banken und Unternehmen. Eine Überbetonung der Finanzierungsfrage ist hierbei ebenso unangebracht wie die Annahme, daß das Finanzielle jede Problematik verloren habe und daß überhaupt nicht mehr gerechnet zu werden brauche. Der Übergang zur alles umfassenden staatlichen Wirtschaftslenkung hat den Wirtschaftsablauf auf allen Gebieten grundlegend gewandelt, so auch in der Kreditwirtschaft. Grundsätzlich ist jede Arbeitsaufgabe in der Volkswirtschaft finanzierbar geworden. Die frühere Auffassung, das Arbeits- und Produktionsausmaß würde durch die privatwirtschaftliche Finanzierungsmöglichkeit bestimmt, setzte sich dahin um, daß man soviel finanzieren kann, wie Arbeitskräfte und Güter vorhanden sind. Diese und die Entscheidung des Staates, wie und mit welchem Ziele er sie im Rahmen der von ihm gelenkten Gesamtwirtschaft einsetzen will, sind vielfach das Primäre, nicht das Vorhandensein von Geldkapital und das Rechnungswerk des einzelnen Unternehmens. Wird das einzelne Unternehmen mit seinen Investitionsplänen über die ihm eigene Finanzierungskapazität hinausgetrieben, so kann es des engsten Kontaktes mit den zuständigen Stellen staatlicher Wirtschaftslenkung nicht entraten. Es entstehen neuartige finanzielle Beziehungen zwischen der privaten Wirtschaft und dem wirtschaftslenkenden **Staat**. Diese Beziehungen, die in gewissem Umfange zu allen Zeiten und in allen Ländern bestehen, wachsen naturgemäß in Zeiten besonderer nationaler Kraftentfaltung in ihren Ausmaßen und ihren Erscheinungsformen stark an, ohne daß überall strengste Systematik erkennbar wäre. Es handelt sich vielfach um improvisierte Anfänge, die in ihrem Wachstum zu unvorhergesehenen, zum mindesten nicht von vornherein geplanten oder genormten Rechtsbeziehungen und finanziellen Methoden führen. Dem einzelnen Unternehmer, der vom Staate zu Leistungen herangezogen wird, die den Rahmen seiner privatwirtschaftlichen, markt-orientierten Produktionsgrundlagen überschreiten, muß der Staat auch finanzielle Hilfestellung leisten. Er tut dies in der Form von Abnahme- und Preisgarantien, durch Übernahme von Bürgschaften, durch Zurverfügungstellung von Gelände, maschinellen Anlagen, Begünstigungen in Rohstoff-, Transport- und Arbeiterfragen. Der Staat bildet für manche Zusammenhänge sogar eigene Kreditinstitute, die sich weitgehend auf öffentliche Mittel zu stützen in der Lage sind, oder er schließt die vorhandenen Kreditinstitute zu Konsortien zusammen, um durch einen Liquiditäts- und Risikorückhalt die Aktion der Kreditinstitute noch für Aufgaben bereitzustellen, die im Rahmen rein privatwirtschaftlicher Betätigung nicht durchführbar wären. Der Staat übernimmt in anderen Zusammenhängen selbst das volle Unternehmerrisiko oder bestimmt im Wege der Umlage einzelne Unternehmungen zu Zusammenschlüssen und Neugründungen, indem er wiederum in irgend einer Form liquiditäts- und risikomäßig Rückhalt bietet. Die in dieser Richtung verlaufene Entwicklung gerade der letzten Jahre ist sehr mannigfaltig, aber, da sie noch in Fluß ist, nicht geeignet für eine Sonderbehandlung im Rahmen einer Ausarbeitung wie der vorliegenden, um so weniger als sie durch zahlenmäßige Angaben in ihrem Umfang und ihrer Bedeutung nicht näher umgrenzt werden könnte. Die nachstehenden Ausführungen beschränken sich demgemäß bewußt auf eine Darstellung von Fragen, die das **privatwirtschaftliche Bild der finanziellen Beziehungen zwischen Industrie und Kreditwesen** betreffen.

II.

So mannigfaltig wie das Eigenleben der einzelnen industriellen Unternehmungen gestaltet und so vielseitig die Industrie in ihrer Gesamtheit nach Branchen, Standort und Aufgaben gegliedert ist, so mannigfaltig sind die finanziellen Beziehungen zwischen Industrie und Banken. Die Zusammenarbeit zwischen industrieller Unternehmung und Kreditinstitut erstreckt sich auf das Gebiet der Rohstoffbeschaffung, der Lagerhaltung und des Absatzes. Sie umfaßt aber auch das Gesamtgebiet der Errichtung und Erweiterung von Produktionsstätten wie die Gründung und den Ausbau von industriellen Unternehmungen schlechthin. Soweit der erste Teil der geschäftlichen Beziehungen in Betracht kommt, handelt es sich um die Einräumung mehr oder weniger **kurzfristiger Kredite** von seiten der

Banken, mit denen sie die finanzielle Eigenkapazität industrieller Unternehmungen im Jahresablauf ausgleichen oder verstärken. In dieses Gebiet gehören ferner die mannigfaltigen Hilfsstellungen, die ein Kreditinstitut einem industriellen Unternehmen in Form der Bereitstellung von Lohngeldern und Mitteln zur Finanzierung des Absatzes einräumt. Zu allen Zeiten hat auf diesem sich im einzelnen zersplitternden Gebiet kurzfristiger Kreditgewährung eine enge Zusammenarbeit zwischen Industrie und Kreditwesen bestanden. Man kann fast sagen, daß man sich den Ablauf einer Warenerzeugung und der Zuführung von Waren an den Verbraucher ohne irgend eine kreditmäßige oder technische Mitwirkung einer Bank nicht vorstellen kann. Umfang und Ausmaß der diesbezüglichen geschäftlichen Beziehungen finden ihre Gegenseite in der Organisation und der Mittelbeschaffung der Kreditinstitute selber. Hier werden von den Banken die ihnen zur Verfügung stehenden Eigenmittel und kurzfristigen Fremdgelder eingesetzt. Den Ausgleich in diesem Prozeß finden die Kreditinstitute ihrerseits in der Mannigfaltigkeit ihrer geschäftlichen Beziehungen und im Rückhalt an das Zentral-Noteninstitut.

Anders geartet sind jene finanziellen Beziehungen zwischen Industrie und Banken, die sich auf die Bereitstellung von Kapital und langfristigen Kreditmitteln der industriellen Wirtschaft beziehen. Eine Betrachtung gerade dieser Beziehungen bildet naturgemäß den Hauptgegenstand der nachstehenden Ausführungen.

Es ist das große Verdienst des deutschen Bankwesens, daß es schon seit Jahrzehnten sich der industriellen Wirtschaft gerade auch für die Gründung von Unternehmungen und für die erste Kapitalbeschaffung zur Verfügung gestellt hat. Sehr viele industrielle Werke verdanken in der Tat nicht nur ihre Entstehung und ihre ersten Mittel, sondern auch Fortbestand und Wachstum in hohem Maße der Kreditbereitwilligkeit der ihnen befreundeten Banken und Bankiers. Ebenso selbstverständlich ist es allerdings, daß aus Aktivität und Wachstum der industriellen Wirtschaft das Bankwesen seine Entfaltungsmöglichkeiten in gleich hohem Maße herleitet.

Betrachten wir näher den Gründungsprozeß von Unternehmungen, die nicht aus kleinsten Anfängen entstanden, so werden wir in den meisten Fällen eine entscheidende Mitwirkung von Bankinstituten für die Kapitalbeschaffung feststellen. Die Banken vermitteln dem in Form der Kapitalgesellschaft gegründeten Unternehmen den Weg zum Kapitalmarkt. Wenn hierbei von Banken Aktienbeteiligungen übernommen werden, so gilt in aller Regel, daß diese vorübergehenden Charakter haben. Eine Hortung von Aktienbeteiligungen in den Portefeuilles der Banken ist schon seit langer Zeit im deutschen Kreditwesen grundsätzlich vermieden worden, zum mindesten soweit das Altreich in Betracht kommt. Nicht so streng war in der Praxis die Grenzziehung zwischen kurzfristiger Kreditgewährung und langfristigem Kreditbedürfnis. In ihrer engen Zusammenarbeit mit industriellen Firmen gingen die Banken vielfach im Ausmaß der eingeräumten Kredite über die Grenzen kurzfristigen Bewegungs- oder Betriebsmittelkredits hinaus und führten den Unternehmungen Mittel zu, die eigentlich von vornherein aus dem Kapitalmarkt hätten entnommen werden müssen. Diese Erscheinung mag mit der Unmöglichkeit der rechtzeitigen Begebung von Anleihen, also der Ausnutzung des Kapitalmarktes, zusammenhängen. Sie wird aber in vielen Fällen auch auf die Schwierigkeiten einer strengen Unterscheidung zwischen kurzfristigem und langfristigem Kreditbedarf zurückzuführen sein. Damit taucht die Frage nach der jeweils richtigen Form der Kreditaufnahme auf, die sich schwer generell beantworten läßt, für die es aber immerhin durch die Praxis bewährte Grundsätze gibt. In Theorie und Praxis des Bankwesens und der Industrie besteht weitgehend Übereinstimmung darin, daß der kurzfristige Kontokorrent- und Wechselkredit als Grundlage zur Erstellung von Anlagen, zur Übernahme von Beteiligungen oder als dauerndes Betriebskapital gleich große Bedenken bei Kreditnehmer und Kreditgeber hervorrufen muß. Die Aufnahme kurzfristigen Kredits für langfristigen Bedarf, insbesondere für Investitionszwecke, wird infolgedessen auch nie ohne Hemmungen gewählt. Sie ist sogar vielfach ausschließlich im Zwang der Verhältnisse begründet. Die Vergangenheit hat in dieser Hinsicht verschiedentlich bittere Lehren gebracht. Es bedarf hierbei kaum eines besonderen Hinweises auf die Bankenkrise von 1931 und deren unangenehme Auswirkungen auch auf manchen industriellen Betrieb. Wenn die Banken aus ihren an sich kurzfristigen Mitteln langfristige Anlagekredite einräumen, so geschieht dies wohl nie von vornherein für Zeiträume, die mit der Lebensdauer der durch den Kredit ermöglichten Betriebsanlagen übereinstimmen. Man betrachtet vielmehr den eingeräumten Kredit als zur Ablösung durch eine spätere Emission bestimmt. Gegen ein solches Vorgehen, mit der nötigen Vorsicht und in angemessenem Rahmen angewandt, dürften an sich Einwendungen kaum zu erheben sein. Zieht sich die Ablösung jedoch infolge der Unzulänglichkeit des Kapitalmarktes oder aus anderen Gründen hinaus, d. h. frieren die Kredite ein, so werden sie für Kreditgeber und Kreditnehmer gleich gefährlich. Für die Bank muß die Liquidität und für ihren kurzfristigen Depositengläubiger die jederzeitige Verfügungsmöglichkeit über seine Einlagen gewährleistet bleiben. Das zwingt die Bank gegebenenfalls zu Maßnahmen gegenüber ihren industriellen Kunden, die für diese Schwierigkeiten bringen können. Wenn auch infolge einer umfassenden Wirtschaftslenkung manche Risiken, die früher bei freien Preisen und Märkten bestanden, ausgefallen sind, so bleibt doch der einzelne Betrieb auf sich selbst gestellt und hat entstehende Schwierigkeiten zur Wahrung seiner Selbständigkeit aus eigener Kraft zu meistern. Wie sehr sich ein Hinweis auf die Gefahren, die mit einer Verwendung kurzfristiger Mittel zu Anlagezwecken verbunden sind, zunächst auf eine nicht gelenkte Volkswirtschaft mit ihrer hohen Krisenempfindlichkeit bezieht, so sind doch die Bedenken gegen eine derartige Finanzierung auch heute nicht außer acht zu lassen, zumal gerade heute manche Investitionen einen besonderen, durch die Zeitumstände bedingten Charakter tragen. Die Wirtschaftsentwicklung seit 1933 ist wohl geeignet, die Gefahren unrichtiger Kreditmethoden zu mildern, kann sie aber nicht beseitigen. So wurde auch auf dem letzten Bankiertage 1938, wie schon vorher in den Geschäftsberichten der Banken, auf die Problematik einer langfristigen Kreditgewährung, die nicht aus dem Kapitalmarkt geschöpft wird, hingewiesen. Gleichwohl haben sich vielfach Kreditinstitute zu einer solchen Kreditgewährung bereitgefunden, wenn sie nach Prüfung des Einzelfalles zu der Überzeugung kamen, daß eine planmäßige Ablösung des Kredits aus künftigen Gewinnüberschüssen oder einer alsbaldigen Inanspruchnahme des Kapitalmarktes gewährleistet erschien. Über das Ausmaß dieser Kreditgewährung liegen der Öffentlichkeit genauere Angaben nicht vor. Man geht aber angesichts der starken Investitionstätigkeit in der Industrie wohl nicht in der Annahme fehl, daß diese Ausleihungen bei manchen Instituten dank eingeschränkter kurzfristiger Geschäftsmöglichkeiten einen starken Prozentsatz der Debitoren ausmachen und insgesamt eine beachtliche Höhe erreicht haben. Freilich dürften dank des Anwachsens der flüssigen Eigenmittel innerhalb der einzelnen industriellen Unternehmungen vielfach unerwartet schnell wiederum Abdeckungen ursprünglich als langfristig eingeräumter Kredite erfolgt sein, wodurch das Gesamtbild an Schärfe verloren haben mag.

Besonders stark erscheint die Fragwürdigkeit langfristiger Kreditgewährung aus kurzfristigen Bankmitteln, wenn es sich um die Einräumung von Krediten an kleine und mittlere Unternehmungen handelt, denen von vornherein ein Rückgriff auf den Kapitalmarkt zur Konsolidierung eingegangener Verbindlichkeiten verschlossen ist. Hier wäre man für die Kreditabdeckung ausschließlich auf die eigenen Gewinne und die daraus entstehende Liquidität des Unternehmens angewiesen, wenn man nicht an eine Kapitalverstärkung durch Aufnahme von Teilhabern denken will. In letzterer Beziehung wird jedoch ein Kreditinstitut nur dann mit sicheren Aussichten rechnen dürfen, wenn schon bei Krediteinräumung konkrete Möglichkeiten in ihren Einzelheiten bekannt waren. Für die Beschaffung langfristiger Mittel bleibt kleinen und mittleren Unternehmen in aller Regel nur die Kreditaufnahme bei solchen Instituten möglich, die ihrerseits ausschließlich auf den Kapitalmarkt zurückgreifen.

III.

Wenn sich aus diesen kurzen Darlegungen über langfristige Kreditausleihungen und langfristiges Gegengeschäft der Banken ergibt, daß ein kurzfristiger Gegenposten nicht ausreicht, sondern eine Kapitalmarktposition erforderlich ist, um langfristige Industrieausleihungen auf breiterer Grundlage zu betreiben, so darf neuerdings festgestellt werden, daß sich gewisse Kapitalsammelstellen, insbesondere hier und da Versicherungsgesellschaften, entschlossen haben, das langfristige Industriegeschäft unmittelbar, d. h. unter Ausschaltung der Banken, zu betreiben.

Diese Erscheinung tritt in größerem Ausmaße erst wieder in den allerletzten Jahren hervor, nachdem sich aus einer vorübergehenden Betätigung auf diesem Gebiet die Reichsversicherungsanstalt für Angestellte schon vorher zurückgezogen hatte. Zu Anfang operierten diese Versicherungsinstitute vielfach in engster Verbindung mit Banken, die ihnen industrielle Kreditnehmer vermittelten, die sie bei der Durchführung der Kreditgeschäfte berieten und mit ihren Erfahrungen und Einrichtungen unterstützten. Alsbald aber konnte festgestellt werden, daß die Versicherungsgesellschaften auch aus eigener Initiative industrielle Ausleihungen, und zwar nunmehr unmittelbar, betrieben. Hierbei präsentieren sich die Bestrebungen der Versicherungsgesellschaften wohl in erster Linie als ein Versuch, für ihre Prämienreserven eine höhere Verzinsung, als sie mit einer Anlage in Reichsschatzanweisungen und gleichgestellten Werten erreichbar wäre, zu erzielen.

In welchem Umfange eine Kreditgewährung aus Versicherungsmitteln, wenn man einmal die einschränkenden Anlagevorschriften der Aufsichtsinstanzen ganz außer Betracht läßt, an sich möglich ist, zeigt die Tatsache, daß der gesamte Anlagenbestand der deutschen Versicherungswirtschaft Mitte 1939 einen Betrag von rund 18 Mrd. RM erreichte, der sich mit dem der Spareinlagen bei den Sparkassen ungefähr deckt. Die Summe der den Industriebetrieben unmittelbar zugeführten Darlehen aus Mitteln des Versicherungswesens wird zurzeit auf etwa ½ Milliarde Reichsmark geschätzt. Genaue Angaben sind jedoch nur teilweise bekannt, da sowohl die meisten kreditnehmenden Industriebetriebe als auch die darlehengebenden Versicherungsgesellschaften von Einzelmitteilungen über Wert und Umfang dieser Geschäfte absehen.

Schon mit Rücksicht auf den wachsenden Umfang dieser Kreditgewährung liegt die grundsätzliche Frage nahe, ob das langfristige Industriedarlehn als geeignetes Anlageobjekt für die Prämienreserven anzusprechen ist. Es darf wohl ohne weiteres gesagt werden, daß es sich beim langfristigen Industrie-Kreditgeschäft um eine Kreditsparte handelt, bei der die Abschätzung des Risikos mit besonderen Schwierigkeiten verbunden ist. Die Gewährung von langfristigen Industriekrediten verlangt spezielle Kenntnisse und Erfahrungen, die nur aus umfassendem Überblick, nicht aber aus gelegentlicher Betätigung gewonnen werden können. Individuell durchzuführende Betriebs- und Kreditkontrollen haben sich beim industriellen Investitionskredit als im beiderseitigen Interesse liegend und zweckmäßig erwiesen. Der hierzu erforderliche Apparat kann wiederum nur von den besonders ausgerüsteten Kreditinstituten aufgezogen und getragen werden. Die Versicherungsgesellschaften stehen demgegenüber naturgemäß schlecht ausgerüstet da, woraus sich für sie eine gewisse Erhöhung des Risikos zwangsläufig ergibt, die im umgekehrten Verhältnis zum erhöhten Sicherheitserfordernis für Prämienanlagen steht. Es kommt hinzu, daß die besonders geartete Ertrags- und Liquiditätslage bei Industriebetrieben eine andere Handhabung der Festlegung von Zins- und Tilgungsraten erfordert, als dies bei Versicherungsgesellschaften angesichts der Tendenz, die Verwaltungsarbeit zu vereinfachen, wohl möglich ist. Auch der kreditsuchende Unternehmer muß sich daher die Frage vorlegen, ob die Bedingungen eines Kredits aus Versicherungsgeldern den bei ihm gegebenen Finanzierungswünschen angepaßt werden können. Festhypotheken oder Hypotheken mit Tilgungssätzen von 1 oder 2% jährlich, sei es innerhalb einer festgelegten Annuität oder ohne ersparten Zins, sind für Industriebetriebe meist nicht geeignet; sie täuschen im Laufe der Jahre zu leicht eine Flüssigkeit vor, die der Betrieb angesichts seines latenten Ersatzbedarfs für seine Anlagen tatsächlich gar nicht hat. Die Erfahrung läßt eine jährliche Tilgung von etwa 10% des Darlehns im Durchschnitt als erforderlich, aber auch als vertretbar erscheinen. Hierdurch wird der Betrieb dazu angehalten, durch die Rückzahlungen Kapital zu thesaurieren, das im Bedarfsfalle durch Wiederauffüllung des Darlehns, durch Zusatzkredite oder nach vollständiger Tilgung des alten Kredits durch einen neuen wieder zur Verfügung steht. Die hierzu erforderliche Beweglichkeit des Kreditgebers fügt sich nicht gut in den Rahmen des Anlagegeschäfts einer Versicherungsgesellschaft ein; durch ihre notwendigerweise starren Kündigungsbedingungen wird überdies das Industrieobjekt für elastische Finanzdispositionen allzu leicht blockiert. Aus allen diesen Gründen werden die Unternehmungen bei der Inanspruchnahme der durch Versicherungsgesellschaften gebotenen Kreditmöglichkeiten eine gewisse Zurückhaltung üben, schon um sich für den Zeitpunkt, von dem ab die durch den Krieg unterbrochenen oder weitgehend eingeschränkten Investitionen in Angriff genommen bzw. erweitert werden können, andere Finanzierungsmöglichkeiten offen zu halten.

IV.

Die wirtschaftlichen Maßnahmen des Staates waren schon in den Jahren seit 1933 in starkem Maße gerade auf eine Belebung der industriellen Investitionstätigkeit abgestellt. Die Beseitigung der Arbeitslosigkeit, die Durchführung der Wehrhaftmachung und der Ausbau der wirtschaftlichen Unabhängigkeit waren das Ziel. Mit der stärkeren Erschließung des Kapitalmarktes für den entstehenden Kreditbedarf der Industrie, die zu Beginn des ersten Vierjahresplanes einsetzte, gelangte die Industrie-Obligation etwa von 1937 ab wieder zu der Geltung, die sie schon in vergangenen Jahrzehnten als langfristiges Finanzierungs-Instrument gehabt hatte. Ihre Vorteile für die investierenden Unternehmungen sind mannigfaltiger Art; in erster Linie dürften sie für die Kalkulation und Liquiditätsvorsorge der Betriebe in dem Moment der Sicherheit liegen, das durch die langfristige Bindung des Anleiheerlöses gewährleistet ist.

Ein Überblick über die seit der zweiten Jahreshälfte 1936 emittierten Industrie-Obligationen zeigt ein starkes Vorherrschen des Großkredits und eine gewisse Vorliebe für Produktionszweige, die Ertragsschwankungen verhältnismäßig wenig ausgesetzt sind. Mittlere Unternehmungen, die hauptsächlich vor dem Weltkrieg noch gern den Obligationenkredit in Anspruch nahmen, sind mit geringen Ausnahmen ausgeschieden. Selbst Ausgabebeträge von 5 Mill. RM gehören zu den Seltenheiten. Es darf hieraus nicht auf ein mangelndes Interesse der Emissions-Banken an den kleineren Anleihebeträgen geschlossen werden. Der breite Raum, den Großemissionen erlangten, dürfte sich vielmehr eher aus der Haltung der Käuferschichten ergeben haben. Das anlagesuchende Publikum nimmt lieber Anleihen mit größerem Umlauf, Anleihen von Unternehmen, deren Firma ein feststehender Begriff ist und deren Produktions- und Bilanzziffern Stärke verraten. Das Publikum hat von den großen Gesellschaften eine faßbare Vorstellung, wodurch die Kaufentschlüsse erleichtert werden. Die Vielseitigkeit der Erzeugungsinteressen auf den weitreichenden Arbeitsgebieten der Großbetriebe bietet überdies vielfach einen Risikoausgleich in dem Gesamtgefüge des Unternehmens und macht dadurch dessen Anleihe auch objektiv begehrenswerter. Zudem besteht in dem hohen Aktienkapital ein wirkungsvoller Garantiefonds. Von der klassischen Regel, wonach die Hälfte des Aktienkapitals die Höchstgrenze für den Obligationenkredit bilden sollte, ist allerdings im Sinne der Überschreitung dieser Grenze häufig abgewichen worden.

Seit Anfang 1937, dem Zeitpunkt, da der erste Vierjahresplan mit einer laufenden Vergrößerung des deutschen Industrieapparates in Gang kam, bis zur Mitte des Jahres 1941 wurden über 1,9 Mrd. RM Industrieanleihen aufgelegt. War im Jahre 1937 noch ein Nominalzins von 5% vorherrschend, so verschob sich schon 1938 der Zinsfuß merklich auf 4½% bei einem im allgemeinen auf 98% ausgerichteten Ausgabekurs. Die Zinsverbilligung setzte sich in der Folge ansehnlich fort. Im Jahre 1940 überwog als Normalzins der Satz von 4½% mit einem Anteil von etwas über 60% an der Emissionssumme, wobei der Ausgabekurs bei pari lag. Am Jahresende 1940 konnte sogar die erste 4%ige Anleihe bei einem Emissionskurs von 99% ohne Schwierigkeiten untergebracht werden. Diese Entwicklung setzte sich im Jahre 1941 weiter durch und führte zu einer Wiederaufnahme von Konversionen. Bis Ende September 1941 waren aus höher verzinslichen Anleihen fast 57 Mill. RM in 4%ige Stücke konvertiert. Mit weiteren Umwandlungen darf gerechnet werden, je näher die Kündigungsschutztermine für eine Reihe von Anleihen heranrücken.

V.

Wenn das Angebot in neuen Industrieanleihen in diesem Jahre weiter nachließ, so lag das nicht an der mangelnden Aufnahmefähigkeit des Kapitalmarktes, sondern zum großen Teile an der zunehmenden Geldfülle in der Industrie und an dem Rückgang derjenigen Investitionen, die außerhalb staatlicher Beeinflussung bzw. staatlicher Finanzierungsmaßnahmen besonderer Art erfolgten. Dem gegenüber gewann die Aktie wiederum an Popularität. Es lag nahe, das verantwortliche Kapital dem inzwischen erfolgten starken Ausbau der Industrieanlagen und der gesteigerten Kapazität anzupassen. Im ersten Halbjahr 1941 wurde für Kapitalerhöhungen, genehmigtes Kapital und Neugründungen ein Betrag von rund 1,6 Mrd. RM beschlossen bzw. angekündigt. Dieser Wandel in der Industriefinanzierung, der nicht auf eine veränderte Einstellung in der Erteilung von Genehmigungen durch den Staat zurückzuführen ist, fällt zusammen mit einer starken Reservenbildung innerhalb der Betriebe und einer Tendenz der Finanzierung aus Eigenmitteln. Die Selbstfinanzierung dürfte Ausmaße erreicht haben, die kaum hinter den Kapitalerhöhungen und der sonstigen Heranziehung von Fremdkapital zurückbleiben. Sie darf betragsmäßig um so höher geschätzt werden, als sie sich auch in denjenigen Unternehmen vollzog, die wegen ihrer Rechtsform oder ihres geringeren Umfanges marktmäßig weniger sichtbar sind.

Für Personalunternehmen ist die Selbstfinanzierung von jeher die wichtigste Grundlage der wirtschaftlichen Aufwärtsentwicklung gewesen. Bei diesen Unternehmen kommt, ebenso wie übrigens bei Gesellschaften mit beschränkter Haftung, eine Gewinnung neuer Teilhaber oder Anteilseigner nur in den Kreisen von kapitalkräftigen Verwandten oder interessierten Geschäftsfreunden in Frage, weil die geringe Betriebsgröße dieser Unternehmen dem fernerstehenden Publikum keine hinreichende Gewähr für die Sicherheit des angelegten Kapitals und für ausreichende Erträge bietet und weil ihre innerbetrieblichen Verhältnisse, zum Unterschied von denjenigen der Aktiengesellschaften, der Öffentlichkeit in ihren Einzelheiten nicht bekannt werden. Soweit die Banken derartigen Betrieben im Vertrauen auf ihre gesunden Betriebsverhältnisse und künftigen Erträge langfristige Kredite gewähren, können sie de facto meist nur künftigen Gewinnen vorgreifen, nicht aber künftigen Kapitaltransaktionen.

Bei Aktiengesellschaften war in der Zeit vor dem Weltkrieg eine Finanzierung durch Einbehaltung von Gewinnen im allgemeinen weniger in Übung. Auch in der Zeit nach der Inflation hat man sich bei den Ausschüttungen der erwirtschafteten Erträge zunächst nur geringe, aus Zukunftserwägungen hergeleitete Beschränkungen auferlegt. Die Krise der Jahre 1929 bis 1933 wirkte sich gerade darum so verhängnisvoll aus, weil die Kredite, die den Wirtschaftsaufschwung der Jahre 1925 bis 1928 ermöglicht hatten, nicht rechtzeitig durch neu gebildetes Eigenkapital abgelöst und ersetzt worden waren. Als sich vom Jahre 1933 an die Wirtschaftslage besserte und den Industriebetrieben wiederum wachsende Gewinne einbrachte, behielten deshalb auch die größeren Aktiengesellschaften einen beträchtlichen Teil ihrer Gewinne zur Stärkung ihrer Reserven ein. Hierdurch wollten sie sich vor erneuten Wechselfällen der Konjunktur schützen; sie wollten sich vom Kapitalmarkt, der in den Krisenjahren versagt hatte, und von den Banken, die ihnen vorübergehend ebenfalls keine ausreichende Hilfe gewähren konnten, in ihren finanziellen Dispositionen unabhängig machen. Gewisse gesetzliche Maßnahmen, zeitlich als erste die Gewährung der Abschreibungsfreiheit auf kurzlebige

Wirtschaftsgüter, bestärkten die Industrie in dieser Politik. Die sozialpolitischen Bedenken, die der Ausschüttung hoher Dividenden entgegenstanden, sowie die Anleihestockgesetzgebung des Jahres 1935, die aus verwandten Erwägungen eine Erhöhung der Barausschüttungen von Dividenden verbot, erleichterten es den Verwaltungen der Gesellschaften, ihre Finanzierungspolitik gegenüber den Aktionären durchzusetzen. Diesen gegenüber erlangten die Verwaltungen vollends dadurch freie Hand, daß das im Jahre 1937 ergangene Aktiengesetz den Vorstand und Aufsichtsrat ermächtigte, den Gewinn vorweg um die für dienlich erachteten Rücklagen und Rückstellungen zu kürzen. Mit dem Neuen Finanzplan von 1938, der bei der Entgegennahme von Steuergutscheinen I Abschreibungsmöglichkeiten auf Anlagegüter gewährte, schien der Gesetzgeber diese Finanzpolitik der Industriebetriebe nochmals als zweckmäßig zu billigen. In Wahrheit war jedoch dem Staat schon damals an einer Förderung der Selbstfinanzierung im bisherigen Umfange nicht mehr gelegen. Ihre Begünstigung war lediglich eine nicht vermeidbare Nebenwirkung der staatlichen Finanzpolitik. Nachdem die Betriebe in den vorhergehenden Jahren sich durch ihre Selbstfinanzierung so starke Reserven geschaffen hatten, daß sie auch erweiterten Produktionsaufgaben gewachsen schienen, konnte die Selbstfinanzierung sowohl vom volkswirtschaftlichen wie vom steuerfiskalischen Standpunkt aus schon anders betrachtet werden.

Steuerpolitisch führt die Selbstfinanzierung zu einer Kürzung der Steuereinnahmen, weil ein Gewinnbetrag, wenn er vom Betriebe einbehalten wird, nur von der Körperschaftssteuer erfaßt wird, während er bei Ausschüttung zusätzlich auch der Einkommensteuer bei den Aktionären unterliegt. Jedenfalls dürften neben anderen auch steuerliche Gründe die Veranlassung dazu gegeben haben, einer Fortführung der Selbstfinanzierung gewisse Schranken zu setzen. Die im Zusammenhang hiermit ergangenen gesetzlichen Maßnahmen dürften freilich ein Abgehen der Betriebe von jeder Selbstfinanzierung nicht schon zwangsläufig zur Folge haben. Dadurch, daß die Dividendenabgabeverordnung die Unternehmen zu einer Umbildung ihrer freien Reserven in Grundkapital veranlaßt, wird an sich an der Ausstattung der Unternehmen mit Eigenmitteln nichts geändert. Die zur Erhöhung des Grundkapitals verwendeten Eigenmittel werden auch der Steuer nur in beschränktem Maße dienstbar gemacht, da die Kapitalaufstockung nur eine verhältnismäßig geringe Pauschsteuer entstehen läßt. Andererseits kann aber das aus sozialpolitischen Erwägungen orientierte Verbot einer Erhöhung der Ausschüttungen gegenüber denjenigen des Jahres 1939 für manche Unternehmen einen gewissen Zwang zu weiterer Reservebildung und damit zur Fortsetzung der Selbstfinanzierung zur Folge haben. Bekanntlich beanspruchten die Dividendenausschüttungen in den letzten Jahren vor dem Kriege nur den kleineren Teil der erzielten Gewinne. Vermindern sich diese Gewinne aber während des Krieges nicht, so ist zu berücksichtigen, daß der Betrieb auf das Grundkapital zwar den gleichen Prozentsatz, jedoch höchstens nur den absoluten

Betrag an Dividenden ausschütten darf, den er im Stichjahre 1939 an die Aktionäre verteilt hat. In Höhe der Differenz zwischen diesen Beträgen des laufenden und des Vorjahres müssen die Erträgnisse des Betriebes einbehalten werden und erhöhen damit die für die Selbstfinanzierung verfügbaren Mittel. Die Bildung der Betriebsanlageguthaben nach der Verordnung über die Lenkung von Kaufkraft wirkt sich gleichfalls als Reservenbildung aus und ermöglicht insoweit eine Fortsetzung der Selbstfinanzierung. Offenbar wird dieses Ergebnis der jüngsten staatlichen Maßnahmen jedoch nur als zwangsläufige Konsequenz hingenommen, nicht aber als erwünschter Nebenzweck angestrebt. Andererseits brauchen die Maßnahmen zur Gewinnabschöpfung ebenfalls nicht unbedingt zu einer vollständigen Unterbindung der Selbstfinanzierung zu führen. Die Richtlinien des Preiskommissars bestimmen in dieser Hinsicht, daß Aufwendungen für Investitionen in Ausnahmefällen zugelassen werden. Immerhin dürfte die Gewinnabschöpfung dazu führen, daß die Selbstfinanzierung wohl nur in geringerem Ausmaß als früher fortgesetzt werden kann. In der gleichen Richtung wird sich auch die Einführung des Kriegszuschlages zur Körperschaftssteuer auswirken, welche die den Betrieben verbleibenden Beträge beträchtlich schmälert. Setzt sich diese Entwicklung fort, so werden die Unternehmen mehr und mehr den anderen Weg der Finanzierung durch Eigenmittel, d. h. die Zuführung zusätzlichen Eigenkapitals von außen her, im gegebenen Falle zu beschreiten haben, in Sonderheit also, wenn ein außerordentlicher Geldbedarf auftritt, der die vorhandenen Reserven und die berechenbaren künftigen Gewinne übersteigt. Dies wird vornehmlich bei einer grundlegenden Erweiterung des Betriebes oder dem Erwerb von wichtigen Beteiligungen geschehen.

VI.

Eine solche Zuführung von **Eigenkapital** unterscheidet sich von allen anderen Arten der Finanzierung dadurch, daß dem Geldgeber nicht eine feste Verzinsung, sondern eine Beteiligung an dem jeweils veränderlichen Ertrag, zugleich aber auch gewisse Herrschaftsrechte innerhalb des Unternehmens eingeräumt werden. Das Letztere wird insbesondere bei **Personalgesellschaften und Einzelunternehmen**, in denen der Einfluß der einzelnen Unternehmerpersönlichkeit besonders stark ist, stets als eine einschneidende Maßnahme empfunden. Deshalb erfolgt hier auch die Hereinnahme von Eigenkapital vorzugsweise durch die Aufnahme von Kommanditisten oder stillen Gesellschaftern, denen im allgemeinen nur ein beschränkter Einfluß auf die Geschäftsführung gewährt wird. Bei Personalgesellschaften wirkt sich außerdem die Beteiligung des neuen Teilhabers am Betriebsertrag auch in einer starken Einschränkung der Gewinnbezüge der bisherigen Inhaber aus; denn die Gewinnbeteiligung des neuen Gesellschafters erstreckt sich gemeinhin auf den gesamten Betriebsertrag, während die dem Unternehmen dienlichen Rücklagen und Rückstellungen nicht, wie bei den Aktiengesellschaften, vor Ausweisung des verteilungsfähigen Reingewinns abgesetzt werden können. Da sich Personalunternehmen und die meisten Gesellschaften mit beschränkter Haftung jedoch zusätzliches Eigenkapital fast ausschließlich in den Kreisen ihrer Geschäftsfreunde und Verwandten beschaffen, spielen hier im allgemeinen keine Beziehungen zum Kapitalmarkt. Dies gilt vielmehr nur für Aktiengesellschaften und rechtlich verwandte Unternehmen. Den Aktionären sind nach dem neuen Aktiengesetz von 1937 nur noch beschränkte Mitbestimmungsrechte verblieben. Aktiengesellschaften brauchen deshalb anläßlich der Hereinnahme zusätzlichen Aktienkapitals nicht zu besorgen, daß die Kontinuität einer bewährten Geschäftsführung in Frage gestellt wird. Hingegen müssen die Verwaltungen bei einer Erhöhung des Aktienkapitals jeweils sorgsam erwägen, ob das Unternehmen auch das erhöhte Kapital für alle Zukunft mit einer seinem Ansehen entsprechenden Dividende auszustatten vermag. Diese Entscheidung ist schwieriger als diejenige über die Aufnahme einer Anleihe, bei der zwar die Zinsen festgelegt und in ihrer Höhe den Erträgnissen des Unternehmens angepaßt werden müssen, bei der aber die Ertragsaussichten doch nur für die begrenzte Laufzeit der Anleihe abgeschätzt zu werden brauchen. Große Bedeutung hat auch in diesem Zusammenhang das steuerliche Moment: Die Zinsen auf eine Anleihe können als Betriebsausgabe vom steuerpflichtigen Gewinn abgesetzt werden, was für die Dividenden nicht möglich ist. Die Entscheidung, ob eine Finanzierung durch die Ausgabe einer Anleihe oder die Erhöhung des Grundkapitals erfolgen soll, wird durch die hohen gegenwärtigen Steuersätze vielfach maßgeblich beeinflußt werden.

Die Aufnahme neuen Eigenkapitals veranlaßt jedoch nicht nur die bisherigen Inhaber, ihre Rechte am Betriebe mit dem Geldgeber zu teilen, sondern bindet andererseits auch diesen mit seinen bereitgestellten Kapitalien und seinen Ansprüchen auf angemessene Kapitalerträgnisse an das Schicksal des Betriebes. Die Möglichkeit zur Unterbringung von Aktien-Emissionen hängt daher stärker als jede andere Art der Finanzierung von der allgemeinen Wirtschaftsentwicklung und den besonderen Ertragsaussichten des emittierenden Unternehmens ab. In wirtschaftlich ungünstigeren Zeiten wird der Kapitalmarkt zur Aufnahme einer Aktien-Emission jedenfalls weniger geneigt sein als zum Kauf von Schuldverschreibungen, für die bevorzugte Sicherheiten und ein Zinssatz in auskömmlicher Höhe von vornherein festgelegt werden.

VII.

Die Bereitschaft des Kapitalmarktes, die ihm angebotenen Aktien-Emissionen aufzunehmen, hat im Laufe der letzten 1½ Jahrzehnte wesentlichen Änderungen unterlegen.

Die Inflation und die Wirtschaftskrise der Jahre 1929—1933 haben viele große Privatvermögen zerstört. Die Wirtschaftskrise hat das Vertrauen des Privatpublikums in die Aktie mit nachhaltiger Wirkung erschüttert und das Volksvermögen hat sich stark auf Schichten verlagert, die eine sichere Anlage ihrer Ersparnisse zu begrenzten Zinssätzen einer Anlage in Aktien, der immer ein gewisses spekulatives Moment anhaftet, vorziehen. Erst nach einer längeren Zeit stetig anwachsender Wirtschaftsentwicklung hat sich auch das Privatpublikum wieder stärker am Aktienmarkt beteiligt. Deshalb werden die Gesellschaften bei der Unterbringung ihrer Emissionen der Einstellung des privaten Käufers besonders Rechnung tragen müssen. In den Zeiten erhöhten Geldbedarfs, der zu Kapitalerhöhungen veranlaßt, werden ohnehin bei anderen gewerblichen Unternehmen ebenfalls keine überschießenden Geldmittel vorhanden sein, die eine Anlage in Aktien suchen. Bei dem reichlichen Kapitalangebot, das bereits in der letzten Zeit vor dem Kriege bestand und während des Krieges ständig stieg, sind freilich auch gewerbliche Unternehmen in weitem Maße als Käufer von Aktien aufgetreten. Es darf aber als zweifelhaft erscheinen, ob man es überall mit Dauerbesitzern zu tun hat.

Die nachstehende Tabelle veranschaulicht die Entwicklung der Aktien-Emissionen am inländischen Kapitalmarkt während der letzten 1½ Jahrzehnte:

Jahr	Aktien-Bareinzahlungen in Mill. RM	Jahr	Aktien-Bareinzahlungen in Mill. RM
1926	988	1934	143
1927	1438	1935	156
1928	1339	1936	395
1929	979	1937	333
1930	555	1938	822
1931	635	1939	512
1932	150	1940	884
1933	91	1941 (1. Halbjahr)	128

Wie die Tabelle zeigt, hat die im Jahre 1935 eingeführte Genehmigungspflicht für Aktienemissionen zu einer Drosselung des Aktienmarktes nicht geführt. Auch die Auszahlungsbeschränkungen des Anleihestockgesetzes und ebenso die Beschränkung der Rechte der Aktionäre durch das Aktiengesetz von 1937 haben dieser Entwicklung keinen Abbruch getan. Ebensowenig hat die weiter oben gekennzeichnete Selbstfinanzierungspolitik der Gesellschaften, die den Aktionären nur geringe Teile der tatsächlich erzielten Erträge als Dividenden zugute kommen ließ, die Bereitschaft des Kapitalmarktes zur Entgegennahme der angebotenen Aktienemissionen vermindert. Die vorübergehende völlige Sperrung des Anleihemarktes zugunsten der finanziellen Belange des Reiches und das dadurch gesteigerte Bedürfnis nach Erwerb von privaten Schuldtiteln jeder Art führten mit zu einem stetigen Ansteigen der Aktienkurse. Die Käufer konnten die reichlichen und im voraus hinlänglich sicheren Kursgewinne als einen Ersatz für das Fehlen höherer Dividenden und als ausreichenden Anreiz für eine weitere Engagierung in Aktienwerten ansehen. Als im Jahre 1937 die Sperre für Anleiheemissionen gelockert wurde, sank alsbald auch der Anleihezinssatz, so daß dem Aktienmarkt bei dem vorhandenen Anlagebedürfnis auch durch die damals durchaus beträchtlichen privaten Anleihebegebungen kein Abbruch geschah. Die stabilen Verhältnisse, die sich für die Industrie im Rahmen der gelenkten Wirtschaft ergaben, verminderten den Risikocharakter der Aktienanlage in den Augen des Publikums sehr stark. Es galt als hinreichend sicher, daß die Gesellschaften den geringen Teil ihrer tatsächlich erzielten Gewinne, den sie zur Ausschüttung von Dividenden zur Verfügung stellten, auch in künftigen Jahren würden erwirtschaften können. Die Aktie erhielt hinsichtlich der Höhe ihrer Erträge weitgehend den Charakter eines Rentenpapiers, das wegen der Sachwerte, die es verkörperte, noch obendrein als besonders gesichert und kontinuierlich steigend erschien. Erst durch die jüngsten Maßnahmen zur Regelung des Aktienmarktes, die Kurserhöhungen behindern, und durch die Einführung des Kriegszuschlages zur Körperschaftssteuer sowie die Maßnahmen des Preiskommissars zur Gewinnabschöpfung ist wieder der Unternehmercharakter des Aktionärs stärker in den Vordergrund gerückt worden.

Günter Noell

Finanzierung des gewerblichen Mittelstandes

Eine eindeutige Bestimmung des Begriffs „gewerblicher Mittelstand" gibt es nicht. Es fehlt zwar nicht an Definitionen, die darin übereinstimmen, daß zum gewerblichen Mittelstand diejenigen Betriebe des Handwerks, des Einzel- und Großhandels und des Kleingewerbes gehören, aus denen der Betriebsinhaber als Betriebsführer mitarbeitend seinen Lebensunterhalt bezieht. Diese stark gefühlsmäßig bestimmte Begriffsbestimmung reicht zur Entscheidung im Einzelfalle aus, nicht jedoch, wenn man große Gruppen von Betrieben nach ihrer Zugehörigkeit einordnen will. Hier kann man nur von konkreten Tatbeständen ausgehen, die einer statistischen Erfassung zugänglich sind. Besonders häufig werden Umsatzzahlen, Anzahl der in den Betrieben Beschäftigten und Höhe des Eigenkapitals oder des Gesamtkapitals zur Charakterisierung eines mittelständischen Betriebes herangezogen. Während die kapitalsmäßige Abgrenzung infolge der großen Unterschiede zwischen den einzelnen Berufsgruppen wenig geeignet zu sein scheint, dürfte ein Jahresumsatz von 500000 RM sowie eine Beschäftigtenzahl von 10 Personen mit einigen Einschränkungen die obere Grenze für Betriebe darstellen, die noch als mittelständisch anzusprechen sind.

Die wirtschaftliche Lage des gewerblichen Mittelstandes

Die wirtschaftliche Lage des gewerblichen Mittelstandes, dessen Bedeutung für die deutsche Volkswirtschaft schon dadurch zum Ausdruck kommt, daß die Zahl der Betriebe sich allein im Altreich auf rund 2,5 Mill. belief, war in den rund 100 Jahren kapitalistischer Wirtschaftsentwicklung gekennzeichnet durch einen ständigen Abwehrkampf und das Bemühen, sich in organisatorischer Hinsicht der zum Großbetriebe drängenden Wirtschaft anzupassen. Dies gilt für den Einzelhandel und ganz besonders für das Handwerk. Der starke Konzentrationsprozeß in der mit dem Begriff Kapitalismus umschriebenen Wirtschaftsepoche, die gekennzeichnet ist durch die bekannten Tatbestände der Kostendegression, der Serienfabrikation zur Befriedigung eines uniformierten Massenkonsums und der vereinfachten Finanzierung der großindustriellen Produktion, führte zu einer Verschlechterung der Wettbewerbslage des mittelständischen Handwerks. Für den selbständigen Einzelhandel entstanden Schwierigkeiten in den vergangenen Jahrzehnten durch den zunehmenden Wettbewerbsdruck der Warenhäuser und Großversandgeschäfte, der Konsumvereine und ihrer Zentralen, der Regiebetriebe der Großunternehmungen, der staatlichen Regiebetriebe (Tabakregie, Milchhöfe der Großstädte u. a.) und durch die Großreklame. Es ist nicht verwunderlich, daß unter dem Eindruck der gewaltigen Strukturwandlungen im Zuge der großindustriellen Entwicklung vielerorts die Ansicht vertreten wurde, daß das Zeitalter des arbeitsintensiven Handwerks endgültig abgelöst würde durch den kapitalintensiven gewerblichen Großbetrieb. Daß diese Entwicklung nicht eingetreten ist, hängt zum Teil mit der über Erwarten großen Anpassungsfähigkeit des Handwerks zusammen, zum Teil aber mit einer veränderten Einstellung des Konsumenten zum handwerklichen Erzeugnis und ganz wesentlich mit der Förderung des Handwerks durch den nationalsozialistischen Staat, der auf den selbständigen Handwerker aus sozialen Gründen nicht verzichten kann. Zwar sind größere Gruppen des Handwerks der industriellen Entwicklung zum Opfer gefallen (z. B. Spinner, Weber, Eisen- und Stahlproduktion); dafür sind neue große Gruppen entstanden (Reparaturwerkstätten aller Art, Elektro-Installateure usw.). Im wesentlichen hat sich das Handwerk den veränderten Verhältnissen dadurch angepaßt, daß es sich mit Erfolg die betrieblichen und organisatorischen Einrichtungen geschaffen hat, die es konkurrenzfähig machen oder erhalten gegenüber der bisher im Vorteil liegenden gewerblichen Großunternehmung. Durch weitgehende Anwendung der Maschinen und arbeitssparender Werkzeuge konnten Zeit und Kosten im Arbeitsprozeß erspart werden, ohne daß hierdurch der betont persönliche Charakter des handwerklichen Erzeugnisses verloren ging. Weiterhin hat der Zusammenschluß einer Vielzahl von Einzelhandwerksbetrieben zu Unternehmungen für den gemeinschaftlichen Ein- und Verkauf und zur Weiterbearbeitung der in den einzelnen Handwerksbetrieben hergestellten Vorprodukte zum marktfähigen Endprodukt das Handwerk auf vielen Gebieten in die Lage versetzt, die vielerlei wirtschaftlichen Vorteile des Großbetriebes für sich nutzbar zu machen.

Der mittelständische Kreditbedarf

Ein besonderer Nachteil des gewerblichen Mittelstandes gegenüber den Großunternehmen war von jeher die Schwierigkeit, diesen Kreisen die erforderlichen Wirtschaftskredite verfügbar zu machen. Am stärksten ist der Kreditbedarf bei den mittelständischen Unternehmen, die nach Art des von ihnen betriebenen Gewerbezweiges gezwungen sind, ein größeres Lager zu unterhalten. Das gilt zunächst allgemein für den Einzelhandel; aber auch der Handwerker, der nur noch in geringem Umfange reine Kundenproduktion betreibt, muß neben dem Rohstofflager auch die Fertigwaren bis zum Verkauf auf Lager halten. Daneben erfordert die fortschreitende Rationalisierung der handwerklichen Betriebe erhebliche Mittel zur

Anschaffung von Maschinen und arbeitsparenden Werkzeugen, die in der Regel nur auf dem Kreditwege beschafft werden können. Des weiteren bringt das mehr auf die persönlichen Beziehungen zur Kundschaft abgestellte Mittelstandsgeschäft es mit sich, daß den Kunden in erheblichem Umfange Zahlungsziele eingeräumt werden müssen, die ihrerseits — oft in entscheidendem Umfange — bestimmend sind für den Kreditbedarf des Betriebes. Es läßt sich im Zuge der Anpassung der mittelständischen Betriebe an die veränderte Produktionsstruktur unserer heutigen Wirtschaft allgemein feststellen, daß der Produktionsfaktor Kapital in den mittelständischen Unternehmen nicht mehr eine so nebensächliche Rolle spielt, wie vor einigen Jahrzehnten. Viele, ursprünglich vorwiegend arbeitsbedingte Betriebe werden durch die Einführung technischer Produktionsmittel mehr und mehr in die Gruppe der kapitalintensiven Betriebe abgedrängt. Diese Entwicklung wird jedoch gemildert durch die vom Handel und Handwerk geschaffenen Gemeinschaftseinrichtungen — wie Ein- und Verkaufsgenossenschaften —, die die ihnen angeschlossenen Handwerker und Kaufleute fast gänzlich von der Kapitalinvestierung in Rohstoff- und Fertigwarenlagern entbinden und — bei den Produktivgenossenschaften — dem Einzelbetrieb den Kapitalbedarf abnehmen, der aus der Notwendigkeit der Beschaffung gemeinschaftlich zu nutzender Maschinen und Betriebseinrichtungen entsteht.

In der Befriedigung ihres Kreditbedarfs sind die mittelständischen Einzelwirtschaften gegenüber den Unternehmungen der Industrie und den Großbetrieben des Großhandels aus verschiedenen Gründen benachteiligt: Die Kosten des Kleinkreditgeschäfts sind erheblich höher als die Kosten bei der Gewährung von Großkrediten. Es fehlen häufig die ausreichenden buchmäßigen Unterlagen zur Beurteilung des Kreditrisikos, und schließlich sind reale Sicherheiten vergleichsweise nur in seltenen Fällen ausreichend vorhanden. Der Mittelstandskredit ist somit überwiegend ein reiner Personalkredit, dessen Risiko bestimmt wird durch die sachlichen und charakterlichen Eigenschaften des Betriebsinhabers.

Auf diese Besonderheiten ist es zurückzuführen, daß der organisierte Bankkredit bisher im mittelständischen Gewerbe nicht in dem volkswirtschaftlich erwünschten Umfange Fuß fassen konnte und daß der Lieferant immer noch die bedeutendste Quelle des gewerblichen Mittelstandskredites darstellt. Wie hoch sich die an Handwerk, Einzelhandel und Kleingewerbe insgesamt herausgegebenen Kredite belaufen, ist genau nicht feststellbar. Insbesondere ist man beim Lieferantenkredit weitgehend auf Schätzungen angewiesen. Auch beim Hypothekarkredit ist nicht erfaßbar, inwieweit die Mittel dem Betriebe zugute gekommen und inwieweit sie für konsumtive Zwecke aller Art verwendet worden sind.

Geht man von der Verhältniszahl aus, mit der der Anteil des gewerblichen Mittelstandes am gesamten Kurzkreditgeschäft der Banken auf Grund der Bankenquête von 1933 geschätzt wurde, so ergibt sich für 1939 ein Betrag von 3,8 Mrd. RM. Hinzu kommen, mit einem sehr bedeutenden

Betrage, die Lieferantenschulden und mit einem nicht zu schätzenden Betrag die langfristigen Schulden.

Über den Anteil des Eigenkapitals und der verschiedenen Kreditarten am Gesamtkapital der mittelständischen Betriebe liegen repräsentative statistische Untersuchungen[1]) vor, und zwar getrennt nach Betrieben mit und ohne eigenem Grundstück. Um die Mittel zu erfassen, die im wesentlichen produktiver Verwendung zugeflossen sein dürften, empfiehlt es sich, lediglich die Betriebe in gemieteten Räumen heranzuziehen, obgleich hierdurch der Anteil des Realkredits nicht ausreichend berücksichtigt wird, der naturgemäß bei den Betrieben mit eigenem Grundstück stärker in den Vordergrund tritt. Die Zahlen beziehen sich auf das Jahr 1937 und beim Gaststättengewerbe auf 1936.

Das Gesamtkapital, also eigene und fremde Mittel, liegt in der Umsatzgruppe 20000—50000 RM, die für einen mittelständischen Handwerker- und Handelsbetrieb als einigermaßen typisch angesehen werden kann, zwischen rund 3000 und 28000 RM. Diese Umsatzgruppe umfaßt in den verschiedenen Zweigen beim Handel Betriebe mit durchschnittlich 2—4 Beschäftigten und beim Handwerk mit 3—11 Beschäftigten. Die stärkere Streuung der Beschäftigtenzahlen beim Handwerk rührt von der in allen Umsatzgruppen vorhandenen stärkeren Arbeitsintensität des Bauhandwerks her.

Beim Handwerk ist das Gesamtkapital in der erwähnten Umsatzgruppe am höchsten in dem Handwerkszweig „Juweliere, Gold- und Silberschmiede" mit 26133 RM; es folgen: Uhrmacher (22377 RM), Zimmerer (18661 RM), Buchdrucker (16099 RM), Sattler (15965 RM), Maurer (15498 RM) und Optiker (15060 RM). Der Durchschnittsbetrag der Gesamtmittel liegt ungefähr zwischen 10000 und 15000 RM. Ein geringeres Gesamtkapital weisen im Durchschnitt aus die Maler (9934 RM), Tapezierer und Polsterer (9758 RM), Kraftfahrzeughandwerker (9445 RM), Fotografen (8782 RM), Friseure (8771 RM), Bäcker (7092 RM), Konditoren (6068 RM) und Fleischer (4916 RM).

Beim Einzelhandel liegen die Verhältnisse ähnlich. Die Streuung in der gleichen Umsatzgruppe ist zwar etwas größer, der Mittelwert liegt aber auch hier zwischen 10000 und 15000 RM. Mit höherem Gesamtkapital arbeiten von den insgesamt 112 untersuchten Einzelhandelszweigen die Gruppen: Musikinstrumente (21000 bis 28000 RM), Juwelen, Gold- und Silberwaren, Uhren (25792 RM), Schnittwaren (21000) und die Gruppen Bettwaren, Möbel, Schuhe, Weine und Spirituosen zwischen 19000 und 20000 RM. Am niedrigsten liegen auch beim Handel die Gruppen der Nahrungs- und Genußmittel, bei denen die geringste Lagerhaltung möglich und nötig ist. Der Milchhandel hat in der genannten Umsatzstufe durchschnittlich 2832 RM Gesamtkapital, der Handel mit Obst und Gemüse 3555 RM. Die weiteren Gruppen des Nahrungsmitteleinzelhandels liegen zwischen 4000 und 8000 RM. Gering ist auch das Gesamtkapital bei Tankstellen und Garagen (7000—8000 RM) und im Kohlenhandel (9100 RM).

Eine Untersuchung über den Anteil des Eigenkapitals an den Gesamtmitteln zeigt bei Handwerk und Handel einen Durchschnitt von 50%.

[1]) Einzelschriften zur Statistik des Deutschen Reiches Nr. 41 Berlin 1940.

Hierbei ist zu berücksichtigen, daß der Untersuchung die Jahre 1936/37 zugrunde lagen und daß damit zu rechnen ist, daß der Anteil des Eigenkapitals infolge des Lagerabbaues und der allgemeinen Verflüssigung des Geldmarktes in der Zwischenzeit ganz erheblich anteilsmäßig gestiegen sein dürfte.

Erheblich über 50% ist der Anteil des Eigenkapitals am Gesamtkapital bei folgenden Handwerkszweigen: Friseure (62%), Juweliere (62%), Damenschneider (60%), Drechsler (60%), Böttcher und Küfer (60%), Dachdecker (59%), Schmiede (58%), Photographen (56%), Uhrmacher (55%). Stärker unter dem Durchschnitt liegt der Eigenkapitalanteil bei den Sattlern (45%), Schuhmachern (44%), Maurern (44%), Tischlern (42%), Tapezierern und Polsterern (40%), Herrenschneidern (35%), Elektroinstallateuren (34%) und Korbmachern (32%).

Beim Einzelhandel liegen hinsichtlich des Eigenkapitalanteils stark über dem Durchschnitt die Handelszweige: Milch (75%), Tapeten und Linoleum (70%), Obst und Gemüse (65%), Seifen und Bürstenwaren (64%), Metallwaren (62%), Drogen (62%), Farben (62%), Uhren (61%) und Leder und Schuhbedarfsartikel (59%). Unter dem Durchschnitt liegen insbesondere die Handelszweige: Tabakwaren (44%), Feinkost (43%), Sportartikel (42%), Butter, Eier, Käse (40%), Herren- und Knabenkleidung (38%), Beleuchtung und Elektrogerät (33%), Chirurgische Instrumente und Sanitätsbedarf (30%) und Rundfunkgeräte (30%).

Die Untersuchung zeigt, daß der mittelständische Gewerbebetrieb in normalen Zeiten weitgehend abhängig ist von den fremden Mitteln, die ihm aus den verschiedenen Kreditquellen zur Verfügung gestellt werden. Unterlagen zur Beurteilung der finanziellen Lage der verschiedenen Gruppen des gewerblichen Mittelstandes liegen für die neueste Zeit nicht vor. Da aber die derzeitige, weitgehend durch Lagerabbau hervorgerufene Entschuldung in der Wirtschaft nur solange anhalten kann, als die Kriegswirtschaft eine äußerste Einschränkung der Produktion nicht kriegswichtiger Bedarfsgüter erfordert, würde die Heranziehung der augenblicklichen Verschuldungszahlen ein wenig typisches Bild der normalen Situation des gewerblichen Mittelstandes ergeben. Es würde sich voraussichtlich zeigen, daß die fremden Mittel zurückgegangen sind und daß insbesondere der Lieferantenkredit so gut wie keine Rolle mehr spielt. Es ist aber sicher, daß nach Umstellung der Produktion von der Kriegs- auf die Friedenswirtschaft auch wieder ein stärkerer Bedarf an Krediten entstehen wird und daß auch der Lieferantenkredit zunächst wieder, wie schon bisher, die wesentlichste Stelle unter den Schulden des gewerblichen Mittelstandes einnehmen wird.

Die Bedeutung des Lieferantenkredits

Mangel an bankmäßigen Sicherheiten, Fehlen einer ausreichenden Buchführung, Kosten der Gewährung von Kleinkrediten und häufig auch mangelnde Branchenkenntnis bei den Kreditinstituten sind u. a. Ursache für die starke Bedeutung des Lieferantenkredites im gewerblichen Mittelstand. Für den Warenlieferanten ist die Gewährung von Warenkrediten eine zusätzliche Möglichkeit, seinen Umsatz zu erhöhen. Da die fixen Kosten beim Großhandel anteilsmäßig sehr hoch liegen, führt jede Umsatzsteigerung zu einer Senkung der Stückkosten. Die Gewährung von Lieferantenkrediten ist also beim Großhändler in der Regel nur ein Mittel, seine Warenumsätze zu erhöhen. Die übliche Gewährung eines Barskontos zeigt, daß der Warenlieferant auf die Kreditgewährung keinen entscheidenden Wert legt, da seine Außenstände ihn zu einer entsprechend stärkeren Inanspruchnahme seiner eigenen Kreditquellen zwingen. Wenn die Bankwirtschaft sich immer wieder für weitgehende Ablösung des Lieferantenkredits ausgesprochen hat, so geschah dies im Interesse der Wirtschaftskreise, für deren Betreuung sie sich verantwortlich fühlt. Das im Warenumsatz investierte Kreditvolumen wird sich — von den Banken insgesamt aus gesehen — durch eine Ablösung der Lieferantenkredite nicht wesentlich ändern, da die Ablösung auf der anderen Seite den Lieferanten in die Lage versetzt, seine Kreditnachfrage entsprechend einzuschränken. An die Stelle eines Großkredits an den Großhändler tritt eine Vielzahl von Kleinkrediten, deren Risiko größer und deren Kontrollmöglichkeit geringer zu sein pflegt. Dennoch erscheint die allmähliche Ablösung der von den Lieferanten gewährten Kredite als eine vordringliche Aufgabe der Zukunft und zwar im eigensten Interesse der Handwerker und Einzelhändler. Unter Berücksichtigung des Barzahlungsskontos kostet der Lieferantenkredit bis zu 24% im Jahr. Könnte der Betrieb durch Aufnahme eines Bankkredites den Skonto für sich ausnutzen, könnte er allein durch Zinseinsparung bis zu 19% p. a. einsparen. Wesentlich ist aber weiterhin, daß er in seinen Warenbezugsdispositionen unabhängig wird und nicht als Folge der Kreditabhängigkeit bei seinem alten Lieferanten bleiben muß, auch wenn er an anderer Stelle besser und billiger bedient werden könnte. Diese Gründe sind es auch in erster Linie, die die berufenen Standesvertretungen des Handels und des Handwerks immer wieder veranlaßt haben, auf die volkswirtschaftlichen Bedenken des Lieferantenkredits hinzuweisen. Es soll jedoch nicht verkannt werden, daß ein Teil des gewerblichen Mittelstandes auch künftighin nicht in der Lage sein wird, vom Lieferantenkredit zum Bankkredit überzugehen. Leider sind bei einer Anzahl mittelständischer Betriebe die Kalkulationen, die Möglichkeit der Sicherheitenbereitstellung und auch die Buchführung so unzureichend, daß einem Kreditinstitut nicht zugemutet werden kann, das Risiko einer z. T. relativ hohen Kreditgewährung einzugehen. Hier sind die Gefahren für den Lieferanten geringer, da er das Risiko der Kreditgewährung wegen seiner größeren Branchenkenntnis im allgemeinen besser übersehen kann als ein Kreditinstitut, weil er auf Grund des hohen Risikoaufschlags — bis zu 24% p. a. — Verluste leichter auffangen kann und weil er schließlich im Falle der Insolvenz seines Schuldners ganz andere Möglichkeiten der verlustfreien Verwertung des ihm verpfändeten Warenlagers hat als ein Kreditinstitut.

Ist auch der Anteil des Lieferantenkredits in den verschiedenen Betriebszweigen des gewerblichen Mittelstandes sehr unterschiedlich, so kann man wohl bei etwas roher Schätzung davon ausgehen, daß er im Durchschnitt knapp 30% des Gesamtkapitals und rund 55% der fremden Mittel der mittelständischen Wirtschaft ausmacht. Aus den Untersuchungen des Statistischen Reichsamtes über „Betriebsstruktur und Kostengestaltung in wichtigen Gewerbezweigen", die sich auf die Jahre 1937 bzw. 1936 beziehen, ergibt sich die starke Abhängigkeit des Lieferantenkredits von der Lagerhaltung. Am geringsten sind die Warenschulden beim Nahrungsmittelhandwerk und beim Nahrungsmitteleinzelhandel. Geht man wieder von der Umsatzgruppe 20000—50000 RM aus, so beträgt der Anteil der Lieferantenschulden an den Gesamtschulden beim Nahrungsmittelhandwerk rund 36%, beim metallverarbeitenden Handwerk 55%, bei den Feinmechanikern und Optikern 60%. Beim Einzelhandel ist der Anteil der Lieferantenschulden naturgemäß höher wegen der größeren Lagerhaltung. So betragen die Warenschulden beim Nahrungsmitteleinzelhandel über 60% der fremden Mittel, obgleich sie, gemessen am Gesamtkapital, nur rund 22% ausmachen; dies hängt mit dem hohen Anteil des Eigenkapitals am Gesamtkapital zusammen. Bei dem Einzelhandelszweig „Rundfunkgeräte" ist der Lieferantenkredit anteilsmäßig besonders hoch mit 74% der fremden Mittel; bei der Einzelhandelsgruppe „Bekleidung" liegt der Anteil der Lieferantenschulden bei rund 63% der gesamten fremden Mittel. Diese Prozente sind allerdings nur Annäherungswerte, da die einzelnen Betriebszweige innerhalb der Gruppe gleich gewertet werden mußten, weil das zur Errechnung eines gewogenen Durchschnitts erforderliche Urmaterial nicht zur Verfügung stand.

Der organisierte Kredit

Diese kurzen Hinweise zeigen zur Genüge, daß es für den gewerblichen Mittelstand von vordringlicher Bedeutung ist, daß allmählich der kostspielige Lieferantenkredit durch den organisierten Kredit abgelöst wird. Der Reichsstand des Handwerks hat in dieser Hinsicht in dreierlei Richtung wertvolle Vorarbeit geleistet. Es wurde bereits erwähnt, daß die Finanzierung des Warenbezugs durch die Kreditinstitute erschwert wird durch mangelnde Buchführung bei den kleineren Mittelstandsbetrieben und damit durch die schwierige Risikobeurteilung im einzelnen Kreditfall. Durch die Dritte Verordnung über den vorläufigen Aufbau des Handwerks vom 18. 1. 1935 wurde zunächst der großе Befähigungsnachweis im deutschen Handwerk eingeführt.

Ganz besonders zu erwähnen ist die Einführung der Pflichtbuchführung für die Handwerkerbetriebe. Der Reichsstand des deutschen Handwerks hat, um die Kreditfähigkeit des Handwerkers zu heben, in Zusammenarbeit mit den Reichsinnungsverbänden, mit Zustimmung des Reichswirtschaftsministeriums und im Einvernehmen mit dem Reichskommissar für die Preisbildung ab 1. 4. 1938 die Einführung einer Buchführung bei sämtlichen Handwerksbetrieben angeordnet. Insbesondere soll hierdurch für den Handwerker selbst und für den Kreditgeber das Verhältnis von Eigen- und Fremdkapital, der Liquiditätsstand und die Ertragslage möglichst eindeutig klargelegt werden. Im Zusammenhang mit der Buchführungspflicht wurde auch das handwerkliche Buchstellenwesen neu geordnet. Die Handwerksbetriebe können ihre Buchführung von Buchstellen durchführen lassen, die vom Reichsstand anerkannt sind. Ende März 1939 bestanden bereits 179 anerkannte Handwerksbuchstellen.

Schließlich hat der Reichsstand des Handwerks mit den Organisationen der Sparkassen und Genossenschaften eine Vereinbarung getroffen, nach der die Kreishandwerksmeister gutachtlich zur Beurteilung der sachlichen und persönlichen Zuverlässigkeit des den Kredit beantragenden Handwerkers hinzugezogen werden können.

Alle diese Maßnahmen haben wesentlich dazu beigetragen, die Voraussetzungen für eine verstärkte Personalkreditgewährung an die Betriebe des Handwerks zu schaffen und den Anteil des organisierten Kredits an den fremden Mitteln zu erhöhen.

Es konnte gezeigt werden, daß das im gewerblichen Mittelstand arbeitende Kapital zu ungefähr 50% aus eigenen Mitteln stammt und zu rund 30% aus der Aufnahme von Lieferantenkredit; rechnet man nur 5% auf Kredite von Verwandten, Bekannten und privaten Vermittlern, so verbleiben für den organisierten lang- und kurzfristigen Kredit noch ungefähr 15% des in den mittelständischen Einzelwirtschaften arbeitenden Kapitals. Dieser Anteil erhöht sich allerdings, wenn man zu den den einzelnen Betrieben gewährten Krediten diejenigen Mittel hinzurechnet, die den wirtschaftlichen Vereinigungen der Handwerker und des Einzelhandels zugeflossen und somit indirekt auch den Einzelwirtschaften zugute gekommen sind. Weiterhin ist zu berücksichtigen, daß ein Teil des Lieferantenkredits aus Mitteln der Banken stammt, insoweit z. B. dem Großhandel die Gewährung von Warenkrediten an den Einzelhandel und das Handwerk nur durch entsprechenden Rückgriff auf seine Bankverbindung möglich ist.

Quellen des kurzfristigen Bankkredits

Im kurzfristigen Bankkredit stehen die Volksbanken als Kreditgeber des gewerblichen Mittelstandes an erster Stelle, es folgen die Sparkassen und die Raiffeisenkassen. Die Volksbanken (gewerbliche Kreditgenossenschaften) und Raiffeisenkassen (ländliche Kreditgenossenschaften) sind Selbsthilfeeinrichtungen des gewerblichen und des ländlichen Mittelstandes. Sie wurden um die Mitte des vorigen Jahrhunderts zur Milderung der Kreditnot in den Kreisen des Mittelstandes durch Schulze-Delitzsch (1808—1883) und Raiffeisen (1818—1888) ins Leben gerufen. Es gibt in Großdeutschland nach dem Stande vom 1. 1. 1940 22421 Kreditgenossenschaften, davon rund 1900 Volksbanken. Als Träger des gewerblichen Kredits kommen naturgemäß in erster Linie die Volksbanken in Frage, wenn sie auch ihrer Mitgliederstruktur nach nicht ausschließlich auf die gewerblichen Mittelstandskreise beschränkt sind; vielmehr haben die Volksbanken auch Bauern und Landwirte und die ländlichen Kassen auch Angehörige des gewerblichen Mittelstandes unter ihren Mitgliedern. Nach den Erhebungen der Bankenquête von 1933 entfielen von den Mitgliedern

	der ländlichen Kreditgenossenschaften %	der Volksbanken %
auf Bauern und Landwirte	54,5	23,0
auf Handwerker, Gewerbetreibende und selbständige Kaufleute	20,4	45,9
auf Arbeiter, Angestellte und Beamte . . .	20,6	20,8
auf Sonstige	4,5	10,3

Die Ausleihungen nach der Zahl der Kreditnehmer und nach Kreditbeträgen verteilten sich auf die Berufsgruppen:

	Zahl der Kreditnehmer		Gesamtbetrag der Ausleihungen	
	ländliche Kassen %	gewerbliche Kassen %	ländliche Kassen %	gewerbliche Kassen %
Bauern und Landwirte .	56,7	23,2	52,5	19,1
Handwerker, Gewerbetreibende u. selbständige Kaufleute	19,4	46,6	30,2	66,2
Arbeiter, Angestellte und Beamte	20,1	23,6	11,2	6,6
Sonstige	3,8	6,6	6,1	8,1
	100,0	100,0	100,0	100,0

Abgesehen von der Aufteilung nach Berufsgruppen zeigt sich auch der mittelständische Charakter der genossenschaftlichen Kredite darin, daß — nach der Erhebung von 1933 — bei den Raiffeisenkassen rund 95% der Kreditnehmer und bei den Volksbanken rund 92% der Kreditnehmer Kredite bis zu 5000 RM im Einzelfalle aufgenommen hatten. Gemessen an dem Gesamtbetrag der Ausleihungen entfielen bei den Raiffeisenkassen rund 60% der Ausleihungen auf Einzelkredite bis 5000 RM und bei den Volksbanken 42%. Geht man, wie es in der Statistik allgemein üblich ist, davon aus, daß die Kredite bis zu 20000 RM noch als überwiegend mittelständisch anzusehen sind, so fallen bei beiden Arten von Kreditgenossenschaften rund 99% aller Kreditfälle in diese Gruppe. Von den Gesamtausleihungen entfallen bei den Raiffeisenkassen rund 90% und bei den Volksbanken rund 69% auf Kredite bis 20000 RM. Bei den Volksbanken betrug der durchschnittliche Einzelkreditbetrag an Mitglieder des gewerblichen Mittelstandes 2213 RM.

Bis Ende 1938 hat sich die Struktur des Kreditgeschäfts der Volksbanken wesentlich nicht geändert. Im Durchschnitt entfielen auf die Kreise des gewerblichen Mittelstandes rund 63% der Gesamtausleihungen. Ausgehend von einem Gesamtbetrag der Ausleihungen der gewerblichen Kreditgenossenschaften von 1,4 Mrd. RM Ende 1938 entfielen somit auf kurzfristige Direktkredite an Angehörige des gewerblichen Mittelstandes rund 880 Mill. RM. Die von den Raiffeisenkassen dem gewerblichen Mittelstand zum gleichen Zeitpunkt gewährten Kredite betragen rund 490 Mill. RM. Somit dürften die dem mittelständischen Gewerbe von den Kreditgenossenschaften beider Richtungen direkt zugeleiteten Kredite Ende 1938 fast 1,4 Mrd. RM betragen haben.

Wie bereits erwähnt, kommt den verschiedenen wirtschaftlichen Zusammenschlüssen des Handwerks eine besondere Bedeutung zu als Träger des **mittelbaren gewerblichen Mittelstandskredits**. Aus der nachfolgenden Aufstellung[1]) sind ersichtlich: Art und Anzahl der Warengenossenschaften des Handwerks und Einzelhandels im Altreich, Höhe der Geschäftsguthaben und Reserven, aufgenommene Lieferantenkredite bei Zentralgenossenschaften und sonstigen Lieferanten, aufgenommene Kredite bei Kreditgenossenschaften (einschließl. Zentralkassen), bei anderen Kreditinstituten und die sonstigen Verbindlichkeiten. Die letzte Spalte der Aufstellung zeigt die Lieferantenkredite, die die Warengenossenschaften ihren Abnehmern gewährt haben.

Es zeigt sich, daß die fremden Mittel der Warengenossenschaften auch überwiegend von den Warenlieferanten stammen. Die Kredite, die bei Instituten aufgenommen wurden, treten demgegenüber zurück. An ihnen sind zum Teil die Kreditgenossenschaften, zum Teil aber auch andere Institute, insbesondere wohl auch die Sparkassen, beteiligt.

Unter den wirtschaftlichen Zusammenschlüssen, die für die in ihnen zusammengefaßten Einzelwirtschaften von entscheidender Bedeutung sind, verdienen die auf Initiative des Reichsstandes des deutschen Handwerks seit 1935 geschaffenen **Landeslieferungsgenossenschaften** besondere Erwähnung. Die zurzeit bestehenden, nach den einzelnen Treuhänderbezirken fachlich gegliederten 251 Landeslieferungsgenossenschaften sind in der Reichszentrale für Handwerkslieferungen und im Verband der Landeslieferungsgenossenschaften zusammengefaßt. Sie dienen dem Zweck, die einzelnen Handwerkerbetriebe an die Großaufträge des Staates, insbesondere der Wehrmacht, heranzuführen und dem Großauftraggeber die Möglichkeit zu geben, mit dem Handwerk durch eine zentrale Stelle in Verbindung zu treten. Die Reichszentrale, und über sie die Landeslieferungsgenossenschaften verteilen die Durchführung der hereingenommenen Groß-

[1]) Zusammengestellt nach dem Jahrbuch des Deutschen Genossenschaftsverbandes für 1938.

Gewerbliche Warengenossenschaften
(in 1000 RM)

	Geschäftsguthaben	Reserven	Kredite aufgenommen bei			Akzepte u. eigene Wechsel	sonst. Verbindlichkeiten	Warenkredite an Abnehmer
			Zentralgen.	sonst. Lieferanten	Kreditinstituten			
A. Zentraleinkaufsgen. (29) . . .	2282	2923	—	3879	1051	14	152	3788
B. Wareneinkaufsgen. d. Handwerker (874)	17500	15067	2014	7177	2251	869	1169	25172
1. davon Bäcker (384) . . .	9860	8483	1752	3358	934	194	768	14280
2. „ Fleischer (56) . . .	1020	1339	703	1023	739	—	259	1462
3. „ holzverarbeitende Gewerbe (30)	242	263	—	334	381	314	9	973
C. Werkgenossenschaft (188) . .	6800	3636	26	1649	396	117	77	3847
1. davon Transportgen. (64) .	1653	768	16	1306	260	71	40	2608
2. „ Schlachthausgenossensch. (32)	201	724	9	33	112	—	17	68
D. Magazin- u. Absatzgen. (201)	3724	3541	218	3045	1495	156	298	3859
1. davon Fleischer (127) . . .	3197	3226	153	2088	392	26	78	1855
E. Produktivgen. (145)	5300	4492	200	1594	1134	562	307	3574
1. davon holzverarbeitende Gewerbe (24) . . .	350	182	—	301	252	133	54	656
2. „ Brauereien (27) . . .	3000	2250	—	473	425	405	218	1096
F. Wareneinkaufsgen. d. Händler (900)	37000	24477	4454	26410	7278	3899	2567	61693
1. davon Kolonialwarenhändler (605)	18500	9935	4266	5616	1766	2774	332	18543
2. „ Schuhwarenhändler (17)	2400	1538	133	4368	1087	588	651	12549
3. „ Web-, Wirk- und Kurzwarenhändler (9)	3500	3803	—	3929	9	75	188	5193
4. „ Hausrathändler (16)	3600	2087	37	3900	501	115	138	8477
Insgesamt	72606	54136	6912	43754	13605	5617	4570	101933

aufträge auf die Vielzahl der angeschlossenen Einzelbetriebe, überwachen die ordnungsgemäße Bearbeitung, schalten sich bei der Rohstoffbeschaffung ein und sammeln die von den einzelnen Handwerkern angefertigten Erzeugnisse zur Ablieferung an den Auftraggeber. Die Finanzierung der Landeslieferungsgenossenschaften geschieht im wesentlichen durch die Zentralkassen der Volksbanken und durch das genossenschaftliche Spitzeninstitut, die Deutsche Zentralgenossenschaftskasse.

In ihrer Struktur sehr verschieden von den Landeslieferungsgenossenschaften, welche die Aufträge zur Anfertigung von Fertigwaren und Gebrauchsgütern im großen übernehmen und auf rationellste Weise an die Handwerksbetriebe verteilen, sind die verschiedenen bauwirtschaftlichen Einrichtungen des deutschen Handwerks. In der Bauwirtschaft gibt es bei den Bau- und Ausbauhandwerkern in der Regel keinen Werkstattbetrieb, sondern die Leistung erfolgt, abgesehen von den Tischlern und Zimmerern, am Bauobjekt selbst. Die Gemeinschaftseinrichtungen der handwerklichen Bauwirtschaft haben bei dieser Sachlage darüber zu wachen, daß der Charakter der Selbständigkeit grundsätzlich aufrechterhalten bleibt.

Drei Formen bauwirtschaftlicher Zusammenschlüsse haben sich im Zuge der Verlagerung der Bautätigkeit von den privaten Bauvorhaben zu den Großaufträgen des Staates herausgebildet, um die kleine und mittlere selbständige Existenz im Handwerk einsatzbereit zu machen für die seit 1934 zunehmend in den Vordergrund tretenden baulichen Großaufgaben.

1. Um Bauvorhaben durchführen zu können, die das Leistungsvermögen eines einzelnen Handwerkers überschreiten, schließen sich einzelne Betriebe örtlich von Fall zu Fall zu Arbeitsgemeinschaften zusammen.
2. Für die großen Bauvorhaben, für die die Arbeitsgemeinschaften zu lose und zu kleine Gebilde sind, wurden vom Reichsstand des deutschen Handwerks die Arbeitseinsatzgesellschaften gegründet, die z. B. bei den umfangreichen Bauarbeiten der Kriegsmarine, der Reichswerke Hermann Göring, des Volkswagenwerkes und der KdF-Stadt eingesetzt wurden. Diese Einsatzgesellschaften bedienen sich der Handwerksbetriebe des ganzen Reiches und treten dem Großauftraggeber als Großvermittler gegenüber.
3. Schließlich wurden ab 1935 einige Bauträgergesellschaften gegründet, an denen die Reichsstandsorganisationen und selbständige Handwerker beteiligt sind. Sie stellen Wohnbauten für eigene Rechnung her und sind z. T. als gemeinnützige Wohnungsunternehmen anerkannt.

Die finanzielle Betreuung der bauwirtschaftlichen Einrichtungen des Handwerks erfolgt durch die unter Mitwirkung der handwerklichen Standesorganisation errichteten „Treubau A.-G. für Baufinanzierungen im Deutschen Reiche", an der weiterhin vornehmlich die Deutsche Zentralgenossenschaftskasse und die gewerblichen Zentralkassen beteiligt sind. Sie ist Trägerin der Zwischenfinanzierung und vermittelt die endgültige

Finanzierung durch Beschaffung der I. und II. Hypothek. Der Gewährung zweitstelliger Hypothekarkredite dient die Bausparkasse der deutschen Volksbanken, deren Aktionäre die Treubau und die gewerblichen Zentralkassen des Altreichs sind.

Neben diesen, von den Kreisen des gewerblichen Mittelstandes selbst geschaffenen genossenschaftlichen Einrichtungen zur Erhöhung der wirtschaftlichen Leistungen der Einzelbetriebe und zur Finanzierung der ihnen gestellten Aufgaben sind von jeher die Sparkassen besonders eng mit der mittelständischen Wirtschaft verbunden. Ebenso, wie bei den Kreditgenossenschaften, gibt die örtliche Verbundenheit mit den Handwerkern, den Einzelhändlern und dem Kleingewerbe den zurzeit bestehenden 2800 Sparkassen die Möglichkeit, den kurzfristigen Mittelstandskredit als vordringliche Aufgabe zu pflegen. Man kann damit rechnen, daß über 50% der kurz- und mittelfristigen Privatkredite der Sparkassen, das sind zurzeit rund 900 Mill. RM, dem selbständigen mittelständischen Gewerbe zugeflossen sind. 93% aller Kurzkredite der Sparkassen liegen in der Einzelkreditgrößenklasse bis 5000 RM. Der durchschnittliche Einzelkredit beträgt etwas über 1500 RM. Hinzuzurechnen sind den den einzelnen Betrieben gewährten Krediten noch die Betriebskredite, die die Sparkassen den Warengenossenschaften des Handwerks und des Einzelhandels gewährt haben. Der Blankokredit spielt, wie bei den Kreditgenossenschaften so auch bei den Sparkassen nur eine untergeordnete Rolle. Neuerdings ist den Sparkassen eine bedingte Erweiterung der Blankokreditgrenze — die seit 1933 auf 1000 RM bzw. 2000 RM für große Sparkassen festgesetzt war — genehmigt worden. Sie liegt nunmehr bei 3000 RM und bei 5000 RM, wenn es sich um besonders wichtige Zwecke handelt, wie Ablösung von Lieferantenschulden und Gewährung von Nachwuchskrediten. Seit 1936 ist der Anteil der Blankokredite an den Buchkrediten von 5,8% auf 9,6% gestiegen.

Gegenüber den Sparkassen, den Volksbanken und Raiffeisenkassen treten die übrigen Gruppen der Kreditwirtschaft im Kurzkreditgeschäft des gewerblichen Mittelstandes stark zurück. Ihrer ganzen Struktur nach sind die Großbanken für das Kleinkreditgeschäft wenig geeignet; während bei Sparkassen und Genossenschaften die Gewähr gegeben ist, daß die dort angelegten Spareinlagen und Depositen der mittelständischen Kreise auch wieder im gleichen örtlichen und personellen Kreis angelegt werden, erfolgt bei den Filialbanken die Ausleihung dieser Einlagen zumeist an Großhandel und Großindustrie.

Quellen des mittel- und langfristigen Kredits

Kann im allgemeinen davon ausgegangen werden, daß der kurzfristige Betriebskreditbedarf des gewerblichen Mittelstandes durch die auf die Besonderheiten des Kleingewerbebetriebes abgestellten Organisationen der Genossenschaften und Sparkassen ausreichend gedeckt werden kann, so hat die Deckung des mittel- und langfristigen Anlagekreditbedarfs der mittelständischen Wirtschaften von jeher besondere Schwierigkeiten gemacht. Ein starkes Bedürfnis für langfristige Mittel zur Erweiterung und Verbesserung der Betriebsanlagen und maschinellen Einrichtungen ist zweifellos vorhanden. Gegenüber der kapitalintensiveren Großindustrie, die sich die langfristigen Mittel durch Aktien- und Obligationenemissionen beschaffen kann, verfügt der gewerbliche Klein- und Mittelbetrieb in der Regel über ein geringes Eigenkapital und über unzureichende dingliche Sicherheiten. Er gehört meist der Fertigwarenproduktion an, die erheblich konjunkturempfindlicher als z. B. die großindustrielle Urproduktion ist. Aus diesen verschiedenen Gründen ist der Zugang zum Kapitalmarkt für die mittelständischen Betriebe besonders erschwert. Haben sich auch die Sparkassen im Rahmen des ihnen möglichen des mittelständischen Realkredits angenommen, und weiterhin die Kreditgenossenschaften, deren langfristige Mittel teils als Darlehen, teils als formell kurzfristige Prolongationskredite gewährt wurden, so konnte doch der, besonders nach dem Weltkrieg deutlich in Erscheinung tretenden Kreditnot des Mittelstandes von den bisherigen Realkreditträgern nicht ausreichend entgegengetreten werden. Seit 1931 wurde deshalb die zunächst zur Durchführung des Dawesplanes errichtete Bank für deutsche Industrieobligationen zu einem Spezialinstitut des mittelständischen gewerblichen Realkredits ausgebaut.

An erster Stelle im mittel- und langfristigen Kreditgeschäft des Mittelstandes stehen aber auch heute noch die Sparkassen. Von den über 7 Mrd. RM ausgeliehenen Hypothekarkrediten der Sparkassen entfallen rund 70% auf städtische Grundstücke. Die Durchschnittsgröße einer Sparkassenhypothek liegt bei etwa 4500 RM. Da keine Erhebungen darüber vorhanden sind, in welchem Umfange diese Mittel den mittelständischen Erwerbswirtschaften zugeflossen sind, ist es nicht möglich, Schätzungen über Größenordnungen der Realkreditgewährung an den gewerblichen Mittelstand vorzunehmen. Dasselbe gilt für die Hypotheken-Aktienbanken, die öffentlich-rechtlichen und sonstigen Kreditanstalten und die Versicherungsunternehmen, die neben den Sparkassen als Quellen des mittelständischen Realkredits Bedeutung haben.

Als Sonderinstitut zur Befriedigung des lang- und mittelfristigen Kredites an gewerbliche, insbesondere kleine gewerbliche Betriebe aller Art ist die Deutsche Industriebank tätig. Nach Erfüllung der ihr im Rahmen der Reparationszahlungen zugewiesenen Aufgaben arbeitete sie ab 1931 als zentrale Geldgeberin an der Entschuldung der deutschen Landwirtschaft in den deutschen Ostgebieten und wandte sich daneben mehr und mehr dem gewerblichen Realkredit zu. Bis zum Ende ihres Geschäftsjahres 1940/41 hatte die Bank fast 900 Mill. RM langfristige und mittelfristige Gewerbekredite gewährt. Sie stellt ihre Mittel den kleinen und mittleren Betrieben, auf deren Betreuung sie satzungsmäßig besonders hingewiesen ist, teils direkt bzw. über ihre 15 Geschäftsstellen, teils über Volksbanken, Regionalbanken und Privatbankiers, deren sie sich vertraglich als Treuhänder bei der Kreditvergebung bedient, zur Verfügung. Die Mittelstandskredite der Industriebank haben in der Regel eine Laufzeit von 5—10 Jahren und sind gesichert durch Eintragung von Grundschulden auf den gewerblich genutzten Betriebsgrundstücken. Mit der Umstellung der Industriebank auf die Gewährung mittel- und langfristiger Realkredite an die Betriebe des Mittelstandes ist einem besonderen, bisher nicht ausreichend befriedigten Bedürfnis Rechnung getragen worden.

Kommen diese Industriebankkredite in erster Linie den kleinen Industriebetrieben und dem Handwerk zugute, so hat auch der Einzelhandel sich Einrichtungen geschaffen, die den besonderen Verhältnissen der Einzelhandelswirtschaft entsprechen. Die Edeka-Bank, die das Geldinstitut der 515 dem Edekaverband angeschlossenen Genossenschaften des Kolonialwaren-, Feinkost- und Lebensmitteleinzelhandels darstellt, deckt weitgehend den in ihrem Sektor anfallenden Kreditbedarf. In den letzten Jahren hat sie ihr besonderes Augenmerk darauf gerichtet, dem selbständigen Einzelhandel die Möglichkeit zu geben, in den neu hinzugekommenen Gebieten Fuß zu fassen.

Aus einer Umlage aller deutschen Einzelhandelsbetriebe wurde der Förderungsdienst des Fischhandels mit einem Eigenvermögen von rund 2 Mill. RM errichtet, der Einzelkredite von 5000 bis 7000 RM zum Ausbau und insbesondere zur Neuerrichtung vorbildlicher Fischgeschäfte gewährt.

Zum planmäßigen Einsatz von Einzelhandelsgeschäften an Plätzen, an denen der Einzelhandel bisher noch nicht oder nicht ausreichend vertreten ist und insbesondere zum Ansatz von Jungkaufleuten in den neuen Gebieten hat die Wirtschaftsgruppe Einzelhandel mit ihren Fachgruppen eine Bürgschaftsgesellschaft, den Wirtschaftlichen Förderungsdienst des Einzelhandels GmbH., mit einem Kapital von 3 Mill. RM errichtet. Diese Gesellschaft dient dazu, den Kreditinstituten eine zusätzliche Sicherheit für die an Einzelhandelsbetriebe herausgelegten Kredite zu stellen.

Besonders erfreulich ist es, daß auch die verschiedenen Gruppen der für Handwerk und Einzelhandel sich verantwortlich fühlenden Kreditorganisationen ihre Bemühungen ausgedehnt haben auf die Sicherung gesunder Kapitalverhältnisse bei den neu zu gründenden Betrieben des Handwerks und des Einzelhandels. Bisher konnte der junge Handwerksmeister oder der Jungkaufmann nur in seltenen Fällen den zur Existenzgründung erforderlichen Kredit erhalten, da er dem Kreditinstitut persönlich nicht bekannt war und keine Vermutung darüber anzustellen war, wie er sich als selbständiger Unternehmer bewähren wird. In der Betreuung des mittelständischen Nachwuchses hat besonders die Edeka-Organisation des Kolonialwareneinzelhandels vorbildliches geleistet. In der vor mehr als 11 Jahren gegründeten „Spara", der Spar- und Arbeitsgemeinschaft der Jungkaufleute des Kolonialwaren-, Feinkost- und Lebensmitteleinzelhandels e. V., wurde ein erfolgreicher Versuch zur Verselbständigung des Nachwuchses unternommen. Den jungen Angestellten des Kolonialwareneinzelhandels ist hierdurch die Möglichkeit gegeben, sich in örtlichen Sparagruppen zur gegenseitigen beruflichen Förderung und zur Pflege des Spargedankens zusammenzuschließen. Jungkaufleute, die mindestens 2 Jahre der Spara angehören und nachweisen können, daß sie in dieser Zeit regelmäßig Ersparnisse für ihre Selbständigmachung zurückgelegt haben, erhalten von der Edekabank, wenn alle sonstigen Voraussetzungen gegeben sind, Gründungsdarlehen als Personalkredite, die nach einer gewissen Schonfrist in regelmäßigen Raten zurückzuzahlen sind. Die Edekabank verzichtet auf jeden Kreditnutzen, indem sie den Zinssatz der Darlehen und Guthaben auf gleicher Höhe hält. Die Betriebe der durch Sparakredite unterstützten Jungkaufleute werden der seit Jahren von der Edekabank eingerichteten Fernbuchhaltung angeschlossen, die sich als bedeutende Unterstützung für den jungen Berufskollegen bewährt hat. Allein seit Kriegsbeginn ist die Zahl der örtlichen Sparagruppen von 186 auf 232 und die der Mitglieder von 6500 auf 10000 gestiegen.

Durch besondere Maßnahmen haben sich auch die Sparkassen und die genossenschaftlichen Volksbanken des Nachwuchses mit regem Interesse angenommen. Auch hier wird die bevorzugte Kreditgewährung zu sicherungsmäßig erleichterten Bedingungen von einer nachgewiesenen regelmäßigen Sparleistung abhängig gemacht. Alle diese Einrichtungen dienen dem einzigen Zwecke, dem mittelständischen Einzelbetriebe einen finanziell gesunden Start zu ermöglichen und ihm die Voraussetzungen mitschaffen zu helfen, um den späteren, diesen Wirtschaftskreisen gestellten Aufgaben gewachsen zu sein. Sie werden heute bereits im Hinblick auf die Neuorganisation der Friedenswirtschaft durch verschiedene Vorkehrungen ergänzt, die den aus dem Felde zurückkehrenden selbständigen Gewerbetreibenden die Wiederaufnahme ihrer Betriebe erleichtern sollen. Unter diesen Gesichtspunkten ist u. a. die Verordnung v. 27. 2. 1940 zu betrachten, die die Gewährung reichsverbürgter, zinsverbilligter Kredite für Heimkehrer vorsieht. Der Festigung der Existenz selbständiger Handwerker dient weiterhin die vom Reichsstand des deutschen Handwerks und der Deutschen Zentralgenossenschaftskasse gegründete Bürgschaftsgesellschaft für Handwerkersiedler mbH. Auch sie will dazu beitragen, dem gewerblichen Mittelstand den finanziellen Rückhalt zu geben, dessen er bedarf, um dem deutschen Reich in seinen neuen Grenzen eine wirtschaftlich und sozial gesunde Struktur zu schaffen.

Hermann Kissler und Fritz Lübkes

Wandlungen des Agrarkredits

Der Agrarkredit hat in seiner Organisation und in seiner Ausgestaltung in den letzten Jahren bedeutsame Wandlungen erfahren. Das gilt nicht nur für Deutschland sondern ebenso für alle diejenigen Staaten, die ihre frühere liberale Agrarpolitik aufgegeben haben und zu einer gesteuerten Wirtschaftspolitik übergegangen sind. Das Wesen dieser neuen Wirtschaftsordnung, soweit es für den Agrarkredit von Bedeutung wird, ist im wesentlichen darin zu sehen, daß Produktion und Absatz der landwirtschaftlichen Erzeugnisse nicht mehr ausschließlich unter privatwirtschaftlichen Erwägungen vor sich gehen, sondern nach volkswirtschaftlichen Richtlinien gelenkt werden. Dabei wird insbesondere durch Beeinflussung von Angebot und Nachfrage eine stetige, den Rentabilitätserfordernissen der Landwirtschaft Rechnung tragende Preispolitik sichergestellt. Das Ziel dieser neuen Agrarpolitik besteht darin, die für die Landwirtschaft in der Vergangenheit so verheerenden Preisschwankungen nach Möglichkeit auszuschalten und damit eine der wichtigsten Ursachen der früheren Agrarkrisen zu beseitigen.

In Deutschland hat die nationalsozialistische Agrarpolitik mit Hilfe einer alle landwirtschaftlichen Erzeugnisse und alle Stufen des Absatzes umfassenden Marktordnung diese Aufgabe erfolgreich gelöst. Darüber hinaus ist Deutschland auch bemüht gewesen, den Agrarstaaten Südosteuropas und seit dem Kriege auch den besetzten Ländern eine ähnliche Agrarpolitik zu ermöglichen, indem es die Agrarüberschüsse dieser Länder zu angemessenen Preisen aufnahm und bei den innerwirtschaftlichen Maßnahmen seinen Rat und seine Erfahrungen zur Verfügung stellte. Diese Bestrebungen, die auf eine stetige und krisenfeste Agrarpolitik gerichtet sind, blieben nicht nur auf den europäischen Kontinent beschränkt. Auch in Amerika hat man sich bemüht, durch Beeinflussung der Produktion und der Märkte die Preisschwankungen zu verringern und der Landwirtschaft ein ausreichendes Einkommen sicherzustellen.

Für den Agrarkredit ergeben sich aus diesen vorstehend kurz charakterisierten Wandlungen der Agrarpolitik sehr entscheidende Rückwirkungen. Grundsätzlich ist zunächst festzustellen, daß unter den besonderen Risiken, denen der Agrarkredit, vor allem in der Nach-Weltkriegszeit, ausgesetzt war, der Verfall der Preise für Agrarerzeugnisse die bedeutsamste Rolle gespielt hat. In dem Zeitraum vom Jahre 1926 bis zum Jahre 1932 sind die Preise für die wichtigsten landwirtschaftlichen Erzeugnisse um rund 40% gefallen. Ein solcher Preissturz mußte naturgemäß die Rentabilität der Landwirtschaft aufs schwerste beeinträchtigen und damit zugleich die Grundlagen des Agrarkredits erschüttern. Sehr viele landwirtschaftliche Betriebe schlossen in diesen Jahren mit Betriebsverlusten ab. Aber auch bei denjenigen Betrieben, die noch einen Überschuß erzielen konnten, reichte dieser vielfach nicht aus, um den eingegangenen Kreditverpflichtungen nachzukommen. Aus der Rentabilitätskrise vieler landwirtschaftlicher Betriebe entwickelte sich damit in immer größerem Umfange eine Kreditkrise, von der nicht nur die Landwirtschaft, sondern in ebenso starkem Maße auch ihre Gläubiger betroffen wurden. Diese Rückwirkungen auf die Gläubiger, insbesondere auf die landwirtschaftlichen Kreditinstitute, führten vielfach zu Kreditkündigungen auch bei gesunden Betrieben und zogen damit diese ebenfalls in die Krise hinein. Alle Versuche, die Auswirkungen dieser Entwicklung auf Gläubiger und Schuldner durch Moratorien, Zinssenkungen und Umschuldungsmaßnahmen zu mildern, erwiesen sich solange als unzureichend, bis es endlich mit Hilfe der nationalsozialistischen Agrarpolitik gelang, die Rentabilität der Landwirtschaft wieder herzustellen.

Ein Rückblick auf die vorstehend kurz geschilderte Entwicklung zeigt, welche große Bedeutung die Ausschaltung des Preisrisikos und die Sicherung einer ausreichenden Rentabilität für den Agrarkredit besitzt. Die Auswirkungen dieser neuen Agrarpolitik, die allerdings in den anderen Ländern Europas und auch in Amerika eine so weit gehende Ausgestaltung wie in Deutschland noch nicht erreicht hat, beschränken sich jedoch nicht allein auf die Ausschaltung des Preisrisikos, wenn auch hierin eine der wichtigsten kreditpolitischen Folgen zu sehen ist. Die neue Agrarpolitik wird in Deutschland nicht in erster Linie mit wirtschaftlichen Argumenten sondern mit der Sonderstellung begründet, die die Landwirtschaft als Blutsquelle des deutschen Volkes einnimmt. Um dieser hohen bevölkerungspolitischen Aufgabe der Landwirtschaft Rechnung zu tragen, wurde das Reichserbhofgesetz geschaffen, das ebenfalls kreditpolitisch von großer Bedeutung ist. Dieses Gesetz hat zum Ziel, das Bauerntum vor Überschuldung und Zersplitterung im Erbgang zu schützen und damit einen Stand von gesunden und lebensfähigen Bauern zu schaffen und zu erhalten.

Vom Standpunkt des Agrarkredits hat sich dieses Gesetz zunächst dahin ausgewirkt, daß für einen großen Teil der landwirtschaftlichen Betriebe, nämlich für die Erbhöfe, der unproduktive Besitzkredit, der in der Vergangenheit eine große Rolle gespielt hat, beseitigt oder zum mindesten erheblich eingeschränkt worden ist. Von der landwirtschaftlichen Verschuldung in der Zeit vor 1914 entfielen nach vorliegenden Schätzungen nicht weniger als 40% der Gesamtverschuldung auf Erbauseinandersetzungen, insbesondere Geschwisterabfindungen, und weitere 40% auf Restkaufgelder, die auf Gutsübertragungen zurückzuführen sind. Da der Erbhof grundsätzlich unveräußerlich ist, sind künftig für diese Höfe Kreditbelastungen für die Zwecke der Gutsübertragung nicht mehr denkbar. Aber auch die Belastungen für die Erbauseinandersetzungen halten sich in sehr viel engeren Grenzen als zuvor. Das Reichserbhofgesetz bestimmt, daß der Erbhof ungeteilt auf den Anerben übergeht und daß sich die Rechte der Miterben auf das übrige Vermögen des Bauern beschränken. Darüber hinaus erhalten die Miterben nur eine der Ertragsfähigkeit des Hofes angemessene Berufsausbildung und Ausstattung. Geraten sie unverschuldet in Not, so ist ihnen auf dem Erbhof eine Heimatzuflucht zu gewähren. Durch diese Bestimmung ist dafür Sorge getragen, daß die Erbauseinandersetzungskredite bei den Erbhöfen nie mehr die Bedeutung gewinnen können, die sie in der Vergangenheit gehabt haben. Der Grundgedanke dieses Gesetzes, jede unproduktive Kreditbelastung des Hofes zu begrenzen, ist, wie die jährlichen Erhebungen über die Kreditlage der deutschen Landwirtschaft zeigen, auch bei den Nichterbhofbetrieben auf fruchtbaren Boden gefallen. Die Renten und Altenteile, in denen die aus Erbauseinandersetzung herrührende Verschuldung ihren Niederschlag findet, haben sich in den letzten Jahren auch bei den Nichterbhöfen erheblich ermäßigt.

So segensreich sich diese Bestimmungen des Erbhofgesetzes auch für die Zukunft erweisen werden, so ist doch andererseits nicht zu verkennen, daß sie für eine gewisse Übergangszeit Härten für die Betroffenen mit sich bringen. Dies gilt besonders für die früheren Realteilungsgebiete, wo man deshalb bereits durch eine Sonderkreditaktion zu helfen bestrebt war. Aber auch in den übrigen Teilen des Reiches ist infolge der Agrarkrise das nicht im landwirtschaftlichen Betrieb arbeitende Vermögen des Bauern verhältnismäßig gering. Erst in den letzten Jahren hat die verbesserte Rentabilitätslage dazu geführt, daß sich die Ersparnisse der Landwirtschaft bei den Kreditinstituten erhöht haben. Diese Entwicklung geht jedoch nur langsam vor sich und die Höhe der Ersparnisse reicht zurzeit bei den meisten Betrieben noch nicht aus, um eine nach bäuerlichem Empfinden gerechte Abfindung und Ausstattung der weichenden Erben zuzulassen. Es wird deshalb zurzeit untersucht, wie diesen in der Übergangszeit vorhandenen Schwierigkeiten abgeholfen werden kann.

Das Reichserbhofgesetz ist weiterhin für den Agrarkredit insofern von großer Bedeutung, als es bestimmt, daß der Boden des Erbhofes grundsätzlich unbelastbar ist und daß in den Erbhof grundsätzlich wegen einer Geldforderung nicht vollstreckt werden kann und auch die Vollstreckung der auf dem Erbhof gewonnenen landwirtschaftlichen Erzeugnisse nur in begrenztem Umfange und unter bestimmten Bedingungen möglich ist. Aus diesen Vorschriften haben sich vor allem für die Realkreditinstitute, die auf Grund der geltenden gesetzlichen Bestimmungen und ihrer Satzungen eine Kreditgewährung nur gegen hypothekarische Sicherheit vornehmen dürfen, Schwierigkeiten ergeben. Es mußten deshalb Mittel und Wege gefunden werden, um für den langfristigen Realkredit der Erbhöfe andere Sicherungsmöglichkeiten zu schaffen. Den Grundgedanken des Erbhofgesetzes entsprechend sieht deshalb die Erbhofverfahrensordnung vor, daß für den Fall, daß der Bauer seinen Schuldverpflichtungen nicht nachkommt, die Wirtschaftsüberwachung durch einen Vertrauensmann ausgesprochen werden kann. Eine solche Entscheidung kann auf

Antrag des Landesbauernführers durch das Anerbengericht getroffen werden. Das Anerbengericht kann darüber hinaus, wenn die Wirtschaftsüberwachung nicht ausreichend erscheint, die Wirtschaftsführung des Erbhofes durch einen Treuhänder vornehmen lassen und schließlich kann das Anerbengericht dem Bauern, wenn er seinen Schuldverpflichtungen nicht nachkommt und wenn er seine Bauernfähigkeit verloren hat, die Verwaltung und Nutznießung des Erbhofes dauernd oder auf bestimmte Zeit entziehen. Einen Einfluß auf die Ingangsetzung dieser Wirtschaftsüberwachungsmaßnahmen haben die Kreditinstitute bisher nicht. Nach den vorliegenden Erfahrungen ist jedoch nicht immer die Gewähr gegeben, daß die mit dem Antragsrecht an das Anerbengericht ausgestatteten Organe des Reichsnährstandes in allen Fällen den berechtigten Interessen der Kreditinstitute, der Treuhänder der Ersparnisse unseres Volkes, Rechnung tragen. Es ist deshalb von seiten der Kreditinstitute der Wunsch ausgesprochen worden, daß auch diese für den Fall, daß der Bauer mit seinen Zinsleistungen längere Zeit im Rückstand bleibt, einen Antrag auf Wirtschaftsüberwachung bzw. Wirtschaftsführung stellen können. Es steht zu hoffen, daß diesen Anregungen der Kreditinstitute in irgend einer Form Folge geleistet wird.

Die Grundgedanken der nationalsozialistischen Agrarpolitik, wie sie deutlich im Erbhofgesetz zum Ausdruck kommen, haben auch auf die Wertvorstellungen der Landwirtschaft und des Agrarkredits einen erheblichen Einfluß ausgeübt. In der Zeit des Liberalismus sah man im Besitzwechsel der landwirtschaftlichen Betriebe nichts Ungewöhnliches. Man hielt sogar die Veräußerung von landwirtschaftlichen Betrieben auch im Wege der Zwangsvollstreckung für wünschenswert, weil damit die „Wanderung des Bodens zum besseren Wirt" erleichtert werden konnte. Heute dagegen gilt der landwirtschaftliche Betrieb als die unveräußerliche Produktionsstätte des Bauern und Landwirts, die in erster Linie als Existenzgrundlage für die Erhaltung der Sippe zu dienen hat. Für den Realkredit bedeutet diese veränderte Anschauungsweise, daß für die Bewertung der zu beleihenden Betriebe nicht mehr wie früher in weitem Umfange die landwirtschaftlichen Verkaufspreise herangezogen werden, sondern daß man nahezu ausschließlich von den Ertragswerten der Betriebe ausgeht. Diese Entwicklung wurde dadurch noch gefördert, daß Verkaufspreise in genügender Zahl in der kurzen Zeit nach der Währungsstabilisierung nicht vorlagen, so daß es vielfach auch nicht möglich gewesen wäre, bei der Bewertung der Betriebe die Verkaufspreise als Vergleichsmaßstab heranzuziehen.

Für den landwirtschaftlichen Realkredit sind diese Anschauungen über die Bewertung der landwirtschaftlichen Grundstücke von großer Bedeutung. Es darf übrigens dabei nicht übersehen werden, daß bei vielen landwirtschaftlichen Kreditinstituten auch früher schon das Schwergewicht bei der Bewertung auf die nachhaltige Ertragsfähigkeit der Grundstücke gelegt wurde. Wenn sich heute diese Auffassung allgemein durchgesetzt hat, so ist damit ein starkes Unsicherheitsmoment im landwirtschaftlichen Kredit beseitigt worden. Ohne hier näher auf die Streitfrage „Ertragswert“ oder „gemeiner Wert“ einzugehen, muß doch betont werden, daß sich die Kaufpreise der Güter vielfach in erheblichem Umfange von den Ertragswerten entfernt hatten. Diese Kaufpreise sind so stark von subjektiven und in kürzestem Zeitraum schwankenden Erwägungen abhängig, daß sie keinen ausreichenden Maßstab für eine Kreditgewährung bilden können. Manche Agrarkrisen der Landwirtschaft nicht nur in Deutschland sondern auch in anderen Ländern, vor allem in Amerika, haben ihre Ursache darin gehabt, daß in falscher Einschätzung der Zukunftsaussichten der Landwirtschaft spekulative Preisausschreitungen vorkamen. Auch währungspolitische Befürchtungen haben oftmals zu einer Flucht in die Sachwerte geführt, wobei der Ankauf landwirtschaftlicher Betriebe bevorzugt wurde. Legt man die auf solche Weise zustande gekommenen Preise der Realkreditgewährung zugrunde, so müssen sich Überbeleihungen ergeben, deren Verzinsung und Amortisation die Leistungsfähigkeit der Betriebe weit übersteigen. Zusammenbrüche der landwirtschaftlichen Betriebe und in deren Gefolge auch der Beleihungsinstitute sind dann die unausbleiblichen Auswirkungen einer solchen Bewertungspolitik.

Auch gegenüber den Ertragsberechnungen hat man früher den Vorwurf erhoben, daß solche Werte deshalb problematisch sein müßten, weil sie die landwirtschaftlichen Reinerträge der Zukunft zugrunde legen müssen und die Zukunft nicht vorauszusehen sei. Heute trifft dieser Einwand nicht mehr in vollem Umfange zu. Die nationalsozialistische Agrarpolitik gibt vielmehr die Gewähr, daß große Schwankungen bei den Reinerträgen der Zukunft nicht mehr auftreten werden. Auch die naturgemäß unvermeidlichen Ernteschwankungen haben nicht mehr den Einfluß auf die Einkommensgestaltung wie früher. Einmal ist man in den letzten Jahren bemüht gewesen, durch Vielseitigkeit der Produktion einen stärkeren Risikoausgleich herbeizuführen und vor allem Monokulturen auszuschalten. Darüber hinaus läßt sich aber auch durch eine elastische Handhabung des Festpreissystems ein Ausgleich in schlechten Erntejahren unschwer herbeiführen. Es bleibt demnach bei der Festsetzung der Ertragswerte als Unsicherheitsmoment nur noch der Kapitalisierungsfaktor, der vom landesüblichen Zinsfuß abgeleitet wird. Da in einer gesteuerten Wirtschaft aber auch die Zinsentwicklung in stetigen Bahnen zu verlaufen pflegt, können die Schwankungen des Kapitalisierungsfaktors nicht von ausschlaggebender Bedeutung bei der Bewertung landwirtschaftlicher Betriebe sein.

Die durch die nationalsozialistische Marktordnung gewährleistete Stetigkeit der Ertragslage in der Landwirtschaft wird auch die Lösung des Problems des nachstelligen Realkredits erleichtern. Bisher gibt es im Agrarkredit, wenn man von den großen Ent- und Umschuldungssonderaktionen, die im wesentlichen durch die Osthilfegesetzgebung und das Schuldenregelungsgesetz gekennzeichnet sind, absieht, die Einrichtung eines zweitstelligen Realkredits nicht. Es ist aber zu erwarten, daß nach dem Kriege in der Landwirtschaft infolge der jetzt notwendig gewordenen Zurückstellungen von Investitionen ein erheblicher Nachholungsbedarf entstehen wird, der zu einer Nachfrage nach Realkredit führen muß. Auch die Aufrüstung des Dorfes — als eines der größten und wichtigsten Vorhaben zur Bekämpfung der Landflucht — wird nach dem Kriege den Einsatz erheblicher Mittel erfordern, die zu einem großen Teil ebenfalls auf dem Wege über den Realkredit gedeckt werden müssen. Da aber die Mehrzahl der landwirtschaftlichen Betriebe nach einer von der Deutschen Rentenbank-Kreditanstalt angestellten Untersuchung bereits mit erststelligen Realkrediten belastet ist, wird diese nach dem Kriege zu erwartende verstärkte Kreditnachfrage nur befriedigt werden können, wenn die Einrichtung eines organisierten zweitstelligen Realkredits geschaffen wird.

Auch aus einem anderen Grunde wird das Problem des zweitstelligen Realkredits in der Landwirtschaft nach dem Kriege zur Lösung drängen. Die gegenwärtige Struktur des Realkredits zeigt, daß noch immer die Privathypotheken mit rund 25% einen erheblichen Anteil der gesamten Realschulden ausmachen. Wenn auch diese privaten Hypotheken zu einem Teil der Landwirtschaft zu besonders günstigen Bedingungen zur Verfügung gestellt wurden, es handelt sich hier vor allem um Verwandtendarlehen, so sind doch andererseits viele private Hypotheken unter erheblich ungünstigeren Bedingungen gegeben worden, als sie vom organisierten Realkredit gewährt zu werden pflegen. Eine Ablösung dieser Hypotheken würde nicht nur eine Zinsentlastung der Landwirtschaft mit sich bringen, sondern darüber hinaus auch mit einer Umwandlung von Kündigungshypotheken in Amortisationshypotheken verbunden sein können und die Landwirtschaft damit von dem Druck der jederzeit möglichen Kündigung der Darlehen zu einem für sie ungünstigen Zeitpunkt befreien. Schließlich würde ein zweitstelliger Realkredit auch bei den Betrieben, die nicht durch die Osthilfegesetzgebung oder durch die Schuldenregelung erfaßt worden sind, die Umschuldung der hier vielfach in der Krise festgefrorenen Personalkredite erleichtern.

Die für den Agrarkredit so bedeutungsvolle Wiederherstellung der landwirtschaftlichen Rentabilität und vor allem die Gewährleistung einer stetigen Entwicklung von Produktion und Absatz waren auch die Voraussetzungen für eine erfolgreiche E n t s c h u l d u n g d e r L a n d w i r t s c h a f t. Alle früheren Versuche dieser Art hatten darunter zu leiden, daß noch während der Durchführung der Entschuldungsverfahren eine weitere Verschlechterung der Ertragslage der zu entschuldenden Betriebe eintrat, so daß sich die in Angriff genommenen Maßnahmen nach kurzer Zeit als unzureichend herausstellten. Erst von dem Zeitpunkt an, als mit einer stabilen Ertragsentwicklung in der Landwirtschaft gerechnet werden konnte, war es möglich, einen durchgreifenden Erfolg sicherzustellen. Gemessen an der Gesamtzahl der landwirtschaftlichen Betriebe sind im übrigen nur verhältnismäßig wenige Betriebe durch die großen Entschuldungsaktionen, die Osthilfe und die Schuldenregelung, erfaßt worden. Die Bereinigung der Verschuldung dieser hochverschuldeten Betriebe erfolgte vor allem durch die Umwandlung der bestehenden kurzfristigen Verbindlichkeiten in unkündbare Tilgungsschulden oder Renten und durch Kürzungen und Herabsetzungen der Kapitalverschuldung sowie durch Senkung der Zinslast. Darüber hinaus wurden, um die betroffenen Gläubiger zu entlasten, unter bestimmten Voraussetzungen Forderungen teilweise in bar, teilweise in Schuldverschreibungen abgelöst. Gegenwärtig kann die landwirtschaftliche Schuldenregelung im wesentlichen als abgeschlossen gelten.

Bei vielen Betrieben reichten die Entschuldungsmaßnahmen allein nicht aus, um ihnen ihre normale Leistungsfähigkeit wiederzugeben. Es erwies sich vielmehr als notwendig, diesen Betrieben neue Kredite zuzuführen, um eine Ergänzung ihres Inventars und eine Nachholung der während der Krise unterbliebenen Investitionen zu ermöglichen. Da eine normale Kreditgewährung an diese Entschuldungsbetriebe auf Schwierigkeiten stieß und auch die Zinssätze eines solchen Kredits von ihnen kaum getragen werden konnten, wurde bei der Deutschen Rentenbank-Kreditanstalt das Sondervermögen zur Förderung der deutschen Landwirtschaft geschaffen, um diesen Betrieben die notwendige Kredithilfe zur Verfügung zu stellen. Dieses Sondervermögen wurde gebildet aus den Reingewinnen der Deutschen Rentenbank-Kreditanstalt und später durch Reichsmittel verstärkt. Die dem Sondervermögen gegenwärtig zur Verfügung stehenden Mittel belaufen sich auf rund 160 Mill. RM. Während sich die Kreditgewährung zunächst auf die Entschuldungsbetriebe, in Sonderheit auf die bäuerlichen Entschuldungsbetriebe, beschränkte, wurden später Kredite auch an andere leistungsschwache Betriebe gegeben.

Diese sogenannten Betriebsaufbaudarlehen wurden der Landwirtschaft zu besonders günstigen Bedingungen gewährt. Die Darlehen sind mit 2½% einschließlich des Verwaltungskostenbeitrages von ½% zu verzinsen. Die Tilgung hat je nach dem Verwendungszweck im Verlauf von 10 bzw. 39½ Jahren zu erfolgen. Nach den für die Verwendung der Mittel des Sondervermögens aufgestellten Richtlinien sind die Darlehen in erster Linie für die Instandsetzung und die Errichtung von Wirtschaftsgebäuden sowie für die Ergänzung des lebenden und toten Inventars zu verwenden. Durch die Einschaltung des Reichsnährstandes bei der Vergebung der Betriebsaufbaudarlehen ist dafür Sorge getragen, daß die Kredite nur denjenigen Betrieben gewährt werden, die infolge ihrer geringen Leistungsfähigkeit andere Kredite nicht erhalten oder einen höheren Zinssatz nicht tragen können.

Nach Beendigung der Entschuldung wird man sich überlegen müssen, inwieweit das Sondervermögen in der bisherigen Form weiter bestehen bleiben soll. Dabei wird man bedenken müssen, daß auf die Dauer zwei verschiedene Zinssätze im Agrarkredit, nämlich der normale Zinssatz und der etwa nur die Hälfte davon betragende Zinssatz des Sondervermögens, nicht wünschenswert sein können. Schon gegenwärtig haben die Betriebsaufbaudarlehen aus dem Sondervermögen vielfach zu Unzuträglichkeiten in der Landwirtschaft geführt, weil naturgemäß die Auswahl der Betriebe, denen ein Kredit aus dem Sondervermögen zur Verfügung gestellt werden soll, schwierig ist und leicht zu Berufungen bei denjenigen Betrieben führt, die nicht in den Genuß eines solchen billigen Kredits kommen können. Da außerdem nach der Durchführung der Entschuldung die leistungsschwachen Betriebe allmählich wieder erstarken werden, wird auch aus diesem Grunde die Aufrechterhaltung eines Sonderkredits nicht mehr notwendig sein. Das Sondervermögen wäre aber in der Lage, eine andere Lücke auszufüllen, die sich bei der Schaffung eines nachstelligen Realkredits bei den Kleinbetrieben ergeben würde. Für diese Betriebe kommt ein solcher nachstelliger Kredit deswegen kaum in Frage, weil die Kosten eines solchen Kredits im Verhältnis zu der Höhe des Darlehns zu groß sind. Deshalb könnte hier mit den Darlehen des Sondervermögens ausgeholfen werden, das für die Sicherung der Kredite nicht so hohe Ansprüche zu stellen braucht wie die auf Refinanzierung auf dem Kapitalmarkt angewiesenen Bodenkreditinstitute.

Im Rahmen des landwirtschaftlichen Kredits hat in den letzten Jahren der Meliorationskredit eine besonders große Bedeutung gewonnen. Die Durchführung von Landeskulturarbeiten war in Zeiten der liberalen Wirtschaftspolitik sehr umstritten. Man wies darauf hin, daß die durch Meliorationen ermöglichte Produktionssteigerung verhältnismäßig teuer sei und daß es deshalb vorteilhafter wäre, die fehlenden landwirtschaftlichen Erzeugnisse aus dem billiger produzierenden Ausland einzuführen. Der vergangene und der gegenwärtige Krieg haben mit aller Deutlichkeit gezeigt, daß solche rein ökonomischen Gesichtspunkte nicht durchschlagend sein dürfen. Die nationalsozialistische Wirtschaftspolitik ging von der Auffassung aus, daß alle lebensnotwendigen Waren nach Möglichkeit im Inland zu erzeugen seien und legte deshalb auf die Durchführung von Landeskulturarbeiten großen Wert. Hinzu kam, daß die sehr arbeitsintensiven Meliorationen auch besonders geeignet waren, die bei der Machtübernahme durch den Nationalsozialismus bestehende Arbeitslosigkeit beseitigen zu helfen. Nachdem dieses Ziel erreicht war, wurden die Landeskulturarbeiten im Rahmen der Erzeugungsschlacht zielbewußt weiter gefördert.

Wenn auch bei der großen volkswirtschaftlichen Bedeutung der Landeskultur für die Durchführung dieser Arbeiten in erheblichem Umfange öffentliche Mittel zur Verfügung gestellt wurden, so blieb doch ein großer Betrag übrig, der nur durch Meliorationskredite befriedigt werden konnte. Erleichtert wurde die Meliorationskreditgewährung durch neue Bestimmungen über die Bildung von Wasser- und Bodenverbänden und insbesondere durch die dabei geschaffene Möglichkeit, bei volkswirtschaftlich besonders wertvollen Vorhaben einen Zwangszusammenschluß der beteiligten Bauern und Landwirte herbeizuführen. Durch diese Vorschrift können auch Außenseiter, die bis dahin die Durchführung lebenswichtiger Meliorationen stören konnten, gezwungen werden, sich ihrerseits an der

Finanzierung der Landeskulturarbeiten zu beteiligen. Um die Belastung der Landwirtschaft aus den Meliorationskrediten zu mildern, wurde eine weitgehende Zinsverbilligung für alle Meliorationskredite durchgeführt. Zugleich wird durch gutachtliche Beurteilung des Reichsnährstandes dafür Sorge getragen, daß nur solche Vorhaben durchgeführt werden, die eine schnelle und nachhaltige Rentabilitätssteigerung zur Folge haben.

Gegenüber den bisherigen Finanzierungsmethoden ist bei der Durchführung von Landeskulturarbeiten zuweilen auch der Gedanke erörtert worden, die Landwirtschaft von der Finanzierung ganz frei zu stellen. Diesem Vorschlag wird man nicht zustimmen können. Zunächst sprechen allgemein volkswirtschaftliche Gründe dafür, daß man diejenigen Kreise an der Finanzierung von Vorhaben beteiligt, die selbst einen privatwirtschaftlichen Vorteil aus diesen Arbeiten ziehen. Hinzu kommt, daß eine vollständige Finanzierung der Meliorationen aus öffentlichen Mitteln, die eine Subventionierung der Landwirtschaft bedeuten würde, niemals der gesamten Landwirtschaft, sondern stets nur einem bestimmten Teil zugute kommt. Ferner ist noch darauf hinzuweisen, daß die Landwirtschaft erfahrungsgemäß ein größeres Interesse an der Erhaltung und Verbesserung der Meliorationen hat, wenn sie zu ihrem Teil an der Aufbringung der Kosten beigetragen hat, als wenn die Arbeiten ausschließlich auf Staatskosten erstellt werden würden. Schließlich ist auch noch zu befürchten, daß die Förderung der Landeskultur in der Nachkriegszeit wesentlich eingeschränkt werden müßte, wenn die Landwirtschaft sich nicht mehr an der Finanzierung beteiligen würde, weil nach dem Kriege ohnehin durch eine Reihe großer volkswirtschaftlicher Aufgaben die Haushaltsmittel des Reiches bereits in hohem Maße vorbelegt sind.

Infolge der steigenden Bedeutung, die der Meliorationskredit in den letzten Jahren erlangte, erwiesen sich auch Änderungen in der Organisation dieses Kreditzweiges als unerläßlich. Die neben der Deutschen Rentenbank-Kreditanstalt noch vorhandenen Meliorationskreditinstitute wurden deshalb von dieser als der Landwirtschaftlichen Zentralbank übernommen und die Pflege des Meliorationskredits ausschließlich diesem Institut übertragen. Maßgebend für diese organisatorische Umgestaltung war der Gedanke, daß die umfangreichen Mittel, die der Meliorationskredit in künftigen Jahren erfordern würde, nur von einem großen und kapitalkräftigen Institut beschafft und bereitgestellt werden konnten. Darüber hinaus erleichterte diese Zentralisation des Kredits die Planung der Landeskultur.

Vor allem wurde damit die Durchführung der Meliorationen unabhängig von der Kapitalkraft regionaler Kreditinstitute und konnte daher auch in solchen Bezirken durchgeführt werden, wo diese regionale Kapitalkraft nicht ausgereicht hätte, um die Finanzierung größerer Meliorationen zu ermöglichen. Während die Mittelbeschaffung von der Deutschen Rentenbank-Kreditanstalt zentral erfolgt, ist durch eine Dezentralisierung der Mittelvergebung dafür Sorge getragen, daß die örtlichen Erfahrungen, die bei den regionalen Kreditinstituten vorliegen, hinreichend berücksichtigt werden. Es ist zu erwarten, daß dieses System des Meliorationskredits, das sich in der Vergangenheit aufs beste bewährt hat, auch nach dem Kriege beibehalten wird.

Größere Wandlungen haben sich in den letzten Jahren auch auf dem Gebiete des landwirtschaftlichen Betriebskredits vollzogen. Dieser Kreditzweig umfaßt die Finanzierung der landwirtschaftlichen Erzeugung und die Finanzierung der Ernte. Im Rahmen der Produktionsfinanzierung sind kaum Veränderungen eingetreten. Durch die Erzeugungsschlacht haben sich zwar die Aufwendungen der Landwirtschaft erheblich erhöht, insbesondere sind die Ausgaben für Düngemittelankäufe, für Treibstoffe sowie für Maschinen und Geräte stark gestiegen. Wenn diese Steigerungen nicht in einer Erhöhung des landwirtschaftlichen Personalkredits zum Ausdruck gekommen sind, so liegt dies in erster Linie daran, daß die Landwirtschaft infolge ihrer verbesserten Rentabilität wieder in größerem Umfange in die Lage versetzt wurde, ihr eigenes Betriebskapital zu stärken und ihren Kreditbedarf entsprechend zu senken.

Wesentliche Veränderungen sind dagegen bei der Erntefinanzierung zu verzeichnen. Die Erntefinanzierung hat früher im Rahmen des landwirtschaftlichen Betriebskredits eine besonders große Rolle gespielt. Durch die Aufnahme von Erntefinanzierungskrediten sollte die Landwirtschaft in die Lage versetzt werden, den Verkauf des Getreides den Marktbedingungen besser anpassen zu können. Insbesondere sollte durch diese Kredite der unmittelbar nach der Ernte einsetzende Verkaufsdruck, der häufig zu Preisstürzen führte, gemildert werden. Die Landwirtschaft hat von diesen Kreditmöglichkeiten früher in größerem Umfange Gebrauch gemacht. Durch die landwirtschaftliche Marktordnung mit ihrem Festpreissystem ist nunmehr die Möglichkeit eines Preissturzes beseitigt. Darüber hinaus hat die mit der Marktordnung verbundene Stabilisierung des Preisniveaus dazu geführt, daß die mit der Durchführung dieser Politik betrauten Stellen zur Erleichterung des Ausgleichs von Angebot und Nachfrage eine Vorratswirtschaft zu betreiben bestrebt waren. Damit verlagerte sich der Kreditbedarf von der Landwirtschaft zur aufnehmenden Hand, d. h. beim Getreide insbesondere zu den Genossenschaften, dem Landhandel und den Mühlen sowie schließlich zur Reichsgetreidestelle, als der mit der zentralen Durchführung der Marktordnung beauftragten Organisation.

Diese Umschichtung vom unmittelbaren zum mittelbaren Agrarkredit ist jedoch nicht nur auf dem Gebiete des Getreides zu verzeichnen, sondern hat sich auch bei anderen landwirtschaftlichen Produktionsgebieten vollzogen. Voraussetzung dafür war, daß die Absatz- und Verwertungseinrichtungen der Landwirtschaft gefördert und entsprechend ausgebaut wurden. Infolgedessen wurden mit Hilfe von Investitionskrediten, die ebenfalls dem mittelbaren Agrarkredit zuzurechnen sind, in großem Umfang Lagerhäuser, Silos, Molkereien, Konservenfabriken, Kühlräume usw.

gebaut. Die Marktordnung erleichterte diese Entwicklung insofern, als sie eine volle Ausnutzung der geschaffenen Aufnahme- bzw. Produktionskapazitäten sicherte und damit Kapitalfehlleitungen verhinderte. Gleichzeitig wurden diese Absatz- und Verwertungseinrichtungen durch die Einräumung von Betriebskrediten in die Lage versetzt, der Landwirtschaft in höherem Maße, als dies bisher der Fall war, ihre Produkte gegen bar abzukaufen. Diese Entwicklung war zunächst agrarpolitisch erwünscht, weil sie den unmittelbaren Kreditbedarf der Landwirtschaft verminderte. Aber auch für die Kreditinstitute war diese Entwicklung von Vorteil, weil die Sicherung des Kredits bei den nach strengen betriebswirtschaftlichen Grundsätzen arbeitenden Absatz- und Verwertungseinrichtungen leichter erfolgen kann als die Sicherung des unmittelbaren landwirtschaftlichen Personalkredits, und weil die Zahl der Kreditnehmer kleiner ist und damit auch die Kreditkosten geringer werden. Ähnliche Entwicklungen, wie sie hier für den landwirtschaftlichen Personalkredit in Deutschland aufgezeigt werden, haben sich auch im Ausland vollzogen. Dabei sind in den Agrarüberschußländern, vor allem in Südosteuropa, an die Stelle der Absatz- und Verwertungseinrichtungen vielfach Anbau- und Exportgesellschaften getreten, die dem Landwirt die Ernte zu festen Preisen abnehmen und so ebenfalls zu einer Stabilisierung der Marktordnung beitragen.

Organisatorisch haben sich diese Wandlungen im landwirtschaftlichen Betriebskredit dahin ausgewirkt, daß die zentralen Kreditinstitute an der Finanzierung des mittelbaren Agrarkredits besonders beteiligt sind. Dabei ist die Bedeutung der Reichsbank im Agrarkredit in den letzten Jahren zurückgetreten, während die Deutsche Rentenbank-Kreditanstalt als Landwirtschaftliche Zentralbank und daneben auch die Deutsche Zentralgenossenschaftskasse als genossenschaftliches Spitzeninstitut in großem Umfange den mittelbaren Agrarkredit gepflegt haben. Andererseits ist die Bedeutung dieser zentralen Kreditinstitute am unmittelbaren landwirtschaftlichen Personalkredit zurückgegangen. Diese Entwicklung erklärt sich einmal aus der geschilderten größeren Bedeutung des mittelbaren Agrarkredits, zum anderen kommt darin die Wiedererstarkung der landwirtschaftlichen Personalkreditinstitute zum Ausdruck. Diese Institute hatten während der Inflationszeit ihr Eigenkapital und ihre Spareinlagen zu einem großen Teil verloren und waren deshalb bei der Gewährung ihrer Personalkredite in den ersten Jahren nach der Währungsstabilisierung in sehr viel stärkerem Umfange von der Refinanzierung bei den zentralen Kreditinstituten abhängig, als dies heute der Fall ist.

Die vorstehend geschilderten allgemeinen Entwicklungstendenzen spiegeln sich in den Zahlen über die Verschuldung der Landwirtschaft in den letzten Jahren deutlich wider. Nach den unter Heranziehung von Buchführungsergebnissen jährlich durchgeführten Erhebungen über die Kreditlage der deutschen Landwirtschaft zeigt sich in der Nachinflationszeit zunächst ein schnelles und steiles Ansteigen der Verschuldungskurve. Eine Reihe von Gründen hat diese starke Schuldenzunahme gefördert. Zunächst hat die Aufwertungsgesetzgebung dazu geführt, daß die Landwirtschaft durch die Inflation nicht vollständig entschuldet war, sondern ein erheblicher Block der Vorkriegsschulden in Höhe von rund 3 Mrd. RM bestehen blieb. Ferner ergab sich für die Landwirtschaft als Folgewirkung des Krieges ein starker Nachholungsbedarf. Dieser entstand aus der Devastierung des Bodens, der während des Krieges nicht ausreichend mit Nährstoffen versorgt werden konnte und aus Mangel an Arbeitskräften nur unzulänglich bestellt worden war. Darüber hinaus ergab sich die Notwendigkeit, eine Wiederauffüllung und Vermehrung des toten und lebenden Inventars vorzunehmen. Dabei waren die Aufwendungen für die Vergrößerung und Verbesserung des Viehbestandes besonders hoch. Sie waren umfangreicher als die Ausgaben für Investitionen aller Art — einschließlich des Ankaufs von Maschinen, obwohl auch hier große Versäumnisse der Kriegs- und Nachkriegszeit aufgeholt werden mußten.

Eine der wichtigsten und für die Landwirtschaft verhängnisvollsten Quellen der Verschuldung in der Nachinflationszeit bildeten jedoch die hohen Betriebsverluste, auf die einleitend bereits hingewiesen wurde. Berücksichtigt man schließlich noch, daß die Landwirtschaft durch die Inflation ihr Betriebskapital fast vollständig verloren hatte und ihr in der Stabilisierungszeit hohe Steuern auferlegt wurden, während andererseits die Ernteerträge bis zum Jahre 1928 teils infolge schlechter Ernten, teils infolge der Devastierung des Bodens hinter dem Vorkriegsstand zurückblieben, so erscheint es verständlich, daß die Verschuldung in den Jahren nach 1924 so schnell und stark anwuchs. Der Höhepunkt der Verschuldung wurde im Jahre 1932 mit 13,9 Mrd. RM einschließlich der Renten und Altenteile erreicht. Vom Jahre 1934 an zeigt sich dann ein allmählicher Rückgang, der sich fühlbar aber erst vom Jahre 1938 an bemerkbar macht. Gegenwärtig kann man damit rechnen, daß die Gesamtverschuldung der Landwirtschaft etwa 12,5 Mrd. RM ausmachen wird, wovon etwa rund 900 Mill. RM auf die Renten und Altenteile entfallen dürften.

Während die Zinsbelastung der Landwirtschaft bis zum Jahre 1932 etwa dem Verschuldungszugang entspricht und mit rund 1 Mrd. RM in dem genannten Jahr ihren Höhepunkt erreicht hat, haben sich seither die Zinsen erheblich stärker ermäßigt als die Verschuldung. Das hängt einmal mit den Auswirkungen der Schuldenregelung und der Osthilfegesetzgebung zusammen, deren Maßnahmen in erster Linie auf eine Zinssenkung gerichtet waren. Sehr viel fühlbarer aber hat sich die Senkung des allgemeinen Kapital- und Geldmarkt-Zinssatzes auf den landwirtschaftlichen Zinsendienst ausgewirkt. Während die Verschuldung vom Jahre 1933 bis zum Jahre 1936 nur um eine halbe Milliarde gesunken ist, haben sich die Zinsen in demselben Zeitraum von 1 Mrd. RM auf 650 Mill. RM ermäßigt. Seither ist eine weitere Senkung eingetreten, so daß im Jahre 1940 die Zinslast nur noch auf rund 550 Mill. RM zu schätzen ist.

Gemessen an der landwirtschaftlichen Rentabilität, die sich seit 1933 stetig gebessert hat, haben die Verschuldung und der Zinsendienst heute einen Stand erreicht, der für die Entwicklung der Landwirtschaft keine Gefahr mehr bedeutet. Es ist dabei allerdings zu berücksichtigen, daß innerhalb der Landwirtschaft recht große Unterschiede bestehen und daß den überhaupt nicht oder gering verschuldeten Betrieben noch immer sehr hoch verschuldete gegenüberstehen. Die im allgemeinen festzustellende Entspannung der Kreditlage darf nun aber nicht zu der Auffassung verleiten, daß die Landwirtschaft wieder in der Lage wäre, größere Investitionen durch Aufnahme von Krediten zu finanzieren. Neue Kredite größeren Umfanges, wie sie nach dem Kriege durch den dann hervortretenden Nachholungsbedarf, vor allem aber auch durch die geplante Aufrüstung des Dorfes notwendig werden könnten, sind im Rahmen der gegenwärtigen Zinsleistungsfähigkeit nur für wenige Betriebe tragbar. Wenn die Landwirtschaft aus eigener Kraft an der Durchführung dieser Aufgaben mitwirken und für diese Zwecke neue Kredite aufnehmen soll, so setzt dies eine erhebliche Verbesserung der landwirtschaftlichen Ertragslage voraus. Der landwirtschaftliche Berufsstand hat an dem allgemeinen wirtschaftlichen Aufschwung Deutschlands in den letzten Jahren vor dem Kriege nicht in dem Umfange teilnehmen können wie andere Berufskreise. Daraus haben sich Spannungen ergeben, die erheblich zur Ausbreitung der Landflucht mit ihren für die Landwirtschaft so schwerwiegenden Folgen beigetragen haben. Es wird zu den vordringlichsten Aufgaben der Nachkriegspolitik gehören, diese Spannungen zu beseitigen und damit zugleich auch dem Agrarkredit neue Aufgaben zu stellen.

Adolf Friedrichs und Ludwig Riderer

Die öffentliche Finanzierung des Wohnungsbaues

In den letzten beiden Jahrzehnten war der Wohnungsbau hinsichtlich seiner Finanzierung zu einem wesentlichen Teil auf die von der öffentlichen Hand bereitgestellten Mittel angewiesen. Insbesondere hat das Reich in steigendem Maße Mittel für den sozialen Wohnungsbau zur Verfügung gestellt. Auch in den nächsten Jahren wird in der Notwendigkeit, die Errichtung von Wohnungen mit Mitteln des Reiches zu unterstützen, kaum eine Änderung eintreten. Die Förderungsmaßnahmen des Reiches für den sozialen Wohnungsbau sind in dem Führererlaß vom 15. November 1940 zur Vorbereitung des Wohnungsbaues nach dem Kriege auf eine völlig neue Grundlage gestellt. „Der neue deutsche Wohnungsbau muß in Zukunft den Voraussetzungen für ein gesundes Leben kinderreicher Familien entsprechen". Die Wohnungen sollen nicht nur geräumig sein, sondern die Mieten sollen auch „in einem gesunden Verhältnis zu dem Einkommen der Volksgenossen stehen, für die die Wohnungen bestimmt sind". Diese Worte des Erlasses bilden den Ausgangspunkt für eine neue Wohnungsbaupolitik, bei deren Durchführung die Beteiligung des Reiches an der Finanzierung in den nächsten Jahren eine entscheidende Rolle spielen wird.

Bis in die 90er Jahre des vergangenen Jahrhunderts hatte der Staat den Wohnungsbau entsprechend den Grundanschauungen liberaler Wirtschaftspolitik nur in einem unumgänglich notwendigen Mindestmaß geregelt und beaufsichtigt und sich an seiner Finanzierung nicht beteiligt. Unter dem Druck der Wohnungsreformer auf der einen Seite und der deutlicher hervorttetenden Schwierigkeiten in der Beschaffung nachstelligen Realkredits auf der anderen Seite, begann gegen Ende des 19. Jahrhunderts die lange Kette behördlicher Eingriffe zur Schaffung gesunder Wohnungen bei tragbarer Miete, die nun durch den Führer-Erlaß ihre entscheidende Krönung gefunden hat. Die damaligen ersten Maßnahmen der Wohnungsaufsicht und Wohnungsbaupolitik waren bereits begleitet von Erwägungen und Schritten zur Erleichterung und Verbilligung der Geldbeschaffung. Dabei galt die Aufmerksamkeit von Anfang an in erster Linie der nachstelligen Hypothek, in gewissem Umfange aber auch schon der Restfinanzierung. Es war eine Zeit der ersten tastenden Versuche, ohne daß es vor dem Weltkrieg zu wirkungsvollen Maßnahmen gekommen wäre. Die Privatwirtschaft versuchte die leichtere Beschaffung II. Hypotheken durch Einführung einer Versicherung gegen Hypothekenverluste und gegen Mietausfälle, durch Bildung von Garantiegenossenschaften und Spezialbanken der Hausbesitzer zu erreichen, hatte aber keinen rechten Erfolg. Durch Zusammenarbeit mit Kommunen entstanden die ersten Stadtschaften. Dazu kamen selbständige Maßnahmen der Gemeinden durch Bildung von Hypothekenämtern als Vermittlungsstellen für nachstellige Hypotheken, die aber wenig in Anspruch genommen wurden, ferner und mit besserem Erfolg durch Übernahme von Bürgschaften, und zwar vorwiegend für Hypotheken der Landesversicherungsanstalten an Baugenossenschaften. Bis Ende 1913 waren auf diese Weise immerhin rund 30 Mill. Mk. Hypotheken verbürgt. Die Landesversicherungsanstalten, die von Anfang an den sozial gerichteten Wohnungsbau durch ihre Beleihungen stark förderten, haben dabei in vielen Fällen — meist auf Grund von Gemeindebürgschaften — die Grenze der Mündelsicherheit überschritten und bis 80% und darüber, unter Umständen bis 100% der Gesamtherstellungskosten beliehen. Auch die Sparkassen haben gelegentlich Hypotheken bis 80% der Gesamtherstellungskosten gewährt. Die Wohnungsbauförderungsmaßnahmen der Länder haben sich vor dem Weltkrieg, obwohl der Wohnungsbau nach der damaligen Zuständigkeitsverteilung zu ihrem Aufgabenbereich gehörte, in engen Grenzen gehalten. Sie stellten zumeist Beträge für nachstellige Hypotheken zum Bau von Wohnungen für ihre Angestellten, Arbeiter und gering besoldeten Beamten bereit, wobei Preußen 1895 den Anfang machte. Das Reich hat sich darauf beschränkt, 1901 einen Wohnungsfürsorgefonds zu bilden, und seit 1914 auch Reichsbürgschaften zur Förderung des Baues von Kleinwohnungen für Reichs- und Militärbedienstete bereitgestellt. Diese Bürgschaftsaktion war ein bescheidenes Ergebnis gegenüber einem schon viel weiter blickenden Reichstagsbeschluß vom 7. Februar 1913, „das Reich solle in Verbindung mit den einzelstaatlichen Regierungen Bürgschaften für die II. Hypotheken der Kleinwohnungsbauten gemeinnütziger Baugenossenschaften in dem Bereich von 50—90 % der Gesamtherstellungskosten übernehmen“. Die im Jahre 1913 vom Reichskanzler eingesetzte Immobiliarkreditkommission, der u. a. die Prüfung der wirtschaftlichen und rechtlichen Grundlagen des deutschen Realkreditsystems oblag und deren eigentliche Sitzungen erst im Weltkriege stattfanden, trug wertvolles Material zusammen, auf dem bei den späteren Arbeiten mit Erfolg weiter gebaut werden konnte.

Nach Kriegsende, während der Inflationszeit, sah sich der nunmehr für sozialpolitische Maßnahmen sehr stark interessierte Staat auf dem Gebiet des Wohnungsbaues ganz neuen Aufgaben gegenüber. Man erwartete ein späteres Zurückgehen der stark erhöhten Baukosten auf den Vorkriegsstand. So schuf man zur Niedrighaltung der Mieten in der Hergabe von verlorenen Baukostenzuschüssen in Höhe des nicht rentierlichen Teiles der Baukosten ein völlig neues System der öffentlichen Finanzhilfe, das für die Inflationszeit charakteristisch wurde. Mittel für diesen Zweck wurden bereits am 31. Oktober 1918 vom Bundesrat bereitgestellt. Dem gleichen

Ziel diente die Verordnung des Reichsrats vom 10. Januar 1920, bestätigt durch Gesetz vom 12. Februar 1921. Eingesetzt wurden für die Aufgaben Mittel des Reichs, der Länder und Gemeinden. Daneben wurden auch schon öffentliche Darlehen in verschiedener Form gewährt. Das Reich allein hat während der Inflation für die Wohnungsbaufinanzierung 380 Mill. GM aufgewendet.

Mit der Stabilisierung begann der dritte Abschnitt in der Geschichte der öffentlichen Finanzierungsmaßnahmen für den Wohnungsbau, die bekannte Hauszinssteuerperiode. Wieder war für den Gesetzgeber eine neue Lage entstanden: Der Kapitalmarkt war so gut wie restlos zerstört, die Bautätigkeit infolgedessen gering und dies bei größtem Wohnungsbedarf. Das Reich entschloß sich zur Bereitstellung öffentlicher Mittel in beträchtlicher Höhe zwecks Ausgabe nachstelliger Hypothekardarlehen. Die erforderlichen Summen wurden durch die Geldentwertungsausgleichssteuer oder Hauszinssteuer, eine Abwandlung der schon 1921 eingeführten Wohnungsbauabgabe, aufgebracht auf Grund der 3. Steuernotverordnung vom 24. Februar 1924 und des Reichsgesetzes über den Geldentwertungsausgleich bei bebauten Grundstücken vom 1. Juni 1926. Die auf die einzelnen Neubauwohnungen entfallenden Hypotheken waren, gemessen an den damaligen Baukosten, hoch. In Bayern und Württemberg betrug der Höchstsatz 5000 bis 6000 RM, in Bremen für Einfamilienhäuser 12000 RM, für Mehrfamilienhäuser 8000 RM je Wohnung. In Preußen belief sich das Normaldarlehn auf 3000 RM, in besonderen Fällen auf 5000 RM; dazu kamen aber Zusatz- und Sonderzusatzhypotheken für Kinderreiche und Schwerkriegsbeschädigte in Höhe von mehreren 1000 RM. Die den Hauszinssteuerhypotheken vorgehenden erststelligen Hypotheken der Realkreditinstitute deckten während der ersten Jahre in der Regel nur 25 bis höchstens 40% der Gesamtherstellungskosten. Die dann folgende Hauszinssteuerhypothek lief meist bei 80 bis 90%, nicht selten auch bei 100% aus. Etwa von 1928 ab begann man zwischen die erste und die öffentliche Hypothek die sogenannte Ib-Hypothek der Realkreditgeber mit Bürgschaft von Gemeinden und Gemeindeverbänden einzuschalten; aber auch diese Ib-Hypothek ging damals nur bis etwa 60% des Beleihungswertes, so daß praktisch immer noch 30—40% der Gesamtherstellungskosten von der Hauszinssteuerhypothek ausgefüllt werden mußten, zumal die Eigenmittel der Bauherren selten über 10% hinausgingen. Der Zinssatz war in Preußen 3%, der aber meist auf 1% gesenkt wurde; die Tilgung von ebenfalls 1% für die ersten 10 Jahre wurde am Anfang der Laufzeit meist gestundet. Welch ungünstige Auswirkung die hohen Hauszinssteuerhypotheken und vor allem die Grundsätze für ihre Hergabe auf die Baukosten und auf die Richtung des Wohnungsbaues hatten, ist bekannt.

Das System brach schon 1930/31 zusammen, als die Weltwirtschaftskrise und die hohen Reparationsleistungen eine sehr starke Anspannung der öffentlichen Finanzen herbeiführten. Die Hauszinssteuererträge wurden nicht mehr, wie bisher, etwa zur Hälfte, sondern in voller Höhe für den laufenden Finanzbedarf der Länder und Gemeinden benötigt. Eine neue, vierte Periode setzte ein, die durch völlige Umkehr in den Förderungsgrundsätzen gekennzeichnet ist. Im allgemeinen sollte der Wohnungsbau nunmehr ausschließlich durch Mittel des Kapitalmarktes finanziert werden. Zur Beschaffung der nachstelligen Hypotheken übernahm das Reich die Bürgschaft bis zu 75% des Beleihungswertes, auf Grund der Notverordnung vom 1. Dezember 1930 für Kleinwohnungen, auf Grund der Notverordnung vom 6. Oktober 1931 für Kleinsiedlungen. Reichsdarlehen wurden daneben nur noch für enger begrenzte Maßnahmen eingesetzt. Neben einigen kleineren Aktionen waren dies in der Hauptsache die 1931 eingeführte neue Siedlungsform der Kleinsiedlung, die 1932 begonnene Reichsbaudarlehnsaktion für Eigenheime und der 1935 eingeleitete und auf breiterer Grundlage stehende Volkswohnungsbau.

Die Reichsbürgschaftsaktionen haben sich bestens bewährt. Mit Hilfe der Reichsbürgschaften für Kleinwohnungen können Stockwerkswohnungen bis 90 qm, Eigenheimwohnungen bis 120 qm Wohnfläche errichtet werden. Mit Reichsbürgschaften allein wurden von 1933 bis 1939 über 300000 Neubauwohnungen gefördert. Die Reichsbürgschaften wurden daneben auch beim Einsatz der öffentlichen Darlehen vorgeschaltet, wodurch sich für die genannte Zeit eine Gesamtzahl von 521000 reichsverbürgten Wohnungen ergibt. Grundsätzlich sollte der nachstellige Raum auch bei den mit öffentlichen Darlehen geförderten Bauvorhaben durch Mittel des Kapitalmarktes unter Reichsbürgschaft ausgefüllt werden, so daß die Darlehen der öffentlichen Hand nur im Raume der Restfinanzierung bis 90% eingesetzt werden mußten. Gleichzeitig wurde der Gedanke der Subventionierung durch niedrige Zinssätze der Reichsdarlehen zunächst aufgegeben. Die Reichsdarlehen waren in der Regel mit 4% verzinslich. Erst mit steigenden Baukosten wurde später im Interesse niedriger Mieten auch hier wieder entgegengekommen und zuletzt bis zur Abtilgung der vorgehenden Hypotheken auf Verzinsung ganz verzichtet. Es wurde auch die Durchführung des Grundsatzes, daß die gleichzeitig eingesetzte Reichsbürgschaft bis 75% auszuschöpfen war, im Interesse einer Herabsetzung der Belastung gelockert. Der Gesamtbetrag der aufgewendeten Darlehnsmittel und ebenso die Höhe der Einzeldarlehen je Wohneinheit waren wesentlich niedriger als bei den früheren Hauszinssteuerhypotheken. Wurden in den Jahren 1924 bis 1931 bis 80% aller Neubauwohnungen mit Hauszinssteuerhypotheken und anderen öffentlichen Mitteln gefördert und hierfür alljährlich bis zu 1100 Mill. RM und 1300 Mill. RM aufgewendet, so stellte das Reich z. B. für die Kleinsiedlung in den Jahren 1931 bis 1934 nur 190 Mill. RM zur Verfügung. Zusammen mit einigen anderen Maßnahmen wurden von der öffentlichen Hand seit 1932 jährlich nur Beträge von rund 150 bis 275 Mill. RM Darlehnsmittel ausgezahlt, damit aber immerhin jeweils 25 bis 40 % aller Neubauwohnungen gefördert, ein Satz, der sich bei Einrechnung der mit Reichsbürgschaft allein geförderten Wohnungen auf 35 bis 50 % erhöht.

Dieses günstige Ergebnis wurde insbesondere dadurch erzielt, daß man von sehr niedrigen Baukosten ausgehen konnte, und zwar bei Kleinsiedlungen von 3000 RM, bei Volkswohnungen von 3000—3500 RM. Entsprechend hat man nur mäßige Reichsdarlehen je Wohneinheit gewährt. Wenn man von den ersten Finanzierungsmaßnahmen bei der Kleinsiedlung und von der Reichsbaudarlehnsaktion für Eigenheime, die beide mehr den Charakter von Arbeitsbeschaffungsmaßnahmen trugen und nicht typisch waren, absieht, so betrug der Höchstbetrag der Reichsdarlehen für die Volkswohnungen und die Kleinsiedlungen zunächst nur 1000 RM, ausnahmsweise 1500 RM, Sätze, die allerdings später mit steigenden Baukosten beträchtlich heraufgesetzt werden mußten.

Trotz der zahlenmäßig recht ansehnlichen Erfolge ist nicht zu verkennen, daß durch den stetigen Druck auf die Baukosten, auf die Reichsdarlehen und die Mieten namentlich im Volkswohnungsbau Ergebnisse erzielt wurden, die den Anforderungen nationalsozialistischer Sozialpolitik nicht entsprechen. Die Mieten durften zwar z. B. im Volkswohnungsbau lange Zeit einen Satz von 32 RM monatlich nicht übersteigen. Im Zusammenhang hiermit wurde die Größe der so geförderten Wohnungen aber auf höchstens 42—45 qm Wohnfläche beschränkt, ein Maß, das den Bewohnern nur wenig Bewegungsfreiheit läßt, das man jedoch bei den geringen zur Verfügung stehenden Mitteln und dem großen Wohnungsbedarf glaubte einhalten zu müssen.

Mit dem großen Führer-Erlaß vom 15. November 1940 beginnt nun der fünfte und entscheidende Abschnitt in der deutschen Wohnungsbaupolitik, der die endgültige Beseitigung der Wohnungsnot bringen soll. In den Vordergrund zu stellen ist die Bestimmung des Erlasses, daß der soziale Wohnungsbau eine Reichsaufgabe ist. Nach der Weimarer Verfassung war dem Reich auf diesem Gebiet nur die Grundsatzgesetzgebung eingeräumt, während im übrigen die Länder hierfür zuständig waren. Diese haben sehr verschiedenartige und in vielen Punkten voneinander abweichende Förderungssysteme entwickelt, wobei die Unterschiede sich nicht nur auf das Verfahren, sondern auch auf das Ausmaß der Förderung und auf die Vorschriften für die Planung der geförderten Wohnungen bezogen. Die in vielen Punkten entgegengesetzten und auf eine Vereinheitlichung zielenden Forderungen der Reichsregierung auf dem Gebiet der Wohnungsbaupolitik haben sich nur nach langen Kämpfen, die namentlich während der Hauszinssteuerperiode ausgetragen wurden und erst nach dem Zusammenbruch der Länder- und Gemeindefinanzen endeten, durchgesetzt. So hat das Reich erst von 1931 ab von seinem Recht der Grundsatzgesetzgebung Gebrauch gemacht, vor allem durch Erlaß der Reichsgrundsätze für den Kleinwohnungsbau vom 10. Januar 1931. Daneben blieb es aber bei einer Reihe von Einzelmaßnahmen und -gesetzen, z. B. dem Gesetz über vorläufige Maßnahmen zur Ordnung des deutschen Siedlungswesens vom 3. Juli 1934. Erst seit 1931 werden auch die auf der Reichsgesetzgebung beruhenden Förderungsmaßnahmen vom Reich unmittelbar durchgeführt, und zwar mit wenigen Ausnahmen unter Mitwirkung der Deutschen Bau- und Bodenbank A.-G. Ein einheitliches Reichsgesetz über die Förderung des Wohnungsbaues ist aber bisher nicht zustande gekommen, wenn auch viele wertvolle Vorarbeiten geleistet worden sind.

Zur Durchführung der neuen Aufgaben ist durch den Führer-Erlaß ein Reichskommissar für den sozialen Wohnungsbau eingesetzt. Seinen Unterbau bilden die Gauwohnungskommissare, mit denen das Reich zum erstenmal eine eigene Mittelinstanz für die Wohnungspolitik erhält. Daneben behalten die Gemeinden wichtige Aufgaben, z. B. die Baulandbeschaffung, die Siedlungsplanung, die Aufstellung von Wirtschaftsplänen. Als neue Zuständigkeit ist den Gemeinden die Einweisung der Mieter in die neuen Wohnungen nach vorheriger Zustimmung der Partei übertragen worden. Die Gemeinden können zwar auch als Bauherren auftreten. In der Hauptsache wird dies aber wohl den gemeinnützigen Wohnungsunternehmen überlassen werden, die zu diesem Zweck voraussichtlich noch schärfer als bisher auf einen planmäßigen Einsatz ausgerichtet werden.

Das alljährlich durchzuführende Gesamtwohnungsbauprogramm wird jeweils vom Führer selbst bestimmt. Es sind die Mindestwohnungsgrößen festgelegt und der Anteil der einzelnen Raumgrößen am jährlichen Bauprogramm. Dreiraumwohnungen müssen mindestens 62 qm, Vierraumwohnungen mindestens 74 qm und Fünfraumwohnungen mindestens 86 qm Wohnfläche haben, wozu noch ein kleiner Abstellraum kommen soll. Die neuen Abmessungen sind also erheblich größer als die des bisherigen sozialen Wohnungsbaues. Sie werden durchschnittlich um $^1/_5$ bis $^1/_4$ größere Wohnungen ergeben als die in der letzten Zeit errichteten Volkswohnungen. Nur die bisher erstellten Kleinsiedlungen und Landarbeiterwohnungen haben schon die neuen Maße gehabt oder sie wenigstens annähernd erreicht. Grundsätzlich sollen 80% aller Neubauwohnungen vier Räume haben einschließlich Wohnküche, 10% fünf Räume und nur die letzten 10% dürfen eine kleinere Raumzahl enthalten. Früher war dagegen fast die Hälfte aller Neubauwohnungen Kleinwohnungen mit zwei bis drei Räumen.

Weiteres erfährt man zunächst aus der Übergangsregelung des Reichskommissars für den sozialen Wohnungsbau vom 4. April 1941. In dieser ist bestimmt, daß der Führer-Erlaß vom 15. November 1940 schon für die während des Krieges in Angriff genommenen Wohnungen gilt, daß aber die obengenannten Mindestwohnungsgrößen für die Kriegsdauer gleichzeitig Höchstmaße darstellen. Auch der dort festgelegte Verteilungsschlüssel für den Anteil der Drei-, Vier- und Fünfraumwohnungen gilt in der Kriegszeit nicht, wobei allerdings ausdrücklich gesagt ist, daß der Anteil der Vierraumwohnungen möglichst groß sein soll. Die neuen Vorschriften gelten nach der Übergangsregelung für alle bisherigen Förderungsmaßnahmen, d. h. für den Volkswohnungsbau, den Kleinsiedlungsbau, die Förderung mit Hauszinssteuerhypotheken und für den sozialen Eigenheimbau. In einem weiteren Erlaß des Reichswohnungskommissars vom 8. August 1941 sind die für diese Maßnahmen geltenden Bestimmungen zusammengefaßt und übersichtlicher gestaltet. Danach können z. B. mit Volkswohnungsmitteln jetzt auch Ein- und Zweiraumwohnungen in Altersheimen oder zur Unterbringung älterer Personen gefördert werden. Für den Landarbeiterwohnungsbau sind am 5. Juni 1941 gleichfalls verbesserte Durchführungsvorschriften ergangen. Dieser ist durch eine Verordnung vom 28. Mai 1941 in die Zuständigkeit des Reichskommissars für den sozialen Wohnungsbau überführt worden.

Über die Finanzierung des Wohnungsbaues sagt der Führer-Erlaß nur, daß „soweit wie möglich die Einrichtungen der Wirtschaft heranzuziehen sind". Die Übergangsregelung bringt hierzu die erste praktische Anwendung. Die Finanzierung wird praktisch zum erstenmal zur Aufgabe des Reiches. Insbesondere stellt die Übergangsregelung die Bemessung des Reichsanteils auf eine völlig neue Grundlage. Um die Preisentwicklung in der Hand zu behalten, sind zunächst wie bisher Höchstgrenzen der Herstellungskosten festgelegt worden, die jedoch nicht starr sind. Im Hinblick auf die größeren Raummaße und auf den Stand der Baukosten im Krieg sind die Höchstgrenzen stark heraufgesetzt worden. Sie werden jetzt ausschließlich, wie es schon bisher wahlweise geschehen ist, in Grundzahlen ausgedrückt, die wieder nach dem Schlüsselzahlsystem je nach der örtlichen Entwicklung der Baukosten zu vervielfältigen sind. Die Grundzahlen (ohne Grundstücks-, Aufschließungs- und Nebenkosten u. a.) betragen bei Volkswohnungen 7000 RM (im Sudetenland, in der Ostmark und den eingegliederten Ostgebieten 7500 RM), bei Kleinsiedlungen 8500 RM (soweit sie fünf Räume haben, 9000 RM, in den ebengenannten Sondergebieten jeweils 500 RM mehr). In einem Ort mit einer auf Grund der Baukosten errechneten Schlüsselzahl von beispielsweise 1,7 dürfen demnach die Herstellungskosten einer Volkswohnung 11900 RM betragen; in einer Stadt der Sondergebiete mit besonders hohen Baukosten, in der die Schlüsselzahl 2,3 beträgt, können sie 17250 RM erreichen. Dazu kommen noch die Kosten des Grundstücks und der Grundstücksaufschließung. Die Luftschutzkellerkosten sind gleichfalls nicht darin enthalten; sie werden vom Reich unmittelbar getragen. Zum Vergleich sei erwähnt, daß die Grundzahl nach dem zuletzt geltenden Verfahren 3800 RM, bei einem Anteil der Vierraumwohnungen von mehr als 50% 4300 RM, die Höchstgrenze der Herstellungskosten demnach bei 1,7 Schlüsselzahl 6460 RM bzw. 7310 RM, bei 2,3 Schlüsselzahl 8740 RM bzw. 9890 RM betragen hat.

Für das Reichsdarlehn ist bestimmt, daß es grundsätzlich mit 1% zu verzinsen und mit 1% zuzüglich ersparter Zinsen zu tilgen ist. Auf die Verzinsung wird aber bis auf weiteres ausdrücklich verzichtet. Die für die grundbuchliche Rangstellung bisher vorgeschriebene Auslaufgrenze von 90% der Gesamtkosten kann, unbeschadet der besonderen Bestimmungen bei der Kleinsiedlung, gegebenenfalls bis auf 95% der Gesamtkosten erweitert werden.

Entsprechend dem Grundsatz, daß Ausgangspunkt für die Belastung eine bestimmte tragbare Miete, d. h. der sozial mögliche Ertragswert ist, sind auch für die Höhe des Reichsdarlehns keine Höchstbeträge mehr festgesetzt. Es ist vielmehr ein Berechnungsschema vorgeschrieben, das vom Mietertrag und den Gesamtherstellungskosten ausgeht und zunächst vom Mietertrag die Belastung durch Verzinsung des Eigenkapitals und etwaiger Werkdarlehen, durch die Abschreibung, durch etwa über den vorgeschriebenen Abschreibungssatz hinausgehende Tilgung und durch die Bewirtschaftung abzieht. Der verbleibende Rest und der erzielbare Zinsfuß bestimmen die Belastung durch Hypothekenkapital. Der Betrag, der dann noch zur Gesamtfinanzierung fehlt, wird als Reichsdarlehn gewährt. Die Miete wird ohne Rücksicht auf die Baukosten nach bestimmten Richtsätzen festgesetzt, die in Anlehnung an die Ortsklasseneinteilung der Reichsbesoldungsordnung für den Wohnungsgeldzuschuß der Beamten gestaffelt sind. Diese Richtsätze erlauben Monatsmieten von 50 bis 80 Pfg. pro Quadratmeter Wohnfläche je nach der Ortsklasse, wobei die Gauwohnungskommissare in Gemeinden mit besonderem Notstand die Richtsätze um höchstens je 0,10 RM je Quadratmeter unterschreiten können. Der Reichskommissar selbst kann den Quadratmeterpreis weiter äußerstenfalls bis auf 0,35 RM je Quadratmeter senken. Bei diesen Richtsätzen ergibt sich z. B. für die normale Vierraumwohnung von 74 qm Wohnfläche bei Zugrundelegung eines Richtsatzes von 35 Pfg. bzw. 50 Pfg. bzw. 80 Pfg. pro Quadratmeter Wohnfläche eine monatliche Miete von 25,90 bzw. 37,00 bzw. 59,20 RM.

Als Beispiel sei die Finanzierung einer Vierraumwohnung von 74 qm nach dem vorgeschriebenen Schema für die eben genannten Mietpreise durchgerechnet, und zwar zunächst ohne Werkmittel (s. Tab. 1).

Mit abnehmendem Quadratmeterpreis der Miete wachsen bei gleichen Baukosten selbstverständlich die notwendigen Reichsdarlehen. Mit abnehmenden Baukosten und steigenden Mieten können entsprechend höhere Kapitalmarktmittel herangezogen werden, so daß die Reichsdarlehen sich ermäßigen. In unserem Beispiel machen sie beim ersten Fall rund 36% der Gesamtherstellungskosten, im zweiten Fall 67%, im dritten Fall 90% aus. In diesem letzten Fall werden die Kosten für die Verzinsung der Eigenmittel, für Abschreibung und Bewirtschaftungskosten nicht einmal voll gedeckt.

Um die Belastung des Reichs zu verringern, ist deshalb schon im Führer-Erlaß der Einsatz von Werkmitteln vorgesehen, indem er die Mitwirkung der Wirtschaft vorschreibt. In der Übergangsregelung ist bestimmt:

„Sind die Wohnungen (Mietwohnungen) für die Angehörigen eines bestimmten wirtschaftlichen Unternehmens vorgesehen, so darf eine Reichsförderung nur gewährt werden, wenn das Unternehmen für die Finanzierung einen Zuschuß in Höhe von mindestens 10% der Gesamt-

Tabelle 1

	Bei einem monatlichen Mietertrag pro qm Wohnfläche		
	von 80 Pfg.	von 50 Pfg.	von 35 Pfg.
	RM	RM	RM
Mietertrag jährlich	710.40	444.00	310.80
Gesamtherstellungskosten	14000.00	12000.00	12000.00
Belastung:			
4% Zinsen für Eigenmittel (10% der Herstellungskosten)	56.00	48.00	48.00
Abschreibung 1% der reinen Baukosten (90% der Herstellungskosten)	126.00	108.00	108.00
Bewirtschaftungskosten 1½% der reinen Baukosten	189.00	162.00	162.00
	371.00	318.00	318.00
Von dem Gesamtaufkommen bleiben für die Verzinsung von Fremdgeld. .	339.40	126.00	·/. 7.20
Daher mögliche Hypothekenbelastung bei 4½% Zins	7540.00 = 54%	2800.00 = 23%	—
Erforderliche Reichsdarlehen	5060.00 = 36%	8000.00 = 67%	10800.00 = 90%

kosten bereitstellt. Wird an Stelle des Zuschusses ein Darlehn gewährt, so muß dieses mindestens 20% der Gesamtkosten betragen und zu erleichterten Bedingungen bereitgestellt werden. Hierbei ist im allgemeinen eine Annuität von nicht mehr als 2% zuzulassen."

Diese Bestimmungen gelten auch für Kleinsiedlungen und Volkswohnungen, die in das Eigentum der Bewohner übergehen können. Für weniger leistungsfähige Betriebe können geringere Werkbeteiligungen zugestanden werden. Durch die Einschaltung von Werkmitteln kann zweifellos das Reich stark entlastet werden. In den drei oben durchgerechneten Fällen würde sich die Belastung des Reichs bei Heranziehung von Werkzuschüssen oder -darlehen (diese mit 1% Zins) wesentlich erleichtern (s. Tab. 2).

Durch die Einschaltung von 10% Werkzuschuß sinkt also das Reichsdarlehn in den durchgerechneten Fällen bei 4½% Hypothekenzins um 1710 bzw. 1470 bzw. 1300 RM, bei Mitwirkung von 20% Werkdarlehn um 2180 RM bzw. 1870 bzw. 2500. Bei den hier zugrunde gelegten Gesamtherstellungskosten würde demnach schon die Mitwirkung von Werkmitteln mit den Mindestsätzen bei der Finanzierung von auch nur 100000 Wohnungen pro Jahr eine Entlastung des Reichs um schätzungsweise 150 bis 200 Millionen RM bedeuten. Bemerkenswert ist übrigens, daß die Verdoppelung der Werkmittel durch Gewährung eines Darlehns statt eines Zuschusses bei den mit größeren Kapitalmarkthypotheken finanzierten Wohnungen keine entsprechende Verringerung des Reichszuschusses um volle 10%, sondern nur um 2—3% der Gesamtherstellungskosten zur

Tabelle 2

	Bei einem Mietertrag pro qm Wohnfläche von 80 Pfg.		von 50 Pfg.		von 35 Pfg.	
	% der Gesamtkosten	RM	% der Gesamtkosten	RM	% der Gesamtkosten	RM
I. Bei 4½% Zins[1]), 10% Werkzuschuß						
Hypothekarkredit . .	56	7850.00	26	3070.00	1	100.00
Reichsdarlehen . . .	24	3350.00	54	6530.00	79	9500.00
II. Bei 4½% Zins, 20% Werkdarlehen						
Hypothekarkredit . .	49	6920.00	19	2270.00	1	100.00
Reichsdarlehen . . .	21	2880.00	51	6130.00	69	8300.00
III. Bei 4% Zins[1]), 10% Werkzuschuß						
Hypothekarkredit . .	63	8835,00	29	3450.00	1	120.00
Reichsdarlehen. . . .	17	2365.00	51	6150.00	79	9480.00
IV. Bei 4% Zins, 20% Werkdarlehen						
Hypothekarkredit . .	56	7785.00	21	2550.00	1	120.00
Reichsdarlehen . . .	14	2015.00	49	5850.00	69	8280.00

[1]) Die Abschreibung ist hier nur auf 80% der Gesamtherstellungskosten berechnet.

Folge hat, und zwar wegen der zusätzlichen Zinsbelastung für das Werkdarlehn. Durch die Gewinnung 4prozentiger Hypothekarkredite sinken die Reichsdarlehen entsprechend, da eine größere Hypothekenbelastung möglich wird.

Die gewerbliche Wirtschaft hat die Notwendigkeit, das ihrige zur Durchführung des sozialen Wohnungsbauprogramms durch weitgehende Mitwirkung an der Restfinanzierung beizutragen, in vollem Umfange erkannt. Man ist sich durchaus bewußt, daß nur bei der Aufbringung großer Werkmittel das Wohnungsprogramm des Führers verwirklicht werden kann. Dabei werden nicht nur die rein wirtschaftlichen Gründe, sondern vor allem auch die sozialethischen Gesichtspunkte in ihrer ganzen Tragweite herausgestellt. Schon jetzt werden insbesondere bei der DAF und bei der Reichsgruppe Industrie alle Vorbereitungen getroffen, um die auch bisher sehr bedeutenden Beträge an alljährlich gewährten Werkdarlehen und Werkzuschüssen für die Zukunft weiter stark zu erhöhen und zusammenzufassen. Die Durchführung einer Gemeinschaftsaktion der gewerblichen Wirtschaft würde zweifellos außerordentlich nützlich sein und namentlich die Förderungsmöglichkeiten der kleineren und mittleren Betriebe erleichtern.

Die Frage, ob Werkzuschuß oder Werkdarlehn, wird je nach Lage des Falles für die einzelnen Betriebe verschieden zu beurteilen sein. Maßgebend wird nicht nur die eigene finanzielle Lage des Werkes sein, sondern auch die Finanzierungsmöglichkeit für das betreffende Bauvorhaben. An sich bedeutet naturgemäß der Zuschuß von 10% liquiditätsmäßig eine geringere Belastung des Arbeitgebers als das Werkdarlehn von 20%. Für die Werkdarlehen kann zwar eine Belastung von 2%, z. B. je 1% Zins und Tilgung, berechnet werden. Aber die Erhebung der Zins- und Tilgungsraten verursacht auch Kosten, die unter Umständen ins Gewicht fallen. Entscheidend wird für die Werke wohl die künftige steuerliche Auswirkung sein. Die Organisation der gewerblichen Wirtschaft hat bereits die Notwendigkeit von Steuererleichterungen bei der Gewährung von Werkdarlehen und -zuschüssen, ebenso für Beteiligungen an gemeinnützigen Wohnungsunternehmen, an den zuständigen Stellen vorgetragen. Die Gewährung von Werkdarlehen soll auch durch Aufnahme mittelfristiger Bankkredite erleichtert werden, wie dies insbesondere in den letzten Jahren durch die Restfinanzierungsdarlehen der Deutschen Bau- und Bodenbank A.-G. und der Deutschen Arbeitsfront an große Industrieunternehmen mit Erfolg geschehen ist. Diese Darlehen sind zwar dinglich auf den geförderten Grundstücken letztstellig gesichert, haben aber, da ihre Rangstelle innerhalb der Rentabilität des Grundstücks liegt, mehr den Charakter von Personalkrediten. Sie sind in zehn, in der Regel gleichen Jahresraten zu tilgen.

Für die Bauherren besteht an sich kein Unterschied zwischen den beiden Förderungsmöglichkeiten, ob Werkzuschuß oder Werkdarlehn, da die Vorteile der Zuschußfinanzierung — niedrigere Abschreibung, keine Verzinsung der Zuschußmittel — automatisch durch die Zinsmehrbelastung infolge der entsprechend erhöhten I. Hypothek ausgeglichen werden. Auf die Dauer gesehen dürften für das Unternehmen leichte Vorteile auf Seiten des verlorenen Zuschusses liegen, da u. a. die grundbuchliche Eintragung und die mit der Zins- und Tilgungszahlung für das Werkdarlehn verbundenen Arbeiten wegfallen.

Über die Mitwirkung von Hypothekarkrediten des Kapitalmarkts zeigen die Übersichten, daß bei Unterschreitung der für die niedrigste Ortsklasse geltenden normalen Quadratmetermiete von 50 Pfg. trotz Einschaltung von Werkmitteln für derartige Kredite nur verschwindend wenig oder gar kein Raum ist, so daß die Finanzierung fast ausschließlich durch Reichsdarlehen und eventuell Werkmittel getragen werden muß. Schon bei 50 Pfg. Mietpreis ist aber eine Fremdhypothek von 19 bzw. 26% möglich, bei 80 Pfg. sogar eine Fremdhypothek von 49—56% der Gesamtherstellungskosten. Das bedeutet bei Zugrundelegung der Beleihungswerte Sätze von 30—40 bzw. 60—70%. Es ist also nicht nur breiter Raum für die Mitwirkung des Kapitalmarkts vorhanden, es wird sogar in sehr vielen Fällen eine Reichsbürgschaft für den Bereich der nachstelligen Hypothek eingeschaltet werden müssen. Dabei wird es wohl notwendig werden, die bisherige Auslaufgrenze der verbürgten Hypothek wenigstens auf 80% heraufzusetzen. Sofern es gelingt, 4prozentige Hypothekarkredite zu bekommen, steigt selbstverständlich die Möglichkeit zur Einschaltung von Fremdgeld weiter, und zwar bis auf 63% der Gesamtherstellungskosten. Der Bedarf an Reichsmitteln sinkt damit bis auf 17%, bei Mitwirkung von Werkdarlehen sogar auf 14%. Die Mitwirkung der privaten und öffentlichen Bausparkassen bei einem Teil der geförderten Bauvorhaben, insbesondere beim Eigenheimbau, durch Beschaffung II. Hypotheken erscheint möglich und wünschenswert. Vorschläge der zuständigen Fachgruppen liegen bereits vor. Nach Kriegsende wird über sie noch zu sprechen sein.

Über die praktische Auswirkung der Übergangsregelung vom 4. April 1941 geben die auf Grund der bis Ende Oktober 1941 bei der Deutschen Bau- und Bodenbank eingegangenen 110 Bewilligungsbescheide Aufschluß. In das Verfahren für die Bewilligung und Auszahlung der Reichsdarlehen ist die Bank wie bisher in der Weise eingeschaltet, daß ihr die Überwachung der Sicherstellung, sowie die Auszahlung und Verwaltung der Reichsdarlehen — mit Ausnahme derjenigen für den Landarbeiterwohnungsbau, für welche die Deutsche Landesrentenbank zuständig ist — obliegt. Die Bescheide bezogen sich auf Anträge für insgesamt 8700 Wohnungen mit 103,8 Mill. RM reinen Baukosten und 7,8 Mill. RM Grundstückskosten. Die Anträge stammen zum überwiegenden Teil aus der Ostmark und betreffen dabei auch die Südtiroler Umsiedlungsaktion, deren Bauvorhaben in gewissem Umfange auf Grund der Übergangsregelung umfinanziert worden sind. Das Altreich ist mit einem verhältnismäßig kleinen Prozentsatz beteiligt, und zwar in erster Linie Westdeutschland, Mitteldeutschland, Schlesien und Württemberg. Die geförderten Bauvorhaben enthalten zu über 80% in etwa gleichem Verhältnis Drei- und Vierraumwohnungen, der Rest der geförderten Wohnungen verteilt sich auf Zwei- und Fünfraumwohnungen. Die durchschnittlichen Gesamtherstellungskosten liegen bei den Bauvorhaben im Altreich zwischen rund 9900 RM und rund 14900 RM je Volkswohnung, bei den wenigen Kleinsiedlerstellen zwischen rund 12600 und 15100 RM, in der Ostmark gehen sie bis rund 18000 RM, in einigen Fällen noch höher. Die meisten, nämlich 100 Anträge entfallen auf Quadratmetermieten von 50 Pfg., 55 Pfg. und 60 Pfg. Quadratmetermieten über 70 Pfg. kommen nicht vor. Ein großer Teil der Mieten, insbesondere der ostmärkischen, ist unter die für die betreffenden Gemeinden vorgesehenen Quadratmeterpreise gesenkt.

An der Finanzierung sind bei der Mehrzahl der Bauvorhaben Hypotheken der Realkreditinstitute, und zwar bei denen des Altreichs mit 25—40% der Gesamtherstellungskosten, in einem Fall sogar mit 55% beteiligt. In Oberschlesien und in der Ostmark liegt der Anteil niedriger. Er geht dort nur bis höchstens 26%. Die niedrigen Anteile haben ihre Ursache darin, daß diese Mittel nur zur Finanzierung der in den betreffenden Bauvorhaben befindlichen gewerblichen Räume herangezogen werden, während die Wohnungen nur mit Reichsdarlehen und Eigenkapital, in einem Fall in Ergänzung durch Werkmittel, finanziert werden. In zahlreichen Fällen sind dort überhaupt keine Fremdhypotheken beteiligt. Der Zinssatz der Fremdhypotheken beträgt im Altreich 4 und 4½%, in der Ostmark 4¼ bis 4½%. Werkmittel wirken im Altreich bei der Mehrzahl der bewilligten Fälle mit, und zwar meist in der Form von Darlehen mit 0 oder 1% Zins und 1 oder 2% Tilgung. In einem Fall ist ein Werkzuschuß in die Finanzierung eingeschaltet. Die Reichsdarlehen sind namentlich in der Ostmark recht hoch. Sie belaufen sich dort in der Regel auf 8000—15000 RM und sind in einigen Fällen noch höher. Im Altreich liegen sie zwischen 2600 und 9000 RM, wobei die an der unteren Grenze liegenden Reichsdarlehen vor Werkmitteln stehen. Der Anteil der Eigenmittel ist gleichfalls sehr verschieden. Er errechnet sich auf 1—14%. Insgesamt werden im Rahmen der 110 Bewilligungsbescheide 96 Mill. RM Reichsdarlehen neben 13 Mill. RM Fremdhypotheken, 2,6 Mill. RM Werk- und anderen Mitteln und 9,2 Mill. RM Eigenkapital eingesetzt.

Da es sich bei vielen der vorgekommenen Anträge um Sonderfälle handelt, weicht die Finanzierung von dem oben durchgerechneten Schema oft ab. Dies gilt vor allem für die ostmärkischen Bauvorhaben, wo bei den obengenannten meistbesetzten Mietgruppen sehr niedrige und höhere Anteile der Hypothekarkredite ohne Unterschied nebeneinander vorkommen. Immerhin können folgende mit dem Schema übereinstimmende Feststellungen gemacht werden: Bauvorhaben ohne Mitwirkung von Hypothekarkrediten sind nur bei den niedrigen Quadratmetermieten von 35 bis 55 Pfg. zu beobachten. Bei den Bauvorhaben, bei denen Hypotheken eingeschaltet sind, steigt ihr durchschnittlicher prozentualer Anteil an den Gesamtherstellungskosten mit den Mietpreisen. Er beträgt bei 50 Pfg. Miete 9,8%, bei 55 Pfg. Miete 14,3%, bei 60 Pfg. Miete 17,4% und bei 65 Pfg. Miete 18,5% der Gesamtherstellungskosten. Entsprechend nimmt die obere Grenze der Reichsdarlehen, wenn auch unter Schwankungen, ab. Die Einschaltung von Werkmitteln verringert durchweg die Reichsdarlehen. Der prozentuale Anteil der Eigenmittel ist ohne jeden Zusammenhang mit der Quadratmetermiete und mit der sonstigen Finanzierung.

Der Reichskommissar für den sozialen Wohnungsbau strebt an, später diese hohen Reichsdarlehen herabzusetzen, und hat es als Ziel bezeichnet, eines Tages ganz ohne Reichsdarlehen auszukommen. Der Reichsfinanzminister hat den Grundsatz aufgestellt, daß die Wohnung in Größenordnung des Führer-Erlasses später nicht mehr als 10000 RM kosten darf. Der Reichskommissar selbst hat als letzte Zielsetzung sogar einen Preis von 7000 RM genannt und hiermit eine Aufgabe gestellt, die mit allen zu Gebote stehenden Mitteln verfolgt werden soll. Was eine Baukostensenkung auch auf nur 10000 RM einschließlich Grund und Boden für die Reichsdarlehen bedeuten würde, erhellt eine Lastenberechnung für die von uns zugrunde gelegte 74 qm-Wohnung. Eine solche Wohnung, die bei 14000 RM Gesamtherstellungskosten noch bei 80 Pfg. Miete pro Quadratmeter ein Reichsdarlehn von 5060 RM, bei Einschaltung von Werkmitteln immer noch von 3350 RM bzw. 2880 RM erfordert, kann dann bis zu einer Miete von 70 Pfg. pro Quadratmeter ohne jede Reichshilfe errichtet werden (bei 20 %Werkdarlehn), bei Einschaltung 4prozentiger Hypotheken sogar zu 65 Pfg. Miete pro Quadratmeter, d. h. 48,10 RM monatlich. Das sind schon Mieten, die von einer großen Zahl von Arbeitern und Angestellten getragen werden können. Bei 50 Pfg. Miete pro Quadratmeter oder 37 RM monatlich werden noch Reichsdarlehen von 5355 RM bis 3400 RM benötigt, je nach Mitwirkung von Werkmitteln und je nach dem Zinsfuß der Hypotheken. Damit wären auch für das Reichsdarlehn wieder angemessenere Grenzen erreicht. Neben den Reichszuschüssen wird sich aber später auch die vom Reich in Aussicht genommene verstärkte Reichsbeihilfe für kinderreiche Familien auswirken. Danach ist vorgesehen, über die auf Grund der Verordnung vom 9. Dezember 1940 gezahlten Kinderbeihilfen von monatlich je 10 RM für das dritte und jedes weitere Kind an Familien mit drei und mehr Kindern hinaus die Beihilfe auch Familien mit einem und zwei Kindern zu gewähren, soweit diese nicht mehr als 2400 RM Jahreseinkommen haben.

Die Baukostensenkung im Wohnungsbau wird zu den wichtigsten Aufgaben des Reichskommissars für die Nachkriegszeit gehören. Sie wird sehr schwierig sein, wird sie doch durchgeführt werden müssen in einer Zeit höchster Inanspruchnahme der gesamten Bauwirtschaft. Andererseits ist festzustellen, daß noch 1937 selbst in Berlin Wohnungen zum Preis von etwa 10000 RM einschließlich Grund und Boden erstellt worden sind. Bei der Baukostensenkung wird es sich im wesentlichen um tiefgreifende Rationalisierungsmaßnahmen handeln.

Um eine Senkung der Reichsdarlehen zu erreichen, werden auch Vorschläge auf dem Gebiet der Finanzierung gemacht. Ob eine allgemeine Senkung des Hypothekenzinsfußes auf 4% möglich sein wird, läßt sich zurzeit nicht übersehen. Immerhin darf damit gerechnet werden, daß der Anteil der 4prozentigen Hypotheken später recht erheblich sein wird. Die Senkung des Hypothekenzinsfußes um ½% auf 4% bedeutet nach unseren Beispielen bei sonst gleichbleibender Finanzierung eine Mietersparnis von monatlich 2,80—3,60 RM. Eine bedeutsame Rolle bei der Finanzierung spielt der Tilgungssatz. Wenn man eine Herabsetzung des Tilgungssatzes für die Hypotheken von 1 auf ½% befürwortet, um dadurch eine entsprechende Erweiterung des durch Hypothekarkredite auszufüllenden Beleihungsraumes zu ermöglichen, so stehen der Durchführung eines solchen Vorschlages doch gewichtige Bedenken entgegen. Zwar wird das Risiko der Realkreditgeber beim zukünftigen Wohnungsbau geringer sein als früher, da nicht mehr mit konjunkturellen Schwankungen und dementsprechend auch weniger mit Mietverlusten gerechnet zu werden braucht. Auf der anderen Seite aber erwächst durch das neue Finanzierungssystem ein neues Risiko.

Nach dem Grundsatz der Übergangsregelung kann der Hypothekarkredit nur die Höhe haben, die aus dem nach Absetzung der Verzinsung für Eigenkapital und Werkmittel, der Abschreibungs- und Bewirtschaftungskosten übrig bleibenden Teil des Mietertrages verzinst werden kann. Der eingehende Mietertrag findet Verwendung in der Rangordnung, daß an erster Stelle die Bewirtschaftungskosten, anschließend die Tilgungszahlungen kommen, dann die Zinsen für die Hypothekarkredite, die Werkdarlehen und zuletzt die Zinsen für das Eigenkapital. Da die Zinsen für das Eigenkapital, wie unsere obigen Beispiele zeigen, nur einen geringen Teil des Ertrages ausmachen, und weil Mietausfälle sich trotz aller Planung je nach der örtlichen Lage des einzelnen Bauvorhabens nicht ganz ausschließen lassen, werden in Zukunft die Hypothekenzinsen früher als bisher berührt. Es erscheint daher zum Ausgleich des nicht zu verkennenden, wenn auch bedingten Mehrrisikos der Realkreditgeber wünschenswert, an dem Tilgungssatz von 1% festzuhalten.

Für die Höhe der Reichsdarlehen wird auch die Entwicklung der Eigenmittel bei den Bauherren wichtig sein. Solange die Bauherren nur 5—10% der Gesamtherstellungskosten aus eigenen Mitteln aufbringen können, wird, wenn nicht entsprechende Werkmittel eingeschaltet werden, immer die Mitwirkung eines Reichsdarlehns notwendig sein, selbst wenn die Miethöhe dies nicht erforderlich machen würde. Der organisierte Realkredit kann nach den bisherigen Vorschriften auch unter Heranziehung einer Reichsbürgschaft nur bis zu 75% des Beleihungswertes gehen. Selbst wenn die Grenze bis auf 80% des Beleihungswertes erhöht werden sollte, so würde die Lücke von hier bis zum Eigenkapital dann durch Reichsdarlehn ausgefüllt werden müssen, wenn keine entsprechenden Werkmittel vorhanden sind. Die Überlegung zeigt, wie notwendig die Stärkung der Kapitalkraft der Bauherren im sozialen Wohnungsbau ist. Größer wird das Eigenkapital bei den Bauherren der privaten kleinen Eigenheime wie bisher so auch in Zukunft sein. Wenn sie deshalb nur zum kleineren Teil der Unterstützung durch Reichsdarlehen bedürfen, so wird es doch im Interesse der serienmäßigen Herstellung solcher Bauvorhaben notwendig sein, sie im Rahmen des sozialen Wohnungsbauprogrammes zu betreuen. Inwieweit private, nicht gemeinnützige Wohnungsunternehmen bereit sein könnten, mit größeren Eigenmitteln am sozialen Wohnungsbau mitzuwirken, bleibt abzuwarten.

Zur Erhöhung des einzuschaltenden Hypothekarkredits würde auch eine Senkung der Bewirtschaftungskosten beitragen. Bisher ist im Reichsbürgschaftsverfahren grundsätzlich ein Satz von 2% der reinen Baukosten, beim Volkswohnungsbau von 1½% anerkannt worden. Nur in der Kleinsiedlung wird 1% zugrunde gelegt. Im Reichsbürgschaftsverfahren ist aber schon durch den Erlaß des Reichsarbeitsministers vom 27. Mai 1939 angeordnet worden, daß bei Bauvorhaben gemeinnütziger Wohnungsunternehmen die Wirtschaftsberechnung nach dem Schema des Reichsverbandes des deutschen gemeinnützigen Wohnungswesens zugrunde zu legen ist.

Die Einführung derselben Bestimmung in die Vorschriften für den Volkswohnungsbau wird vorbereitet. Der Reichsverband für das deutsche gemeinnützige Wohnungswesen lehnt die Feststellung der Bewirtschaftungskosten nach einem Prozentsatz der Baukosten ab mit dem Hinweis darauf, daß diese letzten Endes unabhängig von der Baukostenhöhe sind und selbst bei gleichen Baukosten von Ort zu Ort verschiedene Höhe haben. Sein Berechnungsschema der Bewirtschaftungskosten legt die tatsächlichen Ausgaben zugrunde, die getrennt werden nach Verwaltungskosten, Betriebskosten, Instandsetzungskosten und Mietausfällen. Von vielen Fachleuten wird darauf hingewiesen, daß einer Senkung dieser Kosten verhältnismäßig enge Grenzen gesetzt sind, da Umstände mitsprechen, die zum großen Teil außerhalb des Einflußbereichs der Verwaltungsorgane liegen. Entscheidend für die zukünftige Gestaltung der Bewirtschaftungskosten wird die Entwicklung der kommunalen Tarife für Wasser, Müllabfuhr usw. sein.

In der eben durchgeführten Lastenberechnung für die 10000 RM Wohnung sind 150 RM Bewirtschaftungskosten, d. h. 1½% der Gesamtherstellungskosten (nicht 1½% der reinen Baukosten wie in der ersten Tabelle) berücksichtigt. Der Vollständigkeit halber sei darauf hingewiesen, daß bei nur 120 RM jährlichen Bewirtschaftungskosten die Miete für diese 10000 RM-Wohnung ohne Reichsdarlehn sich um jeweils 3 Pfg. pro Quadratmeter oder 2,22 RM pro Monat ermäßigen würde. Bei 50 Pfg. Miete pro Quadratmeter würde sich das Reichsdarlehn um jeweils 400 RM bis 760 RM senken.

Die Überteuerung der gegenwärtigen Baukosten ist zweifellos nur eine Kriegserscheinung und daher vorübergehender Art. Deshalb haben auch die Finanzierung der auf Grund der Übergangsregelung geförderten Bauvorhaben, die meist sehr geringe Höhe der Hypothekarkredite und der besondere Umfang der Reichsdarlehen den Charakter von Ausnahmen. Mit der für die Nachkriegszeit sicher zu erwartenden Senkung der Baukosten wird auch der Betätigungsraum der privaten Finanzierung im sozialen Wohnungsbau wieder stark wachsen, während der Anteil der Reichsdarlehen entsprechend zurückgehen wird. Es werden dann auf dem Gebiet der Finanzierung noch zahlreiche Probleme zu lösen sein. Daß aber die Privatwirtschaft entsprechend den nationalsozialistischen Grundsätzen an der schönen und verantwortungsvollen Aufgabe des sozialen Wohnungsbaues nach dem Kriege mit großem Einsatz wird mitarbeiten können, darf sicher erwartet werden.

Gerhard Kokotkiewicz und Heinrich Strathus

Der Pfandbrief als Finanzierungsinstrument

Die Formen, in denen sich die Geldkapitalbildung in Deutschland wie auch in der übrigen Welt vollzieht, sind ebenso einer ständigen Veränderung unterworfen, wie der Umfang und die Verwendung dieser Kapitalien. Seit 1914, ja teilweise auch schon vorher, sind zahlreiche tiefgreifende Einflüsse wirksam gewesen, durch die die Struktur unserer gesamten Kreditwirtschaft immer aufs neue abgewandelt wurde. Die Entwicklung der Bevölkerung und der wirtschaftlichen Technik vor dem ersten Weltkrieg, die Auswirkungen jenes Krieges, die Inflation, der Wiederaufbau nach dieser Zeit, der durch Reparationen und Auslandskredite beeinflußt war, die Folgen der schweren Weltwirtschaftskrise, der Umbruch auch in der Wirtschaft seit 1933, die Aufrüstung und schließlich der gegenwärtige Weltkrieg haben in die Grundlagen und den Zweck des Sparprozesses so oft und nachhaltig eingegriffen, daß es heute schwer ist, die verschiedenen Entwicklungsphasen auseinander zu halten. Der Umfang der Geldkapitalbildung unterlag — wenn man einmal von den Geldwertverschiebungen in diesen Jahrzehnten absieht — außerordentlichen Veränderungen. Der jährliche Zuwachs an Geldvermögen schwankte zwischen 5,6 Mrd. RM im Jahre 1924, 10,1 Mrd. RM 1926, 6,81 Mrd. RM 1929, 0,7 Mrd. RM 1933, 5,3 Mrd. RM 1937 und etwa 19,2 Mrd. RM 1939.

Diese Schwankungen lassen ohne weiteres auf tiefgreifende Wandlungen in der absoluten Höhe der Einkommen und ihrer Schichtung und auf ein entsprechendes Auf- und Abschwellen in der Größe der Kapitalvermögen und der Vermögensschichtung schließen. In der Tat bestätigen die leider nur unvollständig vorhandenen Einkommenstatistiken diesen Eindruck. Es lohnt sich, einmal einen Blick auf die nachstehende Statistik der Einkommensschichtung zu werfen:

In Millionen RM (bzw. M.: 1913)
(Nur Altreich)

1913	1926	1928	1932	1934	1936	1938
Kleinere Einkommen bis 3000 RM (1913 bis 2100 M)						
22149	29538	32277	25958	29396	33530	—
Mittlere Einkommen bis 12000 RM (1913 bis 8500 M)						
7902	10544	14693	9955	11159	14477	—
Höhere Einkommen über 12000 RM (1913 über 8500 M)						
7049	4389	5886	2429	3050	5819	10085
insgesamt						
37100	44471	52856	38342	43605	53826	—

In Prozent des Gesamteinkommens

Kleinere Einkommen bis 3000 RM (1913 bis 2100 M)						
59,70	66,42	61,06	67,70	67,42	62,29	—
Mittlere Einkommen bis 12000 RM (1913 bis 8500 M)						
21,30	23,71	27,80	25,96	25,58	26,90	—
Höhere Einkommen über 12000 RM (1913 über 8500 M)						
19,00	9,87	11,14	6,34	7,00	10,81	—

Wir erkennen deutlich die konjunkturellen Schwankungen in der Höhe der Gesamteinkommen, ihren Anstieg in den Jahren bis 1928, ihren Verfall in den folgenden Krisenjahren, in denen etwa wieder das Niveau vor dem Weltkrieg 1914—1918 bei verringerter Kaufkraft des Geldes erreicht wurde und dann die Steigerung der gesamten Nominaleinkommen nach dem Umbruch, wobei bereits 1936 ein neuer Höchststand nach dem Kriege zu verzeichnen ist, der in den Folgejahren noch erheblich überschritten worden ist. Interessant sind aber auch die Veränderungen in der Einkommensschichtung, die letzten Endes auf die Entwicklung der verschiedenen Sparformen einen entscheidenden Einfluß gehabt haben. 1913 entfiel auf die hohen Einkommen über 8500 M, die kaufkraftmäßig den Nachkriegseinkommen über 12000 RM etwa entsprechen, ein Anteil von 19%. Er war beinahe ebenso groß wie der der mittleren Einkommen. Das Verhältnis der kleineren, mittleren und höheren Einkommen stellte sich auf etwa 3 : 1 : 1. Nach dem ersten Weltkrieg dagegen ist die Quote der höheren Einkommen über 12000 RM auf fast die Hälfte abgesunken, es hat also eine starke Einkommensnivellierung stattgefunden, die nach einer kurzen Zeit der Auseinanderziehung der Einkommen in der Zeit der Scheinblüte im Krisenjahr 1932 ihren Höhepunkt erreichte. Damals betrug die Quote der höheren Einkommen nur noch ein Drittel derjenigen des Jahres 1913. Nach dem Wiederaufstieg unserer Wirtschaft hat sich vor allem der Anteil der höheren Einkommen am Gesamteinkommen wieder gesteigert. Er lag 1936 mit 10,81% höher als in der gesamten Zeit nach dem Weltkriege, blieb allerdings noch erheblich hinter dem von 1913 zurück. Leider liegen für die folgenden Jahre keine gesamten Einkommenszahlen mehr vor, da die Lohnsteuerstatistik nicht mehr fortgeführt worden ist. Aus den Zahlen der veranlagten Einkommenssteuer für 1938 geht aber hervor, daß der Betrag der höheren Einkommen bis zu diesem Jahre weiter erheblich zugenommen hat, in absoluten Zahlen von 5,82 Mrd. RM in 1936 auf 10,09 Mrd. RM in 1938. Die Quote der höheren Einkommen dürfte trotz des ebenfalls stark gestiegenen Gesamteinkommens derjenigen von 1913 nähergekommen sein, sie allerdings keineswegs erreicht haben. Zu diesen Zahlen ist folgendes festzustellen: Die höheren Einkommen, die in besonders hohem Maße der Kapitalvermögensbildung zugutekommen und bei denen sich der Sparprozeß vorwiegend in besonderen Formen vollzieht, waren in dem Zeitraum von 1924 bis etwa 1934 absolut und relativ (im Verhältnis zum Gesamteinkommen) ganz besonders niedrig. Die Kapitalvermögensbildung ist dadurch nicht nur gehemmt worden, sie hat auch einen gegenüber der Zeit vor 1914 veränderten Charakter gewonnen. Der Wiederanstieg der Quote der höheren Einkommen nach 1933 hat deshalb nicht stärker zu einer entsprechenden Steigerung des Kapitalvermögens beitragen können, weil sehr große Teile der höheren Einkommen infolge der hohen Einkommensteuer (im Verhältnis vor allem zur Zeit vor 1914) und nicht zuletzt infolge der scharf progressiven Einkommensteuertarife weggesteuert wurden und daher nicht zur Bildung von Kapitalvermögen zur Verfügung standen. Für unsere Zwecke brauchbares statistisches Material über die Entwicklung, Zusammensetzung und Schichtung der Vermögen ist leider nicht vorhanden, da die Statistik des Wehrbeitrages vor dem Weltkrieg 1914—1918 in keiner Weise vergleichbar ist mit der Vermögenssteuerstatistik etwa der Jahre 1931 und 1935, zumal infolge der Veränderungen der Vermögenssteuer die Freigrenzen beträchtliche Verschiebungen erfahren haben. Immerhin ist schon die Tatsache aufschlußreich, daß in Preußen 1914 rund 66% aller Vermögen auf solche von über 70000 M entfielen, während im Reich 1927 die Quote der kaufkraftmäßig vergleichbaren Vermögen über 100000 RM am Gesamtvermögen nur noch rund 35% ausmachte. Einen gewissen Anhaltspunkt gibt auch die Volkseinkommenstatistik. Danach ist das Einkommen aus Kapitalvermögen, also das Einkommen inländischer natürlicher Personen aus Dividenden, Anleihezinsen, Erträgen aus GmbH.-Anteilen, Zinsen von Privathypotheken, Spareinlagen usw. von 5,7 Mrd. M im Jahre 1913 auf 2,95 Mrd. RM im Jahre 1938 gesunken und der Anteil des Einkommens aus Kapitalvermögen am gesamten Volkseinkommen ist sogar von 12,5% im Jahre 1913 auf 3,7% im Jahre 1938 scharf zurückgegangen. Dabei hatte sich das Zins- und Renditenniveau 1938 dem von 1913 bereits weitgehend angeglichen.

Mit diesen Feststellungen haben wir nicht nur einen der wesentlichen Erklärungsfaktoren für die Schwankungen der gesamten Geldkapitalbildung gewonnen, sondern auch für die Entwicklung der Formen, in denen sie sich vollzieht und unter denen hier die des Pfandbriefes und der verwandten Schuldverschreibungen besonders zu untersuchen ist. Die durch hohe und progressive Steuern geförderte Nivellierung der Einkommen und Vermögen hat im Zusammenhang mit abnehmender Risikofreudigkeit die früher stärker verbreiteten Formen der individuellen Ersparnisanlage in Schuldverschreibungen, Aktien, Privathypotheken usw. zurückgedrängt. 1913 waren nach Absetzung der in Anstaltsbesitz befindlichen Schuldverschreibungen, Aktien usw. über 100 Mrd. M oder mehr als zwei Drittel in den genannten individuellen Formen der Kapitalbildung investiert. Nach 1924 haben die Einkommen- und Vermögennivellierung einerseits, die Überbrückung des Kapitalmangels durch Schaffung zusätzlichen Bankgiralgeldes und die Ausdehnung der Pflichtkapitalbildung durch den Ausbau der Sozialversicherung andererseits die bankmäßigen Formen der Geldkapitalbildung begünstigt. Von 1924 bis 1929 hat die Summe der Bankdepositen einschl. der kurzfristigen Auslandsgelder um 15,07 Mrd. RM, die der Spareinlagen bei Sparkassen, Bausparkassen, Genossenschaften, Konsumvereinen usw. um 12,33 Mrd. RM und die der Kapitalanlagen der Lebensversicherungen, Sozialversicherungsträger usw. um 3,77 Mrd. RM zugenommen. Diesem Zugang von 31,17 Mrd. RM steht nur eine Erhöhung der früher ausschlaggebenden Publikumsanlage an Rentenwerten von 14,6 Mrd. RM und ein Zugang an Aktien von 4,7 Mrd. RM gegenüber. In der Zeit von 1933 bis 1938 war diese Entwicklung noch weit ausgeprägter. Die Depositen erhöhten sich laut I. f. K. um 6,3 Mrd. RM, die Spareinlagen um 8,6 Mrd. RM und die Kapitalanlagen der Sozial- und Privatversicherung um 6,3 Mrd. RM. Dieser Zunahme der anstaltsmäßigen Formen der Geldkapitalbildung (ohne Stückgeld) um 21,2 Mrd. RM gegenüber nimmt sich der Zuwachs der marktmäßigen Formen, also des Privatbesitzes an Rentenwerten mit 2,9 Mrd. RM, an Aktien mit 1,6 Mrd. RM und an Steuergutscheinen, Schatzanweisungen usw. mit rd. 0,6 Mrd. RM, zusammen also mit 5,1 Mrd. RM recht bescheiden aus. In den beiden vorwiegend durch den Krieg beeinflußten Jahren 1939 und 1940 scheint der Anteil der marktmäßigen Formen mit etwas mehr als einem Drittel der gesamten Geldkapitalbildung (ohne Stückgeld) wieder gewachsen zu sein. Dabei ist jedoch zu berücksichtigen, daß durch die Ausgabe der NF-Steuergutscheine automatisch der Privatbesitz der Wirtschaft an Rentenwerten usw. gesteigert worden ist und die starke Flüssigkeit der Industrie Anlaß zur Anlage in Reichsschatzanweisungen und ähnlichen Werten gab. Die eigentliche Anlage des Privatpublikums in Renten und Aktien ist auch seit Kriegsbeginn relativ gering gewesen im Verhältnis zu der starken Erhöhung der anstaltsmäßigen Formen der Geldkapitalbildung. Das Reich hat auch bewußt darauf verzichtet, durch aktivere Placierung nach dem Muster der Anleihen des Weltkrieges 1914—1918 den Besitz des Privatpublikums zu steigern, sich vielmehr im wesentlichen darauf beschränkt, die automatisch den Kapitalsammelbecken zuströmenden Gelder der Anlage in Reichstiteln zuzuführen. Solange es in der ersten Phase des Krieges darauf ankam, durch eine ausreichende Flüssigkeit der Kreditmärkte alle Hemmungen der Kriegswirtschaft von der Geldseite her auszuschalten, war dies durchaus richtig. Heute, wo es gilt, unerwünschte Folgen einer Überliquidität der Wirtschaft weitgehend zu unterbinden, ist bereits die Frage gestellt worden, ob es nicht zweckmäßiger wäre, zu dem bis Ende 1939 herrschenden System der Auflegung von Reichsanleihen zurückzukehren, durch die seinerzeit im Zusammenhang mit anderen kreditpolitischen Maßnahmen im Zuge einer größeren Verstärkung des Rentenbesitzes des Privatpublikums eine umfassendere Saugwirkung auf die überschüssigen Geldkapitalien zweifellos ausgeübt worden ist.

Schon diese Überlegungen lassen erkennen, daß das in der Vergangenheit zu beobachtende Vordringen der bankmäßigen Formen der Geldkapitalbildung zwar teilweise strukturelle Ursachen hat, die in der Verlagerung der Einkommen und Vermögen und in Veränderungen der Spargewohnheiten liegen, daß aber die vom Staat angewendeten kreditpolitischen

Methoden von entscheidendem Einfluß auf die Sparformen sind. Solange z. B. bei der Finanzierung des Aufschwungs und der Aufrüstung nach 1933 durch die Begebung jederzeit rediskontierbarer Reichsschatzanweisungen trotz gleichzeitiger Absaugung durch Reichsanleihen für eine steigende Liquidität des Kreditsystems gesorgt wurde, blieb die Erhöhung des Privatbesitzes an Renten und Aktienwerten minimal. Von demselben Zeitpunkt ab jedoch, indem durch den Übergang zu nicht rediskontierbaren Lieferschatzanweisungen und NF.-Steuergutscheinen bei Fortsetzung der Anleihebegebungen andere kreditpolitische Bedingungen geschaffen wurden, also im Jahre 1938, stieg die Quote des Privatbesitzes an Rentenwerten, Aktien usw. im Verhältnis zur gesamten Geldkapitalbildung erheblich an, da nun Liquiditätsrücksichten die Kreditinstitute veranlaßten, die Placierung von Anleihen und anderen Wertpapieren im Publikum wesentlich zu verstärken.

Diese Zusammenhänge in der Entwicklung der Formen der Geldkapitalbildung sind gerade auch im Hinblick auf den Pfandbriefkredit von erheblicher Bedeutung. An dem Aufbau des deutschen Geldvermögens vor dem Weltkrieg 1914—1918, das sich von 1893 bis 1913 von rund 61 auf 153 Mrd. Mark beträchtlich erhöhte, waren die Sparformen des Pfandbriefes und der Kommunalobligationen mit zusammen rund 11,2 Mrd. M oder rund 12% beteiligt, also mit einem ähnlichen Zuwachs wie die Inlandsschuldverschreibungen des Reiches, der Bundesstaaten und Gemeinden mit zusammen rund 13 Mrd. RM oder wie die Bankdepositen mit 10,6 Mrd. RM. Der Zuwachs der gesamten Spareinlagen war mit 16,3 Mrd. RM etwas höher. Die Zunahme des Schuldverschreibungsumlaufes der Boden- und Kommunalkreditinstitute entsprach auch etwa der Zunahme der Privathypotheken, die damals noch eine größere Rolle spielten, deren Bedeutung aber im letzten Jahrzehnt vor 1914 mit dem Vordringen der anstaltsmäßigen Hypothekarkreditgewährung wesentlich zurückgegangen war. Im Durchschnitt der Jahre 1893 bis 1914 hatten die Pfandbriefe allein einen Anteil an den gesamten Wertpapieremissionen (einschl. Aktien) von 23,7% und an den Emissionen von festverzinslichen Schuldverschreibungen von 30,5%. Wenn man von den Krisenjahren bzw. Jahren der Konjunkturhochspannung vor Eintritt der Krise, also 1900, 1901, 1906, 1907, 1912 und 1913 absieht, in denen sich der Pfandbriefverkauf jeweils beträchtlich verminderte, dann war in dem Zeitraum von 1900 bis 1913 der Umlaufszuwachs mit jährlich 500—700 Mill. M ziemlich stetig.

Nach unseren vorhergehenden Feststellungen hätte eigentlich erwartet werden können, daß nach 1924 im Zuge der Vermögensvernichtung und Einkommensnivellierung und der dadurch bedingten Verlagerung in den Formen der Geldkapitalbildung im Rahmen der strukturellen Zurückdrängung der marktmäßigen durch die anstaltsmäßigen Anlagen auch der Pfandbrief und die verwandten Schuldverschreibungen gegenüber der Zeit vor dem ersten Weltkrieg erheblich an Bedeutung eingebüßt haben. Tatsächlich ergibt sich aber die erstaunliche Beobachtung, daß das gerade

Gegenteil der Fall war. Pfandbriefe und verwandte Schuldverschreibungen bildeten die einzige Wertpapiergruppe, die ihren Anteil am gesamten Sparprozeß nicht nur erhalten, sondern beträchtlich steigern konnte. In den 6 Jahren von 1925 bis 1930 sind (ohne Liquis, Auslandspfandbriefe und Sachwertschuldverschreibungen) mit 6,31 Mrd. RM fast ebenso viel Pfandbriefe zusätzlich verkauft worden wie in den 13 Jahren von 1901 bis 1913 mit 6,53 Mrd. M. Der Jahresdurchschnitt der Umlaufserhöhung lag also mit 1,05 Mrd. RM mehr als doppelt so hoch wie im Durchschnitt der Jahre 1901 bis 1913 mit rund 0,5 Mrd. M. Innerhalb der Gesamtemissionen an festverzinslichen Wertpapieren nahmen die Pfandbriefe nach der Stabilisierung bis zur Krise eine geradezu überragende Stellung ein. Im Durchschnitt der Jahre 1924 bis 1931 betrug der Anteil der reinen Pfandbriefinlandsemissionen an den Gesamtemissionen festverzinslicher Wertpapiere nicht weniger als 62,5%, in einzelnen Jahren sogar mehr als 75%, gegenüber einem Anteil im Durchschnitt der Jahre 1883 bis 1914 von nur 30,5%. Auch innerhalb der Finanzierungsform der Schuldverschreibungen hatte sich also die Quote des Pfandbriefes mehr als verdoppelt. (Unter Einschaltung der Kommunalobligationen und ähnlicher Schuldverschreibungen ergeben sich noch erheblich günstigere Relationen.) Wenn man die gesamten Wertpapieremissionen einschl. der Aktien betrachtet, so machte hier der durchschnittliche Anteil der reinen Pfandbriefe in den Jahren 1924 bis 1931 rund 40% aus gegen 23,7% im Durchschnitt der Jahre 1883 bis 1914.

Diese günstige Entwicklung des Pfandbriefabsatzes hat es auch ermöglicht, daß die Pfandbriefinstitute ihren Anteil am gesamten Immobiliarkredit im Vergleich zur Zeit vor dem ersten Weltkrieg nicht nur gehalten haben, sondern sogar erhöhen konnten. Während 1913 rund 27% des gesamten Hypothekenbestandes auf die Pfandbriefinstitute entfielen, waren es 1939 fast 29%.

	1939		1913	
	in Mrd.	in %	in Mrd.	in %
Pfandbriefinstitute	10,89	28,7	17,06	27,4
Sparkassen	8,54	22,5	13,12	21,0
Lebensversicherungen . . .	2,86	7,5	4,67	7,5
Sozialversicherung	1,67	4,4	0,59	0,9
Organis. Realkredit zus. . .	23,96	63,1	35,44	56,8
Private Hypotheken . . .	7,00	18,4	27,00	43,2
Öffentliche Hypotheken . .	7,00	18,4	—	—
Hypothekenausleihungen insgesamt	37,96	100	62,44	100

Gewiß haben außerordentliche Umstände diese besondere Entwicklung des Pfandbriefkredits begünstigt. Der Wohnungsbau und die Kreditversorgung der Landwirtschaft standen damals in höherem Maße als je zuvor im Mittelpunkt des gesamten volkswirtschaftlichen Kreditbedarfs. Allein im Wohnungsbau sind von 1924 bis 1934 mehr als 20 Mrd. RM investiert worden, das sind rund ein Fünftel der volkswirtschaftlichen Gesamtinvestitionen. Die Landwirtschaft hat allein von 1924 bis 1928 6,8 Mrd. RM Kredite zusätzlich aufgenommen. In dem genannten Zeitraum sind darüber hinaus zinsverbilligte staatliche Hauszinssteuerhypotheken von 5,3 Mrd. RM und sonstige öffentliche Wohnbaumittel von 3,7 Mrd. RM zur Verfügung gestellt worden. Diese Tatsache der starken Beanspruchung des Pfandbriefkredits hat bewiesen, daß die von den Pfandbriefinstituten gepflegte Form der unkündbaren Amortisationshypothek mit Recht als Idealform für Realkredite anzusehen ist. Wenn heute fast allgemein zur unkündbaren Tilgungshypothek übergegangen wird, so beweist dies, wie richtig das auf Pfandbriefen beruhende System der Bodenkreditinstitute von jeher gewesen ist. Nur die unkündbare Tilgungshypothek kann den berechtigten Interessen der Darlehnsnehmer Rechnung tragen und sie in die Lage versetzen, eine eingegangene Schuld in von vornherein feststehenden Teilbeträgen zu tilgen. Sie allein schützt den Darlehnsnehmer vor Überraschungen und der Notwendigkeit, sich womöglich im ungeeignetsten Augenblick nach Ersatzkrediten umsehen zu müssen. Andererseits hat der Pfandbrief für den Pfandbriefsparer den Vorzug und gibt ihm die Gewißheit, daß seine Sparanlagen durch eine große Zahl im besten Zustand befindlicher Beleihungsobjekte gesichert sind, ohne daß er, wie es bei einer Direkthypothek des Sparers der Fall ist, von den Risiken, die stets einem einzelnen Beleihungsobjekt anhaften, betroffen ist.

Es kann als eine beachtenswerte Leistung des deutschen Pfandbriefkredits angesehen werden, daß es ihm gelang, in so hohem Maße zur Deckung des außerordentlich drängenden Kreditbedarfs in Wohnungsbau und Landwirtschaft beizutragen, und dies in einer Zeit, die — wie wir sahen — der Finanzierungsform der Schuldverschreibung nicht günstig war. Dazu hat nicht nur das hohe Ansehen beigetragen, das sich der Pfandbrief als Instrument der Sparanlage in einer mehr als eineinhalbhundertjährigen Geschichte erworben hat, es ist dies auch die Folge einer sorgsamen Emissionspolitik gewesen. Die meisten Pfandbriefinstitute waren in der Zeit stärkster Ausweitung ihres Umlaufes bestrebt, die Pfandbriefe und verwandten Schuldverschreibungen so dauerhaft wie nur möglich beim letzten Anleger und Sparer zu placieren und diesem Sparer durch eine immer stärker ausgebaute Kurspflege auch hinsichtlich der Bewertung jenes Gefühl der Stabilität zu gewähren, das auf der anderen Seite durch die ausgezeichnete Bodendeckung der Pfandbriefe nur noch verstärkt wird. Auf diese Weise ist es gelungen, den Pfandbrief, der früher durchweg Anlagetitel vor allem der Schichten mit höheren Einkommen war, auch zum Instrument der Ersparnisanlage breiterer Schichten mit mittlerem Einkommen zu machen und dabei auch zu kleineren Stückelungen erfolgreich überzugehen. Überall dort, wo eine direkte Placierung in der Hand des letzten Sparers und Kapitalanlegers erreicht werden konnte, hat sich der

Pfandbrief in den Jahren des wirtschaftlichen Zusammenbruchs bis 1932 als besonders krisenfest erwiesen, und nicht zuletzt diesem Bemühen um eine starke innere Stabilität des Pfandbriefkreditsystems war es zu verdanken, daß im Frühjahr 1935 nach der Wiedererstarkung der Rentenmärkte der erste Schritt zur Durchsetzung eines angemessenen Zinsniveaus auf dem Markt der Pfandbriefe und verwandten Schuldverschreibungen mit eindeutigem Erfolg getan werden konnte.

Wenn in den folgenden Jahren bis zur Gegenwart das Neugeschäft des Pfandbriefkreditsystems auch nicht annähernd die Bedeutung wieder gewinnen konnte, die es vor der Krise oder vor dem Weltkrieg gehabt hat, so lag dies nicht etwa in irgendwelchen inneren Schwächen, sondern ausschließlich in den äußeren Umständen begründet. Bis zum Wechsel der deutschen Kapitalmarktpolitik Anfang 1939 verfolgte man das Ziel, durch eine scharfe Emissionssperre bei Pfandbriefen und ähnlichen Schuldverschreibungen die Absatzbedingungen für die 4½%igen Reichsanleihen zu verbessern. Infolgedessen wurde in den Jahren 1936 bis 1938 der Umlaufszugang an Pfandbriefen auf einen Jahresdurchschnitt von 200 bis 300 Mill. RM zwangsläufig begrenzt und der Einsatz von Pfandbriefmitteln in Wohnungsbau und Landwirtschaft entsprechend vermindert. Wie stark trotz dieser jahrelangen Lahmlegung des Pfandbriefkredits seine Emissionskraft geblieben ist, das hat sich nach der Lockerung der Emissionssperre im Jahre 1939 erwiesen, in dem ungeachtet des Kriegsausbruchs im Herbst der Nettoabsatz an 4½%igen Pfandbriefen schlagartig auf 664 Mill. RM anwuchs, also auf mehr als das dreifache des Umlaufszugangs im Vorjahre. Der Krieg hat dann mit der zwangsläufigen Verringerung der Investitionsaufgaben im Wohnungsbau und in der Landwirtschaft diese hoffnungsvollen Ansätze jäh unterbrochen. Das deutsche Pfandbriefkreditsystem muß nun die Wiederkehr normaler friedenswirtschaftlicher Verhältnisse abwarten, um seine hohe Einsatzfähigkeit als eines der wichtigsten Finanzierungsinstrumente des Wohnungsbaues und der Landwirtschaft erneut unter Beweis stellen zu können.

Die Zukunft des deutschen Pfandbriefkredits wird ebenso wie die aller übrigen Wirtschaftsformen durch Zielsetzung und Art der staatlichen Wirtschaftslenkung bestimmt sein. Der Staat wird nach dem Kriege festzulegen haben, in welchem Umfang innerhalb bestimmter Zeiträume neben anderen auch Investitionsaufgaben im Wohnungsbau, in der Landwirtschaft und bei den Gemeinden durchzuführen sind. Man kann aber schon heute davon ausgehen, daß diese Aufgaben und damit der aus ihr erwachsende Bedarf an unkündbarem Dauerkredit erheblich sein werden. Da bei der Durchführung des großen sozialen Wohnbauprogrammes umfassendere Staatssubventionen nicht verewigt werden können und sollen, muß sich auf die Dauer seine Finanzierung zum größten Teil auf die Institutionen des Realkredits und darunter nicht zuletzt auch des Pfandbriefkredits stützen. Darüber hinaus werden sich in der städtischen Wohnungswirtschaft durch die kriegsbedingten jahrelangen Unterbrechungen nicht nur der Neubauten, sondern auch von Reparaturinvestitionen stärkere Kreditbedürfnisse herausbilden, die in der zweckmäßigsten Form zu decken sind. Die Tatsache, daß jetzt während des Krieges die Unmöglichkeit der Durchführung von Erneuerungen und Reparaturen zahlreiche Hausbesitzer dazu veranlaßt, die in der Miete mit vereinnahmten Abschreibungsbeträge verstärkt zur Schuldentilgung zu verwenden, schafft nach Beendigung des Krieges die Möglichkeit, den dadurch gewonnenen freien Beleihungsspielraum durch Inanspruchnahme entsprechender Hypothekarkredite wieder aufzufüllen, ohne die durch Ertrag und Realdeckung gesetzten Grenzen der Kreditaufnahme überschreiten zu müssen. Ganz ähnlich liegen die Verhältnisse auch in der Landwirtschaft, deren Intensivierung nach dem Kriege mit allen Mitteln verstärkt werden soll. Im Rahmen der geplanten Aufrüstung des Dorfes, der Nachholung der im Kriege unterbliebenen Ersatz- und Neuinvestitionen sowie der teilweise bereits notwendig gewordenen Umschuldung kurzfristiger in langfristige Kredite wird auch in der Landwirtschaft die Mitwirkung des in fast zwei Jahrhunderten bewährten Pfandbriefkreditsystems bei der Deckung des Bedarfs an unkündbarem Dauerkredit kaum entbehrlich sein. Man wird annehmen können, daß bis zum tatsächlichen Eintritt dieses Kreditbedarfs auch bei den Erbhöfen die Voraussetzungen zur Beteiligung des organisierten Realkredits an der Befriedigung dieses Bedarfs geschaffen sein werden.

Es entspricht der nationalsozialistischen Wirtschaftsauffassung, daß sich alle Glieder der Wirtschaft und damit auch des Kreditsystems im echten Leistungswettbewerb zu bewähren haben. Diesem Gesetz ist selbstverständlich auch der deutsche Pfandbriefkredit unterworfen. Auch in der Zukunft wird er deshalb für die erforderlichen Voraussetzungen sorgen müssen, um sowohl im Aktivgeschäft als auch im Passivgeschäft gegenüber den anderen Formen der Real- und Kommunalkreditvermittlung bestehen zu können. Auf der Passivseite muß er daher diejenigen Bedingungen zu dauerhafter Unterbringung seiner Schuldverschreibungen herstellen und sichern, die ihm durch den Wettbewerb mit anderen Sparanlagen in Schuldverschreibungsform und anderer Form einerseits und durch die Erfordernisse des Aktivgeschäfts andererseits diktiert werden. Er ist dabei selbstverständlich auch von der allgemeinen Zinspolitik abhängig. Man kann heute teilweise gewisse Besorgnisse darüber hören, daß sich der nun fast allgemein auf 4% gehende Nominalzins der Pfandbriefe und verwandten Schuldverschreibungen um ein halbes Prozent von den 3½%igen Reichsschatzanweisungen abgehoben habe, was nach dem Kriege zwar die Absatzfähigkeit der Pfandbriefe steigere, den Wettbewerb in der Darlehnsgewährung jedoch gegenüber anderen Institutionen des Realkredits stark beeinträchtigen könne. Ob solche Besorgnisse berechtigt sind, kann erst die Zukunft lehren. Nach Wiederkehr normaler friedenswirtschaftlicher Verhältnisse bzw. nach Beendigung der notwendigen Periode der Umstellung auf die Friedenswirtschaft wird zweifellos im Rahmen der gesamten Wirtschaftslenkung ein automatischer Ausgleich zwischen dem gesamten

Kreditbedarf unserer Volkswirtschaft und seiner Deckung entstehen, wobei es der Staat auch unter Verzicht auf die während des Aufschwungs nützliche und während des Krieges unerläßliche zusätzliche Kreditschöpfung durchaus in der Hand hat, durch die ihm zur Verfügung stehenden Mittel jene Zinsbasis zu erhalten oder herzustellen, die er zur Förderung der gesamten Wirtschaft für notwendig und richtig hält. Wenn die Reichsanleihen in Zukunft auch in der Rangliste der Rentenwerte an der Spitze stehen werden, so ist doch anzunehmen, daß Pfandbriefe und verwandte Schuldverschreibungen mit keinen großen Unterschieden in den Bedingungen am Markte unterzubringen sind. Denn eine „Konkurrenz" zwischen diesen beiden Gruppen von Rentenwerten kann ja deshalb überhaupt nicht entstehen, weil der Staat durch seine autoritäre Bestimmung der Investitionen und notfalls auch durch die Lenkung der Emissionen selbst eine solche Konkurrenz von vornherein verhindern kann und wird. Andererseits wird aber auch der Staat alles tun, was im Rahmen der Verhältnisse nur möglich ist, um auch die private Finanzierung so dringlicher Vorhaben wie etwa des sozialen Wohnungsbaues oder der Intensivierung der Landwirtschaft soweit wie möglich zu verbilligen.

Dem Pfandbriefkredit selbst bleibt somit zur Herstellung einer echten Wettbewerbsfähigkeit sowohl im Passivgeschäft als auch im Aktivgeschäft nichts anderes zu tun übrig, als durch stärkste Senkung aller nur irgend vermeidbaren Unkosten seine Zinsspanne so niedrig zu halten, wie dies nur irgend erreichbar ist. Dies wird einmal von dem Erfolg der betriebswirtschaftlichen Rationalisierung, zum anderen aber auch davon abhängen, ob durch eine ausreichende Ausnutzung des Pfandbriefkreditapparates das betriebswirtschaftliche Optimum zugelassen und die Form der Darlehnsgewährung weitgehend vereinfacht wird.

Über eines muß man sich dabei allerdings im klaren sein: Jede Kreditvermittlung bringt Unkosten mit sich, die unbedingt gedeckt werden müssen, wenn unerwünschte Formen direkter oder indirekter Subventionen vermieden werden sollen. Beim Pfandbriefkredit kommen diese Unkosten der Kreditvermittlung im wesentlichen im Verwaltungskostenbeitrag zum Ausdruck. Seine volkswirtschaftliche Gegenleistung liegt darin, daß er den Schuldnern unkündbaren Dauerkredit in seiner reinsten Form gewährt, während er den Inhabern seiner Schuldverschreibungen ein Spar- und Anlageinstrument in die Hand gibt, das bei weitgehender Stabilität des Wertes eine verhältnismäßig große Liquidität besitzt. Andererseits wird in der künftigen Wirtschaft ein Vorsprung des Pfandbriefkreditsystems nicht mehr in gleichem Umfange wie bisher Geltung beanspruchen können, nämlich die Realdeckung. In einer Wirtschaft, in der der Staat für die Ausschaltung konjunktureller Schwankungen Sorge tragen kann und wird, vermindern sich die Gesamtrisiken erheblich, auch wenn die Einzelrisiken praktisch niemals beseitigt werden können. Die Realdeckung bleibt deshalb zwar als wertvolles Aktivum der Pfandbriefanlage bestehen, aber sie hat doch nicht mehr jenes Gewicht, das ihr in der Zeit starker konjunktureller Schwankungen zukam.

Der deutsche Pfandbriefkredit ist aus allen diesen Gründen nicht der Aufgabe enthoben, die Kreditvermittlungskosten so niedrig wie nur irgend möglich zu bemessen und gleichzeitig anzustreben, daß er zwecks Erfüllung seiner spezifischen Funktionen seine Schuldverschreibungen möglichst dauerhaft und dabei doch im Interesse der Schuldner zu den günstigsten Bedingungen placiert. Er muß jedoch dabei erwarten, daß im Sinne gleicher Startbedingungen im Leistungswettbewerb auch die Vermittlungskosten anderer Träger des Realkredits in Rechnung gestellt werden, die dort nicht so sichtbar sind, wie dies beim Pfandbriefkredit mit dem Verwaltungskostenbeitrag der Fall ist. Bei jenen anderen Trägern des organisierten Realkredits gehen die Vermittlungskosten meist in den Zinsspannen, Prämien und Beiträgen unter. Eine klare Kreditkalkulation auf weitgehend einheitlicher Basis, bei der auch nur Ansätze zu subventionsähnlichen Verbilligungen im Aktivgeschäft vermieden werden, ist im Rahmen des künftigen Leistungswettbewerbs im Realkredit unerläßlich. Wenn Subventionen für bestimmte Schuldnerkreise erforderlich sind, muß ihre Gewährung allein in der Hand des Staates selbst liegen.

Sind aber solche Bedingungen erfüllt und hat das Pfandbriefkreditsystem selbst alles getan, um durch Ausnutzung aller Rationalisierungs- und Verbilligungsmöglichkeiten die Zeit bis zu seinem Wiedereinsatz zu nutzen, dann braucht man um seine Zukunft nicht besorgt zu sein. Seine nicht zu unterschätzenden Vorzüge werden dann die Gewähr dafür geben, daß sich der Staat ihrer bei der Erfüllung der kommenden großen Aufgaben in weitgehendem Maße bedient.

Max Sentz

Der Kommunalkredit

Die typischen Erscheinungsformen des Kommunalkredits sind der kurzfristige Kassenkredit und der langfristige Investitionskredit. Der reine Kassenkredit soll kurze zeitliche Unterschiede zwischen der normalen Verausgabung und dem normalen Eingang der Mittel überbrücken; die Wiederabdeckung des Kredits ist zeitlich und sachlich von Anfang an sichergestellt, und die Zinsbelastung des Schuldners spielt normalerweise schon wegen der Kurzfristigkeit der Kreditnahme kaum eine Rolle. Beim langfristigen Investitionskredit dagegen ist in jedem Einzelfall eine eingehende wirtschaftliche Prüfung erforderlich, die sich auf Art, Umfang und Angemessenheit des Finanzierungsvorhabens und insbesondere auch darauf erstreckt, wie der Zins- und Tilgungsdienst des langfristigen Darlehns sichergestellt werden kann. Führt der Kapitaleinsatz zur Erstellung von Anlagen praktisch erwerbswirtschaftlichen Charakters, kann also mit dem regelmäßigen Anfall von Überschüssen des neuen oder erweiterten kommunalen Unternehmens gerechnet werden, die mindestens zur Bestreitung des Zins- und Tilgungsdienstes ausreichen, so wird sich die wirtschaftliche Beurteilung derartiger Vorhaben nach allgemein kaufmännischen Grundsätzen richten. Neben solchen unmittelbar produktiven Investitionen ergeben sich jedoch im Kreis der gemeindlichen — wie überhaupt der öffentlichen — Wirtschaft in beträchtlichem Umfang auch langfristige Finanzierungsaufgaben zur Befriedigung eines nicht-rentierlichen Kollektivbedarfs; als Beispiele für derartige zwangsläufige Bedarfszwecke, deren Erfüllung sich aus dem Hoheitscharakter der Kommunalverwaltung ergibt, seien hier nur die Schul- und Krankenhausbauten genannt.

Selbst wenn in diesen Fällen wenigstens ein Teil des Zins- und Tilgungsdienstes für das zur Erstellung der Bauten aufgenommene Darlehn aus Gebühren und Abgaben der Benutzer gedeckt werden kann, ändert das doch nichts an der grundsätzlich „konsumtiven" Verwendung des investierten Kapitalbetrages. Noch deutlicher wird dieser Tatbestand bei solchen Investierungen, die ihrerseits in keinem Fall zu unmittelbar zurechenbaren neuen Einkünften führen, bei denen also die Verzinsung und Amortisation des Darlehns ausschließlich aus allgemeinen Haushaltsmitteln erfolgt. Bei Fällen dieser Art, die letztlich ganz oder doch zum großen Teil aus der Steuerkraft der Bevölkerung finanziert werden, muß in besonderem Maße die ernste wirtschaftliche Selbstkritik des öffentlichen Verbandes unter Zurückstellung aller nicht sachbedingten Erwägungen vor der Kreditaufnahme einsetzen; eine sachlich nicht gerechtfertigte Investitionsfreudigkeit und eine fehlerhafte Einschätzung der künftigen Steuerkraft können hier leicht zu einer später kaum tragbaren Belastung des Gemeindehaushaltes führen, wenn bei etwa rückläufigen Steuer- usw. -Eingängen das Gewicht des Schuldendienstes immer stärker auf dem Haushalt lastet und zu Einsparungen an anderer Stelle zwingt, die besser vermieden wären. „Die aus derartigen Erfahrungen fließende Kritik kann sich aber prinzipiell nicht gegen die öffentliche Kreditnahme als solche richten, sondern lediglich zeigen, daß in den vielen Fällen, in welchen eine unmittelbare Bewirtschaftung des mittels Kredits finanzierten öffentlichen Aufwandes nicht stattfindet, eine besonders sorgfältige Prüfung notwendig ist, ob und inwieweit damit gerechnet werden kann, daß zukünftige Zeitabschnitte an der Nutznießung faktisch beteiligt sind und zweitens dieser einen Wert beimessen werden. Denn davon wird die Krediterstreckung in solchen Fällen wirtschaftlich in ihrem Ausmaße bedingt[1])".

Mit diesen kurzen Hinweisen sind die grundsätzlichen Probleme des Kommunalkredits keineswegs erschöpfend behandelt; sie geben jedoch bereits gewisse Maßstäbe zur Beurteilung der kommunalen Verschuldung in der Vergangenheit, deren Kenntnis für eine Erörterung der gegenwärtigen Lage dieses Kreditzweiges erforderlich erscheint.

I.

Die kommunale Verschuldungslage in den Jahren vor Ausbruch des Weltkrieges 1914/18 ist durch ein schnelles und beständiges Anwachsen der Schuldbeträge gekennzeichnet. Im Durchschnitt der Jahre 1908 bis 1914 erhöhte sich die Schuldenlast jährlich um rund 573 Mill. Mk. und erreichte ihren vorläufigen Höchststand 1914 mit annähernd 7,8 Mrd. Mk.[2]). Beteiligt waren hieran in erster Linie die Großstädte; diese hatten die Hauptlast der Entwicklung zu tragen, die sich aus der Bevölkerungszunahme im allgemeinen, der immer stärkeren Zusammenballung der Bevölkerung in den größeren Städten und der fortschreitenden Industrialisierung ergab. Der damit zwangsläufig entstehende Zusatzbedarf an Schulen, Krankenhäusern und sonstigen kommunalen Anstalten, für den Ausbau der Energie- und Wasserversorgung, des Verkehrsnetzes usw. konnte nur durch langfristige Darlehnsaufnahme gedeckt werden. Bei tendenziell steigenden Steuereinnahmen und einem in der großen Linie wachsenden Wohlstand der Bevölkerung konnte weder gegen das Ausmaß noch gegen das Tempo der Verschuldung, die übrigens nur zu geringen Teilen kurzfristig war, Ernstliches eingewandt werden. Immerhin belief sich der Schuldendienst in den preußischen Städten und Landgemeinden mit über

[1]) Handbuch der Finanzwissenschaft (Gerloff-Meisel), Band II, Abschnitt IX B (öffentlicher Kredit), Tübingen 1927, S. 527.

[2]) Die hier und im folgenden verwendeten Zahlen sind sämtlich den verschiedenen amtlichen Veröffentlichungen des Statistischen Reichsamts entnommen, soweit nicht ausdrücklich andere Quellen genannt sind.

10000 Einwohnern bereits auf etwa ein Siebentel der ordentlichen Ausgaben (Enquête über die Kommunalverschuldung 1908) und erreichte in zahlreichen Großstädten sogar noch höhere Sätze; in den letzteren Fällen wurde allerdings ein beträchtlicher Teil des Schuldendienstes aus den Überschüssen der produktiven Unternehmungen bestritten.

In organisatorischer Hinsicht waren die Verhältnisse am Kommunalkreditmarkt damals vielfach unbefriedigend, besonders für kleinere Gemeinden ohne eigenen Emissionskredit[1]). Bezeichnend war z. B. die Tatsache, daß an der Berliner Börse im Jahre 1914 allein 400 Stadtanleihen notiert wurden, von denen etwa ein Viertel ständig gestrichen war. Diese Zersplitterung in Verbindung mit einer unzureichenden Kurspflege, falls eine solche überhaupt betrieben wurde, mußte sich notwendig ungünstig auf die Kreditbedingungen auswirken. Schon lange Jahre vor Ausbruch des Weltkrieges setzten daher lebhafte Bestrebungen der Gemeinden zu einer strafferen Zusammenfassung und besseren Organisierung des Kommunalkreditmarktes ein; diese Bestrebungen mündeten schließlich in die Gründung der Girozentralen aus, die als Zentralbanken der kommunalen Sparkassen deren liquide Mittel zu verwalten, den überörtlichen Zahlungs- (Spargiro-)Verkehr zu pflegen und sich insbesondere auch als Kommunalkreditinstitute zu betätigen hatten[2]).

Die Jahre des Krieges und der Inflation bedeuteten für die Gemeinden eine praktisch zehnjährige Kreditsperre für langfristige Darlehnsaufnahmen. Während des Krieges verboten sich gemeindliche Anleihen mit Rücksicht auf den Vorrang der Reichsfinanzierung, und anschließend machte die fortschreitende Inflationierung eine planmäß'ge Anleihepolitik unmöglich. Die Folge hiervon war eine ungewöhnliche Aufstauung des so lange gedrosselten Investitionsbedarfs der Gemeinden. Nach der Stabilisierung der Währung erstreckte sich dieser einmal auf die schon genannten Aufgabengebiete, die auch vor 1914 bereits den Hauptteil der Investitionen ausgemacht hatten. Dazu traten zum andern neue, bisher nicht bekannte Aufgaben, die den Kreditbedarf noch wesentlich erhöhen mußten: die Förderung des Wohnungsbaues, die Bekämpfung der Arbeitslosigkeit durch Notstandsarbeiten und schließlich der durch die fortschreitende Motori-

---

[1]) Von den Schulden sämtlicher deutscher Städte mit mehr als 10000 Einwohnern im Betrage von 5,1 Mrd. Mk. entfielen am 31. März 1907 auf Inhaberobligationen rund 3,4 Mrd. Mk., auf andere langfristige Anleihen 1¼ Mrd. Mk. und auf sonstige Schulden 471 Mill. Mk. Obligationsanleihen waren also nahezu dreimal so stark vertreten wie andere langfristige Schulden. Je größer die Stadt war, um so höher war auch der Anteil des Obligationskredits. Von den vorgenannten rund 1¼ Mrd. Mk. sonstigen langfristigen Darlehen stammten 30% von Landesbanken und Provinzialhilfskassen, 34,4% von Sparkassen, 12,3% von Landesversicherungsanstalten, 7% von Privatversicherungsgesellschaften und 6% von Einzelbanken.

[2]) Vgl. hierzu H. Jursch, Zehn Jahre Deutsche Kommunal-Giroorganisation. Berlin 1926 (Denkschrift).

sierung ausgelöste verstärkte Wegebau. Die Versäumnisse und Rückstände eines Jahrzehnts sollten so schnell wie möglich nachgeholt werden, und gleichzeitig mußte den zwingenden Notwendigkeiten des Augenblicks (Wohnungsbau, Kampf gegen Arbeitslosigkeit usw.) Rechnung getragen werden.

Dem Großteil der Neuverschuldung der Gemeinden in der Zeit von 1924—1932 kann auch von heute aus gesehen der Charakter einer außerordentlichen und unabweisbaren Dringlichkeit nicht abgesprochen werden. Daß manche Gemeinden in ihrer Investitionsfreudigkeit und Verschuldungsbereitschaft zu weit gegangen sind, und daß die kommunale Kreditgebarung auch sonst hier und da Angriffsflächen geboten hat, wird auch von kommunaler Seite nicht in Abrede gestellt. „Immerhin ist später doch die Erkenntnis durchgedrungen, daß jene Angriffe in dem Ausmaß und in ihrer allgemeinen Form nicht berechtigt waren, daß sie zum sehr erheblichen Teil auf einer unbegründeten Verallgemeinerung örtlicher, anfechtbarer Einzelerscheinungen und zum anderen einer Verkennung der Voraussetzungen und der finanziellen Bedeutung der beanstandeten Aufwendungen im Rahmen des Gesamtbedarfs beruhten[1])".

Die geschilderten Zusammenhänge machen es verständlich, daß sich die durchschnittliche Neuverschuldung der Gemeinden z. B. in dem Jahrfünft 1924—28 im Jahresdurchschnitt auf 1,137 Mrd. RM stellte, während oben für die Jahre vor 1914 ein Durchschnittsbetrag von 573 Mill. Mk. angegeben werden konnte. In wenigen Jahren wurde daher eine Neuverschuldung erreicht, die beträchtlich über dem Vorkriegsstand lag. Die tabellarische Übersicht am Schluß dieses Beitrages weist für Ende März 1932 eine Gesamtverschuldung der deutschen Gemeinden in Höhe von fast 11,3 Mrd. RM aus; davon entfielen auf Altschulden nur knapp 1100 Mill. Mk.[2]),

---

[1]) Georg Lange, Die Selbstverwaltungskörper unter dem Druck der Verteuerung der langfristigen Kredite, in: Wirkungen und Ursachen des hohen Zinsfußes in Deutschland (Karl Diehl), Jena 1932, S. 729.

[2]) In dieser Summe sind Alt-, Festwert- und (alte) Valutaschulden enthalten. Den Hauptposten stellen die aufgewerteten Vorkriegsanleihen; durch das Anleiheablösungsgesetz vom 16. Juli 1925 wurden die Gemeinden und Gemeindeverbände verpflichtet, die vor der Inflation gegen Schuldverschreibungen und Schuldscheine aufgenommenen Kredite aufzuwerten und die Gläubiger durch Ausgabe von Anleiheablösungsstücken zu befriedigen. Da die Durchführung dieser Aufwertung durch jede einzelne Gemeinde eine höchst unproduktive Arbeitsbelastung bedeutet hätte, wurde die deutsche Sparkassen- und Giroorganisation mit der zentralen Abwicklung beauftragt. Die meisten Gemeinden haben von dieser Möglichkeit Gebrauch gemacht. Ablösungsanleihen wurden von den Landesbanken Düsseldorf und Münster, der Girozentrale München und der Deutschen Girozentrale ausgegeben. Allein die letztere hat in den Jahren 1926—28 insgesamt 2600 Inhaberanleihen, davon etwa 1800 Vorkriegsanleihen, auf diesem Wege abgelöst. Die Vorzüge dieses Sammelablösungsverfahrens liegen klar zutage: Bereinigung des Kurszettels, Verbreiterung der Haftungsbasis und des Marktes, günstigere Kursbildung usw.

auf die ausländische Neuverschuldung 735 Mill.[1]), die inländische Neuverschuldung 8,1 Mrd. und auf Schulden aus öffentlichen Mitteln 1,34 Mrd. RM.

Wie schon angedeutet wurde, geht die Entstehung dieser im Vergleich zur Vorkriegszeit sehr beträchtlichen Neuverschuldung auf ganz verschiedene Ursachen zurück. In den Jahren günstiger Wirtschaftslage, der berühmten Scheinblüte von 1925—29, standen den Kreditaufnahmen in hohem Maße produktive Investitionen gegenüber. Soweit diese nicht sofort endgültig in langfristiger Form im In- oder Ausland finanziert werden konnten, erschien es angesichts der steigenden Steuererträgnisse vielfach als vertretbar, den Weg der kurzfristigen Vorfinanzierung zu beschreiten und im übrigen optimistisch darauf zu vertrauen, daß der Akt der Konsolidierung in absehbarer Zeit folgen könnte und der Schuldendienst insgesamt tragbar bleiben würde. Die Krisenjahre 1930—32 erwiesen — im Kommunalkredit wie auch im gewerblichen und industriellen Kredit, wo vielfach ähnlich verfahren worden war — das Trügerische dieser Hoffnung; die aus den „günstigen" Jahren übernommenen kurzfristigen Verpflichtungen erwiesen sich als nicht konsolidierbar, und bei stark rückläufigen Steuereingängen wurde der Druck des Schuldendienstes immer schwerer, so daß auch bei schärfster Drosselung der Investitionsvorhaben das Haushaltsgleichgewicht in vielen Fällen nicht mehr herzustellen war. Entscheidend aber war, daß jetzt an die Stelle des Finanzbedarfs für Investitionszwecke immer mehr der reine Zuschußbedarf trat, der bei nicht ausreichenden Staatszuschüssen, mit denen nur ein Teil der den Gemeinden aufgebürdeten Wohlfahrtsaufwendungen gedeckt werden konnte, zur Aufnahme weiterer, formal kurzfristiger Kredite zwang. So standen die Krisenjahre im Zeichen der „Diktatur der leeren Kasse"[2]) und führten zu einem zweifellos ungesunden Anschwellen der kurzfristigen Gemeindeschulden. Von der inländischen Neuverschuldung von 8,1 Mrd. RM Ende März 1932 waren 5,3 Mrd. RM langfristig (d. h. im Sinne der Reichsfinanzstatistik mit einer Laufzeit von über 10 Jahren), 1,1 Mrd. RM mittelfristig (1 bis 10 Jahre) und 1,7 Mrd. RM kurzfristig (bis zu 1 Jahr).

II.

Mit der politischen Wende von 1933 begann auch für den Kommunalkredit eine neue Phase; bevor die wichtigsten Abschnitte dieser Entwicklung, die bis an die Gegenwart heranführt, behandelt werden, soll ein Über-

[1]) Auf die Probleme der gemeindlichen Auslandskredite und die Tätigkeit der Beratungsstelle für Auslandsanleihen kann in diesem Zusammenhang nicht eingegangen werden. Aus dem umfangreichen Schrifttum sei nur Rolf Ott: Die Beratungsstelle für Auslandskredite, Jena 1929, erwähnt, der sich zusammenfassend und kritisch mit dem Thema auseinandersetzt.

[2]) Hettlage, Gemeindefinanzen 1938, in: Deutsche Verwaltung 1938, Nr. 1, S. 10.

blick über die Art und die Gliederung der Kreditverpflichtungen der Gemeinden gegeben werden. Als Stichtag hierfür ist der 31. März 1933 gewählt, gewissermaßen ein Datum „zwischen den Zeiten": die Verschuldung war noch auf ihrem Krisenhöchststand und die gerade im Frühjahr 1933 beginnende Bereinigung konnte in dem statistischen Bild noch keinen Niederschlag gefunden haben.

Nach den Ergebnissen der Reichsfinanzstatistik ergab sich das folgende Bild:

Inländische Neuverschuldung der deutschen Gemeinden[1]) am 31. März 1933

	Mill. RM	%
I. Gegen Hergabe von Inhaberpapieren	946,7	12,0
II. Gegenüber Kredit- und Versicherungsanstalten		
a) Girozentralen und Landesbanken	2554,5	32,2
b) Sparkassen	1582,5	20,0
c) Sonstige öffentl.-rechtl. Kreditanstalten . .	419,6	5,3
d) Hypothekenbanken	707,9	8,9
e) Kreditbanken.	369,3	4,7
f) Träger der Sozialversicherung	530,0	6,7
g) Sonstige öffentl. Versicherungen	127,6	1,6
h) Private Versicherungen	168,5	2,1
III. Gegenüber sonstigen Gläubigern		
a) Unternehmungen und Verbände	246,5	3,1
b) Private	266,8	3,4
	7919,9	100,0

Gegenüber der Zeit vor 1914, deren Kommunalkreditverhältnisse bereits dargestellt wurden, zeigen sich somit recht erhebliche strukturelle Unterschiede. Die unmittelbare Emission von Inhaberanleihen (Schuldverschreibungen und Schatzanweisungen) einzelner Städte (I) spielt mit einem Anteilsatz von 12% keine ausschlaggebende Rolle mehr. Die verwirrende Vielfalt des Kurszettels (Abschnitt Gemeindeanleihen) die in der Vorkriegszeit von der Zersplitterung des Kommunalkredits Zeugnis ablegte, ist einer straffen Zusammenfassung gewichen; im Kommunalkredit beherrschen das Feld jetzt große geschlossene Emissionstypen, deren Vorzüge für Absatz, Kursgestaltung und Kreditbedingungen für den Schuldner nicht weiter dargelegt zu werden brauchen. Auch die „sonstigen Gläubiger" (III) fallen mit zusammen 6.5% nicht ins Gewicht. Ausschlaggebend ist vielmehr der organisierte Kredit der Kreditinstitute und der Versicherungswirtschaft (II) mit einem Anteilssatz von 81,5% und innerhalb dieser Gruppe wieder die Sparkassen- und Giroorganisation (a und b) mit zusammen 52,2%.

Von den fast 6½ Mrd. RM kurz-, mittel- und langfristigen Kommunalschulden bei Instituten der Kredit- und Versicherungswirtschaft waren

[1]) Ohne Hansestädte; Ziffern bei den Gemeinden unter 2000 Einwohnern teilweise geschätzt.

etwa 2,7 Mrd. langfristig durch Ausgabe von Schuldverschreibungen auf den Inhaber finanziert, der größere Rest aus Kundschaftseinlagen der Kreditinstitute und dem Vermögen der Individual- und Sozialversicherung. Der Anteil des Emissionskredits an der Gesamtverschuldung ist also gegenüber der Zeit vor 1914 zurückgegangen; dies ist vornehmlich auf die mangelhafte Leistungsfähigkeit des Kapitalmarktes in den Jahren 1924—30 und auf seine Unausgeglichenheit, die nicht zuletzt eine Begleiterscheinung der Reparationsperiode war, zurückzuführen. Dieser Rückgang im Anteil des Emissionskredits hätte sich noch schärfer ausgeprägt, wenn nicht die Sparkassen- und Giroorganisation, die sich angesichts ihrer zahlenmäßigen Bedeutung und ihres Charakters als einer von den Gemeinden getragenen Kreditorganisation in erster Linie für die Pflege dieses Marktgebietes verantwortlich fühlte, einen neuen Anleihetyp entwickelt hätte, der in der Zeit seit 1924 wiederholt seine Bewährungsprobe bestanden hat: den Typ der kommunalen Sammelanleihe. Neben den Sammelanleihen der regionalen Girozentralen kam den Sammel-(Einheits-)Anleihen der Deutschen Girozentrale besondere Bedeutung zu. Der Vorzug dieses neuen Anleihetyps beruht auf der elastischen Plazierung größerer Abschnitte bei günstiger Marktlage, der verbreiterten Haftungsbasis, die dem Gläubiger die notwendige Sicherheit gewährleistet, der größeren Absatzfähigkeit durch Einführung an den bedeutenden Börsen und nicht zuletzt auf der systematischen Kurspflege seitens der emittierenden Girozentrale. Die Zusammenfassung und gemeinsame Befriedigung des Kreditbedarfs bewirkte außerdem, daß auch kleine und mittlere Gemeinden, die in den Jahren vor 1914 nur zu außerordentlich drückenden Bedingungen Kredite bekommen konnten, jetzt Darlehen zu den vergleichsweise günstigeren Bedingungen größerer Emissionsanleihen erhielten. Daß die Ablösung eines großen Teils der Vorkriegsstadtanleihen ebenfalls im Wege einer solchen Sammelanleihe erfolgt ist, wurde bereits in anderem Zusammenhang erwähnt. (Vgl. dazu die Fußnote auf S. 302[1]).

III.

Die Bereinigung und Konsolidierung der kommunalen Verschuldungsverhältnisse wurden nach der Machtübernahme durch den Nationalsozialismus sofort energisch in Angriff genommen. Die Größe und Kompliziertheit der Aufgabe erforderten eine Vielfalt von Maßnahmen und Eingriffen, die sorgfältig aufeinander abgestimmt werden mußten. Der einen oder der anderen dieser Maßnahmen, etwa der Umschuldung oder der Haushaltssanierung oder der Regulierung der künftigen Kreditaufnahme den entscheidenden Anteil an diesem Gesundungswerk beizumessen, wäre nicht

[1]) Für Auslandsanleihen der Spargiroorganisation kamen im allgemeinen nur die Einheitsanleihen der Deutschen Girozentrale in Frage, da nur durch geschlossenes Auftreten aller deutschen Gemeinden wirtschaftlich günstige Bedingungen erzielt werden konnten.

berechtigt. Erst aus dem Zusammenwirken all dieser Maßnahmen in Verbindung mit dem allgemeinen Wirtschaftsaufschwung, der in erster Linie durch die Arbeitsbeschaffungsaktionen des Reiches ausgelöst und getragen wurde, ergaben sich die vielfältigen Bedingungen für das Gelingen des Werkes.

Aus Raumgründen kann hier nicht im einzelnen auf die im Laufe weniger Jahre erreichte umfassende Sanierung der Gemeindefinanzen eingegangen werden. Die allgemeine Sicherung der Kassenlage und die nachhaltige Wahrung des Haushaltsgleichgewichts stellten jedenfalls die grundlegenden Voraussetzungen für die gleichlaufend erfolgenden Bereinigungsvorgänge im Schuldenwesen dar. In den Einzelschriften zur Statistik des Deutschen Reiches Nr. 40: „Die Gemeindefinanzen im Wiederaufbau" (Berlin 1940) ist des näheren dargelegt, wie aus den „schwächsten Gliedern der öffentlichen Verwaltung" — das waren die Gemeinden in den Krisenjahren infolge der ihnen aufgebürdeten Wohlfahrtslasten zweifellos gewesen — wieder voll leistungsfähige Träger der gemeindlichen Selbstverwaltung geworden sind.

Eine auf den ersten Blick auffällige Erscheinung in der kommunalen Schuldenentwicklung seit 1933 ist das Ansteigen der Gesamtschulden in den Jahren 1933—35 von 11,28 auf 11,72 Mrd. RM (vgl. Tabelle am Schluß). Dieser Zuwachs ist erfolgt, obwohl die Alt-, Festwert- und Valutaschulden durch ordentliche und außerordentliche Tilgungen ständig zurückgegangen sind und obwohl auch die ausländische Neuverschuldung dank planmäßiger Tilgung und z. T. auch durch Abwertungsgewinne fortgesetzt vermindert werden konnte. Um so stärker mußte daher der Verschuldungszuwachs bei den anderen Positionen sein, und zwar einmal bei der inländischen Neuverschuldung (von 7,91 auf 8,41 Mrd. RM) und zum andern bei den Schulden aus öffentlichen Mitteln (von 1,57 auf rund 2 Mrd. RM). In diesem Schuldenzuwachs, der übrigens ohne die gleichzeitig schon erfolgenden beträchtlichen Tilgungen leistungsfähiger Gemeinden noch deutlicher in Erscheinung getreten wäre, spiegelt sich die aktive Einschaltung der Gemeinden in die Arbeitsbeschaffungsprogramme des Reiches. Daß diese neue Verschuldungswelle in einer Zeit, in der sich die ersten Früchte der inneren Konsolidierung zeigten, nicht ganz unproblematisch war, ist auch von kommunaler Seite mehrfach betont worden[1]). Die spätere Entwicklung hat jedoch erwiesen, daß es sich hier um einen von vornherein zeitlich befristeten Prozeß gehandelt hat und daß der zusätzlichen Belastung der kommunalen Haushalte durch den neuen Schuldendienst weit stärkere Aktiva gegenüberstanden (Beseitigung der Arbeitslosigkeit, rasch steigende Steuereinnahmen und nicht zuletzt die durch die produktive Arbeitsbeschaffung erstellten neuen Werte und Anlagen).

---

[1]) Vgl. z. B. Hettlage, Die Zukunft des Gemeindekredits in: „Der deutsche Volkswirt", 1935, Nr. 49, S. 2261 ff.

Für das innere Gefüge des Gemeindekredits war die Wiederherstellung gesunder Relationen zwischen der lang-, mittel- und kurzfristigen Verschuldung ausschlaggebend. Mit dem Gesetz über die Umschuldung kurzfristiger Inlandsschulden der Gemeinden vom 21. September 1933 wurde allen Gemeinden, die ihre kurzfristigen Schulden nicht aus laufenden Mitteln abdecken konnten, die Möglichkeit zur Konsolidierung dieser Verpflichtungen eröffnet. Insgesamt sind im Zuge dieser Aktion, als deren Träger der Umschuldungsverband deutscher Gemeinden fungiert, rund 3 Mrd. RM[1]) kurzfristiger Schulden in die 4%ige kommunale Umschuldungsanleihe mit fünfundzwanzigjähriger Laufzeit umgewandelt worden. Dank starker außerordentlicher Tilgungen, die neben der normalen Tilgung von 3% jährlich erfolgt sind, zeigt der Umlauf dieser größten deutschen Kommunalanleihe einen ständigen schnellen Rückgang (Umlaufsbetrag Ende 1941 rund 2,3 Mrd. RM gegenüber einem Höchstumlaufsbetrag von 2,95 Mrd. RM in 1936).

Die Tatsache, daß am 31. März 1938 — neuere Angaben liegen noch nicht vor — nur noch rund 65 Mill. kurzfristige und 271 Mill. RM mittelfristige Gemeindeschulden ausgewiesen werden, erweist zur Genüge das Ausmaß der inzwischen erreichten Normalisierung und inneren Gesundung. Diese wurde wesentlich noch dadurch gefördert, daß die Umschuldung auch mit einer generellen Zinssenkung verbunden war; gerade die kurzfristigen Verbindlichkeiten waren in Notzeiten häufig zu Sätzen aufgenommen worden, die weit über dem Satz der Umschuldungsanleihe von 4% lagen. In der gleichen Richtung wirkte sich die Zinssenkungsaktion im Frühjahr 1935 (Herabsetzung der Nominalverzinsung der Schuldverschreibungen von 6 auf 4½%) aus, so daß die Durchschnittsverzinsung für gemeindliche Schulden insgesamt von 5,82% (31. März 1933) auf 4,32% (31. März 1936) zurückging; seitdem ist eine weitere Ermäßigung zu verzeichnen. Die so erzielten Ersparnisse am Zinsaufwand sind in großem Umfang der außerplanmäßigen Verstärkung der Tilgungsleistungen zugute gekommen und haben zu ihrem Teil dazu beigetragen, die kommunale Gesamtverschuldung von 11,72 Mrd. RM Ende März 1935 auf zirka 9,9 Mrd. RM Ende März 1939 zurückzuführen.

Die dauerhafte Sicherung der mit der Umschuldung und Zinssenkung erzielten Fortschritte war davon abhängig, daß einerseits die Aufnahme neuer Kredite auf unabweisbar dringliche Fälle beschränkt blieb und daß andererseits durch Schaffung angemessener Rücklagen die Leistungsfähigkeit der Gemeinden und Gemeindeverbände auch auf lange Sicht gegen alle möglichen Belastungsfaktoren gesichert wurde. Aus diesem Grunde enthielt § 13 des Gemeinde-Umschuldungs-Gesetzes das Verbot

[1]) Außer den in der Tabelle am Schluß dieses Beitrages per 31. März 1933ff. ausgewiesenen kurz- und mittelfristigen Schulden bestand noch eine „unsichtbare" kurzfristige Verschuldung der Gemeinden im Gesamtbetrage von mehreren hundert Mill. RM. Es handelte sich hier vornehmlich um Zahlungsrückstände bei Lieferanten usw., die ebenfalls in die Umschuldungsaktion einbezogen wurden.

jeglicher Darlehnsaufnahme bis zum 31. März 1935; Ausnahmen hiervon waren nur mit Genehmigung des Reichsfinanzministers zulässig und wurden vornehmlich für die bereits behandelten Arbeitsbeschaffungskredite erteilt. An die Stelle dieser Vorschrift trat mit Erlaß der Deutschen Gemeindeordnung 1935 ein genau geregeltes, straffes Genehmigungsverfahren für alle Darlehnsaufnahmen der Gemeinden, bei dem u. a. jeweils der Reichsfinanz- und der Reichsinnenminister ihre Zustimmung erteilen müssen. Mit dieser außergewöhnlich scharfen Kreditkontrolle seitens des Reiches wurde das doppelte Ziel erreicht: Beschränkung der kommunalen Investitionen auf unaufschiebbare und nach jeder Richtung gerechtfertigte Fälle und Sicherstellung des unbedingten Vorrangs der Reichsinteressen am Kapitalmarkt und den Investitionsgütermärkten. Dieser letztere Gesichtspunkt ist es wohl auch gewesen, der die Auflockerung der allen Instituten der Sparkassen- und Giroorganisation mit der Reichsnotverordnung vom 5. August 1931 auferlegten völligen Kommunalkreditsperre bis zum Jahre 1939 verzögert hat.

Ursprünglich war diese Sperre zweifellos im wesentlichen als eine psychologische und vorübergehende Maßnahme gedacht, die der allgemeinen Vertrauensstärkung und der Liquiditätsverbesserung bei Sparkassen und Girozentralen dienen sollte. Dieser Anlaß kam jedoch in Fortfall, sobald einmal die Gemeindefinanzen wieder gesundet waren und zum anderen auch der Status der Sparkassen und Girozentralen liquiditätsmäßig und auch sonst allen Ansprüchen genügte. Die beschriebene Kreditkontrolle brachte zudem alle Handhaben, um einer objektiv nicht vertretbaren Kreditgewährung einen Riegel vorzuschieben. Auf die Auswirkungen dieser Kreditsperre auf die traditionellen Kreditbeziehungen zwischen den Gemeinden und Gemeindeverbänden auf der einen und den Sparkassen und Girozentralen auf der anderen Seite soll hier nicht näher eingegangen werden. Die Begründung zu dem Gesetz vom 7. Juni 1939 über den Kommunalkredit der Spar- und Girokassen und der kommunalen Kreditanstalten, das die erste grundsätzliche Lockerung der Sperre brachte (Kassenkredite für Sparkassen, langfristige Darlehen für Girozentralen), bestätigte jedenfalls die von der Sparkassen- und Giroorganisation schon seit Jahren vertretene Auffassung, „daß das Kommunalkreditverbot sich als besonders hinderlich erwiesen habe, zumal es die natürliche Zusammenarbeit zwischen den Gemeinden und ihren Geldanstalten erheblich beeinträchtigte“. Eine weitere Lockerung brachte dann die Verordnung über den Kommunalkredit der Sparkassen vom 24. April 1941, die den Sparkassen die Ermächtigung zur Gewährung auch langfristiger Kommunalkredite zur Finanzierung bestimmter lebenswichtiger Aufgaben brachte. Die grundsätzliche Aufrechterhaltung des strengen Genehmigungsverfahrens nach Maßgabe der Vorschriften der Deutschen Gemeindeordnung sorgt jedoch dafür, daß nach wie vor an alle Kreditgesuche — unabhängig von der Art und Quelle der Finanzierung — die denkbar strengsten Maßstäbe im Interesse einer einheitlichen Kapitalmarktpolitik angelegt werden.

Eine große praktische Bedeutung konnte die beschriebene Lockerung der Kreditsperre bisher nicht erlangen. Angesichts der allgemein jetzt schon seit Jahren vergleichsweise recht günstigen Lage der Gemeindefinanzen ist der Kassenkreditbedarf geringfügig und erreicht bei weitem nicht die gesetzlich zugelassenen Grenzen[1]). Anders lag und liegt es beim Investitionskredit; hier setzte jedoch der Ausbruch des Krieges vor etwa zwei Jahren der soeben wieder beginnenden Emissionstätigkeit zunächst ein Ende. Darüber hinaus waren manche Anlässe für eine kreditweise Finanzierung kommunaler Aufgaben durch die planmäßige Rücklagenbildung in Fortfall gekommen. Die Neubildung von Rücklagen war bereits kurz nach Beginn der Sanierungsaktion als „oberstes finanzpolitisches Gebot" bezeichnet worden. Die Rücklagenverordnung vom 5. Mai 1936 schuf dann einige Jahre später die einheitliche reichsrechtliche Grundlage. Finanzpolitisch grundsätzlich bedeutsam war daran insbesondere die Tatsache, daß die als gesetzliche Pflichtrücklagen bezeichneten Rücklagearten, nämlich die Betriebsmittelrücklage (zwecks Vermeidung von Kassenkrediten) und die allgemeine Ausgleichsrücklage (zum Ausgleich allzu großer Schwankungen in der Belastung der Einwohner auch bei einer Änderung der Wirtschaftslage) jeweils in bestimmter Höhe aus ordentlichen Haushaltsmitteln zu speisen sind. Hinsichtlich der sonstigen Rücklagen (z. B. Tilgungs-, Bürgschaftssicherungs-, Erneuerungs- usw. Rücklagen) ist es bei der bisherigen Übung hinsichtlich ihrer Ansammlung verblieben; auch diese nicht pflichtmäßigen Rücklagen sind jedoch seit der Rücklagenverordnung strengen Bindungen unterworfen, um der Gefahr einer falschen Verwendung vorzubeugen[2]).

Bereits am 31. März 1937 hatten die deutschen Gemeinden und Gemeindeverbände Rücklagen in Höhe von etwa 1,3 Mrd. RM angesammelt, die sich bis Ende März 1939 auf rund 2,1 Mrd. RM erhöhten. Bis zur Gegenwart dürfte sich ihr Betrag um weitere etwa 500 Mill. RM vermehrt haben. Daß die Gemeinden trotz der Rücklagenauffüllung, die erhebliche Anforderungen an sie stellte, noch in der Lage waren, neben den vertraglichen Tilgungen in den letzten fünf Jahren außerplanmäßige Abzahlungen größeren Umfanges zu leisten, bestätigt in ausdrucksvoller Weise den Erfolg der im Jahre 1933 eingeleiteten Maßnahmen zur Gesundung des Gemeindekredits.

IV.

Im bisherigen Verlauf des gegenwärtigen Krieges hat sich die allgemeine Finanzlage der Gemeinden trotz zahlreicher neuer Anforderungen und

[1]) Zu Einzelfragen aus diesem Fragenkreis vgl. u. a. den Aufsatz von Storck, Zur bevorstehenden Lockerung des Kommunalkreditverbots, in: „Sparkasse", Nr. 9/1939.

[2]) Eine ausführliche Würdigung aller einschlägigen Fragen bringt Theodor Steimle in seinem Buch: „Das kommunale Rücklagenproblem", Berlin 1937.

Aufgaben weit günstiger entwickelt, als in den ersten Kriegswochen vielfach angenommen wurde[1]). Für das Gebiet des Kommunalkredits ergab sich daraus in folgerichtiger Fortsetzung der in den vorangehenden friedensmäßigen Aufbaujahren betriebenen Politik eine anhaltende Verringerung des Gesamtvolumens der Verschuldung durch außerplanmäßige Tilgungen, die fortgesetzte Anreicherung der Rücklagen und — in Verbindung mit der allgemeinen Tendenz zur Zinssenkung — ein zunehmender Druck auf die Zinssätze für alte und etwaige neue Schulden. Für die Gläubiger der Gemeinden ergaben sich aus diesem Zinsdruck mannigfaltige Probleme, die außerdem verschieden gelagert sein mußten, je nach dem, ob die dem Zinsdruck unterliegenden Schulden seinerzeit aus Emissionen oder aus Kundschaftseinlagen finanziert worden waren.

Auf das Ganze gesehen dürfte jedenfalls die Feststellung berechtigt sein, daß die Periode der Bereinigung des Kommunalkredits schon seit einigen Jahren als abgeschlossen angesehen werden kann. Der Kommunalkredit ist in seinem alten Bestand nach jeder Richtung als gesund zu bezeichnen[2]) und von allen Risiken befreit, die ihm von den Krisenjahren her noch anhafteten. Der Anteil des Schuldendienstes am Gesamtzuschußbedarf oder Steuerbedarf und die Verschuldung je Einwohner hat bereits in den meisten Gemeinden Größenordnungen erreicht, die auch bei Anlegung strenger Maßstäbe als angemessen und vertretbar anzusehen sind. Die kreditwirtschaftlichen Voraussetzungen für eine neue Darlehensaufnahme zu lebenswichtigen Zwecken wären somit im allgemeinen durchaus gegeben.

Ebenso kann die Bedarfsfrage kaum strittig sein. Der auch im gemeindlichen Sektor seit Jahren vorhandenen Geldflüssigkeit steht eine kriegsbedingte Zurücksetzung wichtigster Investitionsvorhaben gegenüber. „Die Erschwerung oder Unmöglichkeit einer geordneten Instandhaltung und Erneuerung hat einen erheblichen Substanzverbrauch an den bestehenden gemeindlichen Einrichtungen und Anlagen zur Folge und die während des Krieges gegebene Unmöglichkeit, neue Einrichtungen, Anlagen und Bauten zu schaffen, auch wenn sie noch so dringlich benötigt werden, wird in der Zeit nach dem Kriege um so größere Anstrengungen und Aufwendungen dafür notwendig machen, daß diese erzwungenen Versäum-

[1]) Vgl. dazu die zusammenfassende, ziffernmäßig belegte Darstellung von Eickemeyer, W.: Die Finanzlage der Gemeinden im Kriege, in: Die nationalsozialistische Gemeinde, Heft 22 vom 15. November 1941, S. 320ff.

[2]) Als ein Sonderfall ist die Verschuldungslage der Gemeinden, Gemeindeverbände und der von Gemeinden beherrschten Unternehmungen in den eingegliederten Ostgebieten anzusehen. Die ablösungsfähigen Verpflichtungen dieser Gemeinden usw. werden nunmehr in Zusammenarbeit mit der Haupttreuhandstelle Ost von der Deutschen Girozentrale mit Genehmigung der zuständigen Ministerien durch eine neue 4%ige Deutsche Kommunalanleihe (von 1942, Ausgabe I) abgelöst; der Gesamtbetrag der Anleihe wird sich auf etwa 130—150 Mill. RM belaufen. In der Bereinigung des Kommunalkredits, auch in den eingegliederten Ostgebieten, ist damit ein wichtiger Fortschritt erzielt.

nisse möglichst rasch nachgeholt werden können. Es genügt ja, hier z. B. auf den Wohnungsbau hinzuweisen, an dem die Gemeinden trotz alles Eintretens des Reiches und der Arbeitsfront aller Wahrscheinlichkeit nach wesentlich beteiligt bleiben werden. Der Geldflüssigkeit der Gemeinden steht also in Ansehung der Aufgaben, die nach dem Kriege gelöst werden müssen, ein sehr großer angestauter Bedarf gegenüber[1])".

Es dürfte kaum möglich sein, diesen künftigen Investitionsbedarf zuverlässig zu beziffern. Gewisse Anhaltspunkte für Art und Umfang dieses überwiegend kreditweise zu finanzierenden Darlehensbedarfs — die angesammelten Rücklagen dürften hierfür nur zum Teil herangezogen werden können — bieten die statistischen Untersuchungen über die Verwendung der von den Gemeinden aufgenommenen Schulden. Die letzten zusammenfassenden Erhebungen dieser Art, die jeweils in Abständen von drei Jahren durchgeführt werden, liegen für das Jahr 1936 vor. Danach waren, um nur die Hauptposten zu nennen, von 10,7 Mrd. RM damals bestehender Neuverschuldung (seit 1924) rund 2,5 Mrd. RM (oder 23,3%) im Wohnungs- und Siedlungswesen investiert, 1,84 Mrd. RM (17,2%) in Straßen, Wegen und Wasserstraßen, 790 Mill. RM (7,3%) in Grundvermögen, 2,31 Mrd. RM (21,6%) in gemeindlichen Unternehmungen (Versorgung, Verkehr usw.). Die vorstehend angegebenen Verwendungszwecke machen rund 70% aller gemeindlichen Investitionen aus; der Rest entfällt auf Aufwendungen für das Bildungswesen, Wohlfahrtswesen, allgemeine Wirtschaftsförderung, für kommunale Anstalten (Krankenhäuser usw.) und sonstige Zwecke.

Diese Aufzählung ist insofern, jedenfalls bei einer rein wirtschaftlichen Betrachtung, unvollständig, als sie im Bereich der kommunalen Unternehmungen den Investitionsaufwand nur für die gemeindeeigenen Werke und Anstalten erkennen läßt. Daneben bestehen in beträchtlichem Umfang rechtlich selbständige Versorgungs- und Verkehrsbetriebe sowie Wohnungs- und Siedlungsgesellschaften usw., deren Kapital sich jedoch unmittelbar oder mittelbar zu mehr als 75% im Besitz von Gemeinden und Gemeindeverbänden, z. T. auch von anderen öffentlichen Körperschaften befindet. Das Verschuldungsvolumen dieser in rechtlich verselbständigter Form betriebenen Unternehmungen belief sich — ebenfalls im Jahre 1936 — auf immerhin reichlich 2,7 Mrd. RM und spielt somit bei einer Abschätzung künftig möglicher Kreditansprüche eine nicht unbedeutende Rolle.

Insgesamt lassen sich schon aus den hier gegebenen Hinweisen Investitionserfordernisse allein für Zwecke der Erhaltung, Erneuerung und Erweiterung in der Größenordnung von Milliarden ableiten; dabei wird davon ausgegangen, daß die weitgehende Investitionsdrosselung im gemeindlichen Sektor nicht erst seit Ausbruch dieses Krieges datiert, sondern in sehr zahlreichen und gewichtigen Fällen bis in die Krisenjahre 1930/32 zurückreicht. Dazu aber treten die umfangreichen neuen Aufgaben, die sich u. a. aus der Neugestaltung deutscher Städte, aus der Industrieverlagerung, der ver-

---

[1]) Eickemeyer a. a. O. S. 322.

stärkten Binnenwanderung mit ihren Rückwirkungen auf Wohnungswesen, Versorgungs- und Verkehrsbetriebe u. dgl. und nicht zuletzt aus dem planmäßigen Aufbau der neuen Gebiete des großdeutschen Reiches ergeben.

Bei einer langfristigen Planung der Investitions- und Kapitalmarktpolitik müssen daher in die Gesamtrechnung auch entsprechende Posten zugunsten der kommunalen Investitionen und auch des Kommunalkredits eingestellt werden. Während des Krieges verbieten sich naturgemäß Investitionen und Kreditaufnahmen, die nicht aus unmittelbaren Reichs- und wehrwirtschaftlichen Interessen als lebenswichtig anzusehen sind. Nach seiner siegreichen Beendigung aber wird die Dringlichkeitsfrage erneut gestellt werden müssen, und es wird die verantwortliche Aufgabe einer langfristig planenden Wirtschaftsführung sein, im Kreis der schrittweise zum Zuge kommenden Aufbau-Investitionen auch dem kommunalen Bedarf und seiner kreditwirtschaftlichen Finanzierung einen angemessenen Platz in der gesamtwirtschaftlichen Rangordnung zuzubilligen.

Die Schulden der deutschen Gemeinden[1])

(Angaben in Millionen RM)

Stichtag: 31. März	1928	1930	1932	1933	1934	1935	1936	1937	1938	1939[2])
I. Alt-, Festwert- und Valutaschulden	1 138,2	1 192,5	1 098,7	1 043,8	982,6	897,0	821,6	728,0	662,6	
II. Ausländische Neuverschuldung	541,5	734,5	734,9	742,6	463,6	416,9	388,0	354,3	345,8	
III. Inländische Neuverschuldung	4 095,0	7 171,7	8 115,4	7 919,9	8 405,2	8 406,8	8 269,8	7 896,8	7 659,6	
davon sind:										
a) langfristig	*2 570,4*	*5 426,8* (a + b)	*5 326,0*	*5 182,2*	*6 902,5*	*7 302,7*	*7 725,8*	*7 461,4*	*7 324,4*	
b) mittelfristig	*550,5*		*1 121,0*	*974,1*	*942,2*	*807,3*	*389,1*	*333,8*	*270,8*	
c) kurzfristig	*974,1*	*1 744,9*	*1 668,4*	*1 763,6*	*560,5*	*296,8*	*154,8*	*101,5*	*64,4*	
IV. Schulden aus öffentlichen Mitteln	767,0	1 185,6	1 345,8	1 568,8	1 768,9	2 000,9	2 049,5	2 008,4	1 905,5	.
Gesamtverschuldung	6 541,7	10 284,3	11 294,8	11 275,1	11 620,3	11 721,6	11 528,9	10 987,5	10 573,5	rd. 9 900,0

[1]) Ohne Hansestädte; Schulden bei den Gemeinden unter 2000 Einwohnern teilweise geschätzt.

[2]) Für das Jahr 1939 liegen lediglich die Verschuldungsziffern für die Gemeinden mit mehr als 10 000 Einwohnern vor, die sich am 31. März 1939 auf rund 8,6 Mrd. RM stellten. Bei der Gesamtheit der deutschen Gemeinden dürfte an diesem Zeitpunkt die Verschuldung schätzungsweise rund 9,9 Mrd. RM betragen haben.

FSC
www.fsc.org
MIX
Papier | Fördert
gute Waldnutzung
FSC® C083411

Kolibri 360 GmbH
Ferdinand-Jühlke-Straße 7
99095 Erfurt, Deutschland
produktsicherheit@kolibri360.de